Incoterms® 2020 수록

개정증보2판

무역학 개론

| 김희철 · 이신규 · 이응권 공저 |

도서출판 두남

개정증보2판 머리말

그동안 이 무역학개론을 교재로 활용해주신 교수님들과 일반 독자 여러분들에게 감사를 전한다.

역사적으로 국제무역의 흐름이 자유무역주의와 보호무역주의가 반복적으로 교차하여 오다가 WTO체제 이후 자유무역주의가 지속될 것으로 예상되었지만, 최근 국제통상 환경의 급속한 변화로 인하여 다시 보호무역의 움직임이 나타나고 있는 상황이다.

국제무역환경변화에 따라 국제기구 및 국제경영 분야에 대한 내용의 수정 및 보완이 필요하고, 국제상업회의소(ICC)의 국제무역규칙의 내용들이 개정되어 이들 내용을 반영할 필요가 있어 개정증보2판을 출간하게 되었다.

이번 개정되는 주요 내용은 다음과 같다.

제2편 국제경제학 분야에서는 레온티에프의 역설, 무역정책의 시대적 유형, DDA 협상의 배경과 의제, USMCA 우리나라 FTA의 추진 현황과 OECD 회원국 등에 대하여 수정·보완하였다.

제3편 국제경영학 분야에서는 글로벌화의 유형과 글로벌화의 제약요인, 세계 표적시장의 선정 등을 추가하였으며, 해외시장 진출전략과 국제경영전략의 수립절차, 그리고 국제인사관리의 특성에 대해서도 수정·보완하였다.

제4편 무역실무 분야에서는 국제상업회의소(ICC)의 주관으로 새로 개정되어 2020년 1월 1일부터 발효된 Incoterms® 2020의 내용을 반영하였고, 기타 무역실무 영역의 내용들을 보다 이해하기 쉽게 축소하여 수정·보완하였다.

이 책이 무역학 및 국제통상학을 공부하고자 하는 학생들과 국제무역에 관심이 있는 일반 독자들에게 다소 도움이 되기를 바란다. 그럼에도 불구하고 여전히 저자들의 능력이 미흡하고 부족함을 고백한다. 계속 독자 여러분들의 조언과 충고를 통하여 수정·보완해 나갈 것을 약속드린다.

어려운 출판 사정에도 불구하고 출판을 허락해주신 도서출판 두남의 전두표 사장님과 이승구 상무님 그리고 직원들에게 감사드린다.

2020년 1월

저자 일동

개정증보판 머리말

21세기에 진입하면서 경제적 의미의 국경선은 사라지고, 국가경제의 영역이 광역화되고 있다. 무국적 상품이 속출하고 사람, 정보, 물건, 화폐들은 자신의 필요에 따라 국경선을 마음대로 넘나들고 있는 있다. 교통수단과 통신수단의 발달, 특히 인터넷의 발달은 미래의 시장을 더욱 확대시켜 국가간, 지역간 제품과 서비스의 공급비용을 매우 빠르게 축소시키고 있다.

이러한 글로벌화의 진전은 폭넓은 무역자유화로 이어지게 되었고, 세계무역의 자유화를 지향하는 WTO 체제하에서 각국 간의 무역마찰 심화와 지역경제통합의 가속화 및 결속 강화, 그리고 유럽 일부국가의 경제위기 충격으로 세계경제는 예전에 볼 수 없었던 급격한 변화를 맞이하고 있다. 이러한 세계경제환경의 변화 속에서, 세계 각국은 자국의 이익을 위하여 무역의 중요성을 더욱 강조하고 있다.

이처럼 급격히 변화하고 있는 무역현상에 대한 체계적인 학습을 목표로 출간된 본 '무역학개론'이 세상에 나온 지 어느덧 9년, 개정판이 발간된 지도 벌써 5년째에 접어들고 있다. 그동안 졸저임에도 불구하고 본 '무역학개론'을 교재로 채택해주신 여러 교수님들, 그리고 애독해주신 수많은 독자들께 진심으로 감사를 드린다. 무역입문서로서의 본연의 역할을 더욱 충실히 수행하고, 독자 여러분들의 기대에 부응하고자 개정증보판을 출간하게 되었다.

이번 개정증보판에서는 기존의 틀을 그대로 유지하면서, 개정판에서 다루지 않았던 내용들을 일부 추가하고, 최근 국제무역환경의 변화 추세를 반영하여 수정·보완하였다. 이에 대한 주요 내용을 살펴보면, 무역학의 이해에서는 무역과 국민경제와의 관계, 그리고 기타 무역의 유형을 추가하였으며, 국제경제학 분야에서는 무역이론의 연구과 제·제 가정, 환율변동과 국민경제와의 관계, 비관세장벽의 종류, 국제금융기구 등을 추가하고, 국제수지표의 구성과 우리나라 FTA의 추진 현황 등을 수정·보완하였다. 국제경영학 분야에서는 기업글로벌화의 개념, 해외시장 선정의 의미, 힐(C. W. Hill)의 해외시장 진입방법 선택모형과 국제경영전략(개념·수립절차·전략수립을 위한 기초개념) 등을 추가하고, 국제생산입지의 선정과 국제로지스틱스 등에 대하여 수정·보완하였다. 무역실무 분야에서는 일부 장들의 순서와 내용을 수정·보완하였다. 즉, 기존의 제12장 수출입승인, 물품의 확보 및 무역금융 부분은 제13장으로 변경시키고, 제13장 국제물품운송 및 무역보험은 제14장으로 변경시켰다. 한편, 기존의 제14장 무역대금결제의 내용을 분리시켜 일부는 제12장 신용장과 기타 무역결제방식으로 수정·보완하였고, 일부는 제15장 무역클레임 및 상사중재 부분에 환어음 및 무역결제서류를 추가시켜 수정·보완하였다.

보다 좋은 책의 출간을 위해 최선을 다했지만, 저자들의 능력부족 때문에 미흡하고, 또한 부끄러운 점이 한두 가지가 아니다. 앞으로도 독자 여러분들의 아낌없는 지적과 조언을 기대하며, 본서의 내용 중 미진하거나 잘못된 부분은 앞으로 계속 수정·보완해 나갈 것을 약속드린다.

이 개정증보판의 출판을 기꺼이 허락해주신 도서출판 두남의 전두표 사장님과 이승구 상무님, 그리고 편집부 관계자분들에게도 깊은 감사를 드린다.

2017년 2월

저자 일동

개정판 머리말

우리나라는 국민총생산액 또는 국민총소득액 중에서 수출과 수입의 무역액이 차지하는 비중인 무역의존도가 다른 선진국들에 비하여 매우 높아 무역의 발전 없이는 경제성장을 기대하는 것이 어려운 상황이다. 이에 따라 국제경제, 국제경영 및 무역실무로 구성되는 무역학에 대한 전반적인 지식을 집약적으로 정리하여 무역, 통상 및 경영분야를 전공하는 학생들, 무역업에 종사하는 무역인들, 그리고 무역에 관심이 있는 일반 독자들에게 실질적이고 실무적인 도움을 주고자 이 책을 개정하게 되었다.

그 동안 여러 가지로 부족한 점이 많았던 이 책을 교재로 채택해주신 교수님들, 그리고 애독해주신 독자들에게 깊은 감사를 드린다. 아울러 이 책의 내용에 대해 다양한 방식으로 많은 질문을 해 주셨던 독자들에게 또한 감사를 드린다.

최근 몇 년 동안 국제비즈니스환경의 변화속도가 빨라지면서 국제경영, 국제무역환경, 그리고 국제무역관행에 많은 변화가 있었다. 이번 개정에는 다음의 내용과 같이 지속적으로 변화하는 무역관습의 내용들을 가능한 충실하게 반영하려고 노력하였다.

첫째, 무역이론 영역의 내용들을 독자들이 보다 이해하기 쉽게 수정하여 정리하였다. 아울러 최근에 변화하고 있는 국제무역환경의 추세를 반영하였다.

둘째, 국제경영 분야는 기업들의 국제화를 통한 해외진출이 활발해지는 추세를 반영하여 기존의 전통적인 국제경영이론에 실무적인 내용을 보완하여 이해하기 쉽게 정리하였다.

셋째, 무역실무 분야에서 무역현장에서 직접 적용할 수 있도록 실무중심의 내용을 반영하였다. 개정된 Incoterms 2010의 내용을 도식을 통하여 자세히 설명함으로써 개정내용을 쉽게 이해할 수 있도록 하였다. 아울러 무역계약, 무역운송 및 보험, 무역결제분야에 대하여 변경된 관행과 관습의 내용들을 반영시켜 체계적으로 정리하였다.

저자들은 오랫동안 대학생, 기업의 무역실무담당자 및 무역관련 업무를 지원하는 정부기관 실무담당자들을 대상으로 강의해 오면서 얻은 지식을 바탕으로 나름대로 실무자의 입장에서 이해하기 쉽게 개정하려고 노력하였다. 모든 내용을 핵심적으로 제시하기 위해 노력했음에도 불구하고 여전히 많은 부족함을 느낀다. 아무쪼록 독자들의 아낌없는 충고와 비판을 바라며, 저자들 역시 이런 비판들을 겸허히 받아들여 좋은 책이 될 수 있도록 지속적으로 수정하고 보완할 것을 약속드린다.

이 책의 개정을 흔쾌히 허락해 주신 도서출판 두남의 전두표 사장님, 독자들에 대한 반응과 요구사항들을 객관적으로 제시해주신 이승구 상무님, 그리고 편집부 여러분들께 감사드린다.

2013년 2월
저자들 씀

머 리 말

21세기로의 진입과 함께 우리는 과거와 전혀 다른 커다란 변화의 물결을 맞이하고 있다. 이러한 변화의 물결은 근본적으로 동서냉전체제의 종말과 정보통신 및 운송수단의 급격한 기술적 진보가 복합적으로 작용한 결과라 할 수 있다. 동서냉전체제하의 이데올로기 경쟁의 종식은 동서평화체제로 전환되면서 세계질서의 중심을 군사력에 기반을 둔 힘의 균형에서 경제력에 바탕을 둔 이해의 균형으로 변모시키고 있다. 따라서 전 세계가 자본주의를 근간으로 하는 자유시장경제체제로 바뀌어가고 있는 것이다. 한편 정보통신 및 운송수단의 급격한 기술적 진보는 경제적 의미에서의 국경선 개념을 퇴색시키고, 국가경제의 활동영역을 광역화함으로써 지구촌 단일경제권시대를 초래하고 있다.

최근의 국제경제환경은 예측하기 힘들 정도로 급변하고 있다. 특히 1995년 1월부터는 GATT체제가 종말을 고하고, 자유무역과 상호호혜를 바탕으로 하는 WTO체제가 출범하게 되었다.

이러한 WTO체제의 출범으로 국제무역 및 투자가 보다 자유롭게 되고, 각국의 시장과 산업이 외국기업들에게 전면적으로 개방됨으로써 세계시장에서의 국가간 경쟁은 이제 국경없는 무한경쟁시대가 도래하고 있다. 이에 추가하여 선진제국들은 공정무역질서의 강화와 개도국들에 관한 강력한 견제를 목적으로 환경·경쟁·기술·노동라운드 등 새로운 개념의 다자간 국제무역협상의제들을 부각시키고 있다. 아울러 경제적 실리를 달성하기 위하여 지역경제통합에 의한 지역주의 강화현상도 심화되고 있다.

이러한 세계적 환경변화에 효율적으로 적응하고, 이를 통해 우리나라가 선진국으로 발돋움하기 위해서는 무엇보다도 국제무역현상에 대한 새로운 인식과 철저하고도 실질적인 이해, 폭넓은 지식의 함양이 요구된다.

무역이 존재했기에 현대 경제가 존재하고, 우리나라의 고도 경제성장이 가능했다고 볼 때, 부존자원이 빈약하고 무역의존도가 매우 높은 우리나라로서는 생존의 활로를 무역에서 찾을 수밖에 없다.

이러한 무역의 필요성과 중요성에도 불구하고, 무역학은 지금까지 연륜의 일천성과

무역의 복합성과 취급범위의 광범성, 인접학문과의 중복성 등 학문적 특수성 때문에 하나의 독립된 학문으로서의 체계를 갖추지 못하고 경제학이나 경영학의 한 분야로 취급되어 왔던 것이 사실이다. 이제 무역이 국민경제에 미치는 중대한 영향에 비추어 볼 때, 사회과학의 독립된 한 분야로 자리 매김할 때가 되었다고 본다.

무역학의 학문적 연구분야는 크게 국제경제학을 기초적 학문영역으로 하고, 국제경영학과 무역실무를 응용 학문영역으로 하는 3대 분야로 대별할 수 있으며, 각기 그 중요성이 인정되고 있다.

이 책은 무역학의 독자적인 학문체계와 성격을 전제로 무역학의 전 분야에 걸쳐 기본적인 문제들을 골고루 설명함으로써, 무역학을 처음 접하는 초학자들과 무역에 대해 체계화할 필요성이 있는 사람들에게 무역입문서의 역할뿐만 아니라, 무역학의 기본지침서 기능도 수행하려는 목적에서 간행되었다.

따라서 제1편 무역학의 이해에서는 무역의 기초개념과 무역학의 학문적 체계를 정리하였으며, 제2편에서는 국제경제학의 연구분야인 무역이론 · 무역정책 · 국제금융환경 · 국제무역환경, 제3편에서는 국제경영학의 연구분야인 국제경영의 성격 · 해외시장진입전략 · 국제경영관리, 제4편에서는 무역실무의 연구분야인 무역관리와 수출입절차 · 무역계약 · 수출입승인, 물품의 확보 및 무역금융 · 국제물품운송과 보험 · 대금결제 · 무역클레임과 상사중재 · 국제협상의 기본문제들을 다루었다.

이 책은 다음과 같은 몇 가지 점에 주안점을 두고 집필되었다.

첫째, 무역학의 학문적 체계와 성격에 따른 구성을 통해 무역학이 구비해야 할 학문적 일반성과 보편타당성을 추구하려고 노력하였다.

둘째, 무역의 기본원리와 기초이론들을 이해하기 쉽도록 핵심내용만을 설명함으로써, 고학년에서 무역학의 전문적인 지식을 심층적으로 연구하는데 밑거름이 되도록 하였다.

셋째, 무역학의 어느 한 분야에만 치우치지 않고, 국제경제학 · 국제경영학 · 국제상학의 전반에 걸쳐 새로운 흐름이 설명되도록 노력하였다.

넷째, 정보화와 글로벌화라는 시대적 요청에 부응하기 위해 무역자동화와 인터넷무역, 그리고 국제협상에 대해서도 설명하였다.

이 책은 저자들이 지난 수년 동안 무역학 관련 교과목들을 강의하면서 작성하였던 강의노트와 보조자료들을 기본 토대로, 국내외 무역학 교재들과 각종 보고서를 참고하여 체계적으로 정리함으로써 간행되었다. 교재의 성격상, 일반적인 내용들에 대해서 일일이 인용처를 밝히지 못하고 참고문헌으로 처리한 점에 관해서 넓은 아량으로 양해해 주시기 바란다.

이 책을 집필하는 데 저자들은 나름대로 최선의 노력을 다했으나, 저자들의 천학비재(淺學非才)한 탓으로 오류와 미숙한 점이 많으리라 생각되며, 앞으로 독자제현의 많은 지도와 편달을 받으면서 더욱 알찬 내용의 저서가 되도록 노력할 것이다.

출판사정이 어려움에도 불구하고, 기꺼이 이 책의 출간을 흔쾌히 승낙해주신 도서출판 두남의 전두표 사장님과 편집부 여러분들께 감사의 마음을 전한다.

끝으로 이 책의 집필기간 동안 가정에 소홀했음에도 항상 편안한 안식처를 제공해 준 양가의 가족들에게도 고마움을 전한다.

2009년 3월

저자

차 례

제3편 국제경영학 / 155

제4편 무역실무 / 253

제 1 편

무역학의 이해

▶ 제1장 무역의 기초개념

Chapter

01 무역의 기초개념

학습목표

1. 무역의 성격 및 특수성에 대해 알아본다.
2. 무역과 국민경제와의 관계에 대해 파악한다.
3. 무역의 유형에 대해 살펴본다.
4. 주요 무역관련 지표에 대해 알아본다.
5. 무역학의 학문적 배경과 체계에 대해 알아본다.

1.1 무역의 의의

1. 무역의 개념

무역(international trade)은 그 주체와 대상에 따라 여러 가지로 정의되고 있다. 무역에 대한 구체적인 정의는 다음과 같다.

첫째, 무역은 '교환 또는 매매'를 의미한다. 서양어의 무역(trade)은 '걷다', '밟다'는 의미의 'tread'와 발자취 또는 '항로'의 의미인 'trace'에서 유래되었다. 한편 동양에서의 무역(貿易)의 의미 역시 '무역하다'는 의미의 무(貿)와 '바꾸다'는 의미인 역(易)의 합성어로 교환이나 매매를 의미하는 것으로 사용되었다. 결국 무역은 '매매나 교환'을 의미한다고 할 수 있다.

둘째, 무역의 대상은 재화(goods)와 용역(service)이다. 재화란 상품 등과 같은 유형

재화(visible goods)와 자본 등과 같은 무형재화(invisible goods)를 의미한다. 그리고 용역이란 기술, 노동, 운임, 보험 등과 같은 무체물(invisible service)을 말한다. 고대의 무역은 각 지역의 천연자원을 서로 교환하는 것에 국한되었지만, 그 후 산업화단계에서는 공장에서 생산·가공된 공산품을 매매하거나 교환하는 형태로 확대되었다. 최근 들어 무역은 기술, 서비스, 자본, 토지 심지어 노동력 등에 걸쳐 그 대상의 폭을 넓혀가고 있으며, 서비스와 기술 등 눈에 보이지 않는 무역(invisible trade)이 경제의 소프트화 추세에 따라 확대되고 있는 상황이다.

셋째, 무역은 그 대상인 재화와 용역이 이동하는 현상을 말한다. 이러한 이동현상은 동일국가 내에서 이루어질 수도 있고 국경을 넘어 다른 국가로 이동할 수도 있다. 재화와 용역이 국가 내에서 이동하는 현상을 국내무역(domestic trade)이라고 하고, 국경을 넘어 이동하는 것을 국제무역(international trade)이라고 한다. 무한경쟁체제하에서 시장의 구분은 예전과는 달리 큰 차이점이 없어져 가고 있기 때문에, 무역은 곧 국제무역을 의미한다고 할 수 있다. 이런 관점에서 본다면 무역은 가치생산을 목적으로 한 물품의 국제적인 매매나 교환을 의미하는 수출입을 말한다. 보다 넓은 의미로 해석한다면 물품, 자본, 기술, 노동(서비스) 등과 같은 경제적 가치를 지닌 모든 재화를 국제간에 교환·매매하여 그 효용가치나 경제적 효과를 증대시키는 국제적 상행위를 무역이라고 할 수 있다.

2. 무역의 성격

국가간에 무역을 통해 이루어지는 국제경제는 생산요소의 불완전이동, 화폐 및 금융제도의 상이, 각국의 상이한 경제정책 등이 항상 존재하기 때문에 국내경제와는 다른 성격을 가지고 있다. 무역의 기능은 대부분이 개별기업의 주관으로 이루어지며, 일국의 국민경제는 타국의 국민경제와 연관되고, 나아가 세계경제를 구성하게 된다. 따라서 무역은 경제의 순환구조상 기업경영적 성격, 국민경제적 성격, 세계경제적 성격을 가지고 있다.

(1) 기업경영적 성격

과학의 발달과 자유시장경제체제의 확산으로 인하여, 무역은 민간기업이 주체가 되어 영리추구를 목적으로 자유롭게 수행되고 있다. 무역은 이러한 개별기업들의 활동이 규제되지 않을 경우 활성화될 수 있으며, 무역의 활성화가 곧 무역의 주체 당사자인 개별기업의 성장으로 이어지게 된다. 따라서 무역은 개별기업이 주도하는 기업경영적인 성격을 가지게 된다.

(2) 국민경제적 성격

무역은 개별기업들이 영리를 목적으로 하여 이루어지는 것이지만, 국민경제의 입장에서 볼 때 개별기업의 경제목적에 우선하는 국제수지 균형과 국내경제의 안정을 추구하는 것을 목표로 하고 있다. 따라서 무역의 주체는 개별기업이라고 하더라도 국가의 정책적 범주 내에서 이루어져야 하며, 무역관리는 국가경제적인 성격 하에서 이루어진다. 따라서 무역의 행위주체는 개별기업이지만 기본주체는 국민경제라고 할 수 있다.

(3) 세계경제적 성격

한 국가의 국민경제는 다른 국가의 국민경제와 상호 밀접한 관계를 가지고 있다.

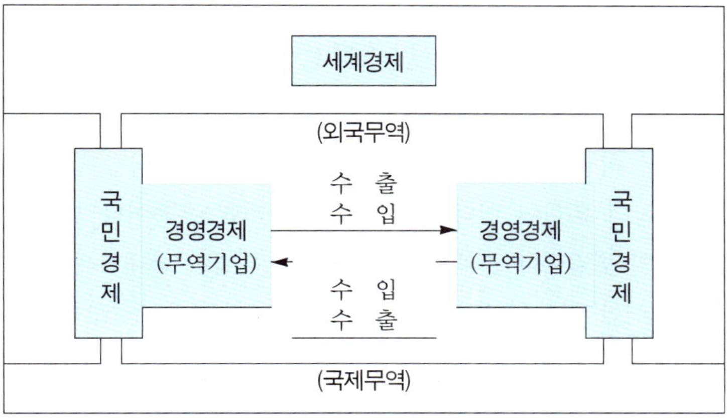

[그림 1-1] 무역의 성격

한 국가의 수출(輸出)은 다른 국가의 수입(輸入)이 되고, 일국의 지출(支出)은 다른 국가의 수입(收入)이 된다. 결국 무역은 세계경제의 범주 내에서 이루어지고 있어, 각국의 무역은 세계무역의 일부를 구성한다고 할 수 있다.

따라서 무역은 세계경제적인 성격을 가지게 되며, 세계무역의 확대를 위해 국제상관습을 통일하거나 국제협력, 국제기구 등을 통한 무역절차가 국제적으로 통일되고 있는 것도 이러한 이유 때문이다.

3. 무역의 특수성

재화의 국경간 이동으로 이루어지는 무역은 동일한 경제단위 내에서 이루어지는 국내거래와는 달리 다음과 같은 특수성을 가지고 있다.

(1) 해상의존성

많은 물품을 이동시키는데 선박이 적합하고, 비용이 비교적 다른 운송수단들보다 저렴하기 때문에 물품의 대부분이 해상의 항로를 통하여 이루어지고 있다. 기존의 주요 무역항들은 항구도시가 대부분이고, 상거래에 적용되는 국제상관습들도 해상운송, 해상보험 등의 무역업과 연계되어 발달하여 왔다.

최근에는 운송방법의 다양성으로 인해 내륙운송이나 항공운송의 비중이 증가하고 있지만, 이들 운송방법들은 해상운송과 결합되는 복합운송체제로 발전하는 경향이다.

(2) 기업의 위험성

무역은 국내에서 이루어지는 거래와 달리 다음과 같은 위험성이 존재한다.

첫째, 물품수송상의 위험이 있다. 무역거래시 장거리 운송이나 보관이 불가피하기 때문에 물품 자체의 변질이나 부패는 물론 도난의 위험이 국내거래의 경우보다 많이 노출되게 된다. 이러한 위험을 해결하기 위해 손해보험이나 해상보험제도가 운영되고 있다.

둘째, 물품대금결제상의 위험이 있다. 일반적으로 이용되고 있는 신용장방식의 무역거래는 수출업자가 물품을 선적한 후 대금을 받게 되는데, 수입업자의 대금지급거절이나 대금지급불능의 위험으로 대금회수에 문제가 발생될 수 있다. 이러한 위험을 회피하기 위해 수출보험제도 등이 운영되고 있다.

셋째, 환율의 변동으로 인한 환위험(exchange risk)이 존재하거나 상품가격의 변동이 있을 수 있다. 국제간의 무역거래에서 결제되는 통화가 서로 다르기 때문에 당사자들의 계약체결시점의 환율과 대금결제시점의 환율변동으로 인한 환손실의 가능성이 있다. 또한 계약시점과 물품인도시점에 상당한 시간이 차이가 있기 때문에 상품가격이 상승하거나 하락할 가능성도 있다.

(3) 국제관습성

국제간에 이루어지는 무역거래는 국가마다 상관습, 언어, 상거래법규가 다르기 마련이다. 따라서 상대국가들의 이러한 특성을 숙지하지 못할 경우 추후에 분쟁이 발생될 소지가 있다. 국제관습상의 통일화를 위해 국제상업회의소(international chamber of commerce : ICC)나 국제법협회(international law association) 등을 중심으로 정형화된 '무역조건의 해석에 관한 국제규칙(Incoterms)'이나 '신용장통일규칙(UCP)' 등을 제정하여 운영하고 있다.

(4) 산업관련성

무역은 국가의 산업구조에 불가분의 관계를 가지고 있다. 수출의 증가는 국내산업의 발전과 고용 및 국민소득의 증가로 이어지기 때문에 긍정적인 효과를 갖게 된다. 반면에 수입의 증가는 관련산업의 위축으로 인하여 고용과 소득의 감소를 가져오게 된다.

1.2 무역과 국민경제

1. 수출과 국민경제

(1) 수출의 긍정적인 영향

1) 생산 및 고용증대, 그리고 소득창출

수출은 해당 제품의 생산증대뿐만 아니라, 동 제품의 생산과 관련된 산업의 생산활동을 촉진시킴으로써 고용을 창출하게 된다. 이러한 고용창출효과는 자본집약산업보다는 오히려 노동집약산업에서 크게 나타난다. 또한 수출증대는 국내생산을 촉진시켜 생산활동에 참여한 노동·자본·토지·기술 등의 생산요소에 대해서도 대가가 지급됨에 따라 생산요소에 대한 소득을 창출한다.

2) 산업구조의 고도화 실현

수출은 비교우위제품에 특화함으로써 대량생산에 의한 규모의 경제가 실현되고 산업구조의 고도화에 기여한다. 또한 많은 해외시장에 수출함으로써 국내생산이 증가하고, 이러한 규모의 경제에 따라 생산비가 절감되어 경쟁력을 강화할 수 있게 된다. 특히, 농수산 부문보다는 중화학공업 부문에서 이러한 규모의 경제효과가 두드러지기 때문에, 결국 수출을 통해 산업구조가 고도화된다.

3) 외화공급의 원천

지속적인 경제성장을 하는데 필요한 원자재나 시설재 등의 수입결제, 자국통화의 교환성 보장, 외채지급 준비 등을 위해서는 필연적으로 외화가 필요하다. 이러한 외화의 조달은 무역외거래나 외국으로부터의 자본도입으로도 가능하지만, 보다 근본적이면서도 국민경제의 발전에 기여하는 방법은 수출을 통한 외화획득이다.

4) 경기조절

수출은 국내경기의 완충적인 조절기능을 수행하기도 한다. 다시 말해, 국내수요가 둔화될 때에는 수출증대를 통해 국내시장을 보완하고, 반면에 국내수요가 과열될 때에는 수출을 줄임으로써 수요와 공급의 균형을 유지시켜 국내경기를 조절할 수 있다.

(2) 수출의 부정적 영향

1) 산업구조의 왜곡

국제분업의 원리에 따라 특정 산업의 수출활동이 확대되면 그 밖의 산업은 외국에 의존할 수밖에 없다. 그러나 돌발사태가 발생하여 외국으로부터 수입이 곤란하게 될 경우 국가의 국민경제는 막대한 영향을 받게 된다. 특히, 사회간접자본과 같은 기간산업의 경우 치명적일 수 있다. 따라서 각국은 비교열위산업이라 하더라도 국민경제에서 차지하는 비중이 클 경우 그 산업에 대해 정책적으로 보호·육성을 하게 된다. 이럴 경우 국가 전체로 보면 자원의 효율적인 배분을 왜곡시키는 결과를 초래하게 된다.

2) 물가상승

수출에 의해 공급된 외화는 국내통화의 증대요인이 된다. 이처럼 해외부문의 통화증대는 국내물가를 상승시키게 되어 가격경쟁력의 약화요인으로 작용하게 된다. 결국 수출증가는 물가상승에 따른 국제경쟁력의 약화를 초래할 수 있기 때문에, 각국은 수출증가에 따른 국제수지 흑자를 관리하고 있다.

2. 수입과 국민경제

(1) 수입의 긍정적 영향

1) 원자재 및 시설재의 확보

국내에서 생산되지 않는 원자재나 시설재는 수입을 통해 확보해야만 한다. 지속적인 국민경제의 성장을 위해서는 공업화가 필수불가결하다. 이러한 공업화 과정에서 우리나라와 같이 부존자원이 빈약한 국가의 경우 공업화에 필요한 원유·원면·원모 등의 원자재 수입은 불가피하다. 비록 국내에서 생산이 된다 하더라도 외국에 비해 비쌀 경우에는 오히려 수입하는 것이 훨씬 경제적이다.

2) 소비자의 후생 증대

수입은 국내소비자들에게 품질이 우수하고, 값이 저렴한 다양한 외국제품들을 선택할 수 있는 기회를 부여하므로, 소비자들의 후생수준은 그만큼 향상될 수 있다.

3) 국내산업의 경쟁력 강화

수입은 국내생산업자들의 활동을 위축시키는 결과를 초래하기도 한다. 외국생산업자들과의 치열한 경쟁에서 생존하기 위해서 연구개발부문에 많은 투자를 확대하게 된다. 이러한 투자확대는 곧 신제품 개발 또는 생산비 절감을 가져와 해당산업의 경쟁력을 강화하는 결과로 이어진다.

(2) 수입의 부정적 영향

1) 국내산업의 위축

자국 산업이 아직 외국에 비해 경쟁력을 갖추지 못한 상태에서 외국제품의 무제한적인 수입이 이루어지게 된다면, 해당 제품을 생산하는 국내기업들은 시장기반을 잃게 될 뿐만 아니라, 궁극적으로는 파산을 초래한다. 더구나, 외국제품에 비해 제품의 품질이 상대적으로 떨어지는 경우 수입으로 인해 국내생산기업의 피해는 더욱 클 수밖에 없을 것이다.

2) 고용 및 소득의 감소

수입에 따른 외국제품의 국내유입은 해당제품의 국내생산업자들의 투자를 위축시킴으로써 실업이 늘고, 소득은 감소하게 된다. 특히, 수입품이 노동집약재일 경우 이러한 영향은 더욱 커서 국내 고용과 소득에 상당히 부정적인 영향을 미칠 수 있다.

3) 국제수지의 악화

수입은 외화의 유출을 야기하여 국제수지를 악화시키고, 이러한 국제수지의 악화는 그 국가의 국제신인도 하락을 초래하여 국가 경제위기를 초래하기도 한다. 그러므로 각국은 이를 방지하기 위해 불요불급한 제품의 수입을 규제하는 보호무역정책을 실시하고 있다.

4) 국내소비구조의 왜곡

수입은 국내소비자들로 하여금 국산품보다는 외국제품을 선호하게 하는 요인으로 작용하기도 한다. 특히, 고급사치품의 경우 수요의 가격탄력성이 낮기 때문에 높은 관세를 부과하더라도 소비가 크게 감소하지 않는 경향이 있다. 그러므로 이러한 소비패턴은 국내소비구조를 왜곡시키는 결과를 가져오기도 한다.

1.3 무역의 유형

1. 물품의 형태에 따른 분류

(1) 유형무역

유형무역(visible trade)이란 눈으로 볼 수 있으며 구체적인 형태를 가지고 있는 상품무역을 의미하며, 수출입시 세관통관절차를 거쳐 상품수지(product balance)로 계상된다. 일반적인 상품수출입이 유형무역에 속하며, 한 국가의 국제수지에 가장 중요한 항목으로 구성된다.

(2) 무형무역

무형무역(invisible trade)이란 운송, 보험, 여행, 경영 등과 같은 용역(services)에 해당되는 부분의 무역을 의미하며, 세관통관절차를 거치지 않아 수출입통계상에는 계상되지 않지만 국제수지표상에는 나타난다. 무형무역에는 외화획득을 목적으로 한 관광무역, 기술수출, 기술도입, 수수료(commission), 여행경비, 기술사용료(royalty) 등이 해당된다.

2. 제3국의 개입여부에 따른 분류

(1) 중개무역

중개무역(仲介貿易 : merchandising trade)은 수출입 당사자 간에 매매계약이 체결되지 않고 제3국의 중간상인이 중개하여 거래가 이루어지는 경우의 무역을 말한다. 물품은 수출국에서 수입국으로 직접 선적되지만, 대금은 수출입 당사자가 직접 결제를 하고 중개상이 수출업자와 수입업자 양측으로부터 일정한 수수료를 지급받거나, 중개상이 수입업자로부터 대금을 받아 수수료를 공제한 후에 수출업자에게 결제하는 방법이 있다.

(2) 중계무역

중계무역(中繼貿易 : intermediate trade)은 중계자가 수출할 것을 목적으로 물품을 수출업자로부터 수입하여 재수출하는 경우의 무역을 말한다. 중계무역은 수입한 물품을 가공하지 않고 원형 그대로 수출하는 것이 가공무역과 다른 점이며, 일정한 중계수수료를 수취한다.

이러한 형태의 무역은 홍콩차이나, 싱가포르, 마카오 등과 같은 중계무역항에서 주로 이루어진다. 이러한 중계무역항의 조건으로는 관세가 부과되지 않는 자유항이어야 하고, 물품의 집산지이며, 외환의 통제가 없는 지역 등이다.

(3) 통과무역

통과무역(transit trade)은 물품이 수출국에서 도중에 제3국을 경유하여 수입국으로 수송되는 경우에 통과국의 입장에서 볼 때의 무역을 말한다. 이 형태의 무역은 제3국 무역상의 자의적인 개입이 없다는 점에서 중계무역과 다르다. 통과국은 통과세 및 취급수수료, 보험료, 운임 등과 같은 통과운임의 수입을 얻는다.

(4) 우회무역

우회무역(round-about trade)은 수출하고자 하는 국가의 외환통제가 심하거나 또는 높은 관세를 부과하거나 비관세장벽을 이용하여 무역을 통제하는 경우, 이러한 구속을 받지 않는 제3국을 통하여 이루어지는 무역을 말한다. 예를 들어 우리나라가 미국의 자동차시장을 개척하기 위하여 캐나다를 통하여 미국에 수출하거나 외환관리가 엄격한 중국과의 대금결제를 위해 홍콩차이나를 통하여 무역이 이루어지는 경우 등을 들 수 있다.

3. 수출과 수입의 연계에 따른 분류

수출과 수입의 연계에 관련된 무역으로는 연계무역이 가장 기본적인 형태이다. 연계무역(countertrade)이란 수출업자가 수출품에 대한 지불을 전액 또는 부분적으로 수입업자가 제공하는 제품으로 결제하는 제반의 해외 무역거래방법을 총칭하는 용어이다. 연계무역은 주지하다시피 세계적으로 볼 때 최근에 나타나는 전혀 새로운 거래형태가 아니며, 원시사회에서 자연발생적으로 이루어진 가장 오래된 거래형태이다. 그러나 현대적 의미에서의 연계무역은 1932년 독일이 헝가리와 체결한 쌍무간 무역·청산협정에 그 기원을 두고 있다.

연계무역의 유형은 여러 가지가 있을 수 있으나, 대표적으로 바터무역·보상무역·대응구매·환매거래·스위치무역·상쇄무역 등으로 구분된다.

(1) 바터무역

이는 문자 그대로 두 거래당사자가 직접적인 제품의 교환으로 무역을 행하는 방법인 물물교환방식(barter)이다. 현실적으로 물물교환이 다른 형태의 연계무역과 다른 점은 전혀 화폐거래가 존재하지 않고, 단일 계약서에 의해 두 개의 거래가 연계되며, 거래의 내용이 제3자에게 드러나지 않는다는 점이다. 즉 선·후진국간 또는 동서간의 바터무역이 존재하더라도 실제로는 그 거래의 내용이 제3국에서는 전혀 파악되지 않는다.

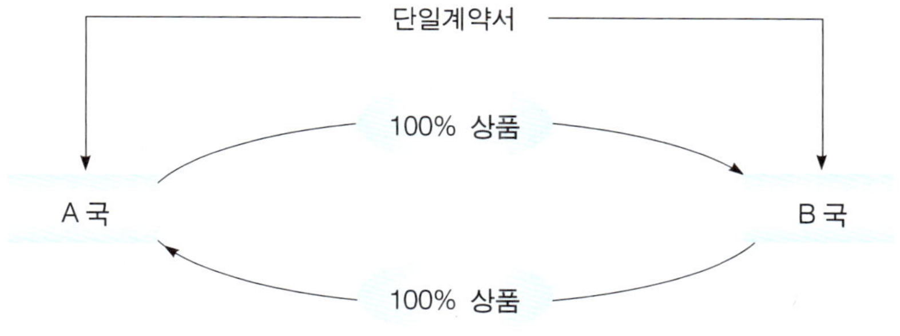

[그림 1-2] 바터무역의 형태

(2) 보상무역

보상무역(compensation trade)은 제품의 수출업자가 수입업자의 결제금액을 전량 또는 부분적으로 제품 등 현금 외적인 원천으로 지불하는 것을 허용하는 거래방식을 말한다. 보상은 전면보상과 부분보상으로 나누어지는데, 전면보상의 경우 바터무역과 유사하나, 다음의 두 가지 점에서 차이가 있다.

- 거래당사자들은 각기 청구서를 발급하나, 대다수의 경우 상호 계정정리용으로 사용하는 형식적인 것이다.
- 수출업자는 그들의 대응의무부분을 제3자에게 이전할 수 있다.

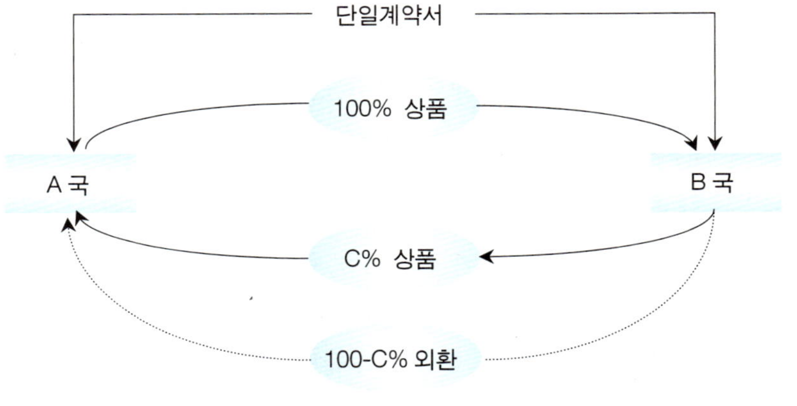

[그림 1-3] 보상무역의 형태

(3) 대응구매

대응구매(counter-purchase)는 연계무역의 가장 보편적인 형태이다. 대응구매계약에 의해서 수입업자가 자신이나 제3자에 의한 구매알선에 의해 지급되는 대금을 결제수단으로 활용하는 것이다. 보상무역과 대응구매의 차이점은 다음과 같다.

- 일반적으로 독립된 2개의 계약서, 즉 수출판매계약서와 대응구매계약서로 이루어지는데, 이 2개의 독립된 계약서는 통상적으로 하나의 의정서에 의해 연결된다.
- 2개의 거래행위가 동시에 이루어져야 하는 것은 아니며
- 대금지불도 별도로 이루어지며
- 대응구매의무를 제3국에 전가 가능하다.

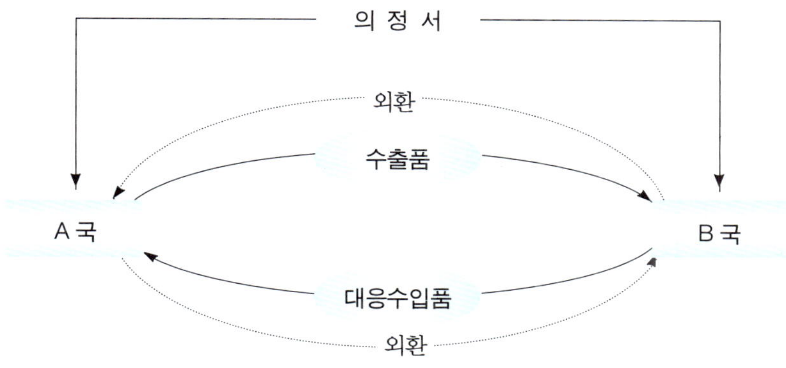

[그림 1-4] 대응구매의 형태

(4) 환매방식

환매거래(product buyback)는 연계무역형태 중 최근 들어 특히 턴키프로젝트(turnkey project) 분야에서 가장 채택되는 비율이 높은 방법이다. 이 방식은 수출업자가 설비·기술 등을 수출하고, 수출한 기술 또는 설비에 의해 생산되는 제품을 재구매하는 형태의 연계무역을 의미한다. 환매거래는 주로 다음의 방법으로 대금결제를 하게 된다.

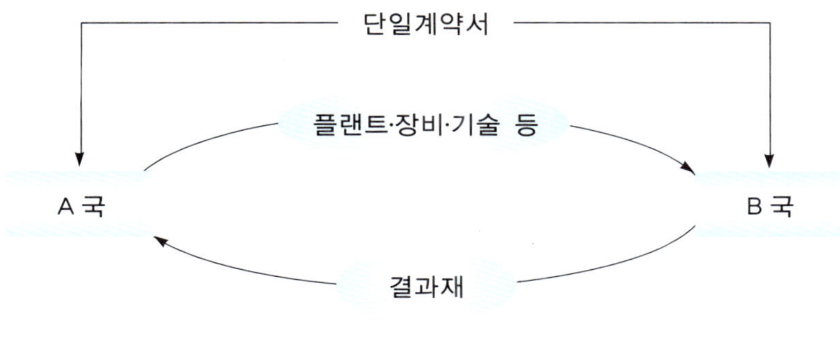

[그림 1-5] 환매거래의 형태

- 공급된 설비를 활용하여 생산된 제품으로 공급
- 공급된 설비에 무관한 제품의 공급
- 공급된 설비를 활용한 제품과 무관한 제품의 혼합공급

(5) 스위치무역

스위치무역(switch trade)은 두 국가 사이에 특정한 결제통화를 사용하여 상호 수출입금액을 정산하는 형태인 청산협정 계정상의 불균형이 발생하는 경우, 동 불균형을 경화로 직접 결제할 수 없기 때문에 이러한 문제점을 해소하기 위해 대두된 무역거래 형태를 의미한다. 바터, 대응구매, 상쇄무역 등의 경우 수출기업이 직접 수출국의 다른 기업과 연계무역을 하는데 비해서, 이는 전문적인 무역상을 이용하여 연계무역을 하는 방법이다.

이는 기간 만료 후 차액을 양 당사자에게 정산하는 것이 아니라 제3자에게 양도하는 것이다. 청산계정상 흑자국 A는 적자국 B국으로부터 재화나 용역을 제공받을 수 있는 권리(청산계정상의 차액)을 제3자에게 양도한다. 이 권리를 취득한 제3자(스위치교역상)가 이를 처리하는 방법 다양하게 나타난다. 한 예로 D국으로부터 하여금 B국 제품을 구매하도록 하고 그 대금은 자신을 이를 수취하여 수수료를 제외하고 A국에 지급할 수 있을 것이다. D국으로부터 수취한 대금을 A국에 지급하지 않고 A국이 원하는 제품을 공급할 수 있는 C국에 지불하고, C국이 A국에 그 제품을 공급하게 할 수 있을 것이다.

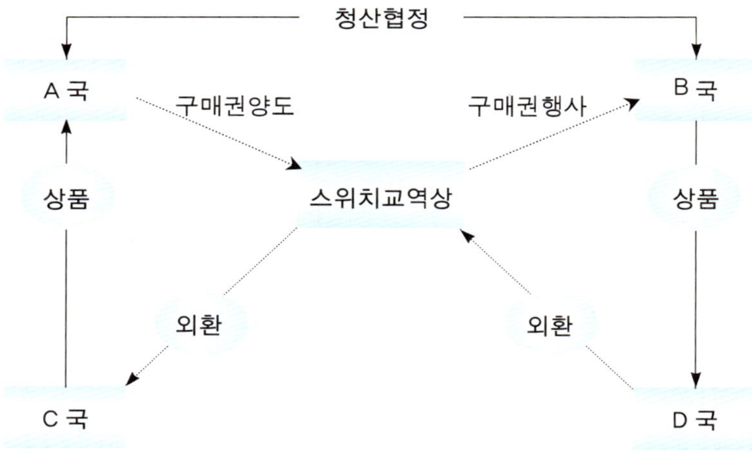

[그림 1-6] 스위치무역의 형태

(6) 상쇄무역(offset trade)

상쇄무역(offset trade)은 연계무역형태 중 가장 최근에 등장한 형태로서 주로 서방 선진국들이 고도의 기술을 필요로 하는 군장비, 통신장비, 전자장비 및 정부구매물자 등을 수출하는 대가로 수입국의 제품을 구매하거나 자신의 기술, 노하우를 수입국에 이전하여 수출품의 전부 또는 일부를 현지에서 제작, 생산하게 하는 거래를 의미한다. 이 상쇄무역은 대응구매와 유사한 형태이나, 대응구매는 수출대금 전액을 재구매해야 함에 비해, 이는 일정액만 재구매된다는 점에서 차이가 있다.

4. 물품의 가공방식에 따른 분류

(1) 위탁가공무역

위탁가공무역(improvement trade on consignment)은 가공임을 지급하는 조건으로 가공할 원자재의 일부나 전부를 외국의 상대방에게 수출하여 가공하도록 하고 가공된 물품을 수입하는 수출입을 말한다. 이는 주로 자국 내에서 가공하는 것보다는 외국에서 가공하는 것이 가공임이 싸거나 기술이 발달된 국가에서 가공하고자 하는 경우에 이용된다. 거래 상대방에서 가공한 후 재수입하지 않고 현지 또는 제3국에 판매하는 경우도 있다.

(2) 수탁가공무역

수탁가공무역(improvement trade on trust)은 가득액을 얻기 위하여 원자재의 전부 혹은 일부를 상대방의 위탁에 의하여 수입한 다음, 이를 가공하여 위탁자 또는 그가 지정하는 자에게 가공물품을 수출하는 것을 말한다. 이는 우리나라보다 임금수준이 높은 국가로부터 하청을 받아 그 국가로 납품하는 경우에 주로 이루어지는 거래이다.

수탁가공을 하기 위해서 수입하는 원자재에 대해 수입관세를 부담해야 하는 등의 문제가 있기 때문에, 국내의 가공수출업자(수탁자)가 자신의 공장을 보세공장으로 설정하면 그 공장으로 반입되는 외국의 원자재에 대해서는 관세를 내지 않아도 된다.

5. 기타 유형

(1) 기술수출

기술수출(export of technology)은 특허권·상표권·의장권·실용신안권 등의 공업소유권이나 제조기술, 경영기술 등의 기술을 특허료나 로얄티 등과 같이 일정한 대가를 받고 외국에 제공하는 것을 말하는데, 기술도입에 대응되는 말이다.

(2) 관광수출

관광수출(tourist income)은 외국으로부터 관광객을 유치하여 외화를 획득하는 것을 말하는데, 특히 다른 수출에 비해 외화가득율이 매우 높은 것이 특징이다.

(3) 플랜트수출

플랜트수출(pant export)은 일반적으로 공장설비나 기계설비, 선박, 철도, 차량 등의 자본재 수출로서, 산업설비수출이라고도 한다. 이러한 플랜트수출은 주로 플랜트의 설계에서부터 시작하여 기계의 제조, 장치, 시운전에 이르기까지 제반업무를 계약자가 일괄적으로 이행하는 계약형태인 턴키계약(turn-key contract)에 따라 이루어진다.

(4) 건설수출

건설수출(construction export)은 고속도로, 항만시설, 댐, 파이프라인, 통신시스템, 공업단지, 대규모의 주거단지 등과 같은 사회간접자본 내지 경제하부구조에 대한 해외진출형태로서, 대부분 토목공사 중심의 건설사업이 중심을 이루고 있다.

(5) OEM방식의 수출

이는 수입업자로부터 제품생산을 의뢰받아 제조한 제품에 수입업자가 요구하는 상표를 부착하여 인도하는 방식으로서, 주문자상표(original equipment manu- facturing) 부착방식의 수출이라고도 한다.

1.4 주요 무역관련 지표

1. 무역의존도

무역의존도(dependence on foreign trade)는 일정기간(대개 1년) 동안 한 국가의 국민경제가 수출과 수입의 합계인 무역에 어느 정도 의존하고 있는가를 보여 주는 지표를 의미한다. 이 지표는 한 국가의 무역규모를 국민소득 또는 국민총생산[1])에 대한 비율로 나타낸 것으로, 일정기간의 무역액을 국민소득이나 국민총생산으로 나누어 구할 수 있다. 또한 수출입총액을 수출액과 수입액으로 분류하여 각각을 국민총생산(또는 국민총소득액)과 대비하여 수출의존도와 수입의존도를 계산할 수 있다.

$$\bullet\text{무역의존도} = \frac{\text{1년간의 무역총액(수출액 + 수입액)}}{\text{1년간의 국민총생산액(또는 국민총소득액)}} \times 100$$

$$= \text{수출의존도} + \text{수입의존도}$$

$$\bullet\text{수출의존도} = \frac{\text{1년간의 수출액}}{\text{1년간의 국민총생산액(또는 국민총소득액)}} \times 100$$

$$\bullet\text{수입의존도} = \frac{\text{1년간의 수입액}}{\text{1년간의 국민총생산액(또는 국민총소득액)}} \times 100$$

무역의존도는 한 국가에서 무역의 중요도가 어떻게 변화하고, 국가간 무역의 중요도가 어떤 차이가 있는가를 상대적으로 비교할 경우에 사용된다. 무역의존도가 높을수록 외국경제와의 상호의존성이 높다는 것을 의미하며, 이 경우는 국제경제의 변화가 국민경제에 직접적으로 영향을 미치게 된다. 반면에 무역의존도가 낮을수록 외국경제와의 상호의존성이 낮아 국제경제변화가 국민경제에 미치는 효과가 적다.

예를 들어 미국의 경우 무역액은 다른 국가에 비해 상대적으로 크지만, 대외무역의 비중은 낮다. 이는 국토가 넓고, 천연자원이 풍부하며, 높은 수준의 기술력으로 인해

1) 국민총생산(gross national product : GNP)이란 일정기간 동안 국민 및 그들이 소유하는 생산요소에서 생산된 최종생산물의 시장가치를 화폐로 집계한 것이다.

자급도가 높음을 의미한다. 그러나 우리나라와 같이 국토가 협소하고 부존자원이 부족한 국가의 경우 무역액은 선진국들보다 상대적으로 적지만, 대외무역의 비중은 높다. 따라서 무역의존도가 한 국가의 무역규모를 나타내는 것은 아니다.

2. 교역조건

교역조건(terms of trade)이란 한 국가의 수입상품에 대한 수출상품의 교환비율로서, 한 국가의 수출상품 한 단위가 외국의 수입상품 몇 단위와 교환될 수 있는가를 나타내는 교환비율을 의미한다. 교역조건은 무역대상의 상대가격으로서, 무역이익의 지표가 되는 것이기 때문에, 무역이익이 교역당사국에 어떻게 배분되는가를 나타낸다. 한 국가의 수출상품 한 단위와 교환될 수 있는 수입품의 양이 이전보다 증가했을 경우 그 국가의 교역조건이 개선되었다고 할 수 있으며, 이와는 반대로 수입품의 양이 이전보다 감소했을 경우 교역조건이 악화되었다고 할 수 있다.

교역조건은 상품의 수출입은 물론, 서비스거래까지 포함하고 있다. 교역조건의 측정은 수출입상품에 대한 수량이나 규격에 의해 이루어져야 하지만, 측정방법의 어려움으로 수출가격을 물가지수로 조정하여 간접적으로 산출하고 있다.

(1) 순교역조건

순교역조건은 수출입가격변화율을 통해 무역이익을 판단하는 것으로서 상품교역조건이라고도 한다. 이러한 순교역조건은 수입상품가격에 대한 수출상품가격의 비율, 즉 수입상품의 가격지수에 대한 수출상품의 가격지수의 비율에 100을 곱한다.

$$\bullet \text{순교역조건} = \frac{\text{수출상품가격지수}}{\text{수입상품가격지수}} \times 100$$

$$= \frac{\text{비교년도의 수출상품가격 / 기준년도의 수출상품가격}}{\text{비교년도의 수입상품가격 / 기준년도의 수입상품가격}} \times 100$$

이 순교역조건(N)이 100이면 불변인데, 가격만을 고려했을 때 일정량의 수출로 기준년도에 비해 비교년도에 더 많은 수입량을 획득했음을 뜻한다. 또한 100 이상이면 개선, 100 이하이면 악화되었음을 의미한다.

(2) 총교역조건

한 국가 전체의 수출수량에 대한 수입수량의 교환비율, 즉 수출입의 수량적 교환비율로 다음과 같이 산출된다.

$$\bullet \text{총교역조건} = \frac{\text{수입수량지수}}{\text{수출수량지수}} \times 100$$

$$= \frac{\text{비교년도의 수입상품수량 / 기준년도의 수입상품수량}}{\text{비교년도의 수출상품수량 / 기준년도의 수출상품수량}} \times 100$$

총교역조건이 100 이상이면 일정량의 수출로 기준년도보다 비교년도에 더욱 많은 양을 수입하였다는 것을 의미하므로 유리하고, 100이면 불변, 반대로 100 이하이면 불리해졌음을 의미한다.

(3) 소득교역조건

한 나라의 수출액으로 얼마만큼의 외국상품을 수입할 수 있는가를 측정해주는 지수로서, 이를 수입능력지수 또는 수출구매력이라고도 한다. 이러한 소득교역조건은 순교역조건(상품교역조건)에 수출수량지수를 곱하고 100으로 나누어 산출한다.

이 때 소득교역조건(I)이 개선되는 것은 기준년도에 비해서 비교년도에 그 나라의 수출수량의 증가에 따라 수입수량을 보다 많이 얻을 수 있다는 것을 의미하므로, 결과적으로 그 나라의 수입능력이 향상되었다고 할 수 있다.

$$\bullet \text{소득교역조건} = \text{순교역조건} \times \text{수출수량지수} \div 100$$

이 밖에 수출상품에 함유된 생산요소 한 단위와 교환되는 수입상품에 함유된 생산요소의 양을 나타내는 요소교역조건이 있는데, 여기에는 한 국가의 수출산업의 실질소득의 변화를 보여 주는 단일요소 교역조건과 수출산업의 변화는 물론 상대국의 생산성의 변화를 동시에 고려하는 이중요소 교역조건이 있다.

3. 외화가득률

상품을 수출하면 당연히 외화를 획득하게 되는데, 수출비율이 매우 높다고 하더라도 수입원자재를 많이 이용하여 수출상품을 생산했다면 외화의 획득은 상대적으로 적어지게 된다. 따라서 수출을 통해서 얼마만큼의 외화를 획득할 수 있는가를 파악하기 위해서는 수출상품의 수출액에서 이 수출상품을 생산하면서 이용한 수입원자재금액을 공제해야 한다. 이때 수출액에서 수입원자재금액을 공제한 부분을 '외화가득액'이라 하며, 그 비율을 '외화가득률'이라 한다. 즉 외화가득률은 한 국가가 수출을 통하여 어느 정도의 외화를 획득할 수 있는가를 나타내는 것을 의미하며, 수출총액에서 수출상품을 생산하는 데 소요된 원·부자재의 수입액을 공제한 것을 다시 수출총액으로 나누어 산정한다.

$$\bullet \text{외화가득률} = \frac{\text{수출액(FOB가격)} - \text{수입원자재총액(CIF가격)}}{\text{수출액(FOB가격)}} \times 100$$

외화가득률의 높이만큼 외화를 획득할 수 있으므로, 이러한 외화가득률은 수출상품의 무역수지에 대한 공헌도를 나타내며, 각 상품마다 상이하다.

예를 들어 특정 수출품목의 수출액이 1,000달러이고, 이 품목을 생산하는데 투입된 수입원자재의 수입액이 400달러라고 가정한다면, 외화가득액은 600달러가 되고 외화가득률은 60%가 된다. 반대로 수입원자재를 전혀 사용하지 않고 모두 국산원자재를 이용하여 수출상품을 생산했다면 외화가득률은 100%가 된다.

4. 수입자유화율

수입자유화는 무역자유화의 하나로서, 국내산업·고용·국제수지 등을 보호할 목적으로 관세 및 비관세장벽 등 무역정책수단에 의해 수입을 규제하는 것을 자유화한다는 것이다. 수입자유화율은 한 국가에서 아무런 제약을 받지 않고 자유롭게 수입할 수 있는 상품, 즉 수입자유화품목의 수가 해당 국가의 총 수입품목 중에서 차지하는 비율을 의미한다. 이는 한 국가의 무역자유화의 정도를 나타내는 것으로서, 그 비율이 클수록 외국에 대한 시장개방 정도가 높다고 할 수 있다. 수입자유화율의 산출방식은 다음과 같다.

$$\bullet\ \text{수입자유화율} = \frac{\text{수입자동승인품목수}}{\text{총수입품목수}} \times 100$$

1.5 무역학의 체계와 본서의 구성

1. 무역학의 학문적 배경

물품의 교환과 매매를 통한 무역은 유익한 경제행위의 원천으로 인간의 생활을 편리하게 해주어 왔다. 특히 교통과 통신수단의 발전으로 인하여 세계경제의 상호의존성이 심화되면서 경제·사회·문화 등 모든 분야의 발전은 무역에 크게 의존하게 되었다. 그럼에도 불구하고 20세기 중반까지도 무역학은 경제학이나 경영학의 단순한 일부로 인식되어 별도의 독자적인 학문으로 인정을 받지 못하였다.

그러나 우리나라를 비롯하여 일본, 대만, 영국 등과 같은 무역의 해외의존도가 높은 국가를 중심으로 그 동안 경제학이나 경영학으로부터 무역학이 하나의 독립된 사회과학분야로서 나타나기 시작하였다. 무역학은 한 국가가 다른 국가들과 재화, 용역 및 기타 생산요소의 거래를 통하여 경제적 가치를 창조하고 이익을 얻기 위하여 이루어지는 무역행위를 연구하는 실천적 학문이라고 할 수 있다.

1950년대부터 개설되기 시작한 무역학과는 독립된 학문영역으로서의 존재가치를 인정받으면서 거의 모든 국내 대학에 설치·운영되고 있다. 뿐만 아니라 일본과 같이 무역비중이 높은 국가에서도 무역전공영역의 체계화된 학문이 존재하고 있으며, 무역학이라는 명칭을 사용하고 있지 않지만 구미지역에서도 무역에 관한 학문적 연구와 정책적 배려는 상당한 수준에 이르고 있다.

모든 학문은 시대적 변천에 따라 나름대로의 이론적 체계와 보다 구체적인 학문으로 세분화되는 것이며, 무역학도 역시 사회과학, 행동과학, 경제학, 경영학의 요소를 포함한 실천적 학문으로서 변화해 가야 할 것으로 보인다. 특히 무한경쟁의 글로벌시대에 있어서 무역의 중요성이 그 어느 때보다도 국제적으로 확산되어 가고 있는 상황하에서 무역학을 경제학이나 경영학의 한 분과로 단순히 계열학문화하거나, 유관학문과 계열화하기보다는 이론적인 측면과 실무적인 측면을 복합적으로 연구할 수 있는 독립적 학문분야로 발전시켜 나가야 할 것이다.

2. 무역학의 학문적 체계

그 동안 무역학의 연구는 학제적인(multidisciplinary) 접근방법을 채택하여 왔다. 이러한 무역학은 그 접근방법에 따라 일반적으로 크게 국제경제학, 국제경영학, 무역실무의 세 분야로 구분하여 왔다.

(1) 국제경제학

국제경제학은 경제학적으로 무역학을 접근하는 영역이다. 이는 주로 한 국가와 다른 국가 사이에 무역이 이루어지는 근본 원인과 국민경제에 대하여 대외거래상 어떠한 정책을 채택할 것인가 하는 문제들을 다루는 분야이기도 하다. 구체적으로 미시경제학과 거시경제학을 포함하는 기초영역, 국제경제학·국제무역론·국제수지론 등의 무역이론, 무역정책론·한국무역론·외자도입론 등의 무역정책, 국제금융, 국제경제기구 등에 관한 연구가 국제경제학 분야에 포함된다.

(2) 국제경영학

국제경영학은 무역학을 경영학적으로 접근하여 기업의 관점에서 무역을 설명하려는 영역이다. 이는 국내기업활동 중심의 경영론적 연구가 국제경영 전반으로 확대된 개념으로 기업의 국제화·글로벌화 등 최근의 행태연구를 중심으로 무역의 전략적 측면을 연구하는 분야이다. 구체적으로 경영학원론·국제경영학 등의 기초영역, 다국적기업론·국제기업관리론·국제자원론·국제경영정책 등의 국제기업, 국제마케팅론·해외시장조사론·해외투자전략론 등의 국제마케팅, 외환론·국제재무관리론·해외투자론 등의 국제재무, 국제인사 및 조직 등에 관한 분야가 국제경영학 분야에 포함된다.

(3) 무역실무

무역실무는 무역거래에 본질적인 문제를 두고 국제상거래에 관한 실무론적인 측면과 국제적으로 통일화된 무역규칙들을 중심으로 한 법리적인 측면을 다루는 영역이다. 그 동안 이 분야는 무역계약론·무역관계법·국제무역규칙 등의 법규 및 제도, 무역상품학·국제물류론·국제운송론·무역보험론·무역결제론 등을 중심으로 연구되어 왔다.

그러나 경제 및 기업의 글로벌화로 인하여 국가 간의 상호연관성이 심화되면서 문화가 다른 외국기업과의 협상에서부터 다자간 통상협상에 이르기까지 부딪히는 갈등을 해소하고 내재된 이익을 실현하기 위한 국제협상의 중요성이 증대되고 있다. 이를 위해 상사중재, 어학 이외에 개별기업간의 무역협상 및 국제기업협상, 국가 간의 국제통상협상에 관한 분야가 다양하게 연구되어야 할 것이다.

이처럼 무역학은 보는 관점에 따라 학문적 접근방법이 다를 수 있으나, 이상에서 본 것처럼 별개의 독립성을 갖기보다는 상호 밀접한 관련성을 가지고 무역학이라는 체계를 구성하고 있다고 하겠다. 이러한 무역학의 학문적 체계를 정리하면 [그림 1-7]과 같다.

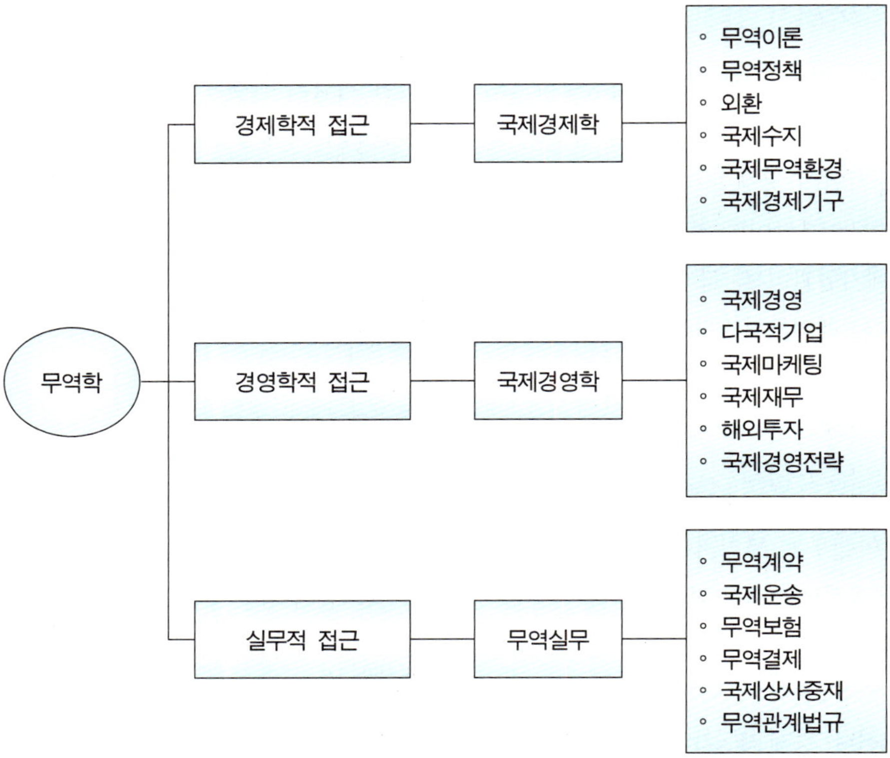

[그림 1-7] 무역학의 학문적 체계

3. 본서의 구성

본서는 앞서 언급한 무역학의 학문적 체계에 따라 [그림 1-8]과 같이 4편으로 구성하였다. 제1편에서는 무역에 관한 기초개념을 설명하였고, 제2편 국제경제학에서는 국가 또는 정부의 관점에서 무역거래에 관한 이론과 정책적 기초를 다루었다. 그리고 제3편 국제경영학에서는 세계화시대의 국제경영활동과 실제를 설명하였으며, 제4편 무역실무에서는 무역거래의 관점에서 무역실무의 내용과 절차를 다루었다.

무역학의 이해	◦ 무역의 기초개념
국제경제학	◦ 무역이론 ◦ 무역정책 ◦ 국제금융환경 ◦ 국제무역환경
국제경영학	◦ 국제경영의 이해 ◦ 해외시장 진출전략 ◦ 국제경영관리
무역실무	◦ 무역관리와 수출입절차 ◦ 해외시장조사와 거래처 발굴 ◦ 무역계약 ◦ 신용장 및 기타 무역결제방식 ◦ 수출입승인, 물품의 확보 및 무역금융 ◦ 국제물품운송 및 무역보험 ◦ 무역대금결제, 무역클레임과 상사중재

[그림 1-8] 본서의 구성

연습문제

1. 용어해설문제

- 무형무역
- 중개무역
- 중계무역
- 통과무역
- 스위치무역
- 우회무역
- 위탁가공무역
- 수탁가공무역
- 광광수출
- OEM방식의 수출
- 플랜트수출
- 무역의존도
- 교역조건
- 외화가득률
- 수입자유화율

2. 주관식문제

(1) 무역의 정의와 그 의미를 설명하라.

(2) 무역의 성격과 특수성에 대해 설명하라.

(3) 무역이 국민경제에 미치는 영향에 대해 설명하라.

(4) 중개무역과 중계무역을 비교하여 설명하라.

(5) 물품의 가공방식에 따른 무역의 종류와 그 내용을 설명하라.

(6) 무역학의 학문적 체계에 대해 설명하라.

제 2 편

국제경제학

Chapter

02 무역이론

학습목표

1. 국가 간에 무역은 왜 발생하는가에 대해 알아본다.
2. 어떤 국가가 어떤 재화를 수출하고 수입하는가에 대해 알아본다.
3. 무역의 방향을 결정하는 요인과 무역이익의 배분에 대해 살펴본다.
4. 무역현상을 설명해 주는 주요 무역이론들에 대해 학습한다.

2.1 무역이론의 기초

1. 무역이론의 연구과제

국제경제학의 한 영역인 무역이론은 무역에 관한 현상들을 체계적으로 설명하고 예측하는 것으로서, 주로 무역의 발생원인과 무역이 국민경제에 미치는 영향, 그리고 자국의 이익을 극대화할 수 있는 무역정책에 관한 연구가 주요 대상이다. 이러한 무역이론의 주요 연구과제는 대체로 다음과 같다.

(1) 무역의 발생원인

무역의 발생원인 규명은 무역이론의 가장 기초적인 연구대상일 뿐만 아니라, 중심적인 연구과제이다. 국간 간에 무역은 왜 발생하는가? 환언하면, 무역을 하면 어떠한 이익이 발생하는가?라는 문제이다. 이러한 무역의 발생원인은 주로 국제분업의 원리를 통해 설명된다.

(2) 무역패턴의 결정

무역이론의 두 번째 연구과제는 무역패턴이 어떻게 결정되는가? 하는 것으로, 각국이 어떤 제품을 수출하고 수입하는가를 규명하는 일이다. 이는 곧 무역의 방향 또는 무역구조의 결정에 관한 것으로 교역당사국간 특화제품의 선정기준과 방법이 주로 연구과제가 된다.

(3) 교역조건의 결정

무역이론의 세 번째 연구과제는 수출품과 수입품의 가격이 국제시장에서 어떻게 결정되는가? 하는 것이다. 이러한 국제가격의 결정에 따라 무역이익이 교역상대국에 어떻게 배분되어지는가가 결정된다. 그러므로 무역이론의 세 번째 연구과제는 수출품과 수입품의 교환비율인 교역조건(terms of trade)의 결정과, 무역의 결과로 얻어지는 무역이익의 배분에 관한 문제를 규명하는 일이다. 무역이론에서의 국제가격은 화폐에 의해 결정되는 것이 아니라, 수출품과 수입품과의 교환비율에 의해 결정된다.

(4) 무역과 국민경제의 관계

무역이론의 네 번째 연구과제는 무역이 각국의 국민경제에 미치는 영향은 무엇인가? 즉, 무역에 따른 교역당사국의 산업구조, 자원배분, 요소소득 등에 미치는 영향을 규명하는 일이다.

2. 무역이론의 제 가정

무역이론에서는 경제학의 여러 분야와 동일하게 무역현상을 설명하는데 있어서 국가 간의 복잡한 교류현상을 보다 쉽고 간편하게 분석하기 위하여 여러 가정들을 설정한다. 이러한 가정들은 단지 이론의 전개를 쉽게 하도록 하는 것이기 때문에 비현실적인 내용들이 대부분이다. 물론, 이러한 가정들은 모든 무역이론에 공통적으로 적용되는 것은 아니며, 경우에 따라서는 이들 가정들이 축소 내지 추가될 수도 있다.

(1) 정태적 분석

무역이론에서는 일반적으로 시간의 흐름과 여건(예를 들면, 인구와 자본, 기술, 노동 등)의 변동을 고려하지 않는 정태적 분석으로 이론을 전개한다.

(2) 2국·2재·2생산요소

세계에는 단지 두 나라(예를 들면, A국 B국)만이 존재하고 2가지 생산요소(예를 들면, 노동과 자본)만을 투입하여 두 가지 제품(예를 들면, X재와 Y재)만을 생산한다고 가정한다.

(3) 생산요소의 국가 간 이동불능

생산요소가 국내에서는 지역뿐만 아니라 타 산업으로도 자유롭게 이동하지만, 무역이론에서는 국간 간에는 이러한 생산요소의 이동이 불가능하다고 가정하고 전개한다.

(4) 생산요소의 동질성

현실적으로 거의 모든 생산요소가 국내는 물론, 국제적으로도 차이가 있기 마련이나, 무역이론에서는 국내에서나 국가 간에도 생산요소의 질은 동일하다고 가정한다. 이는 곧 국가간 생산요소의 생산성이 동일함을 의미한다.

(5) 요소집약도의 상이성

무역이론에서는 두 생산요소를 사용하여 생산하는 두 제품은 각각 상이한 요소집약도를 갖는다고 가정한다. 예를 들면, X재는 노동집약재이고, Y재는 자본집약재임을 전제로 한다.

(6) 동일 생산함수

무역이론에서는 생산량이 증가 또는 감소하더라도 1단위당 생산비는 변화하지 않고 일정하다는 규모에 대한 수확불변을 가정한다. 즉, 국가간 동일제품에 대한 생산함수는 같다고 가정하고 있는 것이다. 어느 한 나라에서 X재가 노동집약재라면 다른 나라에서도 X재는 노동집약재임을 전제로 한다.

(7) 완전 경쟁 및 완전 고용

무역이론에서는 다수의 생산자와 다수의 소비자가 존재하는 시장인 완전경쟁을 가정한다. 그리고 실업도 없고, 자본이나 토지 등 자원의 유휴상태가 존재하지 않는 완전고용을 전제로 한다.

(8) 완전자유무역

무역이론에서는 무역을 위축시키는 관세 및 비관세장벽이 없으며, 거래에 수반되는 포장비·운송비·보험료·통신비·정보비 등 일체의 이전비용이 없는 완전자유무역을 가정한다.

(9) 물물교환 형태의 무역

무역이론에서는 화폐의 개념을 배제하고, 오직 수출품과 수입품의 가치를 상대가격, 즉 제품의 교환인 물물교환형태의 무역거래만을 가정한다.

3. 무역이론의 발전과정

무역이론은 왜 세계의 국가들이 상호간에 무역을 하면 무역을 하지 않을 때보다 이익을 얻을 수 있는지에 대한 해답을 제시하고 있다. 이러한 무역이론은 무역발생의 원인, 무역의 방향(무역패턴), 교역조건의 결정, 그리고 무역이 후생·소득분배·자원배분 등에 미치는 영향분석을 중심과제로 한다.

무역이론은 산업자본주의의 생성 이후 현대에 이르기까지 시대적 변천에 따라 발전을 거듭하여 왔는데, 일반적으로 무역이론의 발전과정을 고전적 무역이론, 근대적 무역이론, 현대적 무역이론으로 나누어 볼 수 있다.

무역현상에 대한 최초의 규명과 체계화는 18세기 중엽부터 19세기 중엽 사이에 활동을 했던 애덤 스미스(Adam Smith)와 데이빗 리카도(David Recardo) 등 고전학파 경제학자들에 의해 이루어진 고전적 무역이론이다.

그 후 헥셔(E. F. Heckscher)와 올린(B. Ohlin)은 무역현상을 설명하는데 가격의 개념을 도입하여 균형분석을 시도함으로써 근대적 무역이론의 기초를 확립하였다. 또한 1960년대 이후 이러한 전통적인 무역이론에 대한 보완이론으로서 현대적 무역이론이 대두되었다.

이러한 무역이론의 발전과정을 살펴보면, 가정조건의 완화와 현실성을 추가하는 면에서 끊임없이 변화를 거듭해 왔다. 그럼에도 불구하고, 리카도(David D. Ricardo)에서 시작하여 헥셔·올린(E. F. Hecksher & B. Ohlin)으로 이어지는 전통적 무역이론은 비록 제약적인 가정조건과 지극히 단순한 이론모형을 형성하고 있으나, 아직도 무역이론의 주축을 이루고 있다고 하겠다.

2.2 고전적 무역이론

1. 절대생산비설

만일 온대지역 국가와 열대지역 국가가 있는데, 온대지역 국가는 소맥 생산에 적합하고, 열대지역 국가는 바나나 생산에 적합하다고 하자. 그런데 온대지역 국가에서 소맥과 바나나도 함께 생산한다면 바나나의 생산은 거의 성공하기 힘들 것이며, 성공한다 하더라도 상당한 노력과 많은 노동력 및 자본 등의 자원이 바나나의 생산에 투입됨으로써 중요한 소맥의 생산에서조차 실패할 가능성이 높다.

열대지역 국가에서도 사정은 마찬가지인데, 이는 소맥의 생산에 대단한 무리가 따르기 때문이다. 따라서 양국은 국제분업방식에 따라 각기 자국에 적합한 제품을 생산하는 데 자원과 노력을 집중하여 자국의 생산품을 수출하는 것이 전체의 생산량도 증가시키고, 또한 소맥과 바나나도 많이 손에 넣을 수 있는 것이다.

이와 같이 국제분업에 기초한 무역은 어떤 국가에 있어서나 이루어질 수 있을 것이다. 이 이론은 애덤 스미스(Adam Smith)가 그의 저서 「국부론(The Wealth of

Nations)」에서 노동생산성을 증대시키기 위한 분업의 필요성을 역설하고, 이를 국제무역에 적용시켜 각국의 절대생산비의 차이를 통해 국제무역의 원리를 규명하고자 했던 것으로, 각국은 자국이 가장 능률적으로 생산할 수 있는 제품의 생산에 특화함으로써 국제무역을 통해 부(wealth)를 극대화할 수 있다는 것이다.

즉 각국은 두 제품 중에서 한 제품을 그들의 무역 상대국보다 더 낮은 비용으로 생산할 수 있다고 가정하고, 이 때 각국은 절대우위(다른 국가보다 더 낮은 실질생산비를 투입하여 생산할 수 있는 상태)에 있는 제품을 생산하여, 이를 수출하고, 그렇지 않은 제품을 수입하면 이득을 얻게 된다는 것이다.

만일 포르투갈과 영국이라는 두 국가가 두 종류의 제품에 관하여 [표 2-1]과 같은 생산조건에 있다고 하자. 1단위의 포도주를 생산하기 위해 포르투갈은 80시간의 노동력을, 1단위의 모직물 생산에는 100시간의 노동력을 필요로 하며, 영국은 각각 120시간, 90시간의 노동력을 필요로 한다. 또한 하나의 가정조건이지만 1단위의 포도주와 1단위의 모직물은 국내에서나 무역에서나 자유로이 교환할 수 있다고 하면, 이 경우 포르투갈은 영국보다 적은 노동력으로 1단위의 포도주를 생산할 수 있고, 반대로 영국은 1단위의 모직물을 포르투갈보다 적은 노동력으로 생산할 수 있다. 결국 절대생산비 측면에서 포도주는 포르투갈이 우위에 있고, 모직물은 영국이 우위에 있다.

이 경우 양국이 어떻게 무역을 하면 쌍방이 모두 이익을 얻게 되는가는 명확하다. 포르투갈은 영국에 포도주를 수출하고 영국으로부터 모직물을 수입하면 되고, 영국은 포도주를 수입하고 모직물을 수출하는 것이다. 그렇게 함으로써 포르투갈은 자급자족의 경제시대에는 180시간의 노동력을 투입하지 않으면 포도주와 모직물 각 1단위를 손에 넣을 수 없었지만, 이제 포도주를 160시간의 노동력으로 2단위 생산하고 그중 1단위를 모직물 1단위와 교환하는 것이므로, 20시간의 노동시간도 절약할 수 있는 것이다. 동일하게 영국도 30시간 적은 노동으로 포도주와 모직물 각 1단위를 손에 넣을 수 있다.

[표 2-1] 절대생산비설의 예

	1단위의 포도주	1단위의 모직물
포르투갈	80	100
영국	120	90

이러한 형태로 국제분업이 성립하여 무역이 행해진다고 하는 사고방식을 「절대생산비설(theory of absolute cost)」 또는 「절대우위론(theory of absolute advantage)」이라 한다.

이 이론은 국제분업론을 통하여 무역의 원리와 이익을 설명하였을 뿐만 아니라, 마치 자유경쟁이 일국에서 유익한 것처럼 외국과의 무역에서도 유익함을 주장하였기 때문에, 자유무역정책의 이론적 기초가 되고 있다.

2. 비교생산비설

비교생산비설(theory of comparative cost)은 현대적인 민족국가가 형성되기 시작한 17세기와 18세기에 풍미했던 국부(國富)의 근원은 금·은의 확보에 있다는 중상주의에 대한 비판에서 출발했는데, 영국의 고전경제학자 중의 한 사람인 리카도(D. Ricardo)의 「경제 및 과세의 원리(Principles of Political Economy and Taxation)에서 최초로 체계화되었으며, 고전학파 무역이론의 중심을 이루고 있다.

이 이론의 요지는 어떤 나라가 다른 나라에 비해 모든 생산물의 생산에 절대열위에 있다 하더라도 그 절대열위의 정도가 낮은, 즉 비교우위에 있는 산업부문에 특화 생산하여 이를 수출하고, 이와 교환으로 절대열위의 정도가 큰, 즉 비교열위에 있는 생산물을 외국으로부터 수입한다면 각국은 모두 무역이익을 얻을 수 있다는 것이다.

애덤 스미스(Adam Smith)는 국제분업이 각국 노동의 절대적 차이에 의해 이루어진다고 본 반면에, 리카도(D. Ricardo)는 노동의 절대적 차이에서뿐만 아니라, 상대적 차이에 의해서도 발생한다고 하였다.

비교생산비설에 관해서는 사람들에 따라 여러 가지 해설방법이 행해지고 있는데, 그 해설방법 자체가 해설자 자신의 이론적 입장을 반영하고 있다. 여기서는 리카도(D. Ricardo) 자신의 설명을 충분히 반영하여 검토해 보자.

리카도(D. Ricardo)는 "일국에 있어서 제품의 상대적 가치를 좌우하는 것과 같은 동일한 규칙이 둘 또는 그 이상의 국가들 간에 교환되는 제품의 상대가치를 좌우한다라는 의미는 아니다"라고 서술하고, 그의 투하노동가치설이 국제무역의 영역에서는 타당하지 않다는 것을 인정하고 있다.

그는 국제간에서는 자본과 노동이 일국 내에서와 같이 자유로이 이동하지 않는다고 가정하고, 영국과 포르투갈간의 복지와 포도주와의 비교를 통해 설명하고 있다.

> 영국은 복지를 생산하는데 1년간 100인의 노동을 필요로 하고, 포도주를 양조하는데 동일 기간에 120인의 노동을 필요로 한다고 가정할 때, 영국은 복지를 수출하고 포도주를 수입하는 것이 이익이 됨을 알 수 있다. 포르투갈에서는 포도주를 양조하는데 1년간 80인의 노동을 필요하고, 복지를 생산하는데 동일기간에 90인의 노동을 필요로 한다고 가정할 때, 포르투갈에 있어서는 포도주를 수출하고 복지를 수입하는 것이 유리할 것이다.

이러한 예를 [표 2-2]와 같이 나타낼 수 있다.

[표 2-2] 비교생산비설의 예

(단위 : 노동자 수)

	복지(C)	포도주(W)
영 국	100인	120인
포르투갈	90인	80인

여기서 그는 영국의 복지와 포르투갈의 포도주를 교환하는 것이 양국에 유리하다고 결론을 내리고, 그 때 "영국은 (포르투갈의) 80인 노동의 생산물과 대조가 되고, 100인 노동의 생산물을 제공할 것이다. 이러한 교환은 동일국가의 개인 간에서는 발생할 수 없을 것이다"라고 하였다. 이러한 국제간의 불균등 노동량 교환이 그의 주장의 요점이다.

이 이론은 비교우위와 비교열위를 생산비로써 설명하였기 때문에, 「비교생산비설(theory of comparative cost) 또는 비교우위론(theory of comparative advantage)」이라고 하며, 종래의 자유무역정책의 이론적 뒷받침으로 널리 적용되었으나, 오늘날 복잡한 국제무역체제하에서는 다음과 같은 단점을 지니고 있어 이론전개가 밀리고 있다.

첫째, 노동가치설에 입각하여 노동만이 부(wealth)를 창조하며, 그 재화를 생산하는데 필요한 생산요소는 오직 노동뿐이며, 동시에 노동에는 질적 차이가 없다고 가정하였다. 그러나 실질적으로 생산에는 노동 이외에 자본·토지 등의 요소가 결합되어 이루어짐은 물론, 또한 이러한 노동에도 단순공·고도의 숙련공 또는 질적 수준의 고도화 등 여러 가지 질적 차이가 있기 마련이다.

둘째, 생산요소의 투입과 생산량 사이에는 일정불변의 비례관계가 있다고 가정하였다. 즉 이 생산요소의 투입에서 오는 수확체감 또는 수확체증은 존재하지 않는다고 했다. 이것은 현실의 경제와 거리가 멀다고 볼 수 있다. 일반적으로 다른 생산요소를 고정시켜 놓고 한 가지 생산요소를 누적적으로 투입시키면 수확체감의 현상이 나타난다. 그리고 오늘날 세계경제는 대량생산의 경제, 규모의 경제가 있기도 하다.

3. 상호수요이론

밀(J. S. Mill)은 그의 저서 「경제학 원리(Principle of Political Economy)」에서 리카도가 규명하지 못한 교역제품의 국제교환비율(교역조건)과 교역당사국에 대한 무역이익의 배분을 규명하였는데, 이를 「상호수요이론」이라 한다. 또한 「상호수요균등의 법칙(law of equation of reciprocal demand)」 또는 「국제가치설(theory of international value)」이라고도 한다.

그는 무역은 양국 간의 교역조건에 의해 발생한다고 하고, 두 교역제품의 국제교환비율(교역조건)은 비교생산비의 상한과 하한, 즉 두 교역당사국의 국내교환비율 내에서 자국의 수출품에 대한 외국의 수요와 외국에서의 수입품에 대한 자국의 수요가 상호 일치하는 점에서 결정되며, 또한 이러한 상호수요에 의해 결정된 교역조건에 의해 교역당사국의 무역이익 배분이 이루어진다고 하였다. 일반적으로 특정 상품의 생산비가 변동하면 그에 대한 수요도 변하기 마련이므로, 2국간의 상호수요의 크기와 탄력성의 변화가 양국의 교역조건을 결정한다고 주장하였던 것이다. 즉 교역상대국 상품에 대한 자국의 수요탄력성이 크면 교역조건은 자국에 불리하고, 반대의 경우에는 자국에 유리하다는 사실을 규명한 것이다.

이러한 상호수요이론은 [표 2-3]을 이용하여 설명할 수 있다. 동일한 노동량을 투입해서 영국에서는 라사 10야드와 린넨 15야드를 생산할 수 있고, 반면에 독일에서는 라사 10야드와 린넨 20야드를 각각 생산할 수 있다고 가정해 보자.

[표 2-3] 동일한 노동량 투입에 따른 생산량

상품 \ 국가	영 국	독 일
라 사	10 야드	10 야드
린 넨	15 야드	20 야드

이러한 조건하에서 무역이 이루어지면 비교생산비의 원리에 따라 영국은 라사의 생산에, 독일은 린넨의 생산에 특화하게 된다.

[그림 2-1]은 영국과 독일 양국의 라사와 린넨의 국제교역조건의 범위를 나타낸 것이다. 무역개시 전에 라사와 린넨의 국내교환비율은 영국은 10X : 15Y, 독일은 10X : 20Y이다. 무역이 개시되면 영국은 자국의 비교우위상품인 라사에 대해서 라사와 린넨의 국내교환비율인 10 : 15보다 유리한 국제교역조건하에서만 특화 생산하여 무역을 하려 할 것이고, 반면에 독일은 자국의 비교우위상품인 린넨에 대해 라사와 린넨의 국내교환비율인 10 : 20보다 유리한 국제교역조건하에서만 특화 생산하여 무역을 하려고 할 것이다. 그 이유는 이러한 범위를 초과하면 무역은 어느 나라에 있어서나 불리하게 되어 오히려 국내에서 두 상품을 모두 생산하여 교환하는 것이 유리하기 때문이다. 따라서 라사와 린넨 두 상품의 국제교환비율인 국제교역조건은 라사 10야드에 대해 린넨 15야드 이상과 린넨 20야드 이하의 범위가 될 것이다.

만약 라사와 린넨의 국제교역조건이 10X : 18Y에서 결정된다면, 영국은 두 상품을 모두 국내에서 생산할 때보다 라사 10단위를 수출하여 그 대가로 독일의 린넨 18단위를 수입하여 교환하는 경우가 린넨 3야드를 더 얻을 수 있고, 독일은 린넨 18단위를 수출하여 그 대가로 영국의 라사 10단위를 수입하여 교환하는 경우가 국내에서 라사를 생산하여 교환하는 경우보다 린넨 2야드를 절약할 수 있게 된다.

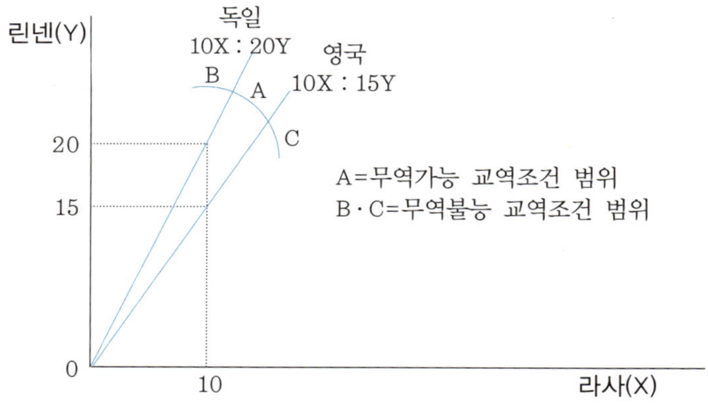

[그림 2-1] 국제교역조건의 범위

라사와 린넨의 국제교역조건이 10X : 17.5Y가 가장 이상적인 것처럼 보이나, 국제교역조건은 영국과 독일 양국의 수요의 변화에 따라 결정되기 때문에, 그것은 임의로 설정한 것에 불과하고 실제로 교역 가능한 조건은 될 수가 없다.

결국 무역이익은 국제교역조건에 따라 결정되며, 국제교역조건은 양국의 비교생산비의 상한과 하한의 범위 내 어느 점에서 결정된다. 또한 무역이익의 배분은 양국의 두 상품의 상호수요의 탄력성에 따라 좌우된다.

이 상호수요이론은 생산측면만 고려한 리카도의 비교생산비설이 설명할 수 없었던 교역상품의 국제교환비율인 국제교역조건을 수요 측면(교역당사국의 수요탄력성)을 고려하여 도출하였으며, 교역당사국에 배분되는 무역이익을 규명하였다는 점에서 그 의의가 크다. 그러나 동시에 리카도의 비교생산비설이 가정했던 수송비의 무시나 2국(國家)·2재(財貨)·2생산요소(生產要素) 모델 등 여러 가지 비현실적인 가정을 그대로 도입하였으며, 또한 지나치게 수요 측면만을 강조한 나머지 상대적으로 공급 측면에 대한 배려가 부족하였다는 비판을 받고 있다.

2.3 근대적 무역이론

1. 헥셔 · 올린 정리

헥셔·올린 정리는 비교우위의 원인을 각국에 있어서의 생산요소의 부존량 차이에서 설명하고, 또 생산요소의 상대가격이 국제 간에 균등화하는 경향이 있다는 이론이다. 이 이론은 최초로 스웨덴의 경제학자인 헥셔(E. F. Heckscher)에 의해 주장되었고, 그 후 그의 제자인 올린(B. Ohlin)에 의해 더욱 발전되었으므로, 이들의 학문적 업적을 기념하여 「헥셔 · 올린 정리(Heckscher-Ohlin theorem)」라고 한다.

이 이론의 생산요소로는 토지 · 노동 · 자본 · 에너지 등의 복수요소가 있음을 밝히면서, 제1명제로서 「요소부존이론」, 제2명제로서 「요소가격 균등화 정리」 등 두 가지 명제를 들어 설명하였다.

(1) 제1명제 : 요소부존이론

국가 간에는 생산요소의 부존량에 차이가 있고, 생산물마다 또한 요소집약도에 차이가 있기 때문에 비교생산비의 차이가 발생한다. 즉 각국은 그 나라에 비교적 풍부하게 존재하는 생산요소를 보다 집약적으로 사용하는 재화의 생산에 비교우위를 가진다는 것이다. 또한 요소부존량의 차이란 절대적 부존량의 차이가 아니라, 상대적 부존량의 차이를 말하는 것이다. 이러한 측면에서 제1명제인 요소부존이론(theory of factor endowment)은 「비교생산비의 결정요인」이라고도 하며, 또한 각국의 요소부존비율의 차이(상대적 요소풍요도 : relative factor-abundance)와 각 재화의 요소투입비율의 차이(상대적 요소집약도 : relative factor-intensity)가 무역유형을 결정하는 주요 인자라는 점을 강조하고 있다는 점에서 「요소비율이론(factor-proportion theory)」이라고도 한다. 예를 들면 한국에서는 노동이 비교적 풍부하기 때문에 노동임금이 낮아서 노동을 집약적으로 사용하는 산업, 즉 신발류 및 섬유산업에 비교우위를 가진다는 것이다.

(2) 제2명제 : 요소가격균등화정리

제1명제가 제시하는 바에 따라 요소부존상태의 차이에 의해 국가 간의 비교생산비차가 발생되고, 이에 따라 무역이 성립하면 생산요소가 국제간에 이동하지 않더라도, 제품무역에 의하여 생산요소의 상대가격이 국제간에 결국은 균등화하는 경향이 있다는 것이다. 즉 오늘날 국제간에는 생산요소의 이동이 비교적 자유롭기 때문에, 생산요소는 보수가 낮은 나라에서 높은 나라로, 즉 임금조건이 좋은 국가로 이동하기 때문에 국가 간에 생산요소의 부존량의 차와 가격차가 없어지게 되어 각국의 비교우위가 소멸된다는 것이다. 만일 이러한 생산요소의 이동이 이루어지지 않는다 하더라도 생산물의 이동이 국제간에 일어나고 있으면, 생산요소의 가격은 균등화되고 생산요소의 이동이 있었던 것과 같은 결과가 된다는 것이다. 예를 들면 한국은 노동집약적인 신발류 산업에 특화 생산함으로써 노동에 대한 수요가 상대적으로 증대하여 임금이 상승할 것이고, 미국은 농산물을 특화 생산한다면 토지에 대한 수요가 상대적으로 증대하여 지가가 상승할 것이다. 이렇게 되면 한국에서는 임금이 상승하여 결과적으로 미국의 임금과 같아지게 되고, 미국에서는 지가가 상승하여 한국의 지가와 같아지게 된다는 것이다. 이와 같이 생산요소의 상대가격이 국제간에 균등화되는 경향을 「요소가격균등화정리(factor price equalization theorem)」라 한다.

이상의 두 가지 명제를 종합해 볼 때, 「각국은 그 나라가 상대적으로 풍부하 가지고 있는 생산요소를 보다 많이 사용하여 생산되는 재화에 비교우위를 갖게 된다」라고

정의된다. 예를 들면 농업제품과 기계제품을 비교해 보면, 농업은 토지를 상대적으로 많이 사용하는데 비하여, 기계제품은 노동과 자본이 보다 많이 사용된다고 생각된다. 그 결과 토지를 풍부하게 갖고 있는 국가는 농업에 비교우위를 갖게 되고, 노동과 자본이 상대적으로 풍부한 국가는 공업제품에 비교우위를 갖게 된다는 것이다.

2. 레온티에프의 역설

레온티에프(W. Leontief)는 리카도가 해명하지 못한 비교생산비 차이의 원인을 규명한 헥셔·올린정리의 제1명제인 요소부존이론을 최초로 검증하였다. 레온티에프는 1947년과 1951년의 미국의 산업연관표 작성을 위해 수집한 수치에 근거하여 미국의 무역구조에 관해 하나의 실증적 연구를 각각 1953년과 1956년에 각각 발표하였다.

일반적으로 미국은 타국에 비해 자본이 풍부하고, 반면에 노동이 상대적으로 부족하므로 헥셔·올린 정리의 제1명제인 요소부존이론에 따르면, 자본집약적 제품을 수출하고 노동집약적 제품을 수입하는 것으로 판단될 수 있는데, 통계적으로 검증한 결과 예상과는 달리 오히려 수출제품에 있어서 자본/노동비율이 수입경쟁제품보다 낮음으로써 모순된 결과가 도출되었다. 이러한 요소부존이론과는 정반대의 결과가 나왔기 때문에 「레온티에프의 역설(W. Leontief's paradox)」이라 부르게 되었다.

레온티에프는 미국 수출제품과 수입경쟁제품 각각 100만 달러 상당을 생산하는데 필요한 자본과 노동의 투입량을 비교하였는데, 그 결과를 집계한 수치는 [표 2-4]와 같다.

[표 2-4] 수출상품과 수입경쟁상품의 자본과 노동투입량

	1947년		1951년	
	수출제품	수입경쟁제품	수출제품	수입경쟁제품
자본($, 1947년 가격)	2,55,780	3,091,339	2,256,800	2,303,400
노동(연인원)	181.31	170.00	173.91	167.81
자본/노동(K/L)	14.068	18.184	12.976	13.726
비율	1	1.29	1	1.06

수출제품의 경우 노동자 1인당 자본이 14.068달러인데 비해, 수입경쟁제품은 노동자 1인당 자본이 18.184달러이므로 자본과 노동비율은 수출제품을 1로 한다면 수입경

쟁제품은 1.29가 되어 수입경쟁제품이 보다 자본집약적이라는 것이다. 이러한 사실은 자본풍부국인 미국의 경우 헥셔 · 올린정리의 제1명제인 요소부존이론과는 상반되는 것이다. 이와 같이 일반적으로 받아들여지고 있던 생각과 다른 결론이 도출되었기 때문에, 이를 레온티에프의 역설이라 부른다.

레온티에프가 헥셔 · 올린정리의 제1명제인 요소부존이론을 검증한 결과, 역설적인 현상이 나타난 것에 대해, 여러 학자들이 다양한 측면에서 해명하고 있다.

첫째, 생산요소를 자본과 노동만으로 한정했다는 점이 이러한 결과를 초래했을지 모른다는 것이다. 즉, 천연자원과 같은 당시 중요한 생산요소를 고려하지 않았다는 점이다. 미국은 그 당시 석유나 광물과 같은 천연자원을 집약적으로 사용하는 제품을 주로 수입하고 있었다. 그런데 생산요소를 노동과 자본으로만 나눔으로써 미국에는 상대적으로 희소한 천연자원 집약적인 제품도 자본집약적인 제품으로 나타났으리라는 것이다. 즉, 생산요소를 자본과 노동, 그리고 천연자원의 셋으로 구분하였다면 헥셔 · 올린정리와 동일한 결론이 도출되었을 것이라는 것이다.

둘째, 투입된 노동을 다양한 교육수준이나 숙련도를 고려하지 않고, 단순히 연인원으로만 측정함으로써 모두 동질의 생산요소로 취급했다는 점이다. 즉, 생산요소의 질적 차이를 무시했다는 점이다. 현실적으로 각 국가마다 생산요소의 질은 상이하다. 특히, 미국의 경우 노동의 질적 수준은 타국에 비해 높다고 볼 수 있다. 이렇게 볼 때, 미국은 타국에 비해 실제적으로 노동풍부국이라고 할 수 있으므로, 미국이 노동집약재를 수출하고 자본집약재를 수입할 수도 있다는 것이다.

셋째, 통계의 정확성에 대한 문제이다. 통계의 오차한계는 너무 커서 자본/노동 투입비율의 조그마한 차이를 제대로 반영하지 못할 수도 있다는 점이다.

2.4 현대적 무역이론

고전적 무역이론으로서 근대 제조업의 분업론을 발전시킨 리카도(D. Rcardo)의 비교생산비설은 아직도 국제무역을 설명하는 핵심이며, 자유무역이론의 근간이 되고 있다. 이 이론은 국제무역의 기본원리를 제시하였다는 점에서 높이 평가되고 있으나, 제품의 생산비를 오직 노동량에서 결정된다는 가정에서만 출발하고 있으며, 이러한 노동 생산비의 차이가 왜 발생하는가에 대해서는 분명하게 설명하지 못하고 있다.

또한 근대무역이론인 헥셔·올린 정리는 리카도가 설명하지 못한 생산비 차이의 원인을 국가 간 생산요소 부존량의 차이에서 규명하고, 자유무역이 요소가격에 미치는 효과를 밝힌 점에서 높은 평가를 받고 있으나, 현실에 부합하지 아니하는 많은 가설들을 포함하고 있으며, 생산요소의 부존비율이 다른 국가들 간에만 무역이 발생한다고 보았다.

이와 같이 전통적 무역이론들은 지나치게 비현실적인 가설을 전제로 하고 있으며, 실증적 검증에서도 상반된 결론이 제시되고 있는가 하면, 오늘날 국제무역이 복잡다기해짐에 따라 이러한 전통적 무역이론에 대한 보완이론이 1960년대 이후 제기되고 있다. 그 대표적인 이론으로서는 다음과 같은 것들을 들 수 있다.

1. 대표적 수요이론

스웨덴의 린더(S. B. Linder)에 의해 1961년 주장된 대표적 수요이론(representative demand theory)은 공산품간의 무역에 있어서 무역당사국의 수요패턴이 유사하면 할수록 그 무역규모는 확대된다는 이론으로, 1인당 국민소득의 수준이 유사하면 유사할수록 두 국가 간의 수요구조는 유사해지고, 그 수요구조가 유사해지면 유사해질수록 또한 무역량은 많아진다는 것이다.

어떤 제품이 수출가능성을 가지기 위해서는 우선 그 제품이 국내에서 생산되고 수요되어야 한다. 그래서 국내수요, 즉 대표적 수요를 바탕으로 하여 그 제품이 값싸게 생산되기 시작하면, 그 국내수요와 유사한 수요패턴을 가진 해외의 국가로 수출하게 된다는 것이다. 이런 점에서 볼 때 국내시장에서 가장 큰 양의 재화는 결과적으로 수출가능성이 가장 많은 재화가 된다는 이론이다.

일반적으로 경쟁적 시장에서는 소비자의 선호에 따라 재화 및 서비스의 수요가 결정되고, 이에 대응하여 생산이 이루어져 노동·자본·토지 등 제자원이 가장 바람직한 상태로 배분된다고 했다. 즉 파레토최적[2](Pareto's Optimum)이 실현된다는 것이다.

---

2) 「파레토최적」이란 경제적 후생의 극대화의 기준으로서 사용되는 개념인데, 이것은 타인에게 피해를 입히지 않고서는 어느 누구도 더 이상 잘 살게 할 수 없을 정도로 자원이 잘 활용되고 있는 자원

그러나 현실적으로 국제무역에 있어서 각국의 비교우위에 의한 독점적 요인과 그 사회적 선호형태가 각각 다르기 때문에 경쟁이 불완전해지고, 또한 자원의 최적배분(optimum allocation of resources)이 실현되지 못하므로, 각국 간의 무역마찰이 생기게 되고, 또한 고도의 무역정책이 필요하게 된다.

2. 연구·개발요소이론

연구·개발요소이론(theory of research and development factor)은 연구·개발(R&D)활동이 무역패턴의 결정에 지배적 역할을 한다는 것으로, 특히 오늘날 미국을 비롯한 대부분의 선진국 무역패턴이 주로 연구·개발요소에 의해 결정된다는 것이다. 이 이론은 그루버(W. D. Gruber), 메타(D. Metha), 버논(R. Vernon) 등 3인 공동연구와 키싱(D. B. Keesing)의 연구에 의해 밝혀졌다.

키싱(D. B. Keesing)은 기술이 무역구조에 미치는 효과분석을 위하여 기술과 신개발제품의 무역과의 관계를 ① 수출과 연구·개발(R&D)에 지출된 비용, ② 수출과 기술인력의 구성비율의 관점에서 실증적으로 분석하고, 다음과 같은 연구결과를 발표하였다.

미국의 경우 연구·개발 종사자와 같은 고급노동자가 많이 투입되는 산업일수록 국제경쟁력이 강하고, 그 산업의 제품수출이 국제시장에서 큰 비율을 차지하고 있다. 즉 미국은 기술집약도(총 종업원 중에서 숙련기술인력이 차지하는 비율)가 높은 제품을 수출하고 있으며, 미국의 기술적 우위가 하강 또는 소멸될 때 기술집약재의 수출은 상대적으로 감소하고 있다는 것이다.

한편 그루버, 메타, 버논의 3인 공동연구에서도 키싱의 연구에서처럼 연구개발지표가 큰 기업일수록 수출비율이 높으며, 또한 해외직접투자에 있어서도 적극적이라는 사실을 규명하였다.

결국 국가 간 기술부존의 차이가 신제품의 시장점유율을 결정함으로써, 무역은 국가 간 기술격차에 기초하고 있다는 것을 강조하고 있다. 그러므로 오늘날 선진국을 중심으로 R&D투자비율은 점점 확대되고 있다.

의 최적 분배상태를 말하는 것이다.

3. 기술격차이론

기술격차이론(technological gap theory)」은 1961년 포스너(M. V. Posner)에 의해 처음으로 이론적 모형이 세워졌고, 그 후 1965년 후프바우어(G. C. Hufbauer)는 이를 근거로 저임금 무역을 첨가하여 화학섬유·합성고무 및 수지 등 화학합성 원자재의 무역패턴이 시간의 경과에 따라 어떻게 변화하며, 이를 변화시키는 요인이 무엇인가를 실증적 분석을 통해 검증하여 보완한 것이다.

이는 각국 간 생산기술상의 격차가 무역발생의 원인이 되고 무역패턴의 결정에 지배적 작용을 한다는 이론이다. 특히 이 이론은 선진공업국들이 가지는 비교우위의 패턴을 설명하는 것으로, 고도로 발전된 선진국들 간에 공산품 무역이 이루어지는 것은 생산기술의 혁신으로 인하여 기술격차가 각종 산업에 불규칙적으로 일어나서, 그것이 비교생산비의 차이를 발생시키기 때문이다.

이 모형에 의하면 기술선진국(예, 미국)은 신제품과 신 생산공정의 도입에 의해 야기된 기술갭을 통하여 신제품의 수출을 증가시키고, 세계시장에서 독점을 유지하게 된다는 것이다. 한 나라의 수출은 다른 나라가 이 기술을 모방 또는 이전하게 될 때까지 계속된다는 이론이다.

그러나 이 모형은 기술갭의 규모와 발생원인, 그리고 시간의 경과와 더불어 기술갭이 소멸되어 가는 과정을 정확히 설명하지 못하는 점에 문제점이 있다.

[그림 2-2]를 보면 0을 중심으로 위쪽에는 기술혁신국의 생산량과 수출량이 표시되어 있고, 아래쪽에는 기술모방국의 생산량과 수출량이 표시되어 있다. 기술혁신국에서는 새로운 기술이 개발됨에 따라 t_0시점에서 신제품을 생산하게 된다. 그 후 시간이 지남에 따라 기술혁신국의 신제품 생산은 증가하여 t_1시점에 이르면, 동 제품을 기술모방국에 수출하기 시작한다. 이때 $t_0 \sim t_1$시점은 기술혁신국이 신제품의 자급자족을 이룩하는 기간으로, 포스너는 이를 수요시차(demand lag)라고 하였다. 이후 시간이 지남에 따라 기술혁신국의 생산량·수출량은 계속 늘어나 t_2시점에서 기술혁신국의 생산량과 수출량은 최대가 되는 반면, 기술후진국인 기술모방국도 동 제품을 모방·생산하기 시작함으로써 $t_1 \sim t_2$시점까지를 포스너는 기술모방국의 반응시차(reaction lag)라 하였다.

이와 같이 기술혁신국이 수출이익을 얻을 수 있는 이유는 기술모방국의 반응시차가 기술혁신국의 수요시차보다 길기 때문인데, 반응시차와 수요시차간의 차이가 크면 클수록 기술혁신국의 이익은 커진다. 그런데 기술모방국의 반응시차에 영향을 줄 수 있는 요인으로는 규모의 경제, 수송비, 관세, 기술모방국의 수요의 소득탄력성, 시장의 규모와 소득수준 등을 들 수 있다. 이러한 반응시차가 지난 후 t_2 ~ t_3시점 사이에서는 기술모방국이 기술혁신국의 기술을 습득하여 국내생산을 늘리게 되고, t_3시점 이후에서는 오히려 기술후진국인 기술모방국이 기술선진국인 기술혁신국에 역수출하게 된다.

(t_3, t_0)을 일괄한 것이 기술모방국의 모방시차(imitation lag)인데, 실제로 무역이 이루어지는 기간은 모방시차에서 수요시차를 차감한 기간으로, 이 기간 중에 기술혁신국에서 기술모방국으로 수출이 이루어진다.

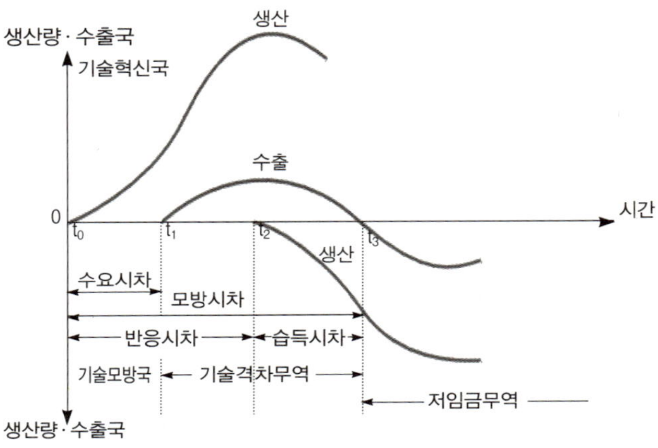

자료 : G. C., Hufbauer, *Synthetic Materials and the Theory of International Trade*, Gerald Duokworth & Co. Ltd., 1965, p.24.

[그림 2-2] 기술격차와 무역의 발생

이것이 기술격차무역이다. t_3시점 이후는 저임금무역이 발생하는 시기이다. 이 시기는 기술모방국의 제품이 기술혁신국의 제품과 해외에서 경쟁하게 되는 시기로 기술모방국의 제품이 저임금이므로 기술혁신국의 제품을 제압하게 된다고 한다.

4. 제품수명주기이론

버논(R. Vernon)은 기술발전이 어떻게 국가 간의 비교우위와 무역구조를 결정하는

데 영향을 미치는가를 설명하기 위하여 신제품의 수명주기를 일반화시킨 제품사이클이론(product cycle theory) 또는 제품라이프사이클이론(product life cycle theory)을 개발하였다. 즉 시간이 흐름에 따라(기술발전에 따라) 국가 간의 비교우위와 무역구조가 어떻게 동태적으로 변화하는가를 밝히고 있는 이 이론은 기술불변(국가 간 기술수준은 동일)을 가정한 헥셔·올린 정리와 대조를 이룬다.

이 이론에 따르면 제품은 생물의 생애와 같이 순환과정을 거치게 되는데, 그 수명기간 동안 도입기, 성장기, 성숙기, 쇠퇴기 4단계로 구분되어 각 단계에서 생산, 소비 및 무역구조가 다르게 결정된다는 것이다. 즉 어떤 제품이 선진국에서 개발되어 수출되기 시작하면, 그 제품은 해외의 수요자들에게 서서히 알려지면서 수출이 완만히 증대하다가, 대량생산으로 저가로 수출하게 되면 수출량은 급증하게 된다. 이 기간이 지나면 수출규모는 고정화되다가 중진국 등에서 대체제품 등의 출현으로 수요가 급격히 감퇴되어 드디어 중지되고 만다는 것이다. 신제품의 수명주기를 일반화한 제품수명주기이론을 정리하면([그림 2-3] 참조) 다음과 같다.

(1) 도입기

기술선도국의 독점적 기술혁신으로 신제품의 개발이 이루어진 이후, 국내의 생산과 소비의 증가는 물론, 해외의 잠재수요의 증가로 독점적 수출이 증가하는 단계이다. 따라서 해외의 수출시장은 기술선도국의 독점적 영향권 내에 있게 된다.

예를 들어 소득수준이 높은 미국에서는 수요의 소득탄력성이 높은 제품과 노동집약적(기술집약적) 제품의 국내수요기반이 확보될 수 있어서 첨단기술을 기초로 하는 신제품 개발이 용이하고, 세계시장을 독점적으로 확보할 수 있게 된다.

(2) 성장기

신제품의 해외소비가 일반화되기 시작하면서 해외의 잠재적 수요가 크게 증가하여 기술선도국은 대량생산으로 수출을 증가시키지만, 독점적 신제품개발기술의 해외이전 또는 전파(기술경쟁국의 기술모방 확대)로 생산이 경쟁적으로 이루어지면서 기술선도국의 독점적 수출이 감소하기 시작하는 단계이다.

신제품의 생산이 기술선도국으로부터 임금이 상대적으로 낮은 기술경쟁국으로 이동함으로써 다국적기업의 출현에 의한 국제분업의 형태가 나타나는 단계이다.

(3) 성숙기

신제품개발에 대한 독점적 기술의 완전한 해외이전으로 기술선도국의 기술상의 절대적 우위성이 완전 소멸되고, 신제품의 생산방법이 표준화된다. 따라서 신제품의 생산입지는 생산비가 높은 국가(기술선도국)에서 낮은 국가(개발도상국)로 이동한다. 즉 저임금의 기반 위에서 비교우위를 갖는 개도국들은 신제품의 생산, 수출국이 되고 기술선도국은 신제품의 소비, 수입국으로 전환된다.

(4) 쇠퇴기

제품이 쇠퇴기에 이르면, 기술선도국에서는 제품수요가 감퇴하고 생산경쟁력도 잃어 더 이상 제품을 생산하지 않게 된다. 대신 아직까지 남아있는 수요를 충당하기 위하여 개발도상국으로부터 수입하게 되어 순수입국으로 전락하게 되고 최초의 비교우위를 완전히 상실하게 된다.

결과적으로 어느 한 제품은 이상에서 설명한 바와 같이 4단계 수명주기를 거치는 과정에서 기술선도국이 갖는 신제품에 대한 기술적 우위성이 소멸될 때, 제품수명의 1주기 순환과정이 끝난다. 그러나 개별제품의 관점에서 볼 때 국가 간 기술격차가 해소되는 단계에서 기술우위국은 기술추종국에 추월당하지만 끊임없는 기술혁신으로, 또 다른 신제품개발을 선도하는 한, 제품수명주기의 제1단계의 이익을 계속 향유할 수 있을 뿐만 아니라, 기술우위국의 위치를 계속 확보할 수 있게 된다.

여기서 보면 기술의 개발과 표준화과정이 무역의 방향을 결정하는 중요한 역할을 하는 요소이며, 기술이 표준화됨에 따라 다른 생산비용요인들이 중요해진다는 사실을 알 수 있다.

이 제품수명주기이론은 헥셔·올린 무역모형을 대체할 수 있는 무역모형이라기보다는 헥셔·올린 무역모형을 확대한 것으로 이해할 수 있다. 이는 제품수명주기이론이 정태적 비교우위를 설명하는 헥셔·올린 무역모형과는 달리, 신제품과 새로운 생산공정의 도입에 따른 동태적 비교우위를 설명하는 모형이라는 데 있다.

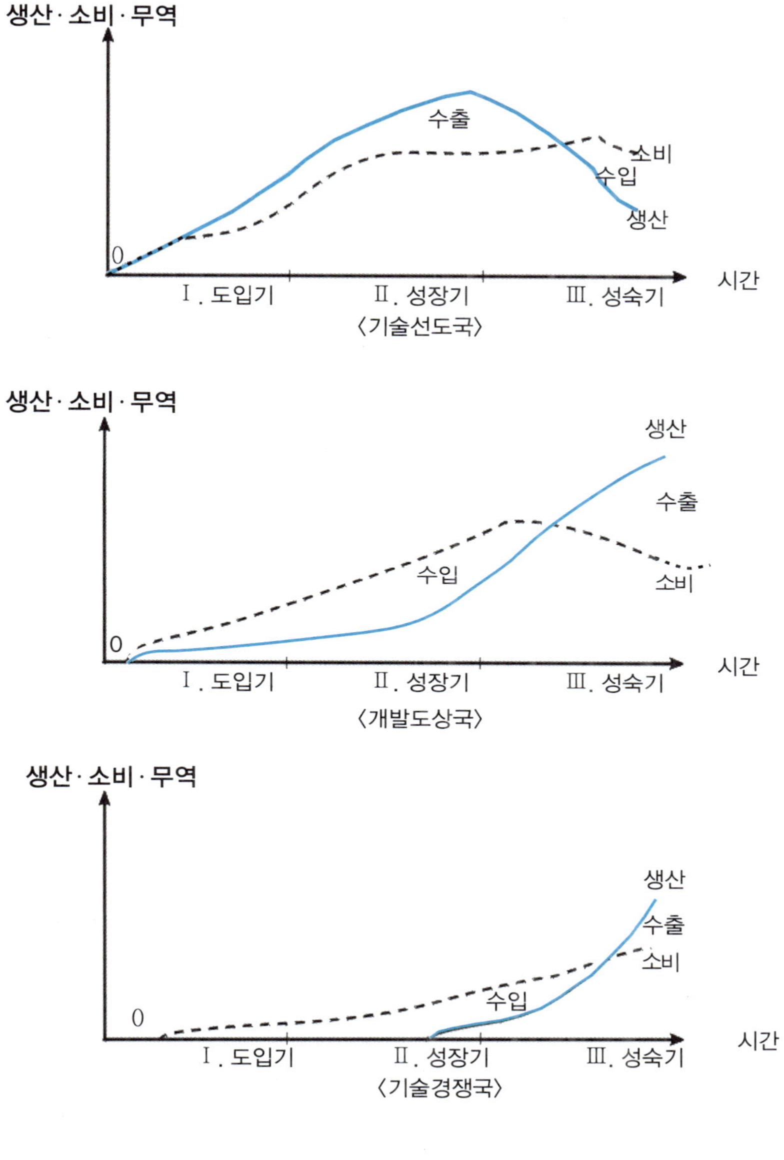

자료 : F. R., Root, *Entry Strategies for International Market*, Mass. : Lexington Books, 1994, p.77.

[그림 2-3] 제품수명주기이론에 의한 무역패턴

5. 산업내무역이론

(1) 산업내무역의 개념

오늘날 세계무역의 흐름을 살펴보면, 전통적 무역이론에서 설명하는 것과는 달리 생산요소의 상대적 부존조건이 유사한 국가들 사이에서 오히려 무역이 크게 증가하고 있으며, 또한 생산요소의 집약도가 서로 유사한 재화들의 무역도 점차 증가하고 있다.

기존의 헥셔·올린류의 근대적 무역이론에서는 각 산업마다 생산요소의 집약도가 일정하고 완전히 동질적인 재화만을 생산한다고 보았기 때문에, 각 국가 간의 비교우위가 무역을 발생시키게 된다. 따라서 특정국가의 무역은 외부적으로 주어진 비교우위에 따라 이종산업간 에만 발생하게 된다.

그러나 최근의 많은 실증적 연구들은 생산요소의 부존비율이 유사한 선진국 간에 무역이 더 증가하는 추세에 있으며, 또한 요소집약도가 유사한 제품들 간의 무역도 증가하고 있다. 특히 요소집약도는 동일그룹으로 분류되는 산업에서 가장 유사하여 기존의 이론으로는 동일산업 내에서 무역이 발생할 수 없으나, 실제로는 이러한 현상이 급증하고 있다. 즉 근래의 국제무역은 이종산업 간의 이종제품무역(산업간무역)형태에서 다양한 소비자기호의 변화에 따라 제품의 차별화를 확대해 가는 동종산업 내의 이질제품무역(산업내무역)형태로 바뀌어 가고 있다.

이처럼 동일산업 내에서 수출과 수입이 동시에 발생하는 현상을 「산업내무역(intra-industry trade)」 또는 「수평적 무역」이라 한다.

(2) 산업내무역의 발생근거

리카도나 헥셔·올린 정리에서는 제품의 국제간 거래에서 운송, 저장, 판매, 정보 및 거래비용이 없는 것으로 가정하고 있다. 그러나 현실적으로는 이러한 비용이 존재하며, 이러한 비용요인을 고려하면, 기능적으로 동일한 제품도 국제간에 상호 거래되며, 산업내무역이 발생할 수 있다. 이처럼 전통적 무역이론으로 설명할 수 없는 부분이 커짐에 따라 많은 경제학자들은 기존의 헥셔·올린의 가정을 일부 완화하여 규모의 경제의 존재, 제품차별화 등과 기술혁신에 따른 생산함수의 동태적 변화 등을 완전경쟁모델에 도입함으로써 산업내무역을 설명하였다.

이러한 형태의 무역에 포함될 수 있는 것은 국경무역, 시차 및 계절에 따른 주기적 무역, 중계무역 및 정부개입에 의한 무역 등이다. 물론 이러한 이론들은 아직 기존의 무역이론을 대체할 만큼 일반화된 모형을 갖고 있지 않으며, 출발 자체가 산업내무역이라는 현상을 설명하기 위한 경험적 연구에서 출발하였기 때문에 아직도 이론체계가 미비한 실정이다.

1) 국경무역

생산비용에 있어 수송비용이 차지하는 부분이 상대적으로 큰 제품은 생산입지가 매우 중요한 문제가 된다. 이 경우 생산지는 원자재가 분포된 주위에 입지해야 하며, 판매지역도 인접한 지역에 국한될 것이다. 예를 들면 모래나 벽돌 등이 이에 속한다고 할 수 있다. 또 하나는 채소, 우유, 청과물, 식품 등과 같이 오랜 기간 동안의 장거리 운송이 부패나 손상위험 때문에 불가능한 경우에도 생산입지로부터 일정한 범위 내에서 사용할 수밖에 없게 된다.

인접한 국가 간의 국경부근에서는 원거리의 자국제품보다는 근거리의 외국제품을 사용하게 되어 동일산업 내에서 국경 간 무역이 발생하게 되는 것이다.

2) 제품차별화와 규모의 경제 요인

동일한 원료와 기술로 생산되는 두 제품이 상표 등에 의해 차별화되고, 생산에 있어서 규모의 경제(economies of scale) 요인이 존재하는 경우, 두 제품을 각국이 동시에 생산하는 것보다는 하나의 제품에 특화하여 생산하는 것이 유리하다. 자동차의 경우를 예로 들면, 제품차별화가 존재하는 경우 소비자들은 기호나 소득수준 때문에 서로 다른 종류의 자동차를 선호하게 되고, 그 결과 양국 간에 동일산업 내에서 자동차 교역이 이루어지게 된다. 또한 자동차 생산에 있어 규모의 경제 요인이 존재한다면 동일 자동차를 대량으로 생산할수록 생산비가 낮아지게 된다. 반면에 모든 사람들의 기호에 맞추어 여러 종류의 자동차를 생산하게 된다면 각 자동차의 생산량은 줄어들게 되고 결국에는 생산비가 높아지게 된다. 그러므로 자동차 제조기업은 다수의 기호에 맞는 자동차를 생산할 수밖에 없다. 그런데 이때 자신의 기호에 맞는 자동차를 찾을 수 없는 소수의 소비자들은 자신의 기호에 맞는 자동차를 발견하게 되면, 그것이 외국에서 생산된 자동차라 할지라도 그것을 선택하여 소비하게 될 것이다. 이로 인해 국가 간에 동종산업 내에서 무역이 이루어지게 되는 것이다.

3) 해외가공 및 조립생산

오늘날에는 국가 간의 임금 및 생산비 차이를 고려하여 부품이나 반제품을 본국에서 해외자회사로 수출한 다음, 그곳에서 조립·가공하여 다시 본국으로 역수입하거나 제3국으로 수출하는 경우가 많다. 이 때 특정 부품 및 반제품, 그리고 최종 완제품이 동일산업으로 분류된다면 부품 생산국이나 해외 가공국은 모두 산업내무역을 하는 것이 된다.

4) 정부의 개입

국가가 큰 경우 국가정책상 일부 지역에서는 고용문제, 유치산업보호 등으로 인하여 수출을 장려하고, 다른 지역에서는 외국에서 동일제품을 수입하는 경우가 있다. 또한 정부가 여러 가지 정책을 수행하는 과정에서 여러 정책들이 복합적으로 작용하여 전체로서의 정책효과를 분명히 파악하지 못할 때, 기업의 입장에서는 동일제품을 단순히 수입하였다가 수출하는 것만으로도 이익을 얻을 수 있다.

연습문제

1. 용어해설문제

- 절대생산비
- 비교생산비
- 국제교역조건
- 노동집약재
- 자본집약재
- 비교생산비의 결정요인
- 요소부존이론
- 레온티에프의 역설
- 수평적 무역

2. 주관식문제

(1) 무역이론의 연구과제에 대해 설명하라.

(2) 비교생산비설에 대해 설명하라.

(3) 헥셔·올린 정리에 대해 설명하라.

(4) 제품수명주기이론의 각 단계별 특징을 설명하라.

(5) 산업내무역의 개념과 발생근거에 대해 설명하라.

Chapter 03 무역정책

■ 학습목표 ■

1. 무역정책의 목표와 시대적 유형에 대해 살펴본다.
2. 관세의 경제적 효과에 대해 분석한다.
3. 비관세장벽의 유형과 내용을 알아본다.

3.1 무역정책의 성격

1. 무역정책의 의의

무역정책(international trade policy)이란 "무역에 관한 국가의 정책"을 말한다. 즉 무역정책은 농업정책, 재정·금융정책, 고용정책과 마찬가지로 국민경제의 발전과 국민복지의 향상을 도모하기 위하여 정부가 실시하는 일종의 정책적 조치이다. 따라서 무역정책은 오직 수출확대 및 수입규제를 통한 국제수지의 개선에만 그 목적이 있는 것이 아니라, 다른 대내적 경제정책과 더불어 국민경제의 균형적 발전에 그 목적이 있다. 무역정책은 경제정책의 일환으로 정부가 경제적 목적을 달성하기 위하여 취하는 대내외적인 경제와 관련된 제반 경제적인 수단으로, 정책의 대상은 상품뿐만 아니라 금융, 서비스, 기술 등 국제간 거래의 모든 영역을 포함한다. 따라서 무역정책은 다음과 같은 특성을 가지고 있다.

첫째, 무역정책은 대내적으로 각각의 국내경제정책을 포함한 종합적인 정책의 성격을 가지고 있다. 각국은 대체로 무역정책을 통하여 자국의 생산과 고용을 확대하기 위하여 자국산업을 보호하고 육성하려고 한다. 수출증대는 수출산업의 활성화뿐만 아니라 수출과 연관된 국내산업을 활성화시킴으로써 국내의 실업률을 감소시켜 고용수준을 상승시키게 된다. 따라서 대외거래를 규제하는 무역정책은 국민경제 전반에 걸쳐 매우 중요한 영향을 미친다. 결국 적절한 무역정책의 운용은 일국의 한정된 자원의 효율적인 배분을 도모하며, 경제성장을 촉진시키게 되고, 결과적으로 국민들의 경제후생을 증대시키는데 기여하게 된다.

둘째, 무역정책의 효과는 국내외경제에 영향을 주게 된다. 무역이라는 것은 외국과의 경제적 거래를 의미하는 것이기 때문에 외국과의 관계가 필연적이다. 따라서 어떤 국가가 자국의 산업을 보호하고 국제수지의 개선을 위하여 무역규제정책을 실시하는 경우 규제를 실시하는 국가에서는 유리한 효과가 있는 반면, 상대국은 그만큼 악영향을 받게 된다. 하지만 일국만이 일방적으로 이익을 볼 경우에는 지속적으로 상호관계를 유지할 수 없게 된다. 따라서 자국의 이익만을 고려한 무역정책은 보복조치를 당하는 등 지속적인 교역관계를 유지할 수 없는 것이 오늘날의 현실이다.

2. 무역정책의 목표

(1) 국내산업보호

각국은 자국의 국내산업을 보호하기 위한 조치로 보호주의정책을 취하고 있다. 경쟁력이 약한 국내기업들은 유리한 경제적 여건을 갖추고 있는 외국으로부터 생산활동의 침해를 받지 않기 위해 보호무역정책을 실시하고 있다. 상품의 품질이나 가격이 외국상품에 비해 불리한 여건에 놓여 있는 경우 외국상품의 수입으로 국내상품의 시장이 빼앗기게 된다. 이로 인한 국내산업의 위축은 생산의 감소와 실업의 증가를 초래하여 전반적인 국민소득이 감소된다.

따라서 모든 국가는 국내산업보호라는 일종의 정책목표를 국가정책 중 최우선적으로 설정하고, 이 정책목표를 달성하기 위한 수단으로 관세장벽(tariff barriers)과 비관세장벽(non-tariff barriers) 등을 구축하고 있다.

(2) 국제수지개선

국제수지조정은 모든 국가에 있어서 중요한 무역정책의 목표가 되고 있다. 국제수지는 국민경제의 대외거래활동과 경제력을 나타내기 때문에 모든 국가가 국제수지를 개선하기 위하여 집중적인 노력을 경주하고 있다. 일국이 상품의 국제경쟁력을 높여 수출을 증가시키고 수입을 감소시켜 국제수지가 개선되면, 대외부채가 감소되고 국내의 물가안정이 이루어지게 된다.

(3) 국내고용증대

일반적으로 수출을 확대시키고 수입을 억제시키게 되면, 국내산업이 육성·발전하게 되어 고용이 늘어나게 된다. 고용수준 향상이 무역정책의 목표가 되는 것은 고용문제가 정치적·경제적·사회적으로 매우 중요하기 때문이다. 불완전고용은 생산자원을 능률적으로 이용하지 못하거나 낭비를 초래시키고, 이로 인한 실업은 근로자를 사회적으로 퇴화시켜 여러 가지 정치적, 사회적 문제를 야기시키기 때문에 완전고용이 무역정책의 중요한 목표가 되고 있다.

(4) 국내물가안정

국내제품에 대한 외국의 수요가 증대하여 수출이 늘어나게 되면 대체적으로 국내물가는 상승되는 경향이 있으며, 그 반대의 경우 국내물가는 하락되는 경향이 있다. 또한 국내물가가 상승하면 수출이 감소되고 수입이 증가되며, 국내물가가 하락하면 수출이 증가되고 수입이 감소하는 경향이 있다.

특히 국내물가의 상승은 수출가격을 상승시켜 국제경쟁에서 불리한 입장을 초래하게 되어 수출의 감소를 가져오며, 나아가 이는 국제수지를 악화시키는 요인이 된다.

오늘날 모든 국민경제는 개방화되어가고 있는 추세이기 때문에 물가의 상승요인이 국내적인 경우보다 국외적인 경우가 더 많을 수 있다. 원유가격 상승, 국제원자재가격 상승, 국제금리 인상, 환율 인상 등은 수입상품의 가격을 인상시키는 요인이 되어 국내제품가격을 상승시키는 작용을 한다. 국내물가안정은 이와 같은 해외요인을 줄이거나 국내의 상품공급이 부족할 경우 상품수입을 증가시킴으로써 달성될 수 있다.

(5) 자원의 효율적 배분

생산자원과 시설이 완전히 고용되어 실업이나 유휴상태가 존재하지 않는 완전고용하에서 무역이 이루어지면 생산의 한계변형률, 소비의 한계대체율, 균형가격비율이 일치하여 자원의 효율적 배분이 실현되게 된다. 그러나 어떤 국가든지 외부효과와 독점으로 인한 생산물시장이 왜곡되고 산업부문간의 임금격차가 존재함으로써 생산요소시장이 왜곡되어 있어, 자원의 최적배분이 이루어지고 있지 않기 때문에 이를 시정하기 위한 무역정책이 필요하다.

(6) 경제성장

경제성장은 자본축적이나 기술진보로 인하여 산업의 생산량이 증대되고, 이로 인해 국민의 실질소득이 증대되는 것을 의미한다. 자본이 부족하고 기술수준이 낮은 개발도상국에 있어서 경제개발에 필요한 투자재원을 확보하고, 기술혁신을 통한 고품질의 상품개발은 재정·금융·산업정책 등과 같은 국내경제정책만으로는 어렵다. 따라서 외자도입정책, 환율정책, 수출확대정책, 수입정책 등의 무역정책을 활용함으로써 경제성장을 실현할 수 있을 것이다.

국가의 경제성장을 이룩하기 위해서는 대내적으로는 재정·금융정책을 통하여 국내투자를 촉진시키고, 생산요소에 대한 공급량을 증가시키며, 기술혁신을 통하여 국내산업의 경쟁력을 제고하는 동시에, 대외적으로는 효율적인 무역정책을 통하여 수출과 수입을 관리해야 한다. 결국 경제성장은 국민의 경제활동을 촉진시키고 국민의 복지를 향상시키는 원동력이 되기 때문에, 모든 국가에서 경제성장을 중요한 국가정책의 목표로 삼고 있다.

3. 무역정책의 시대적 유형

(1) 중상주의

중상주의(mercantilism, commercial or mercantile system)란 "15세기 말부터 18세기 중반에 걸쳐 유럽의 여러 나라에 보급된 상업정책사상"을 의미한다. 즉 중상주의는 유럽의 여러 나라들이 자본주의 경제발전의 초기단계에서 국가의 발전과 부(wealth)를 증강시키기 위해 채택한 사상이나 경제정책을 일컫는 말이다.

중상주의는 화폐 또는 금·은을 축적함으로써 부(wealth)가 형성된다고 보고, 부를 늘리기 위해서는 화폐를 보유해야 한다고 믿었으며, 수출을 늘리고 수입을 줄여 무역차액을 흑자로 확대시킴으로써 국가를 부유하게 할 수 있다고 믿었다.

중상주의 초기에 있어서는 금·은의 확보를 위해 이들의 수출을 금지시키고 수입을 장려함으로써 귀금속의 국내저축을 늘리는 중금주의정책이 시행되었고, 그 후에는 금·은의 획득을 위해 상품의 수출을 늘리고 수입을 억제함으로써 금·은의 확보를 늘리는 무역차액정책이 이용되었다. 나중에는 상업자본 중심에서 산업보호정책으로 방향이 전환됨에 따라 중상주의는 제조업보호를 위한 산업보호정책으로 발전하였다.

이러한 중상주의의 일반적인 특성을 시기별로 고찰하면 다음과 같다.

1) 중금주의

중금주의란 중상주의시대에 금·은(귀금속)을 부의 척도로 보고, 이러한 귀금속의 상실은 국부의 손실로, 귀금속의 획득은 국부의 증대로 생각하여 국가가 직접 귀금속의 유출을 금지하고 유입을 장려하여 귀금속의 보유량을 증가시켜야 한다는 주장이다. 중상주의시대 초기에 금·은의 채굴과 유입을 장려하고 유출을 금지시킨 것은 이러한 중금주의정책에 따른 것이다.

2) 무역차액주의

중상주의 초기단계에서는 금·은의 직접적인 통제에 따라 금·은 자체의 획득만을 문제 삼아 개개의 거래마다 금·은의 잉여를 확보하려고 하였을 뿐, 상공업과의 관계는 고려하지 않았다. 이 단계의 차액론을 중금적 차액론이라고 한다.

그런데 외국무역의 발전과 중금주의사상의 점진적 후퇴로 무역차액주의는 금·은에 대한 직접적인 통제를 하는 중금적 차원에서 무역을 통한 통제라는 간접적인 방법으로 금·은을 유입하는 상업적 차원으로 전환되었다. 이러한 차액론을 중상적 무역차액론이라고 한다. 이러한 중상적 무역차액론도 차후에는 일국 전체의 전 기간의 거래에 대한 무역차액을 고려한 일반적 무역차액주의의 형태를 취하게 된다.

3) 산업보호주의

중상주의 제3단계인 산업보호주의에서도 그 중심적 과제는 국가의 경쟁력에 의해 대외무역을 관리하고, 이를 확대하는 데 있었다. 이와 동시에 산업보호정책에서의 중상주의에서는 대외무역에만 그 정책이 집중되지 않고 국내산업 및 노동문제에도 집중되었다. 그러므로 보호무역주의의 배후에는 단순한 무역차액의 획득만이 아니라, 국내의 고용증대와 임금문제 등의 여러 가지가 포함되어 있었다. 후기 중상주의시대에 있어서 산업보호정책의 중요한 수단은 관세였으며, 관세를 통하여 외국제품의 수입과 소비를 억제하는 동시에, 국내산업을 보호하려고 하였다.

(2) 자유주의

자유무역(free trade)은 "국가가 기업의 무역활동에 간섭하지 않고 각국이 생산면에서 경쟁력이 있는 상품의 생산에 특화하여 자유경쟁 하에 무역을 하는 것"을 말한다. 자유무역주의(liberalism)는 자유무역의 실현을 주장하는 사상으로, 대외무역에 있어 국가의 간섭을 가급적 배제하고 국제무역을 자유롭고 무차별하게 행하고자 하는 것이다. 자유주의사상은 17세기 영국에서 태동된 시민계급의 자유정신과 이를 계승한 애덤 스미스(Adam Smith)에 의해 제창되었다.

그는 무역에 대해 국가의 간섭을 배척하면서 국가는 단지 외적의 침입으로부터 국가를 보호하고 불법에서 개인을 보호하며, 공공목적을 위한 유익한 사업의 시행과 제도를 수립하는 것으로 충분하다고 주장했다.

스미스는 중상주의자의 견해와는 달리, 화폐 그 자체를 국부로 인정하지 않고 화폐로 구입하는 재화를 국부로 인정하면서 재화는 분업을 통하여 양적 증가가 가능하다고 주장하였다. 그는 국제분업의 원리에 의해 절대생산비차가 존재하는 경우 무역이익이 발생됨을 설명하였다.

이와 같은 자유무역주의는 리카도(David Ricardo)의 비교생산비설에 의하여 더욱 체계화되어 고전학파의 국제무역성립을 위한 기본원리와 정책으로 발전하였다. 한편 밀(J. S. Mill)은 비교생산비의 원리 하에 비교우위를 가지는 상품을 생산하여 상호 교환하는 것이 이익을 극대화시킬 수 있음을 설명하였다.

(3) 보호주의

보호주의(protectionism)란 "국가가 상품 및 서비스의 국가간 교역을 비롯한 국내산업, 국내고용 등에 대해서 인위적인 간섭을 취해야 한다는 경제사상"을 의미한다. 이 사상의 배경은 당시 선진국인 영국이나 프랑스에 비해 미국이나 독일은 상대적으로 산업발전이 낙후되어 있었기 때문에, 선진국과 자유무역을 하게 되면, 불리한 입장에 놓이게 되므로 자국의 국내산업을 보호하기 위한 대책으로서 보호무역론이 대두되었다.

이러한 보호주의는 미국의 행정가인 해밀턴(Alexander Hamilton)과 독일의 경제학자 리스트(Friedrich List)에 의해 주창되었다. 해밀턴은 외국과의 경쟁을 극복하고 시장확보를 위해서는 장려금 및 보조금 지급과 같은 유인제도를 실시하고, 고율의 관세부과와 수출입제한정책을 통하여 제조업을 보호해야 한다고 주장하였다. 그는 미국의 공업이 유럽국가에 비해 경쟁력이 떨어지기 때문에 공업을 보호하지 않으면 성장가능성이 없음을 지적하면서, 공업에 대한 국가의 보호조치가 필요하다는 공업보호론을 제창하였다.

해밀턴의 공업보호론은 리스트에 의하여 유치산업보호론으로 발전하여 체계화된 보호무역정책론을 형성하게 되었다. 유치산업보호론은 국내의 유치산업(infant industry)을 국가가 보호하지 않고 그대로 방치하면 이 산업은 타국과의 경쟁에 부딪쳐 쇠퇴할 가능성이 있기 때문에, 향후 성장가능성이 있는 산업을 선정하여 보호할 필요가 있다는 주장이다.

이 유치산업보호론은 선진국 경제에 대한 후진국 경제의 입장과 유치산업보호의 필요성을 가장 명확하게 설명하고 있는 이론이다. 유치산업보호론은 비록 현재는 발전이 이루어지지 않은 산업으로 비교우위가 없는 산업이지만, 이를 잘 보호·육성할 경우 그 산업의 생산성이 증대되어 국제시장에서 외국산업과의 경쟁이 가능해지므로, 그 나라의 경제발전에 기여할 가능성이 있는 산업을 보호·육성해야 한다는 주장이다. 이러한 유치산업보호론은 근대적 산업부문의 육성을 열망하고 있던 산업화 초기단계의 국가들로부터 커다란 호응을 받았다.

(4) 신보호주의

신보호주의(new protectionism)는 "국내산업이나 무역 등에 대한 국가의 보호조치가 과거의 전통적인 보호무역주의보다 더욱 강력한 새로운 형태의 보호주의"를 의미한다.

신보호주의는 1970년대 초 닉슨 대통령이 신경제정책을 채택하면서 국제분업조정이 지연되고 미국의 경제적 지위가 하락되는 동시에, 1973년과 1979년의 석유파동으로 세계적 경제불황이 심각함에 따라 국내산업의 보호가 강화되기 시작하였다.

신보호무역주의가 전통적 보호무역주의와 다른 점은 첫째, 보호대상에 있어 전통적 보호무역주의는 유치산업, 사양산업 등이었으나 신보호무역주의는 이들을 포함하여 첨단산업과 기술집약적 산업까지 포함한다. 둘째, 정책수단에 있어서 전통적 보호무역주의는 관세부과를 통한 간접적인 수입억제정책이었던데 반해, 신보호무역주의는 수출자율규제(voluntary export restraiant : VER), 시장질서협정(orderly marketing arrangement : OMA)과 같은 자율규제를 상대국에 강화하거나 덤핑, 긴급수입제한조치, 상계관세제도를 강화하는 등 직접적인 규제방법을 택하고 있다. 셋째, 선진국의 신보호무역주의는 특정산업의 보호를 목적으로 하고 있는 것이 아니라 국민의 생활수준을 보호해준다는 측면에서 자국의 국민들에게 폭넓은 지지를 받고 있다.

(5) 신자유주의

신자유주의(new liberalism)는 "시장원리의 준수, 자유경쟁의 촉진, 정부규제의 철폐, 기업의 구조조정, 공공재 개념의 폐지 등을 주장하는 새로운 형태의 경제사상"을 의미한다.

신자유주의는 1970년대부터 미국경제가 효율성이 떨어지고 대외경쟁력이 약화되기 시작하면서 호응을 얻어 왔다. 미국의 국제수지 적자, 정부의 재정적자 누적 등의 이유로 장기간 경제적 침체가 이어지자 경제학자들과 기업인들이 자유주의 부활에 주도적인 역할을 하게 되었는데, 이것이 신자유주의로 부상되게 된 것이다.

신자유주의의 특징은 다음과 같다.

첫째, 시장원리(market principle)를 들 수 있다. 시장원리란 다수의 공급자와 수요자가 시장이라는 장소에서 만나 수요와 공급에 따라 가격을 일물일가로 형성되도록 하는 것으로 자유경쟁을 통해서만 가능하다.

둘째, 시장개방이다. 시장개방에는 관세나 비관세장벽의 완화 및 철폐를 통하여 이루어지는 상품시장 개방과 외국의 서비스 공급자나 기업에 대해 무차별대우와 내국민대우를 부여하는 서비스시장 개방으로 구분된다. 1990년대 초부터 역동적으로 실시되어온 신자유주의 무역정책은 각국의 경제를 하나로 통합시켜 나아가고 있다.

3.2 관세정책

1. 관세의 의의

관세(customs, customs duty, tariffs)란 "국가가 재정수입을 얻기 위하여 관세영역을 통과하는 물품에 대하여 법률이나 조약에 의하여 반대급부 없이 강제적으로 징수하는 금전적 납부"이다.

관세는 조세의 일종으로 징수주체는 국가이며, 국가도 하나의 조직으로서 조직이 운영 또는 유지되기 위해서는 재정이 필요하기 때문에 이러한 재정수입의 목적으로 관세가 부과된다.

또한 관세는 관세영역을 출입하는 물품에 대하여 부과·징수되는데, 관세영역(customs boundary)이란 관세법의 효력이 미치는 영역을 말한다.[3] 관세영역을 출입하는 물품에 관세가 부과되는데 여기서 물품은 원칙적으로 유체물을 의미하나 특허권, 실용신안권, 의장권과 같이 그 가치가 가격에 구체화되어 상품가격에 첨가되어 거래될 경우에는 무체물도 관세의 부과대상이 된다. 관세도 조세의 일종이므로 조세법률주의에 따라 법에 근거하여 부과하고, 관세부과는 일정한 급부의무를 명하는 재정하명으로서 납부자는 금전으로 반대급부 없이 납부하여야 한다.

2. 관세의 분류

(1) 관세부과기회에 따른 분류

수입세(import duties) 이는 외국물품이 관세영역을 통과하여 국내로 반입될 때 부과하는 관세로, 현재 일반적으로 관세라고 하면 수입세를 의미한다.

수출세(export duties) 이는 수출품에 부과되는 관세로 재정수입의 확보, 전략물자와 자국공업에 필요한 원료의 안정적 확보 등이 정책적 목적에 의해 부과된다. 하지만

3) 우리나라 헌법 제3조에서 '대한민국의 영토는 한반도와 그 부속도서로 한다'라고 규정하고 있어, 우리나라의 관세영역은 영토(한반도와 그 부속도서)와 그 주변의 3해리까지의 영해를 포함하는 것으로 해석·운영되고 있다.

수출세는 해외의 독점시장이 존재하는 경우에 가능하다. 수출세의 부과는 외국에서의 수입가격상승을 초래하기 때문에 특별한 경우 이외에는 거의 부과되지 않는다.

통과세(transit duties) 이는 한 국가나 하나의 관세영역을 단순히 통과하는 물품에 대해 부과되는 관세로, 1921년 통과무역의 자유에 대한 국제조약의 체결로 통과세를 징수하지 않게 되었다.

(2) 관세의 부과목적에 따른 분류

재정관세(revenue duties) 이는 국가가 재정수입의 확보를 목적으로 부과하는 관세로서, 무역정책수단이라기보다는 재정상의 수단이며 내국세로 국가재원을 확보하기 곤란한 후진국에서 채택하는 관세이다.

보호관세(protective duties) 이는 국내산업을 보호·육성하고 기존산업을 유지·발전시킬 목적으로 부과하는 관세이다. 보호관세의 목적에 따라 육성관세, 유지관세, 공황관세, 금지관세, 방위관세 등이 있고, 보호기간에 따라 일시적 보호관세와 계속적 보호관세로 구분된다.

(3) 관세의 부과기준에 따른 분류

종가세(ad valorem duties) 이는 수입물품의 가격을 과세산정기준으로 하는 관세로 우리나라의 관세율표는 대부분 종가세로 되어 있다.

관세액 = 실거래가격(CIF가격) × 환율 × 관세율

종가세의 장점은 관세부담이 상품가격에 비례하기 때문에 공평하고 시장가격의 변경에도 불구하고 과세부담의 균형을 유지할 수 있다는 점이다. 반면에 단점은 과세표준으로서 과세가격을 산출하기 어렵고, 가격결정의 어려움으로 절차가 복잡하고 비용이 많이 소요되며, 국내산업보호의 기능이 희박하다는 점이다.

종량세(specific duties) 이는 수입물품의 수량을 관세산정의 기준으로 하는 관세이다.

관세액 = 수량 × 수량단위당 관세액

종량세의 장점으로는 세액을 쉽게 산출할 수 있어 과세방법이 간단하고 같은 상품인 경우 관세가 동일하며, 국내산업보호의 기능이 강하다는 데 있다. 이에 반해 단점으로는 물가변동에 따른 세율의 적용이 불가능하고 관세부담의 공평을 기할 수 없으며, 상거래에 사용되는 중량단위 및 계량단위의 통일에 어려움이 있다는 점 등이다.

혼합세(combined duties) 이는 종가세와 종량세를 합친 것으로 복합세와 선택세가 있다. 복합세(compound duties)는 한 품목에 대해 종가세와 종량세를 동시에 정하고 두 가지 방법으로 산출된 세액을 합하여 과세하는 방법으로, 현재 사용되지 않고 있다. 선택세(alternative duties)는 한 품목에 대해 종량세와 종가세를 동시에 정하고 그 중 높게 또는 낮게 산출되는 세액을 선택하여 부과하는 관세이다.

(4) 관세의 부과근거에 따른 분류

국정관세(national duties) 이는 국가가 국내법으로 정한 관세율인 국정세율로 부과되는 관세를 의미한다. 관세는 조세의 일종으로서, 국회의 입법사항으로 징수방법이나 세율 등을 정한다. 우리나라는 관세율표에서 국정관세의 종류로 기본세율, 잠정세율, 탄력세율 등을 정하고 있다.

협정관세(conventional duties) 이는 외국과의 통상조약 또는 관세조약 등 국제간의 관세협정에 의하여 제정되는 관세를 말한다. 협정관세는 상호주의 원칙에 의해 설정되기 때문에 그 개폐에 있어서도 상호주의 원칙이 적용되며, 일방이 단독적으로 개폐할 수 없는 것이 원칙이다. 우리나라의 현행 협정관세의 종류는 ① 세계무역기구(WTO)협정 일반양허관세, ② 세계무역기구(WTO)협정 개발도상국간 양허관세, ③ 방콕협정(ESCAP) 개발도상국간 양허관세, ④ UNCTAD 개발도상국간 특혜무역제도(GSP)에 관한 협정관세 등이 있다.

(5) 관세제도에 따른 분류

1) 일반관세

이는 국정관세와 협정관세로 분류된다.

2) 특혜관세

특혜관세(preferential duties)는 특정국가나 특정지역으로부터 수입되는 물품에 대하여 관세를 부과하는 데 있어 할인율을 적용하는 등 관세상의 혜택을 주는 것을 말한다. 특혜관세제도는 기존특혜(지역특혜)와 일반특혜로 구분된다.

기존특혜는 구 식민지와 종주국간에 거래되는 물품에 대하여 외국으로부터 수입되는 저율의 특혜관세를 적용하는 것으로 영연방 특혜가 전형적인 예이다. 이는 차별관세의 일종으로 GATT에서는 신설 또는 확대를 금지하였다.

일반특혜관세는 선진국이 개발도상국으로부터 수입하는 물품에 대하여 비상호적, 일방적으로 개도국에 대하여 무차별로 관세율을 인하하여 공여하는 것을 말한다. 일반특혜관세제도(General System for Preference : GSP)는 GATT제도 하에서 선진국이 개도국의 경제개발을 위한 협력으로 무역상의 특혜를 부여해 주기 위해 1971년부터 실시되는 제도로 우리나라는 이 제도의 수혜국이었으나 현재는 수혜국에서 제외되었다.

3) 차별관세

차별관세(differential duties)는 특정한 경우에 특정국가로부터 수입되는 물품이나 품목에 대하여 다른 물품보다 낮은 세율을 적용하거나 더 높은 세율을 적용하는 것을 말한다. 차별관세는 기본적으로 중상주의시대 및 제2차 세계대전 이전의 관세정책에 주로 이용되었지만, 현재 최혜국대우의 약관, WTO의 협정 등에 의해 적용빈도가 줄어들고 있다.

4) 탄력관세

탄력관세(flexible duties)는 조세법률주의의 예외적인 조치로 급변하는 국제경제환경에 대처하여 관세정책을 수행할 수 있도록 행정부에 일정한 범위 내에서 관세율조정권을 위임하여 관세율을 탄력적으로 조정하거나 변경할 수 있도록 하는 것을 말한다. 우리나라에서 현재 시행하고 있는 탄력관세로는 다음과 같은 것들이 있다.

덤핑방지관세(anti-dumping duties) 이는 자국상품의 수출증대를 위하여 수출가격을 낮추어 수출하는 경우에 수입국에서 수입증가를 방지하고 국내산업을 보호할 목적으로 기본관세 이외에 덤핑마진 금액 이하의 관세를 부과하는 것이다.

보복관세(retaliatory duties) 이는 외국이 자국상품에 대하여 부당한 수입관세나 차별대우를 취하는 경우, 이에 대한 대응으로 외국으로부터 수입되는 물품에 대하여 보복적으로 부과하는 관세를 말한다.

긴급관세(emergency duties) 이는 특정물품의 갑작스러운 수입증가로 인하여 국내산업에 중대한 피해를 가져오거나 피해의 위협이 존재는 경우에 이를 대응하기 위해 특정 수입물품에 관세율을 높여서 부과하는 것을 말한다.

조정관세(coordinating duties) 이는 특정물품의 수입이 증가하여 국내개발물품·농산물 등 국제경쟁력이 취약한 물품의 국내시장 및 산업기반 유지를 저해하거나, 국민보건·환경보존·소비자보호 등을 위하여 필요한 경우, 높은 관세율을 부과하는 것을 말한다.

상계관세(compensation duties) 이는 수출국에서 제조·생산 또는 수출에 대해 직·간접적으로 보조금(subsidy), 장려금(bounty)을 받은 물품이 수입되어 국내산업이 실질적인 피해를 받거나 받을 우려가 있는 경우에 국내산업을 보호할 필요가 있다고 인정될 때, 수입국에서 그 경쟁력을 상쇄하기 위하여 부과하는 할증관세이다.

할당관세(tariff quota) 이는 특정물품을 국가가 정한 일정수량의 범위 내에서 수입될 때에는 저율의 관세를 부과하고, 일정수량을 초과하여 수입될 때에는 고율의 관세를 부과하는 제도로 '이중관세율제도'라고 한다.

편익관세(beneficial duties) 이는 협정세율의 적용을 받지 않는 특정국의 특정상품에 대하여 협정세율의 범위 내에서 자국에 유리한 세율을 적용하는 것으로 협정관세와 유사한 것이다.

이 외에도 우리나라에서는 탄력관세제도로 농림축산물에 대한 특별긴급관세와 계절관세가 있다.

3. 관세의 경제적 효과

수입물품에 대하여 관세가 부과되면 해당 국가의 국민경제에는 여러 가지 경제적 효과가 발생된다. 관세의 부과는 생산, 소비, 사회후생, 교역조건, 관세수입, 국민소득과 고용 및 국제수지에 변화를 초래한다. 관세부과로 인한 경제적인 효과는 다음과 같다.

일반적으로 현실의 경제에는 다수의 시장이 존재하고 시장에 영향을 미치는 요인들이 많은 것이 사실이지만, 분석의 편의를 위해 경제규모가 작은 소국(小國)에서 수입품에 대해 관세가 부과되면 국내가격은 국제가격보다 관세부과액만큼 상승하는 부분

균형분석을 통해 관세의 효과를 살펴보도록 한다.

그림에서 D는 수입상품에 대한 한 국가의 국내수요곡선을 의미하고, S는 그 상품에 대한 국내의 공급곡선을 의미한다. P^*는 자유무역하의 국제가격으로 분석의 대상이 소국이기 때문에 공급곡선 S_f가 수평으로 나타나고 있다.
이는 상대국의 수출공급곡선과 수입수요곡선이 무한히 탄력적이기 때문에 횡축과 평행한 직선이 된다.

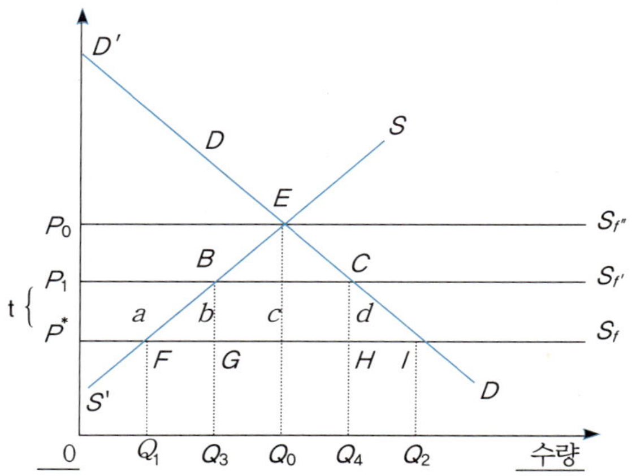

D : 국내의 수요곡선 　　　　　　P_0 : 국내가격
S : 국내의 공급곡선 　　　　　　P^* : 국제가격
P_1 : 관세부과 후의 국내가격 　　T : 관세
S_f : 상대국의 수출공급곡선과 수입수요곡선

[그림 3-1] 관세부과의 효과

대국(大國)인 경우, 상대국이 관세를 부과하였을 때 해당물품이 전체 수출공급량에서 차지하는 비중이 작으므로 비탄력적이지만, 소국인 경우 상대국의 관세부과 등 가격변화에 민감하여 수출공급량의 변화율이 굉장히 크다. 따라서 소국인 경우, 수출공급곡선과 수입수요곡선이 무한히 탄력적이라고 가정한 것이다. 관세가 부과되지 않는 상태의 자유무역 하에서 P^*가격으로 교역을 한다면 국내생산이 OQ_1, 국내소비가 OQ_2가 되어 $Q_1Q_2(OQ_2-OQ_1)$만큼 수입에 의존하게 된다. 왜냐하면 국내 소비량은 OQ_2인데 OQ_1만큼은 국내생산으로 충당할 수 있고, 나머지 초과 수요분은 해외로부터 수입을 해야 하기 때문이다.

(1) 소비억제효과

해외로부터의 수입을 규제하기 위하여 P^*P_1만큼 t율의 관세를 부과하면, 수입품의 국내가격 P_1은 관세부과율(t)만큼 국내가격 P^*보다 높아지게 된다. 국내가격 P_1수준에서 국내소비량은 OQ_4이고, 국내생산량은 OQ_3로 Q_3Q_4만큼을 해외로부터의 수입에 의존해야 한다. 즉 국내생산량은 관세부과 이전의 수입상품에 대해 관세를 부과할 경우, 그 상품에 대한 국내가격은 관세율(t)만큼 인상되며, 생산량은 OQ_1에서 OQ_3로 Q_1Q_3만큼 증가하고 소비량은 OQ_2에서 OQ_4로 Q_2Q_4만큼 감소한다. 따라서 수입상품에 관세를 부과하면, 그 상품의 국내가격은 관세율만큼 상승하게 되고 이에 따라 국내의 생산량이 증가하고 소비량은 감소하게 된다.

소비자의 손실은 P_1CIP^*의 면적, 즉 a+b+c+d가 된다. d부분의 경우 소비자가 외국상품을 구매할 때 CIQ_2Q_4만큼 증가시킬 수 있는데도 불구하고, 외국의 저렴한 상품에 관세를 부과함으로써 관세분만큼 동 상품의 국내가격이 인상됨으로써 그만큼 소비가 감소하게 된다. 따라서 가격이 P^*에서 P_1로 인상되어 CIQ_2Q_4만큼이 감소하게 된다. 그러므로 d면적(CIQ_2Q_4-HIQ_2Q_4)이 사실상 국제교환이 어렵게 됨으로써 발생하는 손실이다.

(2) 가격상승효과

관세를 부과할 경우 국내 소비자는 관세부과 이전의 P^*보다 높은 P_1수준의 가격에서 상품을 구매해야 한다. 수입국에서 수요가 있기만 하면 수출국이 얼마든지 공급이 가능한 경우, 즉 교역상대국의 수출공급이 무한히 탄력적인 경우를 가정한 분석이기 때문에 결국 국내 소비자가 관세부가액만큼의 가격상승분을 부담해야 한다.

(3) 국내산업보호효과

관세의 보호효과는 수입상품에 대하여 관세가 부과될 경우 수입량의 감소로 인하여 국내산업이 보호를 받는 것을 의미한다. 국내산업의 보호효과는 수입수요의 가격탄력성 및 국내공급의 가격 탄력성의 크기와 관세율의 차이에 따라 영향을 받는다. 만일 양자의 탄력성이 크고 관세율이 높을 경우에는 보호효과는 크며, 반대의 경우에는 보호효과가 작게 된다.

그림에서 소비자들은 국내가격의 상승과 소비량의 감소로 인하여 a+b+c+d의 소비자잉여의 감소를 경험하게 되고, 생산자들에게는 a만큼의 생산자잉여가 추가된다. 재정수입 c를 고려한다면 관세부과로 인한 사회손실은 b+d이다. 만일 어떤 상품을 국내에서 생산하지 않고 해외에서 수입할 경우 수입비용은 FGQ_1Q_3이지만, 이를 국내에서 생산할 경우 생산비는 FBQ_3Q_1로 b만큼의 추가비용이 들게 된다. 따라서 b영역은 관세부과로 말미암아 발생된 국내생산의 증가이므로, 이를 국내산업의 보호효과라고 할 수 있다. 즉 관세의 부과로 국내에서 증가된 생산량의 비용은 이를 외국으로부터 수입하는 비용보다 더 비싸기 때문에 관세의 보호비용이라고 한다.

(4) 재정수입증대효과

관세부과로 인해 정부는 재정수입을 얻게 된다. 그림에서 정부는 단위당 관세율(t)에 관세부과로 인한 수입량 Q_3Q_4를 곱한 만큼의 c면적이 정부가 관세부과로 인하여 얻는 재정수입이다. 그러나 재정수입을 얻기 위하여 관세를 부과하는 데는 일정한 한계가 있다. 지나치게 고율의 관세를 부과하면 수입이 억제될 수 있으므로, 오히려 재정수입은 감소될 수 있다. 따라서 관세율의 변화와 수입량의 변화간의 상관관계를 고려하여 적정관세율이 책정되어야 한다.

(5) 소득재분배효과

소득재분배효과(redistribution effect)란 실질소득이 소비자에서 생산자로 재배분되는 것을 의미하는 것으로, 관세부과는 소득의 재분배효과를 가져온다. 관세부과는 소비자에게는 잉여의 감소를 가져오지만, 생산자에게는 잉여의 증가를 가져올 뿐만 아니라 정부의 재정수입도 증가한다. 그림에서 관세를 부과하면 소비자잉여는 $P_1CIP^*(P^*ID'-P_1CD')$, 즉 a+b+c+d만큼 감소한다. 한편 생산자잉여는 $P_1BF^*(P_1BS'-P^*FS')$, 즉 a의 면적만큼 증가한다.

이와 같이 관세부과로 소비자잉여는 감소하지만 이 감소분의 일부는 생산자(a)와 정부(c)로 전환되는데, 이러한 효과를 재분배효과라라고 한다. 하지만 b와 d의 두 삼각형 면적은 관세의 부과로 경제 전체로 볼 때에는 부(-)의 효과가 발생하는 데, 이를 관세의 비용이라고 한다.

(6) 수입대체효과

국내에서 생산이 가능하면서도 수입가격이 낮아 외국으로부터 수입되는 경우에 관세를 부과할 경우, 국내상품보다 가격이 높아지게 되어 수입은 억제되고 억제된 수입량만큼 국내에서 더 생산하게 되고, 이러한 생산의 증가가 완전고용상태 하에서 요소보수의 증가로 나타나게 되는 효과를 수입대체효과 또는 소득효과라고 한다.

관세가 부과되지 아니하면 총수요량은 OQ_2가 되고, 이 경우 국내 공급량은 OQ_1, 국내 수입량은 Q_2Q_1이 된다. t율의 관세가 부과되면, 총수요량은 OQ_2에서 OQ_4로 줄지만, 국내 공급량은 OQ_1에서 OQ_3으로 증가하므로 수입량은 Q_4Q_3으로 더 축소된다. 따라서 Q_3Q_1만큼의 수입대체효과가 발생한다.

(7) 교역조건개선효과

관세의 교역조건개선효과란 관세가 부과되어 관세부과국의 교역조건은 개선되고, 교역상대국의 교역조건은 악화되는 것을 의미한다. 관세부과로 인한 교역조건의 효과는 관세부과국과 교역상대국의 오퍼곡선의 탄력성에 따라 다르다.

(8) 국제수지개선효과

국제수지효과란 수입물품에 대한 관세의 부과로 수입이 감소되고, 국내의 생산량이 증가하여 국제수지가 개선되는 것을 의미한다. 그림에서 관세의 부과로 생산면에서 Q_3Q_1의 생산증가와 소비면에서 Q_4Q_2의 수입감소가 발생하여 금액을 계산할 경우 $OP^* \times (Q_3Q_1+Q_4Q_2)$로 수입의 감소분만큼 정(+)의 국제수지효과로 나타난다.

4. 실효보호율

생산효과는 관세부과에 의해 수입품의 가격을 인상시킴으로써 수입상품과 경쟁관계에 있는 국내상품을 보호하는 효과이다. 예를 들어 구두 한 켤레가 외국으로부터 10,000원으로 수입될 때 국내 구두산업을 보호하기 위해 20%의 관세를 부과하였다면, 국내 구두 한 켤레의 가격은 12,000원이 된다. 이 경우 일반적인 기준으로 산업보호의 효과를 측정하면 완제품인 구두에 부과된 명목관세율 20%가 보호의 효과라고 생각하여 명목관세율이 높으면 보호효과도 그만큼 높아진다고 생각할 수 있다. 그러나 명목관세율의 크기만으로는 관세의 산업보호효과를 알 수 없으며, 정확한 효과를 산정하기 위해서는 투입재에 부과되는 관세율도 알아야 한다.

실효보호율(effect rate of protection)은 완제품에 부과되는 관세만을 고려한 명목보호율과 대비되는 개념으로, 관세의 보호정책에 의해 창출되는 실질적인 국내부가가치의 증대를 의미한다. 다시 말해 실효보호율이란 관세율과 국내부가가치 상승률과의 관계로서, 관세에 의한 국내산업보호의 실질적 효과를 말한다. 결국 실효보호율이란 관세의 부과로 보호되고 있는 산업이 실질적으로 어느 정도 보호를 받고 있는가를 나타내는 것이라고 할 수 있다.

$$\text{실효보호율} = \frac{\text{관세부과후의 부가가치} - \text{관세부과전의 부가가치}}{\text{관세부가전의 부가가치}}$$

$$g = \frac{t_a A - t_b B}{A - B}$$

A : 완제품의 가격　　B : 투입재의 가격

t_a : 완제품에 부과되는 관세율　　t_b : 투입재에 부과되는 관세율

예를 들어 A상품 1단위의 최종재 가격이 1만원, 그에 대한 관세율이 30%이며, A상품의 원료인 B상품의 가격은 5천원, 그에 대한 관세율이 20%일 때 A상품의 실효보호율을 계산한다면 다음과 같다.

$$g = \frac{taA - tbB}{A - B} = \frac{10,000 \times 0.3 - 5,000 \times 0.2}{10,000 - 5,000} = 0.4 \Rightarrow 40\%$$

결국 A에 부과된 명목관세율은 30%이나, 관세부과로 인하여 실질적인 보호정도를 나타내는 실효보호율은 40%이다. 관세의 실효보호율은 완제품에 대한 관세율이 투입재의 관세율보다 높은 경우에 실질적인 보호효과를 가져올 수 있다. 완제품에 대한 관

세부과는 국내부가가치의 상승효과를 가져오고, 원료 등에 대한 관세부가는 국내부가가치의 하락을 가져온다. 따라서 원료에 대해서는 무세 혹은 저율의 세율을 부과하고, 중간재는 저율의 세율을 부과하며, 완제품은 고율의 세율을 부과하는 것이 실효보호율을 높일 수 있는 과세율 정책이다.

3.3 비관세장벽

1. 비관세장벽의 개념

비관세장벽(non-tariff barriers : NTB)은 "수입하는 상품에 대해 어떤 비용을 증가시키거나 수입허가량을 양적으로 제한하거나, 혹은 수출업자에게 보조금이나 금융특혜 등을 실시한데 따른 상계관세 부과 등 수입을 억제하기 위해 부과되는 관세 이외의 모든 무역장벽"을 의미한다.

GATT체제에서 관세율인하를 위한 노력이 시도됨에 따라 비관세장벽을 보호무역수단으로 사용되게 되었으며, WTO 체제하에서 비관세장벽들이 금지되어 있으나, 현실적으로 각국이 무역정책수단으로 빈번히 사용하고 있다.

2. 비관세장벽의 특성

(1) 차별성

비관세장벽은 수출국에 대해 선별적이고 차별적으로 이용된다. 이는 WTO의 주요원칙인 무차별원칙과 최혜국대우의 원칙에 정면으로 위배되지만, 비관세장벽에 의하여 수입규제효과가 직접적이기 때문에 차별적으로 채택되고 있다.

(2) 복잡성

비관세장벽은 매우 복잡한 형태를 가지고 있다. 비관세장벽은 그 종류가 다양하고 성격이 다르며, 무역에 미치는 효과도 다르기 때문에 목적달성을 위한 운영방법도 다양하다. 또한 상대국으로부터 직접적인 보복조치도 회피할 수 있기 때문에 각국으로 하여금 빈번하게 사용하게 하는 유인으로 작용한다.

(3) 완화 및 철폐의 어려움

비관세장벽은 완화하거나 철폐하는데 어려움이 따른다. GATT체제에서부터 비관세장벽을 완화하기 위한 노력이 계속되고 있으나, 비관세장벽의 무역정책효과가 분명하지 않기 때문에 어떤 비관세장벽을 완화해야 하는지의 판단에 어려움이 있다.

(4) 불확실성

비관세장벽은 지식 및 정보의 부족, 제도의 변경 등으로 인하여 수출업자의 입장에서는 수출의 불확실성과 위험성을 가지고 있다. 수출업자가 수입국의 비관세장벽에 대한 정보나 지식이 부족하여 수출거래의 채산성을 확보하기가 곤란하고, 수입국의 비관세장벽은 변칙적으로 운용되는 경우가 많아 수출업자가 안심하고 수출할 수 없다.

(5) 효과 측정의 곤란성

관세의 경우와 달리, 비관세장벽의 경제적 효과를 종합적으로나 개별 품목별로 측정하기 매우 곤란하다. 왜냐하면 어떤 유형의 비관세장벽은 한 품목에만 영향을 미치는가 하면, 어떤 유형은 모든 품목 또는 수입 전반에 영향을 미친다. 특히, 어떤 유형은 시간이 경과함에 따라 매우 개별적이면서, 그 효과를 측정하기 어렵다.

3. 비관세장벽의 종류

주요한 비관세장벽에 대하여 살펴보면 다음과 같다.

(1) 수입할당제

수입할당제(import quota system)는 외국으로부터의 상품수입을 원칙적으로 허용하면서, 이를 양적으로 또는 금액상으로 할당하여 일정한 부분에 한하여 수입을 허용하는 수입제한조치를 말한다.

수입할당제에는 자주할당과 협정할당이 있다. 자주할당은 수입국이 독자적으로 할당내용을 결정하는 것이며, 협정할당이란 한·미 섬유류협정과 같이 수입국의 정부, 무역업자, 산업단체, 상공회의소 등과 함께 상대국의 관계자와 협의하여 할당에 관한 국제협정이나 민간협정을 체결하는 것을 말한다.

관세와 수입할당은 그 효과가 매우 유사하지만 이들을 비교하면 다음과 같다.

첫째, 관세가 가격기구를 통한 직접적인 수입규제정책인데 반해, 수입할당은 수량규제를 통한 직접적인 수입규제정책이다.

둘째, 관세는 관세를 부과하여 가격이 상승할 경우 상품에 대한 국내수요의 수요탄력성이 작으면 수입규제효과가 약할 수 있으나, 수량제한의 경우에는 수입제한의 효과가 확실하고 국내산업을 보호하는 강력한 수단이 된다.

(2) 수입과징금제

수입과징금제(import surtax)는 수입억제, 국내산업보호, 국제수지개선 등 대내외 경제정책의 목표를 달성하기 위하여 수입품에 부과되는 일종의 조세형태를 말한다. 수입과징금을 부과하는 직접적인 목적은 수입과징금에 의해 수입품의 가격을 상승시키고 수입량을 감소시키는 데 있다.

수입과징금의 수입억제효과는 수입수요의 가격탄력성, 당해 산업의 경쟁상태, 외국수출입업자의 반응 등 여러 가지 요인에 의해 결정된다. 그 중에서 가장 중요한 역할을 하는 것은 수입수요의 가격탄력성이다.

외국의 수입상품에 대한 가격탄력성이 크면 수입과징금 부과로 인한 수입억제효과는 크게 나타난다. 이러한 측면 외에 수입을 억제시킴으로써 국내물가를 상승시켜 국내산업의 경쟁기반을 약화시키고, 국제무역질서를 왜곡시키는 등의 부작용도 있을 수 있다.

(3) 수입예치금제

수입예치금제(advance deposit requirements)는 수입업자가 상품을 수입할 경우에 수입대금의 전부 혹은 일부를 사전에 관련 금융기관에 예치하도록 하는 제도이다. 수입업자가 수입허가나 수입승인을 신청할 때 수입대금을 금융기관에 예치하게 되면, 수입업자는 자금상의 압박을 받게 되고 금리를 부담해야 하므로 수입을 감소시키게 된다.

(4) 수입금지제도

수입금지제도는 국가가 비경제적 이유로 인하여 특정상품에 대한 수입을 금지시키는 고도의 수입억제조치이다. 수입금지제도는 국내산업의 보호, 국제수지의 개선 등 경제적 목적을 달성하기 위하여 실시되는 수입억제수단이 아니라, 주로 전시나 비상시에 비경제적인 이유로 실시되는 비정상적인 긴급조치수단이다.

(5) 수입허가제

수입허가제란 특정 제품을 외국으로부터 수입하려면 정부의 허가를 반드시 받아야만 하는 제도이다. 여기에는 품목별로 등록된 특정 제품을 수입하려고 할 때에는 허가신청을 하지 않아도 되는 일반적 포괄허가제와 특정 제품을 수입하려면 사전에 수입허가를 신청해야 하는 개별적 허가제가 있다.

(6) 수출자율규제

수출자율규제(export voluntary restraints)는 일국의 특정 상품수출이 수입국의 동종산업에 심각한 피해를 줄 경우, 수입국이 수출국에게 무역제한조치를 가하겠다는 위협을 가함으로써 수출국이 스스로 상품의 수출을 자제하도록 유도하는 규제방법을 의미한다. 이 수출규제는 일반적으로 수입국의 요구에 의하여 이루어지고 있다. 수입국이 일방적으로 수입제한 등의 무역규제조치를 취했을 때에는 수출국이 이에 상응하는 보복조치를 취할 가능성이 크기 때문에, 미리 수출국과 수입국이 협의하도록 한 GATT의 규정으로부터 발생했다고 볼 수 있다.

수출자율규제의 효과는 수입할당과 비슷하지만, 수량할당과는 달리 수량제한으로부터의 이익이 수입국의 수입업자나 정부에 귀속되지 않고 수출국에 귀속된다는 점이

다르다. 따라서 수입국의 입장에서는 수입할당보다 불리하지만 수출국의 보복을 받을 가능성이 적고, GATT의 제재를 피할 수 있다는 점에서 채택의 유인책이 되었던 것이다.

(7) 수출입링크제

수출입링크제(export-import link system)란 수출과 수입을 연계시켜서 일정한 수출(혹은 수입)과 교환할 것을 조건으로 수입(혹은 수출)을 정부가 인정하는 제도이다. 여기에는 먼저 원자재 등을 수입 허가하고, 일정한 기간 내지 그 원자재를 사용하여 만든 제품의 수출을 의무화시키는 방식의 수출의무제와 제품의 수출실적에 따라 수입할 수 있는 권리를 부여하는 방식인 수입권리제가 있다.

(8) 관세평가

관세평가(customs valuation)란 수입품의 과세가격을 결정하는 일련의 절차나 방법을 의미한다. 일반적으로 수입품은 복잡한 제조과정과 운송과정을 거치므로, 관세율이 일정하다 하더라도 어떤 시점에서의 가격을 기준으로 평가하느냐에 따라 실제 관세액은 크게 차이가 나게 된다. 이러한 허점을 악용하여 수입제한의 목적으로 사용하는 것이 관세평가이다.

(9) 보조금과 상계관세

보조금(subsidy)은 국가가 특정 정책목표를 달성하기 위하여 산업 및 기업활동에 제공하는 금융·조세상의 각종 지원을 말한다. 여기에는 직·간접적인 자금이전, 세입의 포기, 재화와 용역의 제공 및 구매가 포함된다. UR협정에서의 보조금의 종류는 금지보조금, 상계가능보조금, 허용보조금으로 구분된다.

금지보조금은 무역왜곡효과가 명백하거나 우려되는 경우를 대상으로 하며, 수출 또는 국내생산품 사용을 촉진할 목적의 보조금이 이에 해당된다. 상계가능보조금은 보조금지급이 상대국에 심각한 피해를 입히는 경우 상계관세부과 대상이 되는 보조금이다. 한편 허용보조금은 특정성이 없거나, 특정성이 있다 하더라도 연구개발지원이나 지역개발지원 및 환경보존을 목적으로 지급되는 경우와 같이 상계조치를 취할 수 없는 보조금을 의미한다.

수출상품에 대해 보조금이 지급되면 수출증가 등의 효과가 나타나지만, 보조금의 지원을 받은 수출산업은 지나친 보호를 받게 되어 산업의 경쟁력이 약화되고 자원의 합리적 이용을 저해시키는 동시에, 무역을 왜곡시키는 경향이 있다. 보조금의 지급을 둘러싼 무역갈등이 빈번하면서 상대국의 보조금으로 인한 자국의 피해를 최소화할 수 있는 합법적인 방어수단이 상계관세이다.

상계관세(countervailing duties)는 국내생산을 증대시키고 국내소비를 감소시켜 과다한 수입을 규제하는 것이 기본적인 취지이지만, 상대국의 보조금 지급이 국내산업에 피해를 입히거나 입힐 우려가 있는 경우에만 발동할 수 있도록 되어 있다. 하지만 상계관세가 보호무역의 정책수단으로 남용될 가능성이 크다.

(10) 원산지규정

원산지규정은 제품의 원산지를 판단하는 기준이나 확인방법 또는 절차 등을 규정한 제반 법규나 행정적 절차를 의미한다. 특정 국가가 무역을 관리함에 있어서 제품의 원산지 확인은 관세의 결정, 쿼터의 관리, 덤핑 및 보조금의 판정, 소비자 정보제공, 통상정책의 수립이나 무역관리를 위한 통계작성 등을 위해 필요하다. 그러나 국가가 특정 제품을 수입할 때 이와 관련하여 과도한 부담을 가함으로써 간접적인 무역제한수단으로 활용될 수도 있다. WTO에서는 원산지규정에 의한 무역장벽요인을 축소하기 위한 원산지규정협정을 두고 있다.

(11) 정부조달정책

정부조달이란 정부가 활동하는데 필요한 물자나 공공사업을 추진하는데 필요한 물자를 구매하는 것을 의미한다. 그러므로 정부의 물자조달정책은 외국제품의 수입에 영향을 미친다. 예를 들면, 미국의 경우 “Buy American Policy”에 따라 미국 국방성의 물자조달계획에 있어서 미국제품은 외국제품에 비해 많은 가격특혜를 주고 있다. 또한 우리나라의 경우도 여러 분야에서 국산품의 구매를 우선하도록 하는 정책을 채택하고 있다.

(12) 각종 기준의 적용

수입국의 포장이나 상표 규정, 함유성분기준이나 위생기준, 안전기준 및 공업표준이나 규격표시의 준수 요구 등은 수입업자에 추가적인 비용의 부담뿐만 아니라, 수입을 제한하는 주요한 요인이 되고 있다.

(13) 반덤핑관세

덤핑은 원가 이하의 저렴한 가격으로 상품을 판매하는 것으로서 무역에서 의미하는 덤핑 수출국의 생산자 혹은 수출자가 수출국내에서 통상적으로 거래되는 정상가격보다 낮은 가격으로 수출하는 것을 의미한다. 반덤핑관세(anti-dumping duties)는 수입국의 정부가 수출업자가 덤핑을 하였다는 증거를 확보하고 국내의 동종산업이 덤핑수입으로 인하여 실질적 피해를 입었거나 입을 우려가 있다고 판단되는 경우에는, 그러한 덤핑행위를 시정함으로써 공정한 경쟁관계를 확립하고 국내산업을 보호하기 위한 목적으로 덤핑차액 이하에 상당하는 관세를 부과하는 것을 의미한다.

반덤핑관세는 일반관세와 같이 수입자가 부담한다는 점에서는 동일하지만 수출업자의 불공정한 덤핑행위가 요인이기 때문에, 책임이 수출국에 전가되어 수출국이나 수출업자의 물품에 대하여 선별적으로 부과된다는 점에서는 관세와 다르다.

또한 반덤핑관세는 긴급수입제한조치와는 수입으로부터 발생하는 국내산업의 피해를 구제하기 위해 수입을 제한하는 측면은 동일하다. 그러나 긴급수입제한조치는 수출업자의 공정한 수출에도 불구하고 수입국의 수입이 증가하여 산업피해가 발생되었을 때 취해지는 조치인 반면, 반덤핑관세는 수출국이 WTO협정에 금지되어 있는 불공정무역행위를 자행함으로써 수입국의 산업에 피해를 줄 경우 관세를 부과한다는 측면에서는 다르다.

연습문제

1. 용어해설문제

- 중상주의
- 다자주의
- 지역주의
- 중금주의
- 무역차액주의
- 유치산업보호론
- 신보호주의
- 재정관세
- 혼합세
- 국정관세
- 협정관세
- 특혜관세
- 탄력관세
- 실효보호율
- 수입할당제
- 수입과징금
- 수출자율규제
- 상계관세
- 수출입링크제
- 관세평가
- 원산지규정
- 정부조달정책

2. 주관식문제

(1) 무역정책의 목표에 대해 설명하라.

(2) 종가세와 종량세의 내용과 장단점을 비교하여 설명하라.

(3) 우리나라에서 시행되고 있는 탄력관세제도에 대해 설명하라.

(4) 관세부과로 인한 경제효과를 분석하여 설명하라.

(5) 비관세장벽의 특성을 설명하라.

Chapter

04 국제금융환경

학습목표

1. 외환시장의 특징과 참가자들을 이해한다.
2. 주요 환율제도와 우리나라의 환율제도에 대해 알아본다.
3. 국제수지의 결정요인과 국제수지조정정책에 대해 이해한다.
4. 국제통화제도의 기능과 변천과정에 대해 살펴본다.

4.1 외환시장

1. 외 환

(1) 외환의 개념

개방화·국제화시대를 맞이하여 상품교역, 해외여행, 기업의 해외진출 및 외국기업의 국내투자, 내국인의 해외증권 및 부동산 취득, 해외로부터의 자본차입 등 여러 방면에서 국제거래가 점차 증대되고 있다. 국제거래 시 필연적으로 우리는 외환의 문제에 직면하게 된다. 이러한 외환의 문제는 재화와 용역은 국제적이지만, 통화는 국가마다 다른 형태로 통용되기 때문에 발생한다. 따라서 용도에 따른 적합한 형태의 통화로 교환이 필요하다.

이러한 문제를 해결하고 국가 간 거래를 원활히 수행하기 위해 사용되는 수단이 바로 외국환 또는 외환(foreign exchange)이다. 즉 외환이란 국가간의 채권·채무를 결제하기 위하여 자금을 이동함에 있어서 현금(외국화폐)을 직접 수송하지 않고 외국환은행을 중개자로서 활용하는 수단을 말한다.

(2) 외환의 종류

송금환과 역환 외환을 통해 국제적으로 자금결제를 하는 데는 두 가지 방법이 있다. 하나는 자금을 송금하는 방법이고, 다른 하나는 자금을 추심하는 방법이다. 순환은 채무자(수입업자)가 채권자(수출업자)에게 외화자금을 송금(remittance)하는 방식으로서 송금환(remittance by draft)이라고도 한다. 반대로 역환(negotiation by draft)은 채권자(수출업자)가 채무자(수입업자)에게 추심(collection)하는 방식으로 대금을 회수하는 방식이다.

매도환과 매입환 환매매의 중개기관인 외국환은행 측에서 환을 매각하느냐 또는 매입하느냐에 따라 구분하는 방식이다. 외국환은행이 외환을 매도하는 것을 매도환(selling exchange)이라 하고, 외환을 매입하는 것을 매입환(buying exchange)이라고 한다. 개인이나 기업이 외국환은행에 가서 자국통화를 주고 외환을 구입하는 것은 매도환이고, 반면에 외환을 외국환은행에 매도하고 자국통화를 받는 것을 매입환이라 한다. 이는 매도환 또는 매입환이 외국환은행을 기준으로 표현되기 때문이다.

전신환과 보통환 외환의 국제적 이동은 환어음(D/D : demand draft), 우편송금(M/T : mail transfer), 전신송금(T/T : telegraphic transfer) 등의 방법으로 이루어지며, 환어음과 우편송금에 의한 것을 전신환과 구별하여 보통환이라고 한다. 이러한 보통환에 의한 결제는 거래행위가 발생한 당일에 이루어지지 않으므로 이자의 문제가 발생한다.

현물환과 선물환 외환거래의 계약체결과 계약이행의 시차를 기준으로 현물환과 선물환으로 구분된다. 현물환(spot transaction)은 외환매매 계약 이후 둘째 영업일 이내에 거래가 실행되는 외환으로서 직물환이라고도 한다. 반면에 선물환(forward transaction)은 계약체결 이후 상당한(둘째 영업일 이후)기간이 경과한 후 거래가 이행되는 외환으로서 예약환이라고도 한다. 즉 일정한 기간 이후 일정 환율로 환거래할 것을 미리 예약하고 실제거래는 일정 기간 후에 이루어지는 외환이다.

2. 환　율

(1) 환율의 개념

물물교환의 국제거래에 있어서 두 상품의 교환비율이 필요하듯이, 모든 국제거래는 관련된 화폐의 교환비율이 필연적으로 요구된다. 환율(exchange rate)은 이처럼 한 나라의 통화와 외국통화, 즉 이종통화간의 교환비율을 말한다. 모든 외환거래는 외국환은행이 외환을 매매하는 형태로 이루어지므로, 환율은 외환 또는 외화라고 하는 특수한 상품의 가격이라고도 할 수 있다.

또한 일반적으로 한 나라 통화의 가치는 그 통화가 갖는 구매력으로 나타나기 때문에 한 나라 통화의 국내에서의 구매력을 대내적 가치라고 한다면, 외국에서의 구매력은 대외적 가치가 된다. 그런데 한 나라 통화의 외국에서의 구매력은 외화와 교환됨으로써 평가될 수 있기 때문에, 환율은 한 나라 통화의 대외적 가치를 나타낸다 할 수 있다.

외환시장에서 외국통화는 일종의 상품으로 취급되어 해당통화의 수요와 공급에 따라 환율이 결정된다. 그러나 통화는 일반상품과는 다른 특수성을 가지고 있기 때문에, 그 가격결정에는 많은 복잡한 요인들이 작용하기도 한다.

(2) 환율의 표시방법

환율은 이종통화간의 상대적 가격이므로, 기준통화에 따라 자국통화표시법(rate in home currency)과 외국통화표시법(rate in foreign currency)으로 표시될 수 있다.

자국통화표시법　이는 외국통화 1단위와 교환되는 자국통화의 크기로 환율을 표시하는 방법이다. 예를 들어 우리나라 원화의 미 달러화에 대한 자국통화표시환율은 US$1=₩1,000으로 표시된다.

외국통화표시법　이는 자국통화 1단위와 교환되는 외국통화의 크기로 환율을 표시하는 방법이다. 예를 들어 우리나라 원화의 미 달러에 대한 외화표시환율은 ₩1=US$ 1/1,000로 표시된다.

환율이 자국통화표시법으로 표시될 때 환율이 오른다 또는 상승한다는 것은 자국통화로 표시된 외국통화의 가격이 상승한다는 것을 뜻한다. 예를 들어 미 달러화 1단위가 1,000원이던 환율이 1,100원이 되었다면, 이는 환율이 상승한다는 것을 의미한다.

이때 원화의 가치는 하락(depreciate)되었다고 하고, 상대적으로 미 달러의 가치는 상승(appreciate)하였다고 한다.

이처럼 외환시장에서 어떤 통화의 상대적 가치가 오르는 것을 변동환율제도에서는 각각 환율상승(appreciation), 내리는 것을 환율하락(depreciation)이라고 하고, 고정환율제도하에서는 각각 평가절상(revalution), 평가절하(devalution)로 구분하여 표현하기도 한다.

(3) 환율의 변동과 국민경제

1) 환율하락

환율이 하락하면 원화가치가 상승한다. 즉, 환율하락은 외환시장에서 달러를 사려는 사람보다 달러를 팔려는 사람이 많기 때문에 달러환율은 내리게 된다.

수출부문 환율하락에 따른 수출품의 가격인상으로 인해 외국 소비자의 수요가 감소함으로써 수출량이 감소하게 되고, 수출기업은 가격경쟁력을 유지하기 위하여 가격을 인상하지 않더라도 원화의 절상 폭이 크면 클수록 수출기업의 채산성이 악화되어 수출을 축소하지 않을 수 없을 것이다.

수입부문 환율하락으로 인해 외국으로부터 수입되는 제품의 가격이 인하됨으로써 국내 소비자들의 수요가 급증하여 국민경제에 부정적인 영향을 미친다.

국내물가부문 환율인하로 인해 외국으로부터 수입되는 원자재 가격이 하락함으로써 외국으로부터 원료를 수입하여 생산하는 제품의 제조원가가 낮아지고, 결과적으로 국내물가가 하락하여 국민경제에 긍정적인 영향을 미친다.

외자도입부문 외국의 정부나 금융권으로부터 외자를 차관으로 도입한 경우, 환율이 하락하면 그만큼 이자 및 원금상환 부담이 감소하게 된다.

2) 환율상승

환율이 상승하면 원화가치가 하락한다. 즉, 환율상승은 외환시장에서 달러를 팔려는 사람보다 달러를 사려는 사람이 많기 때문에 달러환율은 오르게 된다.

수출부문 환율상승에 따른 수출품의 가격인하로 인해 외국 소비자의 수요가 증가함으로써 수출량이 확대되고, 수출기업은 가격을 인하하지 않더라도 원화의 절하 폭이 크면 클수록 수출기업의 채산성이 좋아져서 수출이익이 증가할 것이다

수입부문 환율상승으로 인해 외국으로부터 수입되는 제품의 가격이 인상됨으로써 국내 소비자들의 수요가 감소하여 국민경제에 긍정적인 영향을 미친다.

국내물가부문 환율상승으로 인해 외국으로부터 수입되는 원자재 가격이 상승함으로써 외국으로부터 원료를 수입하여 생산하는 제품의 제조원가가 높아지고, 결과적으로 국내물가가 상승하여 국민경제에 부정적인 영향을 미친다.

외자도입부문 외국의 정부나 금융권으로부터 외자를 차관으로 도입한 경우, 환율이 상승하면 그만큼 이자 및 원금상환 부담이 증가하게 된다.

(4) 환율의 종류

매도환율과 매입환 외환거래에 있어서 외국환은행의 역할에 따른 분류방법이다. 매도환율(offer rate)은 외국환은행이 외환을 필요로 하는 고객들에게 판매할 때 적용되는 환율을 말한다. 반면에, 매입환율(bid rare)은 고객이 가지고 있는 외환을 매입할 때 적용하는 환율이다. 일반적으로 매도환율이 매입환율보다 높게 적용되는데, 이러한 차이를 스프레드(spread)라고 하며, 이것이 외국환은행의 외국환거래에 따른 이익에 해당된다.

현물환율과 선물환율 외환거래의 계약체결과 계약이행의 시차를 기준으로 한 분류이다. 현물환율(spot exchange rate)은 현물환거래에 적용되는 환율이고, 선물환율(forward exchange rate)은 선물환거래에 적용되는 환율이다.

기준환율과 재정환율 기준환율은 외국환은행간 미달러에 대한 실제거래환율들을 거래량으로 가중 평균하여 산출되는 시장평균환율로서, 각종 환율을 결정짓는 기초가 된다. 즉, 이 환율은 당일 외국환은행간 거래와 외국환은행의 대고객거래에 있어서 재정환율과 함께 매매기준율의 역할을 하는데, 금융결제원에서는 매 영업일 오전 9시에 전일의 시장평균환율을 당일 기준환율로 고시한다. 반면에, 재정환율(arbitrated rate)은 미달러 이외의 통화 대 원화의 환율을 말한다. 금융결제원이 최근 주요 국제금융시장에서 형성된 미달러와 미달러 이외의 통화와의 크로스 환율(cross rate)을 기준환율로 재정하여 산출한다. 여기서 크로스 환율은 자국통화가 개입하지 않는 상태에서 이국통화 간의 교환비율을 말한다.

외국환은행간 매매율과 외국환은행 대고객매매율 외국환은행간 매매율은 외국환은행 상호간의 외환거래에 적용되는 환율을 말하며, 외국환은행 대고객매매율은 외국환은행과 고객 사이의 외환거래에 적용되는 환율로서 전신환매매율, 수입어음결제율, 현찰매매율 등이 있다. 대고객매매율은 당일의 기준환율과 외국환은행간 매매율을 감안하여 외국환은행의 장이 자율적으로 결정하며, 매매율 변동폭에 대한 제한은 없다.

(5) 환율제도의 종류

환율제도는 환율이 어떤 방법에 의해 결정되느냐에 따라 크게 고정환율제도(fixed exchange rate system)와 변동환율제도(floating exchange rate system)로 크게 나눌 수 있다. 순수한 의미의 고정환율제도와 변동환율제도 사이에는 다양한 형태의 환율제도가 존재한다.

최근 대부분의 국가들이 변동환율제도를 채택하고 있으나, 현실적으로 완전한 자유변동환율제도를 택하고 있는 국가는 없으며, 대부분 환율결정을 외환시장의 수급에만 맡기지 않고 정부가 직접 또는 간접적으로 규제하는 관리변동환율제도(managed floating exchange rate system)를 채택하고 있다.

고정환율제도 이 제도는 정부가 사전에 공정하게 환율을 설정하여 놓고, 모든 외환거래에서 이 공정환율을 적용하도록 하여 외국환수급에 따른 환율의 변동을 전혀 인정치 않거나, 혹은 일정한 변동폭(상하 1% 범위 이내)만을 인정함으로서 동 변동폭을 초과하거나 하회하는 경우에는 정부 또는 중앙은행이 외환시장에 적극 개입, 시장에서의 외환수급 상태를 변경시켜 환율을 안정시키는 제도이다.

변동환율제도 이 제도는 고정환율제도와는 달리 외환시장에서 외국환에 대한 수요와 공급의 시장원리에 따라 환율이 자유롭게 형성되도록 아무런 제약을 가하지 않는 제도이다. 이 변동환율은 외환의 매입세력과 매도세력이 균형을 이루는 이상적인 환율로서 국제수지균형에도 이바지하는 바가 크다. 즉 수출이 수입을 초과하여 국제수지가 흑자이면 외환의 매도세력이 커 공급이 많아질 것이고, 그렇게 되면 자연적으로 환율인하, 즉 자국화의 평가진정이 이루어져 수출상품의 가격경쟁력 저하로 수출이 부진해짐에 따라 국제수지 흑자 폭이 좁아져 균형에 이르게 되기 때문이다.

반면에 환율변동이 심하고 그 변동폭 역시 커지면, 환율변동차익을 노리는 환투기가 성행하여 환율의 불안정을 가속화시키고, 이는 국제통화질서의 문란 및 국제무역에도 심각한 피해를 입히게 된다.

(6) 우리나라의 환율제도

우리나라의 환율제도는 해방 이후의 고정환율제도에서 단일변동환율제도, 복수통화바스켓제도를 거쳐 1990년 3월부터 시장평균환율제도로 이행하였다. 1997년 11월 20일 1일 변동허용 폭이 2.25%에서 10%로 확대된 후 불과 한 달도 못되어 시장평균환율제도가 12월 16일 전면 폐지되고, 자유변동환율제도가 전격적으로 시행되었다.

자유변동환율제도에서는 가격제한이 없기 때문에 환율이 무제한으로 변할 수 있다. 이것이 환위험을 증대시켜 대외거래를 위축시키는 부작용도 지적될 수 있으나, 그만큼 환투기를 억제하는 긍정적인 효과도 있다. 이처럼 환율변동 제한 폭이 폐지됨에 따라 시장평균환율에 의한 매매기준율이 의미가 없게 되었다.

자유변동환율제도가 시행됨에 따라 여러 가지 제도가 바뀌게 된다. 은행마다 적용하는 매매기준율이 모두 다르고, 미국 달러화를 살 때나 팔 때 적용하는 수수료율도 모두 다르게 되므로, 기업이나 개인들은 환전할 경우 거래은행과 거래시점을 잘 선택해야 한다. 환율이 시시각각 변하므로 은행들도 매매기준율을 하루 최대 8번 이내에서 재고시할 수 있게 하였다. 따라서 하루에도 오전에 환전하느냐 또는 오후에 환전하느냐에 따라 환전에 소요되는 비용이 달라지게 된다.

한편 원·달러 이외에 원·엔, 원·마르크, 원·파운드 등의 환율은 국내에 이들 외환시장이 없기 때문에 달러화를 중심으로 다른 국가의 외환시장 환율을 원용하여 결정한다. 원·엔 환율은 동경시장 오전 8시 40분 현재 결정된 엔·달러 환율과 전일 서울외환시장에서 거래된 원·달러 평균환율을 서로 대입하여 결정한다. 원·엔, 원·파운드, 원·마르크 등의 환율은 동경시장의 오전 8시 40분 현재 해당통화와 달러화의 환율을 기준으로 하며 원·프랑, 원·캐나다달러, 원·홍콩달러, 원·리라 등은 뉴욕외환시장의 해당통화와 달러화의 전일종가를 기준으로 한다.

이상에서 살펴보았던 우리나라 환율제도의 변천을 요약하면 [표 4-1]과 같다.

[표 4-1] 우리나라 환율제도의 변천

환율제도	시행기간	내 용
고정환율제도	1945.10 ~1964. 5	· 원화의 대미달러환율을 고정
단일변동환율제도	1964. 5 ~1980. 2	· 고정환율의 유동화, 실세화를 목적으로 원화의 가치를 미 달러화에 연동시키는 사실상의 고정환율제도
복수통화바스켓제도	1980. 2 ~1990. 2	· 단속적인 평가절하가 경제에 미치는 충격을 완화하고 원화환율을 유동화시키기 위해 도입
시장평균환율제도	1990. 3 ~1997. 12	· 대외적인 환율조작 오해를 없애고 환율의 시장기능을 높이되 외환시장의 기초여건이 성숙되지 못한 점을 감안, 자유변동환율제도로 이행하기 위한 전 단계로 도입하여 시행하였고, 환율변동 제한 폭을 단계적으로 확대하였다. 1990.3.2 : ±0.4%, 1991.9.2 : ±0.6% 1992.7.1 : ±0.8%, 1993.10 : ±1.0% 1994.11 : ±1.5%, 1995.12 : ±2.25% 1997.11.20 : ±10%
자유변동환율제도	1997.12. 16 ~현재	가격결정원리에 입각한 완전자율변동 환율제 도입

3. 외환시장

(1) 외환시장의 개념

외환시장의 정의 이는 다수의 외환수요자와 공급자들 사이에서 이종통화 간의 매매 거래를 매개시켜 주는 시장구조를 의미한다. 이러한 외환시장(foreign exchange market)은 특정장소에서 외환거래가 이루어지는 구체적인 시장뿐만 아니라, 통신매체를 통해 공간적으로 거래를 매개해 주는 모든 시장기구를 포괄하는 개념이다.

외환시장은 전 세계적으로 바레인, 시카고, 프랑크푸르트, 홍콩, 런던, LA, 뉴욕, 파리, 샌프란시스코, 싱가포르, 도쿄, 토론토, 취리히 등 12개의 주요 시장과 소규모의 무수히 많은 시장으로 구성되어 있다.

외환시장의 종류 이러한 외환시장은 거래형태에 따라 현물환시장과 선물환시장으로 구분된다. 현물환시장(spot exchange market)이란 외환매매의 계약과 동시에 외환의 결제 및 인수·인도가 이루어지는 시장을 뜻한다. 실제적으로는 국제간의 시차에 따른 자금이체의 소요기간을 반영하여 2영업일 이내에 현물환거래가 이루어지는 경우를 의미한다.

통상적으로 외환시장이라고 하면 현물환시장을, 별도의 언급 없이 환율이라고 하면 현물환율을 지칭한다. 반면에 선물환시장(forward exchange market)이란 현재의 선물환율로 외환매매계약을 체결하고, 그 영업일 후의 특정한 만기일에 외환의 결제 및 인수·인도가 행해지는 시장을 말한다.

(2) 외환시장의 특징

외환시장은 일반시장과는 달리 몇 가지 특징을 가지고 있는데, 이를 요약하면 다음과 같다.

24시간 시장 외환시장은 공간적으로 세계적인 네트워크로 연결되어 지구상 어느 곳에서 어느 때든지 외환이 거래되고 있다. 이들 외환시장은 지리적 시차로 인해 거래시간이 중복되어 연결됨으로써 세계 전체적으로는 하루 종일 종장(close)이 없는 24시간 시장(24-hour market)이라는 특성을 갖게 된다. 각국의 외환시장은 오전 8시나 8시 30분부터 오후 3시 30분 사이에 개장되어 거래가 이루어지나, 세계적인 외환거래량의 급증과 통신수단의 발달에 힘입어 24시간 영업체제를 운용하고 있기 때문에, 지리적 시차가 무색해지고 있다. 즉 외환시장은 해가 지지 않는 시장인 것이다.

점두시장 외환거래는 대부분 점두시장(over-the-counter market)에서 거래가 이루어진다. 외환시장은 거래당사자들이 얼굴을 마주보며 외환을 매매하는 구체적인 장소가 아니라, 통신매체만 있으면 언제 어디서든지 거래체결이 가능한 점두시장의 특징을 갖는다. 점두시장은 증권거래소와 같은 특정 장소와는 달리 일종의 장외시장이다. 은행 및 외환딜러들이 외환거래실에서 전화나 텔렉스 및 컴퓨터 단말기를 이용하여 은행간거래와 대고객거래를 하는 거래형태이다. 점두거래에서 이루어지는 외환거래는 불과 수초 내에 이루어진다.

글로벌 시장 외환시장의 또 다른 특징은 하나의 통합시장으로서의 범세계적 시장(one global market)이란 점이다. 1980년대 이후 금융자유화의 세계적 추세와 고도의 정보통신기술이 급속하게 발전되면서, 외환시장은 구조적인 변화를 겪고 있다. 이러한 외환시장은 특히 저렴한 거래비용으로 신속한 외환결제가 가능해짐에 따라 환율을 매개체로 하여 하나의 시장으로 되어가고 있다.

2가격시장 국제외환시장에서는 매시간 매초마다 환율이 변동하고 있다. 또한 외환의 매입가격은 외환을 매입하느냐 매도하느냐에 따라 그 가격이 상이하다. 매도율과 매입률의 차이가 발생하게 된 이유는 주로 외환의 거래관행으로 설명된다. 과거 전신이나 전화가 발달하지 않아 외환을 매입하거나 매도하려는 경제주체(A은행)가 외환의 공급자나 수요자(B은행)에게 외환의 가격, 즉 환율을 묻게 되면, B은행의 입장에서는 거래상대방이 외환을 매입하려 하는지 매도하려 하는지를 모르고, 또 환율이 수시로 변동하기 때문에 매입률과 매도율을 상이하게 하여 가격을 제시하게 된다. 이러한 외환거래의 특수성이 관행으로 정착되어 현재에 이른 것이다. 그러나 오늘날과 같이 통신수단의 급속한 발달로 인해 매입률과 매도율의 차이는 좁혀지고 있으며, 국제적인 거래에 있어서는 단일가격으로 거래되기도 한다.

통신매체이용 시장 이는 근본적으로 외환시장이 점두시장(장외시장 : over-the-counter market)이기 때문에 연유되는 것으로서, 모든 외환거래는 전화 등의 통신매체를 이용하여 즉시 거래가 성립되므로, 매매계약을 확인하기 위해 거래당사자간에 우편으로 사후확인(mail confirmation)하는 것이 관례이다.

(3) 외환거래의 종류

외환시장에서 이루어지는 전통적인 거래형태에는 크게 현물환거래, 선물환거래, 외환스왑거래 등이 있다.

1) 현물환거래

현물환거래(spot exchange transaction)는 모든 외환거래의 기본이 되는 거래로서, 계약일로부터 제2영업일 이내에 외환의 수도결제(상품의 인도와 대금지급)가 되는 거래 유형을 말한다. 이처럼 제2영업일 이내에 수도결제가 필요한 이유는 세계의 주요 지역 간의 시차관계로 인하여 계약이행에 시간이 필요하기 때문이다.

2) 선물환거래

선물환거래(forward exchange transaction)는 계약일로부터 제2영업일을 초과하여 미래의 특정시점에 거래될 환율을 미리 약정하고 해당 결제시점에 약정된 환율로 외환을 수도결제하는 거래형태를 말한다. 선물환거래는 외환거래 당사자 간에 장래의 외환결제에 적용할 환율을 거래시점에 미리 약정함으로써 외환거래일로부터 결제일 사이의 환율변동으로 야기되는 위험을 회피할 수 있다.

3) 외환스왑거래

외환스왑거래(foreign swap transaction)는 환위험을 제거할 목적으로 현물환시장과 선물환시장에서 동시에 반대매매를 하는 거래형태를 말한다. 즉, 만기가 서로 다른 동액의 외환을 동시에 매매하는 거래이며, 외환의 인도시기가 서로 다른 거래로서 환율변동에 따른 환위험을 회피하기 위해 널리 이용되는 외환거래이다.

(4) 외환시장의 참가자

외환시장에서 행해지는 외국환거래에는 고객, 외국환은행, 외환중개인, 그리고 중앙은행 등이 참여하고 있다.

고객 고객이란 외환거래에 참여하는 자로서, 외환에 대한 직접적인 수요자와 공급자들이 이에 속한다. 외환시장에서 고객이라 하더라도 외환거래는 고객상호간에 성립되는 것이 아니라, 고객과 외국환은행 사이에 성립한다. 이러한 고객들로서는 수출입업자, 해외여행자, 해외투자자, 개인 송금자 등을 들 수 있다. 이처럼 외환시장의 고객은 수출, 수입, 해외여행 등 정상적인 경제활동의 필요성에 의해 발생하는 외환의 수요자와 공급자로서 이들을 실수요자라고 하며, 이 실수요자인 고객과 외국환은행간의 외국환거래가 이루어지는 외환시장을 대고객시장(customer market)이라고 한다.

외국환은행 외국환은행은 국제금융활동 및 국제자금관리상 외환시장에 참여하며, 고객은 물론 다른 외국환은행과도 외환거래를 한다. 그 결과 외환포지션이 발생하게 되며, 이를 조정하기 위해 은행간 외환거래를 하게 된다. 또한 스스로의 외환시장에 대한 전망 하에 환차익을 획득하기 위한 외환거래 또는 환투기거래에 참여하기도 한다. 특히 외국환은행간의 외환거래로 이루어지는 외환시장을 은행간시장(interbank market)이라 하며, 선진국에서는 이것이 외환시장의 중심이 되고 있다.

외환중개인 외환중개인은 외환브로커(foreign exchange broker)로서, 외환시장에서 주로 외국환은행간의 외환거래나 고객간의 거래를 중개하고, 그 대가로 중개수수료를 받는 자를 말한다. 외환중개인은 외국환은행들의 주문조건을 상호 조정하여 거래를 성사시키기 위해 외환시장의 동향에 관한 정보를 수집하여 제공하는 등의 중개역할도 맡고 있다. 우리나라에는 이와 같은 의미에서의 외환중개인은 아직 없으며, 현재 금융결제원의 자료중개실이 브로커의 기능을 담당하고 있다.

한편 외환중개인은 중개수수료를 획득할 목적으로 외환중개업무만을 수행하며, 외환포지션을 보유하지 않는다. 이 점에서 자기의 계산과 위험부담하에 외환거래를 수행하는 외환딜러(foreign dealer)와 차이가 있다. 외환딜러는 외국환은행의 외환거래실에서 근무하는 개개인으로 이해할 수도 있으며, 브로커와 비교하여 외국환은행을 지칭할 수도 있다.

중앙은행 각국의 중앙은행들은 자국의 통화신용정책을 원활히 수행하기 위하여, 또는 타국의 중앙은행 및 국제금융기구와의 거래를 위하여, 그리고 환율변동에 영향을 줄 필요가 있을 때 외환시장에 개입하고 있다. 예를 들어 외환시장에서 외화의 초과수요가 발생할 경우 중앙은행은 외환준비금을 사용하여 환율의 안정을 도모하기도 한다.

4.2 국제수지

1. 국제수지의 성격

(1) 국제수지의 개념

국제수지(balance of payment)란 일정기간 동안 한 나라의 거주자와 외국의 거주자들(외국인 또는 비거주자) 사이에 발생한 모든 경제적 거래를 체계적으로 기록한 것을 말한다. 이를 구체적으로 분석해 보면 다음과 같다.

일정기간 이는 국제수지가 대체로 1년을 기준으로 하지만, 3개월 또는 6개월 단위로 기록하는 플로우(flow) 개념임을 뜻한다. 즉 국제수지표는 일정기간에 있어서 국제거래에 따라 발생한 자금의 흐름을 나타내는 표이기 때문에 플로우를 나타내는 표이다.

거주자의 개념 거주자와 비거주자는 법률상의 국적이나 지리적 영역보다는 이익의 중심(center of profit)이 어디에 있느냐에 따라 구분된다. 즉, 지리적, 정치적인 것과는 달리 개인이나 법인의 주된 경제활동이 어느 국가에서 발생했는가에 따라 결정된다. 개인의 경우에는 대부분이 영주권이나 국적에 따라 판단하게 된다. 그리고 개인이라 하더라도 그 개인이 소속 국가의 정부를 대표하거나(외국인이나 파견군인), 장기유학생인 경우에는 본국의 거주자로서 비거주자로 취급된다. 이에 비해 기업의 지점이나 자회사의 경우에는 일반적으로 소재지의 경제의 일부를 구성하고 있기 때문에 소재지의 거주자로 취급받는다.

모든 경제적 거래 이는 한 나라의 국민경제에 영향을 미치는 모든 대외거래를 지칭한다. 즉, 외국과의 거래에서 일어나는 교환거래는 물론, 대가없이 주고받는 이전거래도 포함된다.

체계적 기록 국제수지 통계는 복식부기의 원리에 따라 국제적으로 통일된 객관적인 기준(IMF BOP Manual)에 의해 작성된다. 즉, 복식부기의 원리에 따라 모든 경제적 거래의 이동상황을 급부와 반대급부의 양 측면에서 파악하여 항상 차변(debit)과 대변(credit)의 계정에 동일금액을 기록한다는 것이다. 그러나 원조나 증여, 해외송금과 같은 일방적 거래 또는 자금이전거래 등의 자금이동은 반대급부가 없어 복식부기의 적용이 어려우므로, 이전소득수지라는 실체가 없는 항목을 만들어 조정하고 있다.

(2) 국제수지표의 구성

국제수지표는 자기 나라와 교역국 사이에 발생한 모든 국제경제거래를 일정기간에 걸쳐 체계적으로 기록하는 통계표이다. 이러한 국제수지표는 각국의 경제운용상황에 따라 독자적인 개별 형식을 가질 수 있으나, 이렇게 할 경우 타국과의 비교가 곤란하고, 또한 각국의 경제상황을 한눈에 파악하기 어렵다. 그러므로 IMF에서는 각국의 경제상황을 한눈에 파악할 수 있도록 국제수지표의 표준양식(IMF BOP Manual)을 제정하여 이에 따라 작성하도록 권고하고 있다. 우리나라는 1955년 IMF에 가입한 이래 한국은행에서 국제수지표를 작성하여 발표하고 있는데, 2010년 1월부터는 BPM6(Balance of Payments Manual 6th ed.)에 따라 매월 작성하여 발표하고 있다.

이러한 국제수지표는 각각의 거래가 발생하는 원인과 경제에 미치는 영향에 따라 [표 4-2]에서 보는 것처럼, 경상수지와 자본·금융계정, 오차와 누락으로 구성된다. 국제수지표의 회계처리는 복식부기의 원리에 따르며, 수출입상품의 평가에 적용되는 가격은 수출경제권의 수출항(공항)에서 지정된 배(비행기)에 선적하는 비용까지를 포함하는 것(FOB : 본선인도가격)을 원칙으로 하며, 거래의 계상시점은 발생주의를 원칙으로 하고 있다. [표 4-3]은 국제수지표의 회계처리 원칙을 나타낸 것이다.

[표 4-2] 국제수지표의 구성

국제수지표						
경상수지				자본·금융계정		오차 및 누락
상품 수지	서비스 수지	본원 소득 수지	이전 소득 수지	자본 수지	금융 계정	

* 경상수지 + 자본 · 금융계장 + 오차 및 누락 = 0

[표 4-3] 국제수지표의 회계처리 원칙

	차변(DEBIT, '–')	대변(CREDIT, '+')
경상 수지	상품 수입(실물자산 증가)	상품 수출(실물자산 감소)
	서비스 지급(제공받음)	서비스 수입(제공해줌)
	본원소득/이전소득 지급	본원소득/이전소득 수입
금융 계정	금융자산 증가	금융자산 감소
	금융부채 감소	금융부채 증가

1) 경상수지(current account)

경상수지는 상품이나 서비스를 사고파는 일상적인 대외거래의 결과로 발생하는 외화의 수입과 지급의 차이를 의미한다. 이는 거래의 내용에 따라 상품수지, 서비스수지, 본원소득수지, 이전소득수지로 구성된다.

상품수지(product account) 이는 대외거래 중 가장 기본적인 거래로서, 상품을 수출하여 수취한 외화와 상품을 수입하는데 지불한 외화의 차이를 의미한다. 이러한 상품수지 항목은 일반상품, 가공용재화, 운수조달재화, 비화폐용금 등으로 세분화하여 기록함으로써 어느 부문이 얼마만큼 흑자·적자를 기록하였는지 그 변화추이를 한눈에 파악할 수 있도록 하고 있다. ① 일반상품 항목에는 거주자와 비거주자간에 소유권이 이전되는 재화(movable goods)를 기록한다. ② 가공용재화 항목에는 외국에서 가공하기 위해 수출한 원자재 및 가공 후 다시 수입하는 완성품과 국내에서 가공하기 위해 수입한 원자재 및 가공 후 다시 수출하는 완성품 등을 기록한다. ③ 운수조달재화 항목에는 선박, 항공기 등이 외국의 항구 및 공항에서 조달한 연료, 식량 및 보급품 등을 기록한다. ④ 비화폐용금 항목에는 통화당국이 대외준비자산으로 보유하는 금(화폐용금) 이외의 모든 금의 수출입을 기록한다.

서비스수지(service account) 이는 거주자와 비거주자간의 모든 서비스(용역)거래의 결과로서 운송, 여행, 통신, 보험, 지적재산권 사용료, 사업서비스, 유지보수서비스, 정부서비스, 기타 항목의 외화수취와 지급의 차이를 의미한다. ① 운송 항목에는 여객의 수송, 재화의 수송, 승무원을 포함한 운송수단의 임대차(운용리스) 등을 기록한다. ② 여행 항목에는 여행자인 개인이 직접 사용하거나 또는 타인에게 제공할 목적으로 해외체류기간 중 체류국에서 취득한 재화와 서비스를 기록한다. ③ 통신 항목에는 전화, 팩시밀리 등을 이용한 통신서비스와 우편 및 배달 서비스를 기록한다. ④ 보험 항목에는 수출입상품에 대한 보험, 재보험 등을 포함하여 기록한다. ⑤ 지적재산권 사용료 항목에는 상표권, 저작권, 특허권, 독점판매권 등 무형자산의 사용료를 기록한다. ⑥ 사업서비스 항목에는 중개인·대리인 등이 상품 및 서비스거래와 관련하여 수취한 수수료, 경영컨설팅, 해외광고, 승무원을 포함하지 않은 수송장비(선박 등)의 임대차 등의 서비스 거래를 기록한다. ⑦ 유지보수서비스 항목에는 비거주자에게 제공하거나 또는 비거주자로부터 제공받은 선박, 항공기 등의 수리행위에 대한 수리비를 기록한다. ⑧ 정부서비스 항목에는 우리나라 정부와 외국정부, 우리나라 정부와 비거주자, 또는 외국정부와 우리나라 거주자간에 발생한 서비스거래를 기록한다. ⑨ 기타 항목에는 거주자와 비거주자간의 금융서비스(수수료), 컴퓨터 및 정보서비스, 개인 · 문화 및 오락서비스(카지노 등), 건설서비스 등을 기록한다.

본원소득수지(primary income account) 이는 거주자와 비거주간에 일어나는 근로소득 및 투자소득거래를 기록한 것이다. 이러한 본원소득수지 항목은 ① 외국인 노동자에게 지급되거나 내국인 해외근로자가 수취하는 급료 및 임금, ② 직접투자, 증권투자, 기타 투자의 수입 및 지급을 기록하는 투자소득으로 구분된다.

이전소득수지(secondary income account) 이는 대가 없이 제공되는 것으로서 수혜자의 소득 및 소비에 직접적으로 영향을 주는 근로자송금 등의 대외송금, 구호를 위한 식량·의약품 등의 무상원조, 국제기구 출연금 등을 기록한 것이다.

2) 자본 · 금융계정(capital & financial account)

자본수지(capital account)는 자본이전거래와 비생산·비금융자산의 취득 및 처분을 기록한 것이다. ① 자본이전 항목에는 해외이주자가 외국에 이주할 때 가지고 가는 재산권 처분대금 및 해외이주비용, 비거주자에 대한 보조금, 채무의 면제 등을 기록한다. ② 비생산 · 비금융자산 취득 및 처분 항목에는 토지, 지하자원 등 비생산유형자산과 특허권, 저작권, 상표권 등 비생산무형자산의 취득 및 처분 거래를 기록한다.

금융계정(financial account) 이에는 민간기업, 금융회사, 정부, 통화당국 등 모든 거주자의 대외금융자산 및 부채의 변동(증가 또는 감소)을 기록하며, 대외준비자산(외환보유액)도 포함된다. 이 금융계정은 직접투자, 증권투자, 파생금융상품, 기타 투자, 준비자산 등의 항목으로 구분된다. ① 직접투자(direct investment)는 한 경제권의 거주자가 다른 경제권의 거주자기업에 대한 영속적 이익을 취득하기 위한 목적의 투자를 말하는 것으로, 투자방향을 기준으로 내국인해외투자(outward)와 외국인국내투자(inward)로 구분되고 투자특성을 기준으로는 지분자본, 수익재투자, 기타 자본으로 구분된다. ② 증권투자(portfolio investment)는 직접투자와 준비자산을 제외한 국경간 채무증권 및 지분증권 거래를 말하는 것으로서, 경영참여 등 기업에 대한 영속적인 이해관계가 아니라, 투자자산의 가치증대에 따른 매매차익 등을 목적으로 한 대외투자를 말한다. ③ 파생금융상품(financial derivatives)은 특정 금융상품, 지수 또는 실물상품 등의 기초자산에 연결되어 이자율위험, 환위험, 주식 및 상품의 가격변동위험, 신용위험 등 각종 위험들이 시장에서 거래되는 것을 말한다. ④ 기타 투자(other investments)는 직접투자, 증권투자 및 파생금융거래를 제외한 모든 대외거래, 즉 대출/차입, 무역신용, 현금 및 예금 등의 금융거래를 말한다. ⑤ 준비자산(reserve assets)은 중앙은행이 국제수지 불균형 보전, 외환시장 안정을 위한 개입, 자국통화와 경제에 대한 대외신인도 유지 등을 위해 언제든지 사용가능하며 통제 가능한 외화표시 대외자산을 의미한다.

3) 오차 및 누락

국제수지 통계는 모든 대외거래를 차변과 대변에 같은 금액으로 기록하는 복식부기 원리에 의해 작성되므로, 이론상으로는 '오차 및 누락'이 발생하지 않는다. 그러나 실제로 국제수지 통계를 작성할 때는 통관통계, 외환수급통계 등 기초통계들 간의 계상시점 및 평가방법상의 차이나 기초통계 자체의 오류, 기업과 은행의 보고누락 등으로 인해 대·차 불일치 발생한다. 그러므로 '오차 및 누락'은 이에 대한 기술적 조정항목이다.

2. 국제수지와 국민경제

국제수지의 변동은 국민경제에 지대한 영향을 미치게 되는데, 이에 대해 알아보기로 한다.

(1) 국제수지균형과 국민경제

한 국가경제에서 외화의 수입과 지출은 균형을 유지하는 것이 바람직하다. 그 이유는 외화의 지출이 외화의 수입을 지나치게 초과하는 상태가 지속될 경우 그 국가가 보유한 외화가 바닥을 드러냄으로써 생산에 필요한 원자재 등을 더 이상 수입할 수 없게 되어, 그 국가경제가 파탄에 이를 가능성이 높기 때문이다. 이와는 반대로 외화의 수입이 외화의 지출을 초과하는 상태 또한 결코 바람직하지는 않다. 그 이유는 외국의 소비재나 자본재 또는 원자재를 수입하여 사용함으로써 국민들의 생활수준이 향상되고, 또한 경제발전에 도움이 될 수도 있기 때문이다. 그리고 특정국가로부터의 과도한 수입초과는 통상마찰을 발생시킬 소지가 있기 때문이다.

(2) 국제수지불균형과 국민경제

1) 국제수지흑자

국제수지가 개선되면 일반적으로 국민경제에 다음과 같은 영향을 미치게 된다.

첫째, 종전보다 더 많은 상품을 생산하게 됨으로써 고용이 확대되고, 국민소득이 증가하여 국민경제가 성장·발전하게 된다.

둘째, 국가경제의 건실한 운용이 가능해진다. 즉 국제수지가 흑자상태일 경우에는 외국차관에 대한 상환이 가능하여 외채를 줄일 수 있고, 주요 원자재를 안정적으로 확보할 수 있을 뿐만 아니라 해외직접투자도 가능해진다. 또한 경기부양을 위한 경제정책수단의 선택 폭이 확대되어 경제를 안정적으로 운용할 수 있게 된다.

셋째, 생활수준이 향상된다. 국제수지가 개선되어 외환사정이 좋아지면 외국상품을 다양하게 수입할 수 있고, 국민들의 외화 사용한도를 확대할 수 있는 등 전반적인 국민의 생활수준이 향상된다.

넷째, 국내통화량이 증대되어 정부의 통화관리가 곤란하게 되고, 교역상대국과 통상

마찰을 야기하기도 한다. 또한 국제수지의 흑자상태가 지속될 경우에는 물가상승의 가능성이 그만큼 높아지기 때문이다.

2) 국제수지적자

국제수지가 적자인 경우에는 앞서 언급한 바와는 정반대의 결과가 나타나서 국가경제의 운용을 어렵게 한다.

첫째, 수출보다 수입이 더 크게 확대되거나 수출이 늘지 않는 가운데 수입이 크게 증가하는 경우 국제수지는 악화되게 된다. 이처럼 국제수지가 악화되면 일반적으로 상품의 생산이 줄게 되어 실업이 확대되고 소득은 줄게 되어 국가경제가 어려워지게 된다.

둘째, 국제수지가 적자인 경우에는 수출을 통한 외화획득만으로 수입대금의 지급에 충당할 수 없게 되어, 외국으로부터 차관을 도입해야 할 뿐 아니라, 외화부족으로 외채상환이 어려워져 국제적으로 신용도가 추락하고, 이로 인해 필요한 외화를 빌리기가 더욱 곤란해지고, 또한 더 높은 이자를 지불해야 하는 악순환이 제기된다.

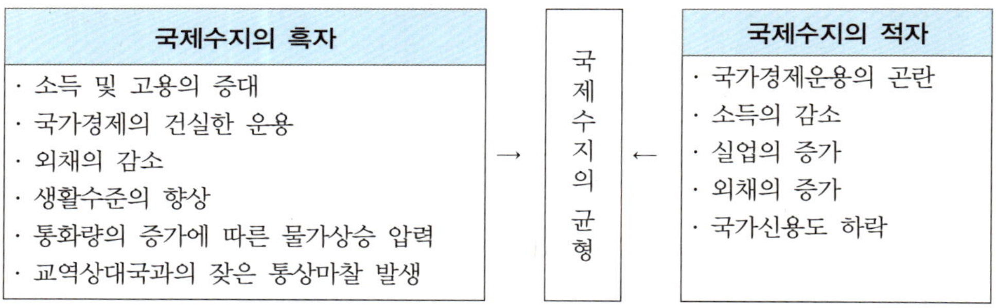

[그림 4-1] 국제수지가 국민경제에 미치는 영향

3. 국제수지의 조정

(1) 국제수지의 결정요인

국제수지는 외환의 수요와 공급에 영향을 미치는 여러 가지 변수에 의해 흑자나 적자상태로 변동한다. 국제수지에 영향을 미치는 이러한 변수들을 살펴보면 다음과 같다.

1) 교역재 상대가격의 변화

일국의 수출경쟁력은 상품과 서비스 등 교역재의 가격에 의해서 크게 영향을 받게 된다. 예를 들어 자국 교역재의 상대가격이 교역국에 비해 비싸게 되면(교역조건의 악화), 자국 수출품의 가격경쟁력 약화와 함께 자국의 수출 감소(외국에서의 수입 감소)와 국내에서의 수입 증가(상대적으로 저렴해진 수입재의 수입 증가와 동일한 효과)를 가져오게 된다. 반대로 상대국의 상품가격이 상승하면 반대의 상황이 유발되어 국제수지는 흑자를 기록하게 된다.

- 자국 교역재의 상대가격의 인하 → 국제수지의 흑자
- 자국 교역재의 상대가격의 인상 → 국제수지의 적자

2) 일국의 소득 변화

특정국가의 소득변화는 구매력의 증감에 영향을 미치고, 구매력의 증감은 수출과 수입에 영향을 미치게 되어 국제수지의 변화를 초래하게 된다. 예를 들어 일국의 소득이 증가하면 자국 국민들의 구매력이 증가하여 수입이 증가하고, 수입이 증가하면 국제수지는 적자를 기록하게 된다. 반대로 일국의 소득이 감소하면 반대의 상황이 유발되어 국제수지는 흑자를 기록하게 된다.

- 국민소득의 증가 → 수입의 증가 → 국제수지의 적자
- 국민소득의 감소 → 수입의 감소 → 국제수지의 흑자

3) 이자율의 변화

각국 간의 자본이동에 관한 특별한 규제나 제한이 없는 한 각 국가의 이자율 차이는 자본의 이동을 초래하게 됨으로써, 국제간의 자본이동은 이자율이 낮은 곳에서 높은 곳으로 이동한다. 예를 들어 상대국의 이자율이 자국의 이자율보다 높으면 자국의 자본은 상대국으로 이동하게 되고, 이동된 자본은 자본수지의 적자를 초래하여 결과적으로 국제수지는 적자를 기록하게 된다. 또한 상대국의 이자율이 자국의 이자율보다 낮으면 반대의 상황이 유발되어 국제수지는 흑자를 기록하게 된다.

- 자국 이자율의 상승 → 국내로의 자금이동 → 자본수지의 흑자 → 국제수지의 흑자
- 자국 이자율의 하락 → 국외로의 자금이동 → 자본수지의 적자 → 국제수지의 적자

4) 환율의 변화

환율이 변동하게 되면 대외적으로 자국 교역재의 상대가격이 변화됨에 따라 대외경쟁력의 변동을 초래하게 된다. 예를 들어 국내환율이 하락하면(평가절상), 수출품의 가격경쟁력이 하락하고 수입품에 대한 국내상품의 경쟁력도 하락하게 되어, 수출은 감소하고 수입은 증가함으로써 국제수지는 적자를 기록하게 된다.

- 국내환율의 하락 → 수출품의 대외가격경쟁력 하락/수입품의 국내가격경쟁력 상승 → 수출 감소/수입 증가 → 국제수지의 적자
- 국내환율의 상승 → 수출품의 대외가격경쟁력 상승/수입품의 국내가격경쟁력 하락 → 수출 증가/수입 감소 → 국제수지의 흑자

5) 국내경기동향

국내경기의 동향도 국제수지에 영향을 미치게 된다. 예를 들어 어느 특정국가의 경기가 상승하게 되면 국내수요가 증가하게 되고, 따라서 수출품에 대한 수요의 증가(수출여력의 감소)와 수입품에 대한 국내수요의 증가로 인한 수입 증가로 국제수지의 적자가 확대되는 방향으로 나타나게 된다.

- 국내경기의 상승 → 국내수요의 증가 → 수출품/수입품의 국내수요 증가 (수출여력의 감소) → 수출 감소/수입 증가 → 국제수지 적자
- 국내경기의 하락 → 국내수요의 감소 → 수출품/수입품의 국내수요 감소 (수출여력의 증가) → 수출 증가/수입 감소 → 국제수지 흑자

(2) 국제수지조정정책

국제수지가 적자이든 흑자이든 간에 불균형상태는 자국뿐만 아니라, 외국에 대해서도 경제정책이나 대내·외적인 안정유지에 부정적인 영향을 미치게 되므로, 각국은 국제수지를 적절한 수준으로 조정하기 위한 조정정책이 필요하게 된다.

국제수지조정을 위한 지급과 수취의 변화는 특히 일국의 국제수지와 밀접한 관련성을 가진 환율, 교역재의 가격, 소득수준, 이자율, 정부의 규제 등의 경제변수들을 조작함으로써 국제수지의 불균형상태를 조정할 수 있게 된다.

국제수지조정정책이란 한 나라의 대외거래에 있어서 수취와 지급의 총괄적인 집계인 국제수지가 균형상태를 벗어났을 경우, 이러한 국제수지의 불균형에 대해 시장기구의 자유로운 조정에 맡기지 않고 정부의 직접적인 통제정책이나 재정·금융정책을 통하여 조정하는 것을 의미한다.

1) 재정·금융정책

재정·금융정책이란 환율을 그대로 두면서 유효수요의 관리를 통해서 국제수지의 불균형을 조정하려는 정책, 즉 정부의 재정지출이나 통화정책의 조정을 통하여 국제수지의 불균형을 시정하려는 것이다.

재정정책이란 일국의 총수요수준에 그 기초를 두는 것으로서, 정부의 조세정책이나 정부지출규모의 조정을 통해 국내의 총수요수준을 변화시킴으로써 국제수지의 균형을 유지하려는 정책을 의미한다. 예를 들어 국제수지가 적자인 경우 조세증가, 재정지출 축소로 민간부문의 총수요를 감소시키고, 이는 수입을 감소시켜 국제수지가 균형을 이루게 된다. 한편 국제수지가 흑자인 경우는 반대의 정책으로 조정할 수 있다.

금융정책이란 통화당국이나 정부가 이자율이나 지급준비율의 조정 등 통화조정정책을 통하여 국제수지의 균형을 도모하려는 정책을 의미한다. 즉 정부가 국내의 상황에 따라서 국제수지가 흑자인 경우에는 확장적 금융정책(금리 인하나 지급준비율 인하)을 사용하고, 적자일 경우에는 축소적 금융정책(금리 인상이나 지급준비율 인상)을 사용하는 등 중앙은행의 화폐공급의 조정을 통하여 국제수지의 균형을 회복하려는 정책을 말한다. 예를 들어 국제수지가 흑자인 경우 금리를 인하하면 구매력이 증대되고, 이는 수입을 증대시켜 국제수지가 균형을 이루게 된다.

2) 외환정책

외환정책이란 환율의 조정을 통해 국제수지의 불균형을 조정하는 수단이다. 환율을 조정하면 이는 곧바로 수출입가격에 영향을 미치게 되고, 이에 따라 수출·입 물량이 변동되어 국제수지가 조정되는 것이다. 예를 들면 국제수지가 적자일 때, 환율을 인상(평가절하)하게 되면 수출상품의 가격을 인하할 수 있으므로 국제경쟁력 강화에 따라 수출은 증가하고, 반대로 수입은 감소한다. 이에 따라 국제수지의 적자폭은 감소하게 되고, 점차로 개선되는 효과가 나타나게 된다. 국제수지가 흑자인 경우는 반대의 정책수단으로 조정할 수 있다.

3) 무역정책

무역정책은 국제거래 중 재화의 수출입을 직접적으로 규제하여 국제수지를 조정하려는 수단을 의미한다. 이는 관세와 비관세장벽으로 분류되는데, 관세는 국내산업을 보호할 목적으로 활용되지만, 관세가 부과되면 수입이 감소되어 국제수지가 개선되는 효과가 나타난다. 비관세장벽 또한 수입을 억제하는 기능을 수행하므로 국제수지조정의 유효한 정책적 수단이 된다. 이러한 무역정책수단은 당해 산업별로 국민경제에 대한 우선순위에 따라 차별적으로 적용된다.

4) 소득정책

소득정책은 일반적으로 정부가 국내물가의 안정을 도모하기 위하여 노동·자본·토지 등의 요소에 대한 가격과 기업이윤 등의 소득을 일정한 가이드라인을 설정하여 직접 통제 내지는 조정하는 것을 의미한다. 예를 들어 국제수지가 적자인 경우 정부는 국내의 임금통제를 통해서 실질소득을 감소시킬 수 있으며, 이러한 실질소득의 감소는 소비자들의 구매력이 감소하기 때문에, 다시 수입의 감소를 초래하여 국제수지의 적자를 감소시키는 데 일조하게 되는 것이다.

4.3 국제통화제도

1. 국제통화의 성격

(1) 국제통화의 개념

화폐는 실물경제를 움직이는 혈맥이다. 엔진오일 없는 자동차가 움직일 수 없듯이 화폐 없는 실물경제는 정체된다. 국제경제에 있어서도 모두에게 안정되고 널리 통용되는 화폐가 있어야 활발한 상품, 서비스, 자본 등의 거래가 가능해진다.

국제통화(international currency)란 무역과 투자 등의 국제거래에 이용되는 화폐, 또는 정부와 기업의 유동성 준비로서 사용되는 화폐, 즉 국제간의 상품, 서비스 및 자본이동에 따르는 대차관계를 결제하기 위한 자본수단으로서 범세계적으로 자유롭게 통용되고 있는 통화를 말한다. 구체적으로는 미달러화, 일본엔화, 독일마르크화 등의 통화가 국제통화로서 이용되는 경우가 많고, 그 밖에 국제통화기금(IMF)의 특별인출권(SDR) 및 유럽연합(EU)의 공통통화인 Euro화도 국제통화로 이용되고 있다. 현재의 국제통화체제에서 국제통화는 약 20여개이나, 실제적으로 국제금융시장에서 많이 이용되고 있는 것은 5~6개의 통화에 불과하다. 국제통화는 국제통화제도의 변천에 따라 그 형태를 달리하여 왔다. 금본위제하에서는 금이 국제통화의 역할을 수행하였으며, 금환본위제하에서는 금과 함께 미 달러화와 영국의 파운드화가 국제통화로 이용된 적이 있다.

(2) 국제통화의 조건

일반적으로 어떤 통화가 국제통화로서 받아들여지기 위해서는 ① 당해 통화 발행국이 경제적으로 큰 규모를 가져야 하고, ② 당해 통화의 운용, 기타 통화로의 교환이 가능하도록 자유롭게 발달한 금융시장이 존재해야 하며, ③ 당해 통화의 가치에 대한 국제적 신인이 있어야 한다.

2. 국제통화제도의 성격

(1) 국제통화제도의 개념

국제통화제도라는 단어는 매우 광범위하게 사용되고 있어서 정확하게 개념을 규정하기가 상당히 어렵다. 일반적으로 국내통화제도라고 할 때 협의의 개념으로는 국내화폐의 발행 및 관리에 관한 제도적인 체제로 이해된다. 그러나 한 나라의 국내통화가 국제적인 통화로서 널리 사용되고 있다 해도 국제통화의 창출이나 관리가 행해지고 있는 것은 아니다.

국제통화제도(international monetary system)는 국제통화를 규제하는 제반 제도, 정책 및 활동 등을 지칭하는 일반적인 개념으로서, 국제무역의 균형적 확대와 국가 간

자본의 원활한 이동을 지원하는 국제적인 통화제도 및 결제메커니즘이라 할 수 있다. 여기에는 상용통화와 한 나라의 국민통화간의 교환비율, 국제수지의 조정, 정책협조의 방법 등이 구체적인 내용으로 포함된다.

이러한 국제통화제도의 기본적인 목적은 각국 간의 교역확대와 균형성장을 통한 국제적 완전고용의 달성, 실질소득의 증대 및 세계경제의 발전을 촉진시키는 데 있다. 그러나 이와 같은 세계 전체의 균형적인 성장을 달성하기 위해서는 각국의 경제정책목표의 차이가 우선적으로 조정되어야 한다. 국제통화제도는 외국환과 국제수지 측면에서 이러한 역할을 수행하고 있는 것이다.

국제통화제도의 문제는 주로 외환, 금융 또는 결제와 관련된 국제간의 제도적 문제가 중심이 된다. 이 중에서 가장 핵심적인 영역이 바로 환율 또는 제도의 문제이다.

(2) 국제통화제도의 기능

국제통화제도는 각국의 상충되는 대내·외 경제정책의 조화를 통하여 실질소득의 증대와 자원의 합리적인 배분을 도모하는 목적을 가지고 있는데, 이러한 목적을 달성하기 위하여 국제유동성의 공급과 국제수지의 조정 등 두 가지 기본적 기능을 수행한다. 즉 모든 국가의 통화가 국제거래에 이용되는 국제통화로서의 역할은 각국의 경제사정과 통화의 신인도를 고려할 때 불가능하므로, 국제거래의 원활한 수행을 뒷받침할 수 있는 국제유동성(international liquidity : 대외채무의 결제를 위한 지급수단)의 공급을 가능하게 하는 제도적 장치가 필요한 데, 이것이 국제통화제도가 수행하는 첫 번째 기능이다. 또한 국제통화제도는 각국간의 국제수지 불균형이 초래될 경우 다시 균형상태로 복귀시키는 국제수지 조정기능을 담당하고 있다.

이상에서 설명한 국제통화제도의 국제유동성 공급과 국제수지조정의 두 가지 기능은 서로 배타적이 아닌 상호 밀접한 관계를 가지고 있다. 다시 말해 국제수지의 조정기능이 제대로 작용하여 국제유동성이 각국에 잘 배분되면, 국제유동성에 대한 수요는 그만큼 줄어들게 된다. 그러나 국제수지의 조정기능이 제대로 작용하지 않으면 흑자국에서는 국제유동성의 초과상태가 되고, 적자국에서는 국제유동성이 부족하게 되어, 세계 전체적으로는 국제유동성에 대한 수요가 비정상적으로 증대되게 된다.

3. 국제통화제도의 변천과정

국제간의 교환수단으로 옛날부터 금을 많이 이용해 왔는데, 이는 금이 내구성이 있으며, 보관과 운반이 편리하고 식별하기 용이하기 때문이다. 이러한 이유 때문에 대부분의 주요 국가통화들은 금을 자국통화로 표시하여 상대적인 가치, 즉 환율을 고정시키는 금본위제(1821-1931년)를 채택하여 왔다.

전형적인 고정환율제도인 금본위제도(gold standard system)는 통화단위를 순금의 일정한 중량으로 미리 설정해 놓고, 금의 자유주조를 허용하며, 지폐나 예금통화 등은 항상 아무런 제약 없이 금화와 교환할 수 있는 제도를 의미한다. 이후 금의 제약으로부터 벗어나 미국의 경제력에 의존하려는 시도에서 브레트우즈체제로의 이행이 있었다.

브레튼우즈체제(1946-1971년)는 미국의 달러화를 기축통화(key currency)로 하는 금환본위제(gold-exchange standard system)로서, 미국의 달러화만이 금과의 일정한 교환비율을 유지하고, 기타 통화는 달러화와의 평가를 통해 금에 간접적으로 연계시키는 제도이다. 이에 따라 금 1온스 당 35달러라는 달러가치가 책정되었으며, 또한 환율의 안정과 외환규제의 완화와 철폐를 추진하기 위한 목적 하에 국제통화기금(IMF : International Monetary Fund)이 설립되었다. 그러나 미국의 국력 또한 세계경제를 떠받치기는 역부족이었다.

그 결과 1970년대 초반 이후 킹스턴체제(1973~현재)가 성립되었다. 킹스턴체제는 스미소니언체제의 붕괴 이후 주요 국가가 변동환율제 등 자국 경제에 적합한 환율제도로 이행하며, 금의 공정가격 및 금평가제가 전면적으로 붕괴된 현실을 인정하고, SDR의 기능 및 이용도를 제고하여 점진적으로 SDR본위제를 이행할 수 있는 기틀을 마련하였다. 이로써 세계는 변동환율제의 시대로 접어들게 되었다.

4. 국제금융기구

(1) IMF

제2차 세계대전이 종식될 무렵 각국의 경제학자들과 중앙은행 등은 세계경제의 회복을 위해서는 국제무역을 뒷받침할 새로운 국제통화제도의 정립이 필요하다는 데 뜻을 모으고, 다각적인 노력을 펼친 끝에 1944년 7월 연합국 44개국이 미국 뉴햄프셔주의 브레튼우즈에서 연합국 통화금융회의를 소집하여 전문가의 공동선언 형식으로 브레튼우즈협정을 성립시켰다. 이 협정에 따라 1945년 12월에 관계국의 정식총회가 개최되었고, 1946년에 사바나(Savana)에서 창립총회를 연 뒤, 국제부흥개발은행(IBRD)은 1946년 6월 25일부터, 그리고 국제통화기금(International Monetary Fund : IMF)은 1947년 4월 1일부터 각각 그 업무를 개시하게 되었다.

IMF의 주요 목적은 협정문 제1조에 나타나 있는데, 이를 요약하면 ① 국제통화협력의 촉진, ② 국제무역의 확대와 고용 및 실질소득 증대, ③ 외환질서의 유지, ④ 외환제한의 철폐, ⑤ 기금의 운용, ⑥ 국제수지 불균형의 시정 등이다.

또한 IMF의 주요 기능은 ① 가맹국에 대한 환율정책 및 외환제도에 대한 감시 감독, ② 재원 확보를 위한 SDR(특별인출권)의 창출, ③ 가맹국에 대한 기술적 지원, ④ 국제수지 조정을 위한 신용공여(구제금융) 등이다.

IMF가맹국은 8조국과 14조국으로 구성되어 있는데, 14조국은 대부분 저개발국인 국제수지 적자국이다. IMF 8조국이 되려면, 경상거래 및 자본이전거래에 대한 규제 및 환율결정에 인위적인 조정을 하지 않아야 하며, 자국통화의 외국통화에 대한 교환성을 보장해야 한다.

(2) IBRD

IBRD(International Bank for Reconstruction and Development : 국제부흥개발은행)은 1944년 미국 뉴햄프셔 주 브레튼우즈에서 개최된 유엔 금융재정회의가 기초한 협정에 28개국이 서명함으로써 1946년 설립한 국제금융기관으로서, 일명 세계은행(World Bank)이라고도 한다.

IBRD는 각국의 경제부흥과 경제개발을 촉진하기 위하여 현재 주로 개도국의 사회간접자본 투자와 공업화, 그리고 농업투자에 대한 금융지원 등의 업무를 취급하고 있다. 다시 말해, IBRD는 생산목적을 위하여 자본의 투자를 촉진함으로써 회원국의 부흥과 개발을 지원하고, 민간의 해외투자를 증진시키며, 민간자본을 적절한 조건으로 이용할 수 없는 경우 IBRD자금을 공여하여 민간투자를 보완하고, 회원국의 생산적인 자원개발을 위한 국제투자의 장려를 통하여 국제무역의 장기적인 균형성장과 국제수지의 균형을 촉진하기 위하여 설립되어 운영되고 있다.

IBRD는 국제개발협회(IDA) 및 국제금융공사(IFC)와 더불어 세계은행그룹이라고 불리고 있다. IDA는 개도국의 경제개발을 지원하고 생활수준을 향상시키기 위하여 장기저리의 개발자금을 공여할 목적으로 설립된 국제협력기관이다. IFC는 개도국의 생산적인 민간기업의 발전을 촉진하기 위하여 설립된 국제투자기관이다.

연습문제

1. 용어해설문제

- 외환
- 외환시장
- 환율
- 환율하락
- 환율상승
- 현물환율
- 선물환율
- 기준환율
- 재정환율
- 선물환거래
- 현물환거래
- 외환스왑거래
- 고정환율제도
- 변동환율제도
- 국제수지
- 경상수지
- 상품수지
- 국제통화
- 국제수지조정정책
- IMF
- IBRD

2. 주관식문제

(1) 외환시장의 특징에 대해 설명하라.

(2) 환율변동이 국민경제에 미치는 영향에 대해 설명하라.

(3) 우리나라의 환율제도에 대해 설명하라.

(4) 국제수지에 영향을 미치는 요인에 대해 설명하라.

(5) 국제수지조정정책에 대해 설명하라.

Chapter

05 국제무역환경

학습목표

1. 국제무역환경의 변화동향에 대해 알아본다.
2. 현존하는 국제통상규범체제의 대표격인 WTO에 대해 이해한다.
3. WTO체제하에서 새로운 통상의제로 제기되고 있는 국제무역 규범들에 대해 알아본다.
4. 경제통합의 유형과 세계의 주요 경제통합 현황에 대해 살펴본다.

5.1 WTO체제의 출범과 국제무역규범

1. 국제무역환경의 특성

제1차 세계대전 이전의 19세기에는 국가마다 조금씩은 달랐으나, 전반적으로 자유주의 경제사상과 자유로운 무역이 확산된 시기였다. 이에 반하여 제1차 세계대전 이후는 만연된 보호무역주의로 세계경제의 순조로운 발전을 기대하기 어려웠다. 경제대공황과 제2차 세계대전을 거친 1940년대 후반 세계는 성장과 안정을 위해서 협력이 필요하다는 분위기 속에서 각종 경제협력형태가 이어졌다. 즉 제2차 세계대전 이후 국가 간의 경제적 마찰을 줄이고, 국제경제의 조화로운 발전을 도모하기 위하여 브레튼우즈체제가 출범되었다. 브레튼우즈체제는 무역부문에서 GATT, 통화금융부문에서는 IMF, 국제부흥 및 개발부문에서는 IBRD를 설립하여 세계경제 운영의 근간을 마련하였고, 이를 토대로 전후 세계경제의 회복과 성장을 이룩하였다. 이러한 브레튼우즈체제는 시간이 흐르면서 과학과 기술의 진보, 세계경제의 역학구도 변동 등으로 인하여 지금은 그 양상이 크게 변모하였다.

현재 세계무역질서는 두 가지 방향으로 나아가고 있다. 하나는 다자간 무역협정이나 국가 간 상호의존을 통한 자유무역의 확대로서 UR협정이나 금융시장 개방협상, 또 통신시장 개방협상 등을 통해 잘 나타나고 있다. 다른 하나는 지역별 경제블록화 현상으로서 북미자유무역지대를 비롯하여 세계 각지에서 지역별 자유무역지대들이 형성되고 있다. 이 두 가지는 서로 배치되는 방향이라고 생각할 수도 있지만 지역별 무역블록 형성이 그 지역 내의 무역자유화를 의미한다는 점에서는 긍정적이라 할 수 있다. 장기적으로 볼 때 자유무역과 지역주의는 같은 배를 타고 가는 것이라 할 수 있다.

현재의 국제무역환경은 ① 글로벌화 경향, ② 지역주의 강화, ③ 세계경제의 다극화 현상, ④ 다자간 및 쌍무간 국제협력주의 확산, ⑤ 기술 및 지식의 중요성 증가 등의 특성을 가지고 있다.

2. GATT와 국제무역질서

(1) GATT의 설립 및 활동

1) GATT의 설립

1929년 대공황 이후 대다수의 국가들은 자국의 수출을 촉진하고, 자국의 산업을 보호하기 위하여 자국의 통화를 과도하게 평가절하하고, 외국으로부터 수입되는 상품에 대해 고율의 관세를 부과하거나 수입량을 제한하는 조치를 취하였다. 그 결과 전 세계 무역량은 극도로 축소되었고, 이는 곧바로 국제수지 방어를 위한 각국의 경쟁적인 평가절하와 보복적인 무역장벽이라는 악순환을 초래케 함으로써 무역마찰은 전 세계로 확산되었다.

제2차 세계대전이 끝난 후 연합국 정상들은 1930년대의 각국의 무역장벽 강화와 국제통화제도의 불안정에 따른 무역마찰이 제2차 세계대전을 발발시킨 한 원인이 되었다는 점을 반성하고, 1944년 브레튼우즈회담(the Bretton Woods Conference)에서 국제통화질서 회복차원에서의 국제통화기금(IMF)과 전후 복구를 위한 세계개발은행(IBRD)을 창설하고, 세계무역체제의 질서 확립을 위해서는 국제무역기구(ITO : International Trade Organization)를 설립한다는 데에 합의하였다.

그러나 국제무역기구 설립협상의 주도적 역할을 하던 미국이 자국의 의회에서 승인을 받지 못하게 되어 ITO의 설립은 실패로 돌아가고, 1946년 ITO헌장의 초안 중 일부인 관세 및 무역에 관한 규정을 발췌하여 23국이 서명함으로써 '관세 및 무역에 관한 일반협정'(General Agreement on Tariffs and Trade : GATT)이 출범하게 되었다. 결국 불완전한 기구가 되기는 했으나, GATT는 자유무역을 통해서 세계교역 증대와 인류의 공존·공영과 후생을 증진시킨다는 취지하에 1948년 1월 1일 그 협정문이 발효되었다.

GATT는 국제무역의 증대를 통한 전 세계의 경제발전을 궁극적인 목표로 삼고, 협정문 전문에서 그 이념으로 인류의 생활수준 향상, 완전고용의 실현 및 실질소득과 유효수요의 증대, 세계자원의 완전이용, 상품생산과 교역의 확대 등을 제시하였다. 이러한 기본목표를 달성하기 위해 GATT는 자유무역주의, 무차별주의, 다자주의 등의 일반적인 원칙을 두고 있었다.

2) GATT의 공과(功過)

범세계주의 차원에서 출발한 GATT는 관세장벽의 대폭적 경감, 비관세장벽에 대한 규범 마련, 개도국 우대조치의 합법화 등을 통해 자유공정무역과 세계무역의 획기적인 확대에 기여하였다. 또한 체약국을 1942년의 22개국에서 1993년의 117개국으로 확대시키고 세계무역량의 91%를 점유하는 등 세계무역을 대부분 GATT체제로 편입시키는 등 많은 업적을 남겼다. [표 5-1]에서 볼 수 있는 것과 같이 8차례에 걸친 GATT의 다자간 무역협상이 성공적으로 추진된 결과, 관세는 이제 더 이상 무역제한수단으로서의 역할을 상실하게 될 정도로 크게 인하되었다.

이러한 업적에도 불구하고 GATT는 ITO의 설립 실패로 출범 당시 본래의 목적에 따라 설립되지 못하고, 임시적인 사무국 성격을 가지고 출범하였기 때문에 많은 한계를 지니고 있었다.

① 자유무역주의와 함께, 최혜국대우의 원칙과 다자주의 원칙이 세계경제의 블록화 현상과 쌍무주의의 대두로 크게 위협받게 되었다.

② 기구의 형식은 취했으나, 임시 사무국적인 성격을 가지고 출발하였기 때문에, 국제기구로서의 체제성 미비, 법적구속력 약화 등이 나타났다.

③ 1차산품에 관한 협정을 제외시키는 등 국제무역의 단편적인 문제만 취급하였다.

④ 선진국간의 무역문제를 취급하는 데에는 적절한 기구였으나, 1차산품의 수출국과 개도국의 문제를 취급하는 데 한계를 지니고 있었다.

[표 5-1] GATT의 다자간 무역협상

횟수	명 칭	참가국	협상기간	양허 품목수	평균 관세 인하율	주요내용
1	일반적 관세교섭	23	47.4~47.10	45,000	불명	- 최초의 관세인하 협상 - 국별/품목별 협상방식 채택 - 2국간 교섭 동시 진행
2	일반적 관세교섭	32	49.4~49.10	5,000	불명	- GATT 기존 회원국과 11개 신규 가입국간 교섭 - 국별/품목별 협상방식
3	일반적 관세교섭	34	50.9~51. 4	8,000	불명	- GATT 기존 회원국과 7개 신규 가입국간 교섭 - 국별/품목별 협상방식
4	일반적 관세교섭	22	56.1~56. 5	3,000	불명	- 국별/품목별 협상방식
5	딜론 라운드	23	61.5~62. 7	4,400	7%	- EEC의 공통관세 설정에 따른 관세양허 교섭
6	케네디 라운드	56	64.5~67. 6	30,000	35%	- 미국과 EEC간의 관세장벽 제거 목표 - 일괄인하방식 채택(예외품목을 제외한 대상품목에 대해 일정관세 인하폭 일괄 적용)
7	동경 라운드	99	73.9~79. 4	27,000	33%	- 1971년 스미소니언 합의에 따라 출범 - 조화인하방식 채택(기존 관세율이 높을수록 큰 폭의 인하율 적용) - 비관세장벽을 위한 협정(MTN)제정 - 개도국에 대한 우대 및 의무 규정 - 일관특혜관세제도(GSP) 합법화
8	우루과이 라운드	117	86.9~93.12	농산물 섬유류 서비스	단계적 조정	- 강력한 WTO의 설립으로 다자무역체제 강화 - 공산품 관세 인하 및 비관세장벽 완화 - UR협상 이전에 비해 1/3이상 관세 인하 - 농산물, 섬유류, 서비스 무역, 지적재산권 투자 관련조치 규범 마련 - 분쟁해결절차 및 규칙(DSU) 합의

(2) UR의 진전과 결과

1) UR의 추진배경

GATT는 그동안 8차례의 다자간 무역협상을 통하여 국제무역의 발전에 크게 기여하였다. 경제성장이 순조로 왔던 선진국경제는 1960년대에 들어서면서 둔화되고, 신생독립국과 1차산업 위주의 수출국들의 경제성장은 더욱 침체되었다. 이러한 추세는 1970년대에 계속되었으며, 1·2차 석유파동도 겪게 되었다. 더욱이 1980년대에 접어들면서 나타나기 시작한 선진국들의 저성장, 고실업, 신흥공업제국의 성장과 선진국들의 산업구조조정 실패 등은 자유무역주의, 무차별주의, 다자주의를 일반원칙으로 하는 GATT체제를 크게 약화시켰으며, 이는 새로운 국제무역체제의 필요성을 제고시켰다.

일본과 신흥공업국의 부상으로 매년 막대한 무역수지 적자에 허덕이게 된 미국 등은 이를 보전하기 위해 교역상대국에 자국만큼의 시장개방을 요구하는 쌍무주의를 보다 선호하게 되었다. 미국의 통상법 301조는 이의 대표적인 예라고 볼 수 있다. 또한 세계경제의 블록화 현상이 더욱 촉진되면서 EU, NAFTA 등이 새로이 형성되어 무역에 있어서의 무차별주의를 무색하게 하였다.

GATT체제의 약화는 세계경제의 구조적 변화라는 외생적인 요인과 아울러, GATT체제 자체의 내부적인 결함에도 크게 기인하였다. GATT는 명실공이 세계적인 기구로서의 단일체적인 역할과 기능을 수행하지 못함으로써 여타의 국제기구와는 달리 의사결정권한이 극히 제약되어 있었고, 결정사항에 관한 집행력도 크게 결여되어 있으며, 가입국의 의무불이행에 따른 분쟁이 발생하여도 효과적인 대응능력을 보유하지 못하고 있는 실정이었다. 또한 GATT는 첨단기술제품과 서비스 등 새로운 무역이 계속 대두되고 있음에도, 이에 대한 적절한 규범을 제시해 주고 있지 못한 실정이었다.

이상과 같은 내·외적 요인으로 GATT를 중심으로 한 다자간 교역체제가 크게 약화되자, GATT는 1990년대 및 2000년대의 국제교역질서를 강화하기 위하여 1986년 9월 우루과이라운드(UR)를 공식적으로 출범시켰다.

2) UR협상의 타결

1986년 9월 우루과이의 푼타델에스테(Punta Del Este)에서 협상을 개시하여 7년반 동안 끌어온 우루과이협상은 1994년 4월 12~15일 모로코의 마라카시(Marrakesh)에서 개최된 UR 각료회의를 끝으로 협상이 타결되었다. 전 세계 총협상참가국 125개국[GATT가입국 123개국, 비회원국인 알제리, 중국 포함(2개국 서명)]의 대표들은 GATT의 한계를 극복하고, 향후 국제무역질서를 더욱 효과적으로 규율하기 위하여 WTO(World Trade Organization : 세계무역기구)를 신설하는데 합의하게 되었다. 이에 따라 1947년 10월 제정되어 그간 47년여 동안 세계교역을 관할해 온 GATT체제는 신GATT체제라 할 수 있는 WTO체제가 출범함으로써 그 막을 내리게 되었다.

3. WTO체제의 출범과 다자간 무역체제

(1) WTO의 성격

UR협정에 따른 가장 커다란 국제무역체제의 변화는 세계무역기구의 설립이다. WTO는 모든 교역분야에서 자유무역의 질서를 확대·강화하고 제도화하기 위한 목적으로 출발한 국제법인격이 부여된 국제기구이다. WTO체제하에서는 GATT체제와는 달리, 회원국의 협약불이행에 대해 분쟁해결절차를 통해 강력한 제재를 가할 수 있게 되었다. 즉 과거의 GATT가 무역에 관한 단순한 국제협정이어서 구속력이 약했는데, WTO는 무역에 있어서의 UN이라고 할 정도로 회원국에 대한 강력한 구속력을 갖고 있다. 또한 GATT체제에서는 없었던 서비스교역, 지적재산권분야 및 농업, 섬유분야를 포함한 거의 모든 무역분야를 다루고 있으며, 무역정책검토기구를 산하에 두어 각국의 무역정책, 무역관행을 주기적으로 감시할 기능을 부여하고 있다. 그리고 개발도상국들의 광범위한 참여를 유도하기 위해 저개발국 및 개발도상국에 대한 협약시행 유예기간을 부여하고 있다.

이러한 WTO는 우루과이라운드협정을 이행하는 기구로서, 특히 ① 공산품의 관세인하와 시장개방 확대, ② 농산물교역에 대한 다자간 협정의 채택, ③ GATT규범의 명료화와 교역의 공정성 제고, ④ 서비스교역에 대한 새로운 다자간 규범의 도입, ⑤ 지적재산권보호의 무역체제 편입 등을 주요 내용으로 하고 있다.

(2) WTO의 운영원칙과 기능

세계무역기구(WTO) 운영의 4대 기본원칙은 다음과 같다.

① 최혜국대우의 원칙 : 회원국은 한 국가에 부여한 대우보다 불리하지 않은 대우

를 다른 회원국에게 무조건적으로 부여하여야 한다.

② 내국민대우의 원칙 : 회원국은 내국민에게 부여한 대우와 동일한 대우를 회원국의 외국인에게도 부여하여야 한다.

③ 시장접근보호의 원칙 : 회원국은 외국인이 국내에 재화나 서비스를 공급함에 있어서 관세나 조세를 제외한 일체의 제한을 두지 말아야 한다.

④ 투명성의 원칙 : 무역에 관하여 시행되는 국가기관의 법규나 행정조치는 합리적이고 예측 가능해야 하며, 이유가 고지되어야 하고, 이에 기초가 되는 자료가 공개되어야 한다.

이상의 운영원칙 하에서 의사결정방식은 과거 GATT체제에서와 같이 합의제를 원칙으로 하고 있으나, 합의가 이루어지지 않을 경우에는 다수결 투표로 의사결정을 함으로써 신속성을 확보할 수 있게 되었다. 이러한 합의제에서는 의사결정시에 공식적으로 반대의사를 표명하지 않을 경우에 합의를 한 것으로 간주한다.

한편 WTO기능을 다섯 가지로 나누어 보면 다음과 같다.

첫째, WTO협정 및 다자간 협정의 이행 및 운영을 관리하고, 그 목적을 증진시킨다. 또한 부속서 4개의 복수국가 간 협정의 이행 및 운영을 효율적으로 하기 위한 틀을 제공한다.

둘째, 다자간 무역협상을 위한 토론의 장소를 제공한다.

셋째, 분쟁해결기구를 통하여 국가 간의 무역분쟁을 해결한다.

넷째, 각국의 무역정책을 감시하고 평가하는 무역정책기구를 운영한다.

다섯째, 세계경제정책 결정의 일관성을 위해서 IMF, IBRD 등과 협력한다.

(3) WTO체제의 특징

WTO체제는 GATT체제에서는 볼 수 없는 세계 각국의 시장개방 확대조치, 공정하고 명료한 무역규범 마련, 규범이탈자에 대한 제재를 강화할 수 있는 효과적인 분쟁해결절차를 마련하는 등 많은 특징을 가지고 있다.

첫째, GATT는 국제협정일 뿐 엄밀한 의미에서는 국제기구로서의 법인격을 갖추지 못한 임시적 사무국의 성격을 가진 불완전한 브레튼우즈체제의 출범이었다. 이와 달리 WTO체제는 독립적 법인격을 갖춘 국제기구로서 출범하게 되었다. 이는 브레튼우즈체제가 목표로 했던 IMF, IBRD, ITO라는 삼두체제의 완성을 나타낸다.

둘째, 시장개방 확대조치로서 공산품분야에 관세인하, 섬유부문의 수입제한장벽 철폐, 회색지대조치(수출자율규제) 철폐 등을 실시하였다. 또 농산물분야에 있어 예외 없는 관세화, 관세의 단계적 감축, 최소시장접근 및 현재의 시장접근에 의한 수입기회 보장방법 등을 통한 시장개방조치를 강화였으며, 서비스분야는 155개 업종을 대상으로 한 자유화가 추진되었다.

셋째, 국제무역규범의 제정과 강화이다. 공정하고 명료한 무역규범을 마련하기 위해 무역정책 검토기구(trade policy review body : TPRB)를 설치하였으며, 각 회원국의 무역정책과 관련제도 및 관행을 정기적으로 평가하기 위한 무역정책 검토제도도 실시하도록 하였다.

넷째, 협정위반자에 대한 제재조치의 강화이다. GATT체제가 상설분쟁기구가 없음으로 인해 국가간 분쟁 발생시 권고조치만으로 끝나던 것을 실질적으로 분쟁을 해결하기 위해 상설기구인 분쟁해결기구(dispute settlement body : DSB)를 설치하여 해결하도록 하고 있다. 특히 분쟁해결의 단계적 절차와 이행기간을 명료화하였으며, 분쟁기구의 결정사항이 용이하게 집행될 수 있도록 하기 위해 교차보복(cross-secter retaliation)의 조치를 취할 수 있도록 하였다.

(4) DDA협상의 배경과 의제

DDA(Doha Development Agenda : 도하 개발 아젠다) 협상은 2002년 초부터 세계무역기구(WTO)에서 진행하고 있는 새로운 다자간 무역협상을 의미한다. WTO회원국들은 UR협상을 타결하면서 농산물과 서비스분야의 시장개방 내용이 미흡하다고 판단하여 2000년부터 추가적인 자유화 협상을 시작하기로 약속하였다. 이에 따라 1998년 5월 제네바 제2차 각료회의에서 무역자유화를 위한 뉴라운드를 출범시키기로 합의하고, 이듬해 12월 시애틀 3차 각료회의를 거쳐 2001년 11월에 카타르의 수도 도하에서 열린 제4차 각료회의에서 DDA협상의 출범을 선언하는 각료선언문을 채택하는 데 성공하였다.

144개국 회원국이 참가해서 뉴라운드협정에 공식 합의함으로써 제3차 각료회의의 실패를 극복하고 다자간 무역기구의 위상을 갖추게 되었음은 물론, 세계의 자유무역이 더욱 촉진될 수 있게 되었고, 특히 21세기 다자간무역의 틀을 마련하였다는 평가를 받고 있다.

DDA협상은 과거의 어느 다자무역협상보다 폭넓은 의제를 다루고 있다. 특정 분야만을 다룬다면 각국 간 이익과 손실의 균형을 맞추기가 어렵기 때문에 회원국들이 관심을 가지고 있는 모든 분야를 망라한 것이다.

시장개방 문제와 함께 다수의 무역규범 관련 문제를 다루고 있으며, 개도국의 경제개발 지원에 초점을 두고 있다는 점이 DDA협상과 과거의 다자무역협상이 구별되는 중요한 특징이다.

DDA협상은 2005년 1월 1일까지 마무리할 예정이었으나, 2004년 8월 1일 일반이사회에서 기본골격(7월 패키지)만 합의하고 협정시한을 2005년 12월까지로 연장하였다. 그러나 협상의제 중 농업, 비농업 및 서비스부문에 대한 회원국간의 의견차이가 너무 커서 2006년 7월 말까지로 다시 연장하였으나 합의를 도출하지 못한 상태로 끝났다.

2008년 7월, 2009년 12월에 이어 2011년 12월에 개최된 제8차 WTO 각료회의에서 회원국들은 새로운 협상방식인 '소규모 패키지' 도입 의지를 재차 확인하고, 차기 각료회의에서 가시적인 성과를 목표로 협의한 결과, 2013년 12월 인도네시아 발리에서 개최된 제9차 각료회의에서 DDA협상 의제 중 3개 분야에 대한 합의인 '발리 패키지(The Bali Package)'가 최종 타결되었다. 발리 패키지에서는 조기수확(early harvest) 접근방식을 도입하여 DDA의 일정 부분에 대해서만 우선 타결한다는 목표로 협상을 추진하였고, 그 결과 DDA협상 의제 중 무역원활화, 농업부문, 개발·최빈개도국 이슈 등 3개 부문에 걸쳐 10개의 합의문이 채택되었다.

발리 패키지는 WTO 출범 이후 타결된 최초의 다자간 무역협상이라는 점에 의의가 있다. 발리 패키지의 타결로 WTO의 기능 및 신뢰가 회복되었고, 향후 잔여 WTO 분야의 협상 타결 가능성이 높아졌다. 그러나 협상분야가 매우 제한적이고, 회원국의 3분의 2 이상이 동의해야 발효되며, 동의한 회원국에만 적용되는 한계가 있다.

4. 국제무역규범

WTO의 출범으로 각국의 시장문호가 대폭 개방될 뿐만 아니라, 지금까지 각국이 자의적으로 운용해온 국제무역규범의 투명성 강화로 공정무역질서가 확립됨으로써 국제무역질서는 커다란 전환의 계기를 맞게 되었다. 그러나 WTO의 출범과 함께, 국가간 통상마찰의 소지가 완전히 해소되지는 않는다. 그 이유는 국제무역환경의 변화와 통상장벽에 대한 인식의 변화에 따라 새로운 협상의제들, 즉 신라운드가 계속 대두되고 있기 때문이다.

신라운드(New Round)라는 용어는 하나의 다자간협상이 끝나고 다시 새로운 다자간 협상이 나타나게 될 때 지칭되는 말이다. 예컨대, 동경라운드 이후 UR을 향하여 가는 과정에서는 UR이 신라운드로 지칭되었다. 현재의 신라운드는 UR이 끝나고 WTO가 출범한 후에 자유화를 위해 다시 시작되는 다자간 협상을 통칭하는 의미로 쓰이고 있으며, 주제에 따라 그린(환경)라운드, 기술라운드, 노동라운드, 경쟁라운드, 부패라운드, 회계라운드, 인터넷라운드, 디자인라운드 등으로 불려지고 있다. 이들 주제들을 포괄하여 새로운 다자간 협상이 시작되면 신라운드가 되는 것이다.

선진국들은 특히 국제간 국내경제정책상 상이점들이 철폐 또는 완화되어야 실효성 있는 시장접근이 가능해진다고 주장하고 있다. 선진국들은 신라운드협상을 통해 종국적으로는 무역관련 국내정책들을 국제적으로 표준화시키는 것을 목표로 하고 있다.

한편 개발도상국들은 새로운 협상분야들이 선진국들의 새로운 무역장벽수단으로 활용되는 것을 우려하고 있으며, 이들 분야에 대한 다자간 규범화에 원칙적으로 반대하고 있는 입장에 있다.

(1) 그린라운드

인간의 환경파괴는 자연의 '자연적인 정화능력'으로는 도저히 감당할 수 없을 정도가 되었으며, 이에 따라 산업발전에 성공한 선진국을 중심으로 지구환경을 보호해야 한다는 인식이 확산되기 시작하였다.

그린라운드(GR : green round)는 '죽어가는 환경을 살리자'는 목표 아래 1992년 6월 브라질의 리우데자네이로에서 개최된 유엔환경개발(UNCED)에서 180여 개국의 대표단이 모여 발표한 '리우선언'을 계기로 개시되었으며, 지구환경보전과 개발을 양립시키는 목적을 지니고 있다.

환경과 무역을 연계시킨 이 그린라운드(환경라운드)는 국제적 환경기준에 적합한 상품만을 교역대상 품목에 포함시키려는 국제적인 노력이며, 세계환경보호의 관점에서 새로운 국제무역·비즈니스규범을 정립하려는 시도이다.

그린라운드는 몬트리올 의정서(오존층 파괴물질규제) 및 바젤협약(폐기물), 지구기후변화협약(이산화탄소배출규제) 등 각종 국제협약에서 비롯되었다.

(2) 노동라운드

노동라운드(BR : Blue Round)는 1994년 4월에 개최된 마라케시 각료회담에서 선진국과 개발도상국간의 가장 첨예하게 대립한 문제로서 저임금이나 아동근로자, 죄수 노동자를 이용해 값싼 제품을 만들어 수출하지 말라는 요구이다. 이는 국제적으로 인정된 노동기준을 설정하여 동 기준보다 낮은 노동기준(고용차별, 강제노동, 아동착취 등의 금지, 결사의 자유 등)하에서 생산된 제품의 수출에 대해서 또는 수출국에 대해 무역제재조치를 취할 수 있는 근거를 다자간 무역규범 내에 마련하려는 일련의 움직임으로서, 무역환경과 노동이나 근로조건을 국제무역과 연계시키는 것을 의미한다.

선진국들이 노동기준을 무역과 연계시키려는 것은 선진국들이 열악한 노동기준을 바탕으로 한 개도국의 수출증가와 선진국의 실업률 증가 간에 인과관계를 설정함으로써 노동력의 착취 혹은 불공정한 노동조건을 이용한 개도국의 사회적 덤핑으로부터 선진국경제가 보호되어야 하고, 인도적·윤리적 차원에서 뿐 아니라 근로자의 노동권익 보호의 필요성 측면에서 제기하고 있다. 즉 중국, 동남아국가 등 개도국의 저임금에 기초한 비교우위를 견제함으로써 선진국의 심각한 실업문제를 해소하고 국내사양산업을 보호하고자 하는 정치적·경제적 의도도 내포되어 있다.

(3) 경쟁라운드

국가 간의 경쟁정책의 평준화를 목적으로 1992년 당시 브리튼 EC 부위원장에 의해 제시되어 1994년 클린턴 대통령이 경쟁문제를 UR 이후 주요 통상이슈의 하나로 거론하였다. 이는 아직까지는 OECD를 중심으로만 논의되고 있으나, TR(기술라운드)과 함께 향후 5~10년 사이에 본격 논의될 전망이다.

경쟁라운드(CR : competition round)는 국제무역 및 기업활동에서 공정경쟁(fair competition)을 조장하고 촉진시키기 위하여, 외국인기업들에게 내국인대우를 해주고, 내국인 기업 보호적인 유통구조·사업관행·부패 등을 없애서 모든 국가들의 시장조건을 선진화하면서 세계적으로 표준화해야 한다는 것이다. 즉 국가 간 서로 다른 경쟁정책에 의한 경쟁조건의 차이를 제거하여 외국상품의 시장접근을 실질적으로 보장하고, 국내·외 기업이 공정하고 자유로운 조건하에서 경쟁할 수 있는 여건이 마련되어야 한다는 것이 경쟁정책과 관련된 국제적 규범제정에 대한 논의의 요지이다. 부패라운드(corruption round)는 경쟁라운드의 일부이다.

만일 경쟁라운드가 타결될 경우, 국내시장보호 측면 및 수출 진흥 측면에서 정부지원에 크게 의존하고 있는 많은 개도국의 기업들은, 국내시장 활동뿐만 아니라, 해외시장활동에서도 경쟁력 상실로 심각한 타격을 피할 수 없을 것이다.

(4) 기술라운드

기술라운드(TR : technology round)는 개발도상국이 선진국과의 기술격차를 따라잡기 위해 기술개발정책을 강화하는 것을 선진국이 막으려는 다자간 협상이다. 즉 기술라운드란 기술에 관한 개도국의 무임승차를 차단하고 개도국의 신기술개발 억제를 위해 기술개발정책에 대한 세계적인 신국제기술규범을 제정하기 위한 다자간 협상으로서, 기술개발정책과 무역에 관한 다자간 논의를 총칭하는 말이다. 무역과 관련이 있는 기술개발정책은 곧 산업정책의 한 부분이기 때문에, TR을 산업정책라운드라고 해석해도 틀린 말은 아니다. 왜냐하면 오늘날의 산업정책의 핵심은 기술변화의 속도를 좌우하는 데 있기 때문이다.

기술개발에 대한 규제는 각국의 기업경쟁력에 많은 문제점을 유발할 가능성이 있기 때문에, 기술선발국과 기술후발국간에 심한 마찰이 예상되며, 선진국 간에도 견해차가 커서 강력한 국제규범의 실행에는 어려움이 있을 것으로 예상되고 있다.

(5) 부패라운드

'부패라운드(Corruption Round)'는 WTO 체제를 형성하는 과정에서 명명되었으나, 국제거래에서 부패행위를 방지하고 공정한 경쟁질서를 보장하기 위한 다자간 협상과 규범의 형성과정을 의미한다.

부패방지를 위한 국제적 논의는 1990년 초 우루과이라운드(Uruguay Round)에 이어 WTO(World Trade Organization : 세계무역기구)체제하에서 새로운 무역관련 신라운드 이슈 중의 하나로 부각되고 있다. 이를 제거하기 위한 노력은 UN · WTO · OECD와 같은 국제기구, IBRD · IMF와 같은 국제금융기구, 기타의 국제단체 등을 중심으로 국제사회에서 오랫동안 논의되어 왔다. 특히 OECD는 1980년대 말부터 특히 국제적인 뇌물수수관행으로 인한 국제상거래 질서의 왜곡문제에 관심을 갖고, 이에 관한 국제규범을 만들기 위해 노력해 왔으며, 그 결과 1997년 12월 17일 역사적인 「OECD 뇌물방지협약」이 마련되었다. 이 협약은 우리나라 등 세계 주요 무역국을 포함한 34개국이 서명하였고, 1999년 2월 15일 발효되었다. 이 협약의 주요 내용으로는 뇌물로 거둔 이익까지 몰수하며, 뇌물제공자나 기업에 형사 및 민사상의 전천후 타격을 가할 수 있게 하며, 제3국도 기소할 수 있게 하였다.

위 협약과 각국의 이행법률의 시행은 대외무역 및 투자활동에 종사하는 국제기업들에게 급격한 해외사업환경의 변화를 의미하며, 이 같은 환경변화에 제대로 적응하지 않고서는 원활한 해외영업활동의 수행은 매우 어렵게 될 것이다.

(6) 회계라운드

회계라운드는 각국 간의 회계기준이나 작성방법이 달라 발생하였던 여러 가지 문제를 해결하고, 기업경영의 투명성을 확보하기 위해 국제회계기준을 설정하고, 이에 따르는 문제를 해결하고자 하는 국제적 논의이다.

국제회계표준위원회(IASC)는 최근 국제증권감독기구(IOSCO)와 접촉하여 증권거래소의 자본조달과 증권상장을 위한 요건으로 국제회계기준을 채택하는 방안을 모색하기로 하였다.

각국 기업들이 국제자본시장에서 자본조달을 하는 경우 국가별로 서로 다른 회계기준에 따라 회계보고서가 작성되어 제출된다면 (기관)투자가나 투자분석가는 외국의 기업풍토에 따라 작성된 재무내용을 비교분석하기가 어렵고, 또한 각국 간의 회계기준 차이는 기업행동에 영향을 미쳐 '회계적 재정활동[4])을 가능하게 하기 때문에, 이러한 회계라운드의 목적은 회계보고서의 비교 가능성을 확보하며 회계처리비용을 축소하고, 기업들의 재정활동을 방지하면서 세계적으로 공정한 시장경쟁을 유도하는 데 있다.

이러한 국제회계기준 표준화의 문제는 아시아가 금융위기를 겪으면서 그 중요성이 더욱 커졌다. IMF를 비롯한 선진각국들은 아시아 국가들에 대해서 회계기준을 국제수준으로 맞출 것을 강력하게 요구하고 있는 것이다.

(7) 인터넷라운드

오늘날 급속하게 발전하는 정보통신기술은 경제·사회 및 생활의 각 방면에 있어서 커다란 영향을 끼치고 있다. 최근 인터넷 사용의 증가와 함께, 급속하게 확산되고 있

---

4) 본래 재정활동(arbitrage)이란 시장 간의 제도, 혹은 가격이나 기준 등의 차이를 이용해 이익을 취하는 것을 말하는데, 각국의 회계기준이 다르면 그 차이 때문에 각국 기업들의 경쟁력에 영향을 미치게 되고 결과적으로 공정경쟁의 조건을 파괴시킬 수 있다는 것이다.

는 전자상거래는 경제전반에 커다란 변화를 야기시키고 있어, 세계경제는 이제 새로운 전기를 맞고 있다. 이러한 전자상거래는 기존의 상거래 패러다임을 근본적으로 변화시키고 있기 때문에, 기존의 여러 가지 경제규범들의 변화를 요구하고 있는 것이다.

이제 인터넷 전자상거래는 21세기 세계무역질서를 규율할 새로운 무역라운드, 소위 밀레니엄라운드 이슈 중 하나로 부각되고 있으며, 인터넷라운드(internet round) 또는 사이버라운드(cyber round)로 호칭되고 있다.

인터넷라운드는 최근 그 중요성이 더 커지고 있는 전자상거래(사이버마켓을 통한 인터넷 비즈니스를 지칭)를 활성화하기 위하여 이 거래에 대한 자유화 및 무관세정책을 시행하자는 논의이다.

전자상거래는 크게 기업 간의 전자상거래에 주로 활용되고 있는 EDI(Electronic Data Interchange : 전자문서교환), CALS(Commerce At Light Speed)[5], 그리고 Cyber Business[6] 등 세 가지로 나누어 볼 수 있는데, 이 중 인터넷라운드에서 논의의 대상이 되는 것은 협의의 전자상거래라고 불리는 Cyber Business가 해당된다.

인터넷 전자상거래가 급팽창하고, 기업이나 국가의 경쟁력 확보 및 생존을 위한 필수적인 전략으로 인식됨에 따라 OECD, WTO, APEC, UNCITRAL 등의 국제기구와 미국, EU, 일본, 독일 등 선진국들은 다자간 규범의 제정을 위하여 매우 활발하게 논의를 진행하고 있다.

(8) 디자인라운드

고도산업사회에서는 품질과 기능만으로는 시장경쟁에서 우위를 확보하기가 쉽지 않기 때문에 매력적인 산업디자인이 요구된다. 그러므로 선진국들은 기술특허에 못지 않게 자국의 디자인 보호에 앞장서고 있다.

디자인라운드(DR : Design Round)는 디자인을 보호하고자 하는 국제적 차원의 논의이다. 선진국들은 디자인의 중요성을 인식하여 자국 디자인에 대해 강력한 보호장치를 만들고 있다. EU의 경우 통일의장법 및 세계상표조약 등과 같은 관련법규의 역할을 크게 강화하려고 하고 있다.

---

5) 제품의 설계, 개발, 생산에서 유통, 폐기에 이르기까지 수명주기 전반에 관련된 데이터를 통합하고, 공유·교환하여 생산성 향상을 추구하는 형태

6) 인터넷에 홈페이지, 가상상점(virtual shopping mall) 등을 개설하여 일반소비자를 대상으로 마케팅과 판매활동을 수행하는 형태

유럽은 산업디자인 관련 보호제도에 있어서 중추적인 역할을 하고 있으며, 특히 패션 산업과 가구, 스포츠카 등의 디자인 관련 분야에서 더욱 그렇다. 비록 국제경제의 중심이 미국과 일본으로 이동되어 이들 국가의 다국적기업들의 활동이 거세기는 하지만, '하나의 유럽'은 장벽을 높여 산업디자인의 보호를 강화하고 있는 것이다.

5.2 경제통합

1. 경제통합의 개념과 유형

(1) 경제통합의 개념

최근 들어 경제통합이 세계적으로 급속히 확산되면서 이에 대한 체계적인 이론과 경험적인 분석이 여러 학자들에 의해 제시되어 왔지만, 아직까지 통일된 정의는 없는 실정이다. 그러나 대체적으로 경제통합이란 "경제적으로 상호의존성이 높은 국가들이 협정을 결성하고, 역외국에 대해서는 기존의 관세 및 비관세장벽을 그대로 유지하면서 협정국 상호간의 재화 및 생산요소의 자유이동을 도모하는 경제협력체"라고 정의할 수 있다.

경제통합은 지리적으로 인접해 있고 이해관계가 비슷한 소수 국가 간의 자유무역을 지향하는 것이므로, 다자간 자유무역협정에 비해 실현가능성이 크다. 그리고 이러한 소수 국가 간의 지역별 자유무역협정이 인근 국가로 파급될 경우, 이는 궁극적으로 전 세계적인 자유무역을 달성하는 데에도 기여할 것이다.

현재 세계경제는 지리적으로 인접한 국가들끼리 하나의 경제권을 형성하는 지역경제통합현상이 가속화되고 있다. 이러한 경제통합은 역내국가의 입장에서는 역내국간에 경제교류의 증대 등 경제적 힘을 결집함으로써 역외국에 대한 대외교섭력을 향상시킬 수 있으나, 역외국의 입장에서는 경쟁조건의 악화를 가져오는 지역통합체제들 간의 새로운 보호무역주의 움직임으로 볼 수 있다.

(2) 경제통합의 유형

경제통합의 경우 대부분 초기에는 역내국간의 경제협력 강화 및 관세를 철폐하는 단순한 형태로 시작하나, 점차 결합의 정도를 강화해나가고 있으며, 통합의 정도와 진행과정에 따라서 다음과 같이 4단계로 구분하고 있다.

1) 자유무역협정(free trade agreement)

자유무역협정이란 통합에 참가한 각 가맹국 상호간에는 상품이동에 대한 일체의 무역제한조치를 철폐하여 역내에서는 자유무역을 보장하는 한편, 역외의 비가맹국에 대해서는 각국이 독자적인 관세정책 및 무역제한조치를 취하는 형태의 경제통합이다. 자유무역협정에서는 역외의 상품이 역내 저관세국을 통하여 수입되어 역내 다른 국가로 수출될 가능성이 있어, 각 가맹국의 무역정책에 혼란을 가져올 수 있다. 이를 방지하기 위해 수입물품의 원산지규정과 같은 국가 간 협력적인 무역정책이 채택되고 있다.

세계 각국은 다자자유무역체제를 위한 도하개발어젠다(DDA)가 정체된 뒤 자유무역협정(FTA)을 중심으로 하는 지역무역협정(RTA: Regional Trade Agreement) 체제로 빠르게 옮아가고 있다. FTA는 특정국가간에 배타적인 무역특혜를 서로 부여하는 협정으로서 가장 느슨한 형태의 경제통합 형태이며, RTA의 대종을 이루고 있다.

북미자유무역협정(NAFTA : North America Free Trade Agreement), 중남미통합연합(LAIA : Latin American Integration Association) 등이 이의 대표적인 예이다.

2) 관세동맹(customs union)

관세동맹은 자유무역지역에서 한 걸음 더 나아가 역외공동관세(common external tariff)를 부과하는 형태의 경제통합이다. 즉 가맹국 상호간에는 상품의 자유이동이 보장될 뿐만 아니라, 역외 비가맹국으로 부터의 수입에 대해서는 공통의 수입관세를 부과한다. 그러므로 이것은 관세에 관한 한 단일 경제단위가 되는 상태이며, 간접수입의 가능성은 배제된다. 중앙아메리카공동시장(CACM : Central American Common Market), 카리브공동시장(CARICOM : Caribbean Community and Common Market) 등이 이에 속한다.

3) 공동시장(common market)

공동시장은 관세동맹이 더 발전하여 역내국간 생산요소의 자유이동이 보장되고 있는 형태의 경제통합이다. 즉 가맹국 상호간에는 재화뿐만 아니라 노동, 자본과 같은 생산요소의 자유이동이 보장되며, 역외 비가맹국에 대해서는 각국이 공동의 관세제도를 채택한다. 이의 예로서는 유럽공동시장(EC : European Community)을 들 수 있다.

4) 경제동맹(economic union)

경제동맹에서는 역내국들 사이에 상품과 생산요소의 자유로운 이동뿐만 아니라 금융, 재정, 운수, 통신, 사회복지 등 여러 분야에 걸쳐 통합을 이루게 된다. 결국 이 단계에서는 어느 정도의 정치적인 통합을 필요로 하게 된다. 벨기에-룩셈부르크 경제동맹이 이에 해당된다. 유럽연합(EU)도 이에 근접해 가는 형태를 보이고 있다.

최근 EU의 주된 논의가 유럽중앙은행(European Central Bank)과 단일통화의 설립에 맞혀졌다는 사실에서도 알 수 있듯이, EU는 완전한 경제통합을 목적으로 하고 있는 것으로 보여진다. 완전한 경제통합이 이루어진다면 다음으로는 정치적 통합까지도 생각할 수 있을 것이다.

2. 경제통합의 경제적 효과

2개국 이상이 어떤 형태의 경제통합을 형성하고, 그 경제통합에 따라 발생하는 경제적 효과는 정태적인 것과 동태적인 것으로 구분해 볼 수 있다.

(1) 정태적 효과

정태적 효과로는 역내국간의 교역창출효과와 교역전환효과가 있다. 즉 역내국간의 관세장벽 철폐로 인해 교역량이 늘어나는 교역창출효과와 역외국에 대한 공동의 관세장벽이 설정됨으로써 역내국가 상품의 절대가격이 역외국가의 가격보다 높을지라도, 관세효과가 이를 상회하는 경우 역내로부터 상품을 수입하게 되는 교역전환효과가 발생하게 된다. 교역창출효과는 역내국간에 자원이 효율적으로 배분되는 결과를 가져오는 반면, 교역전환효과는 역외국에 대한 인위적인 관세장벽으로 인해 자원배분이 비효율적으로 배분되는 결과를 초래할 수 있다. 따라서 관세동맹이 세계경제 전체로 보아 바람직한가의 여부는 바로 교역창출효과와 교역전환효과의 상대적 크기에 따라 달라진다고 볼 수 있다.

(2) 동태적 효과

경제통합에 따라 역내의 관세가 철폐 또는 인하되면 역내 각 국가의 수출시장이 확대되고, 제품의 생산 및 유통에 있어서 규모의 경제가 발생할 수 있다. 역내시장의 확대와 관련하여 중요한 것은 경쟁의 증대이다. 관세 등에 의하여 보호를 받던 각국의 기업들이 새로운 경쟁에 노출됨에 따라서 지역경제 전체로 보아 효율성이 증가하게 된다. 또한 시장이 확대되고 역외국에 대한 불이익을 극복하기 위해 역외기업에 의한 직접투자가 활성화된다.

아울러 역외기업들도 경쟁에 새롭게 대처하기 위하여 경영합리화가 시도될 것이다. 궁극적으로 역내·외 국가들이 산업 전체의 효율성 증대를 달성하기 위한 구조조정과정에 돌입하게 될 것이다. 이와 같이 경제통합은 장기적으로 역내국가들의 경쟁력 제고에 긍정적인 효과를 가져올 것으로 평가되고 있다. 이러한 동태적 효과를 자유무역과 보호무역 측면에서 분석해 보면 다음과 같다.

1) 자유무역 측면에서의 동태적 효과

첫째, 경제통합이 이루어지면 역내의 시장이 하나로 커지므로 대(大)시장이 형성된다. 이에 따라 생산규모가 확대되어 규모의 경제효과를 향유하게 됨으로써 생산성이 향상된다.

둘째, 역내국들 간에 자유무역이 성립함으로써 상호 경쟁을 하게 되며, 그에 따라 효율성이 확대되어 경제발전의 중요한 원천이 된다.

셋째, 여타 역내국과의 접촉이 많아져 기술정보 등을 획득할 수 있는 기회가 확대되고 기술개발이 촉진되어 경제발전에 도움이 되는 학습효과가 나타난다.

이들 중 첫 번째의 효과야말로 19세기의 관세동맹이라고 일컬어지는 비스마르크 시대의 독일 관세동맹으로부터 오늘날의 유럽연합에 이르기까지 경제통합을 위한 주요한 목적이 되어 왔다.

2) 보호무역 측면에서의 동태적 효과

경제통합의 목적은 가맹국들 간의 공동의 경제영역을 설정하고, 비가맹국들과는 다른 공통의 목적을 추구하는 데 있다. EU의 경우 경제공동체를 설립하여 미국이나 일본 등 타 지역으로부터 특정 부문을 보호하고 경제정책을 상호 조정하는 공동정책을 추구하고 있다. 이는 주로 장기적 차원에서 각종 정치적·경제적 고려에 의해서 공동 목표를 추구한다. 그러므로 이러한 목표를 달성하는데 유치산업보호론과 같은 측면에서 경제통합의 효과를 설명할 수도 있을 것이다.

3. 세계의 주요 경제통합

2차 세계대전 이후 형성되기 시작한 지역경제통합은 지역별·통합체별로 다양한 목표 하에서 다양한 형태로 그동안 급속히 증가하여, 현재 그 수가 30여 개에, 가맹국수는 120여 개국에 달하고 있다. 오늘날 시장기반과 경제력을 갖춘 지역그룹은 EU, NAFTA(USMCA), AFTA, CEFTA, CACM 등 10여 개 정도이고, APEC과 아시아·유럽정상회의(ASEM)는 지역그룹의 확대가 수천 km 떨어진 타 대륙 간의 협의로서 논의가 진행 중이다.

[표 5-2]는 세계의 주요 경제블럭별 통합단계와 회원국들의 내용을 나타내고 있다. 이 중 세계경제의 3극체제를 주도하고 있는 통합주체별로 대표적인 경제통합의 현황을 정리하면 다음과 같다.

(1) 유럽연합

유럽의 경제통합은 그들의 역사적·문화적·사회적 동질성과 '유럽은 하나'라는 범유럽주의(Pan-Europeanism)에 기초하여 유럽의 경제발전을 선도해 왔다. EU(European Union), 즉 유럽연합은 1993년 11월 발표된 마스트리히트조약에 따라 EC(European Community)의 명칭을 변경한 것으로서, 동 년 12월 1일 공식 출범한 유럽국가들 간의 지역공동체이다.

EU 출범 당시에는 기존의 12개 EC회원국으로 구성되어 있었으나, 1996년 1월 1일 오스트리아, 스웨덴, 핀란드의 가입으로 회원국이 15개국으로 확대되었다. 그 후 동유럽 국가들이 대거 가입함에 따라 현재 회원국은 27개국이며, 총인구는 약 5억 명 정도 되며 전 세계 GDP의 30% 정도를 차지하고 있다. 이러한 오늘날의 EU의 효시는 프랑스 외상 슈만(Schuman)의 제안에 따라 1951년 서독, 프랑스, 이탈리아 등 6개국이 결성한 유럽 철강공동체이다.

그 후 로마조약에 의한 유럽경제공동체(EEC : Euopean Economic Community)의 출범과 함께 유럽원자력공동체가 설립되었고, 1967년 7월 1일 EEC는 유럽철강공동체와 유럽원자력공동체를 통합하여 유럽공동체(EC : European Community)로 발전하였다. 1986년까지 유럽공동체에는 서유럽 12개국이 가입함으로써 서유럽의 단일경제권을 형성하게 되었으며, 같은 해 공동시장의 조속한 완성을 위하여 유럽단일법이 제정되어 1993년 1월에 공동시장이 완성되었다.

1993년 11월 마스트리히트조약에 의해 오늘날의 유럽연합(EU)이 발족됨으로써 단일시장단계를 넘어 보다 강화된 경제통합기구로 발전되었다. 이 조약에 따르면 1993년 단일시장의 출범에 이어, 1994년 유럽통화기구(EMI : European Monetary Institute) 창설, 1999년 1월 단일통화인 유로통화 도입과정을 거쳐 경제·통화동맹을 완성하게 된다. 즉, 이 조약은 시장통합은 물론, 통화통합과 정치통합(공동외교, 공동안보정책, 유럽의회 등)까지 이룩함으로써 궁극적으로는 유럽의 완전경제동맹화를 목표로 하고 있다.

그러나 이러한 EU의 완전경제동맹화는 시장 확대라는 긍정적인 측면과 차별적 무역장벽으로 보호주의적인 성향을 가진 초강대국의 출현(Fortress Europe : 유럽의 요새화)이라는 부정적인 측면도 동시에 지니고 있어서, EU는 앞으로 세계경제질서의 향방에 큰 영향을 미칠 것으로 전망된다.

(2) 북미자유무역협정과 USMCA

NAFTA(North American Free Trade Agreement), 즉 북미자유무역협정은 미국, 캐나다, 멕시코 등 북미 3개국 간에 광범위한 자유무역을 추진하기 위해 체결된 자유무역협정으로 1994년 1월 1일 공식 출범하였다. 출범당시 인구 면에서 세계인구의 약 7%(약 3억 7천만 명), 그리고 GDP 면에서 세계전체의 약 30%(약 7조 1억 달러)로서 최대의 지역경제권으로 탄생했다.

NAFTA는 미국의 자본과 기술, 캐나다의 풍부한 천연자원, 그리고 멕시코의 상대적으로 풍부한 노동력과 그에 따르는 저렴한 임금을 상호 보완적으로 결합하여 단일무역시장을 형성시켜, 고용을 새로이 창출시키고 나아가 각국의 경제성장을 가속화시킬 목적으로 결성한 무역 및 투자에 관한 자유무역협정이다.

이러한 NAFTA가 단시일 내에 체결될 수 있었던 것은 EC통합, 동구권의 EC와의 협력 강화, 동북아경제권 형성의 움직임 등 경제질서 재편에 대한 공동대응이라는 당위성에서 비롯된 것으로 보인다. 즉, 경제적으로 3국이 가지고 있는 국제수지 적자 및 대외부채문제 등을 고려할 때, 3국간의 무역증대의 필요성은 물론이고, 미국은 서비스 및 첨단산업, 캐나다의 자원관련산업, 멕시코는 노동집약적 산업에 특화할 경우 역외국들에 대한 경쟁력 제고에도 기여할 수 있다는 판단이 NAFTA의 체결을 종용한 것 같다.

[표 5-2] 세계의 주요 경제통합

지역	경제 블록 및 유형
유 럽	EU(유럽연합: 경제동맹), EFTA(유럽자유무역협정), EEA(유럽경제지역: 공동시장), BSECP(흑해경제협력기구: 경제협력체), CISFTA(CIS자유무역협정)
미 주	NAFTA(북미자유무역협정), CACM(중미공동시장: 공동시장), ANCOM(안데스공동시장: 관세동맹), MERCOSUR(남미공동시장), LAIA(중남미통합연합: 자유무역지대), G-3(자유무역협정)
중 동	GCC(걸프협력위원회: 지역경제협의체), AMU(아랍마그레브연합: 자유무역협정), ACC(아랍협력위원회: 지역경제협의체)
아프리카	ECCAC(중앙아프리카경제공동체: 지역경제협력체), SEAPTA(동남부아프리카특혜관세지대: 지역경제협력체), SADDC(남부아프리카개발조정회의: 지역경제협력체), ECOWAS(서아프리카제국경제공동체: 지역경제공동체)
아시아·태평양	ASEAN(동남아국가연합: 지역경제협력체), AFTA(ASEAN자유무역협정), ANZCERTA(호주·뉴질랜드경제협력긴밀화협정:자유무역협정), 한·칠레자유무역협정

이러한 NAFTA는 현재 USMCA로 즉, USMCA(United States Mexico Canada Agreement, 미국·멕시코·캐나다 협정)은 미국·멕시코·캐나다 북미 3국이 1994년 발효된 북미자유무역협정(NAFTA)을 개정해 새롭게 합의한 다자간 자유무역협정을 말한다. 2016년 대선 당시 트럼프는 NAFTA를 두고 "미국의 일자리를 없애는 최악의 협정"이라며, 취임 직후부터 NAFTA 재협상을 밀어붙였다. 그 결과, 미국은 2017년 8월 재협상을 시작했고 2018년 8월 27일 멕시코와, 9월 30일 캐나다와 합의를 이끌어 냈다. 2019년 12월 11일 마침내 3국은 '미국·멕시코·캐나다 협정(USMCA)' 수정안에 서명하였으며, 3개국 의회의 비준을 남겨놓고 있다. 'USMCA'에는 미국의 요구안이 폭넓게 반영되어 3개국에서 조립되는 자동차는 관세를 피하기 위해 북미산 부품

사용을 늘리도록 하고, 근로자들의 노동환경 개선도 강화시켰다. 또한 전자상거래와 디지털경제 등 현재 상황에 맞는 내용들도 포함되었다. 협정 후 사후 불만이 있을 때나 자국 환경이 변할 때 일방의 요구에 따라 개정을 추진할 수 있도록 하는 절차도 합의에 포함되었으며, 개정된 협정은 6년마다 재검토되는데 향후 10년간 문제가 해결되지 않으면 협정은 폐기된다.

(3) 중남미통합연합

1961년 창설된 중남미자유무역연합(Latin American Free Trade Association : LAFTA)은 역내 교역의 확대 및 회원국의 산업구조 조정을 의욕적으로 추진하였으나, 역내 선·후진국간의 무역불균형과 공업성장 격차의 심화로 역내 무역자유화계획이 한계에 부딪히게 되었다. 그리하여 LAFTA 회원국들은 1980년 8월 제2차 몬테비데오 조약을 통해 중남미통합연합(Latin American Integration Association : LAIA)을 발족시키게 되었다.

LAIA는 역내 회원국 간의 관세양허를 통해서 시장통합을 추진한다는 LAFTA의 기본방침을 그대로 유지하고 있다. 그러나 역내 선·후진국간의 경제적 격차가 통합에 장애가 된다는 점을 인식하여 회원국을 경제발전단계에 따라 선진국(브라질, 멕시코, 아르헨티나), 중진국(베네수엘라, 칠레, 페루, 우루과이), 후진국(파라과이, 에콰도르, 콜롬비아, 볼리비아) 등의 세 그룹으로 나누어 각 발전단계에 상응하는 특혜공여 및 의무조항을 차등 부과하고 있다. 또한 일부 LAIA 회원국 간 쌍무협정은 모든 회원국에 자동적으로 적용되며, 역내 저개발국에 대한 특혜는 비호혜적으로 이루어진다. 특히 역내 특혜관세제도는 회원국의 경제발전단계에 따라 특혜관세대상의 예외 품목(주로 1차 품목)을 인정하고 있다.

중남미의 대표적인 경제통합체 인 LAIA는 회원국 간 경제여건의 차이를 인정함으로써 자유무역의 확대를 통한 성공적인 경제통합의 가능성은 비교적 낮은 것으로 전망된다. 특히 일부 회원국의 과중한 외채부담과 국제수지불균형 등은 경제통합의 성공 가능성을 감소시키고 있다.

(4) 아시아 · 태평양경제협력체

아시아태평양경제협력체(APEC : Asia Pacific Economic Cooperation)는 아시아

태평양지역의 무역 및 투자자유화를 추진함으로써 역내의 경제협력을 강화하는 동시에, 그로부터의 이익을 실현하고자 1989년 11월 한국, 미국, 캐나다, 일본, 오스트레일리아, 뉴질랜드, 아세안 6개국(말레이시아, 브루나이, 싱가포르, 인도네시아, 태국, 필리핀) 등 12개국이 참가하여 결성되었다. 1991년에 중국, 대만, 홍콩 등 3개의 중화경제권, 1993년에 멕시코와 파푸아뉴기니아, 1994년에는 칠레, 그리고 1998년에는 러시아, 베트남, 페루가 각각 추가로 가입함으로써 현재 총 21개 회원국으로 구성되어 있다.

EU가 단일시장의 성격을 보이는데 반해, APEC은 NAFTA, AFTA 등 다양한 성격의 소지역으로 분류되어 있다는 특징을 가지고 있다. 즉 APEC은 지금까지 경제협력을 위한 각종 회의와 프로젝트 개발에 역점을 두며, 경제공동체보다는 OECD와 같은 개방적·기능적 협력체를 지향해 왔다. 회원국간 경제적 의존관계를 증진시킴으로써 역내 및 세계경제 발전에 긍정적으로 기여하는 것을 목표로 하며, 이러한 목표를 달성하기 위해 개방적 다자간 무역체제를 강화하고 역내 무역장벽을 완화한다는 것이다.

APEC은 경제통합기구라기보다는 경제협력기구로서의 성격이 강하여 결속력도 비교적 약한 편이지만, 보다 실질적인 경제협력기구로 발전시키기 위해 역내의 무역 및 투자자유화를 위한 보고르선언(1994년)이 채택되었고, 오사카 선언(1995년)에서는 이와 관련한 지침이 마련되었다.

APEC은 출범 후 지금까지 느슨한 경제협력 수준에 머물러 있는 상태이다. 그 이유는 APEC이 경제협력체로서의 필요조건인 지리적 근접성을 충족시키지 못할 뿐만 아니라 경제발전단계, 소득수준, 문화적 이질성 등 다양한 특징을 포괄하는 국가 간의 협력체이기 때문이다.

4. 우리나라의 FTA 추진 배경과 현황

(1) FTA의 추진 배경

우리나라가 적극적으로 FTA를 추진해야 하는 이유는 크게 두 가지로 나누어볼 수 있다. 우선 1992년 EU의 출범과 1994년 NAFTA의 발효를 계기로 지역주의가 세계적으로 확산되면서 FTA 네트워크 역외국가로서의 피해를 최소화하고, 나아가 이러한 도전에 적극적으로 대응하기 위해 FTA를 추진하게 되었다는 점을 지적할 수 있다. 특히 우리의 대외경제 규모가 국내총생산(GDP)의 80% 이상을 차지하고 있는 점을 고려할 때, 주요 경쟁국이 FTA를 앞 다투어 추진하고 있는 통상환경 하에서 우리나라가 기존 수출시장을 유지하고 새로운 시장에 진출하기 위해 FTA 확대에 전력을 다하는 것은 당연하다고 할 수 있다. 주요 교역국이 여타 국가와 먼저 FTA를 체결한다면 우리 상품은 고관세 적용에 따른 가격경쟁력의 저하로 점차 그 시장을 잃을 수밖에 없기 때문이다. 따라서 우리 상품의 수출경쟁력을 유지하고 안정적인 해외시장을 확보하기 위해서는 주요 교역국들과의 FTA 체결이 필수적이다.

둘째로 보다 적극적인 측면에서, 능동적인 시장개방과 자유화를 통해 국가 전반의 시스템을 선진화하고 경제체질을 강화하기 위해 FTA 추진이 필요하다. 우리 경제가 양적인 성장뿐만 아니라 질적인 발전을 통해 진정한 선진 경제로 거듭나기 위해서는 우리의 주요 통상정책으로 자리 잡은 FTA를 능동적·공세적으로 활용할 필요가 있는 것이다.

전 세계적으로도 각국은 산업경쟁력과 국가경쟁력을 신장시키는 주요 정책수단으로서 FTA 및 이에 수반되는 무역자유화(trade liberalization)가 효과적임을 깨닫고 적극적으로 FTA 네트워크 구축에 나서고 있다. 최근에 우리 정부가 동시다발적으로 FTA를 추진하고 있는 것도 바로 이러한 개방의 혜택에 대한 인식의 연장선상에 위치해 있다.

(2) FTA의 추진 현황

정부는 세계적인 FTA 확산추세에 대응하여 안정적인 해외시장을 확보하고 개방을 통해 우리 경제의 경쟁력을 강화하기 위해 동시다발적으로 FTA를 추진한 결과, 칠레('04.4.1), 싱가포르('06.3.2), EFTA('06.9.1), ASEAN('07.6.1), 인도('10.1 포괄적 동반자협정), EU('11.7.1), 페루('11.8.1), 미국('12.3.15), 터키('13.5.1), 호주('14.12.12), 캐나다('15.1.1), 중국('15.12.20), 뉴질랜드('15.12.20), 베트남('15.12.20), 콜롬비아('16.7.15), 중미(5개국, '19.10.1) 등 16개 FTA, 즉 59개국과의 FTA가 발효된 상태이다. 또한 영국('19.8)과는 정식 서명한 상태이며, 이스라엘('19.8)과 RCEP(역내포괄적경제동반자협정: 아세안 10개국, 한국, 중국, 일본, 호주, 뉴질랜드, 인도 등 16개국 중 인도 제외, '19.11.4)와는 협정타결을 선언하였다. 그리고 인도네시아, 한 · 중 · 일, 에콰도르, MERCOSUR(4개국), 필리핀, 러시아, 말레이시아 등 7건에 대하여 FTA협상을 진행하고 있으며, 멕시코 · GCC(6개국) 등 2건에 대해서는 FTA 협상재개 여건조성 중이다.

[표 5-3] 한국의 발효된 FTA 현황

(2019년 10월 1일 기준)

상대국	추진현황			의의
	협상개시	서명	발효	
칠레	1999.12	2003.02	2004.04.01	최초 FTA, 중남미시장의 교두보
싱가포르	2004.01	2005.08	2006.03.02	아세안 시장의 교두보
EFTA(4개국)	2005.01	2005.12	2006.09.01	유럽시장의 교두보
아세안(10개국)	2005.02	2006.08 (상품협정)	2007.06.01 (국별 상이)	제2의 교역대상
인도	2006.03	2009.08	2010.01.01	BRICs 국가, 거대시장
EU(28개국)	2007.05	2010.10	2011.07.01	세계 최대 경제권
페루	2009.03	2011.03	2011.08.01	자원부국, 중남미시장의 교두보
미국	2006.06	2007.06	2012.03.15	거대 선진 경제권
터키	2010.04	2012.08	2013.05.01	유럽·중앙아 진출 교두보
호주	2009.05	2014.04	2014.12.12	자원부국, 오세아니아 주요시장
캐나다	2005.07	2014.09	2015.01.01	북미선진시장
중국	2012.05	2015.06	2015.12.20	우리의 제1위 교역대상
뉴질랜드	2009.06	2015.03	2015.12.20	오세아니아 주요시장
베트남	2012.09	2015.05	2015.12.20	우리의 제4위 투자국
콜롬비아	2009.12	2013.02	2016.07.15	자원부국, 중남미 신흥시장
중미(5개국)	2015.06	2018.02	2019.10.01	미와 남미를 잇는 전략적 요충지

* EFTA : 스위스, 노르웨이, 아이슬란드, 리히텐슈타인
* 아세안 : 말레이시아, 싱가포르, 베트남, 미얀마, 인도네시아, 필리핀, 브루나이, 라오스, 캄보디아, 태국
* EU : 오스트리아, 벨기에, 영국, 체코, 키프로스, 덴마크, 에스토니아, 핀란드, 프랑스, 독일, 그리스, 헝가리, 아일랜드, 이탈리아, 라트비아, 리투아니아, 룩셈부르크, 몰타, 네덜란드, 폴란드, 포르투갈, 슬로바키아, 슬로베니아, 스페인, 스웨덴, 불가리아, 루마니아, 크로아티아
* 중미 : 니카라과, 온두라스, 코스타리카, 엘살바도르, 파나마

5.3 OECD와 UNCTAD

1. OECD

경제협력개발기구(Organization for Economic Cooperation and Development : OECD)는 제2차 세계대전 직후인 1947년 유럽부흥을 목적으로 미국이 구상한 '마샬 플랜'에 따라 결성된 유럽경제협력기구(OEEC)를 토대로 1961년 9월 30일에 설립된 기구이다. 그러나 엄격한 의미에서는 경제협의체로서 GATT와 같은 강력한 국제기구는 아니나, 세계경제개발기구로의 이행을 모색하고 있다.

OEEC 18개 회원국(오스트리아, 벨기에, 덴마크, 프랑스, 독일, 그리스, 아이슬란드, 아일랜드, 이탈리아, 룩셈부르크, 네덜란드, 노르웨이, 포르투갈, 스페인, 스웨덴, 스위스, 터키, 영국)에 미국과 캐나다를 합쳐 OECD가 발족하였다. 그 후 일본(1964), 핀란드(1969), 호주(1971), 뉴질랜드(1973), 멕시코(1994), 체코(1996), 헝가리(1996), 폴란드(1996), 한국(1996), 슬로바키아(2000), 칠레(2010), 슬로베니아(2010), 리투아니아(2018), 콜롬비아(2018) 등이 가입하여 2020년 1월 현재 37개국을 회원국으로 하고 있으며, 이는 단순한 유럽의 지역적 협력기구에서 선진국그룹의 대명사로 발전하게 되었다.

OECD는 민주주의와 자유시장경제를 추구하는 국가들이 모여 세계경제 현안에 대하여 협의를 거쳐 합의에 의해 운영되는 국제경제기구이며, 실질적으로는 선진국 중심으로 구성되어 세계경제의 흐름을 주도하는 세계경제운용의 중심체로서의 역할을 하고 있다.

OECD의 설립목적은 ① 통화의 안정을 유지하면서 고도의 성장을 촉진하고 고용증대 및 생활수준의 향상을 도모하며, ② 개발도상국의 경제개발을 지원하고, ③ 무차별·다각적 원칙에 따른 세계무역의 확대에 기여하기 위한 것이다.

이러한 OECD의 기본목적을 효과적으로 수행하기 위한 주요 수단의 하나로서, 경상외 무역거래와 자본이동에 대한 자유화 규약의 주요 원칙을 법적 의무사항으로 채택하여 회원국들로 하여금 준수하도록 하고 있다.

OECD는 회원국의 경제성장과 세계경제의 발전을 도모하고, 자유무역을 확대하기 위하여 세계경제의 흐름을 분석·평가하고, 국가간 경제정책의 조화와 협조를 위한 협력기구로서의 역할을 하고 있다. 회원국 상호간의 거시경제정책상의 조정, 산업구조의 개선 및 조정, 외국인 직접투자의 활성화, 첨단기술 개발촉진, 보호주의 확산방지, 후진국에 대한 개발원조 확대 등의 문제를 다룬다.

OECD는 다음과 같은 특징을 가지고 있다.

① 다른 무역기구가 무역, 통화, 환경, 개발 등 특정 분야만 다루는 데 비해, OECD는 경제정책, 경쟁, 에너지, 소비자보호 등 모든 경제·사회복지 문제를 포괄하는 종합적 협의체이다.

② 경제정책위원회(EPC), 개발원조위원회(DAC), 무역위원회(TC) 등 26개의 위원회와 200여개의 다양한 실무작업반과 전문가그룹으로 구성된 광범위한 조직을 운영하고 있다.

③ OECD회원국들은 WTO, IMF, EU, NAFTA 및 각종 국제기구와 지역협력체 일원으로 세계경제를 주도하고 있다.

2. UNCTAD

제2차 세계대전 이후 아시아, 아프리카, 남미의 대부분의 국가는 과거 선진 자본주의국가의 식민지로부터 정치적 독립은 달성하였지만, 이들 지역의 급속한 인구증가와 취약한 경제구조 등으로 경제적 후진성을 탈피하지 못하였다. 전후 선진국의 경제가 GATT의 출범과 함께 빠른 성장세를 보이면서 남북문제, 즉 지구의 북반구에 있는 선진국과 남반구에 있는 개발도상국간의 경제적 격차는 더욱 확대되는 추이를 보였다.

남북문제란 용어는 영국 로이드은행 총재인 올리버 프랭크스가 1959년 말 "새로운 국제균형-서방세계에 대한 도전"이라는 강연에서 공산권과의 동서균형 문제에 대응되는 용어로 처음 사용한 이래, 빈곤한 개발도상국의 자립적 경제발전을 지원하는 부유한 선진국 원조의 필요성 제기와 함께 널리 사용되어 왔다.

남북문제를 초래한 기본적인 요인은 후진국의 빈곤 지속과 남북간 경제적 격차의 확대라고 할 수 있다. 그러나 개발도상국들은 남북간의 격차 확대가 개발도상국내의 사회·경제적 여건에도 기인하는 것이지만, 궁극적으로는 기존 국제경제질서 자체의 모순에 기인한다는 인식을 하게 되고, 그러한 모순을 타개하는 방도를 모색하게 되었다.

GATT를 중심으로 한 전후의 세계경제질서가 개발도상국의 경제발전을 보장하기에는 미흡하다며, UN을 통하여 개도국의 무역 증대 및 개발을 위한 국제회의를 개최해야 한다는 주장이 결실을 맺은 것이 바로 1964년 12월 UN의 한 상설기관으로 설치된 국제연합무역개발회의(UNCTAD : United Nations Conference on Trade and Development)이다.

UNCTAD가 설립되면서 개도국들이 내세운 슬로건은 '원조가 아닌 무역(trade, not aid)을 통한 개발'이었다. 개도국이 경제개발을 시도하기 위해서는 투자의 확대가 필요한데 자본축적이 거의 전무한 상태에서는 해외저축에 의존할 수밖에 없었다. 이 경우 악화되는 국제수지 적자를 해결하는 방법은 개도국 수출의 확대이나 GATT체제에서는 수출확대가 어려우므로, 새로운 메커니즘을 구축해야 된다는 것이 UNCTAD의 설립취지라고 할 수 있다.

UNCTAD의 성과라면 일반특혜관세제도(Generalized System of Preferences : GSP)가 실질적 성과라 해도 과언이 아니다. 그러나 대 선진국협상에서 개발도상국의 전체입장을 대변하는 역할을 하였다는 데 의미가 있다.

연습문제

1. 용어해설문제

•지역주의	•GATT	•UR
•WTO	•EU	•그린라운드
•노동라운드	•경쟁라운드	•기술라운드
•부패라운드	•회계라운드	•인터넷라운드
•디자인라운드	•USMCA	•APEC
•DDA	•OECD	•UNCTAD

2. 주관식문제

(1) 최근 국제무역환경의 특성에 대해 설명하라.

(2) GATT와 WTO의 차이를 설명하라.

(3) 신보호무역주의의 특징에 대해 설명하라.

(4) 국제무역규범에 대해 설명하라.

(5) 경제통합의 형태와 효과에 대해 설명하라.

제 3 편

국제경영학

- ▶ 제6장 국제경영의 성격
- ▶ 제7장 해외시장 진출전략
- ▶ 제8장 국제경영관리

Chapter

06 국제경영의 성격

학습목표

1. 기업의 글로벌화에 대해 알아본다.
2. 국제경영의 특성을 이해한다.
3. 글로벌화와 국제화, 그리고 현지화를 비교한다.
4. 국제기업의 여러 유형에 대해 알아본다.

6.1 기업의 글로벌화

1. 글로벌화의 개념과 촉진요인

(1) 글로벌화의 개념

최근 들어 '글로벌(global)', '글로벌화(globalization)'라는 용어가 빈번히 사용되고 있다. 1960년대 이후 세계경제 및 경영환경을 변화시킨 요인들 중에서 가장 중요한 것이 바로 글로벌화 현상이다. 글로벌화(globalization)란 '국제화된 경제활동 위에 기능적 통합요소를 가미함으로써 세계시장이 단일화되어 가는 현상'을 의미한다. 즉 국가 간의 자원이동에 있어서 장벽은 점차 낮아지고, 반면에 국가 간의 상호의존도는 점차 높아져서 종국적으로는 국경 없는 세계가 등장함을 의미하는, 말 그대로 지구 전체를 하나로 통합하는 과정이다.

글로벌시대는 주요한 행위의 단위가 고도로 분화되어 복합·중층적인 질서를 만든다는 점에서 이전 시대와는 구별된다. 즉, 지구촌이라는 단위, 유럽·아시아 등의 지역적 단위, 국민국가라는 단위, 지방이라는 단위, 나아가 기업과 개인이라는 단위들이 각각 행위주체가 되어 중층적인 연결망과 체계를 형성하고 있다. 이제 이들 단위주체의 복합화인 '지구촌화'가 고려되어야 할 때가 된 것이다. 우리가 살고 있는 이 시대는 사실상 인류 역사상 처음으로 지구촌 전체를 단위로 해서 문제에 접근하고, 문제를 해결해야 하는 시대가 되었다.

(2) 글로벌화의 유형

1) 시장의 글로벌화

시장의 글로벌화는 역사적으로 분리되어 있던 국가별 시장들이 하나의 거대한 시장으로 재편되는 것을 의미한다. 다른 국가에 있는 소비자들의 기호와 취향이 글로벌 기준으로 모여지는 현상이 글로벌시장의 형성을 부추기고 있다. 전통적으로 상이한 욕구와 소비패턴을 보이던 각국의 소비자 기호가 해외여행의 증가 및 매스미디어의 확대, 국내시장의 개방 등으로 세계적으로 동질화되어 가고 있다. 또한 국가간 무역장벽이 무너짐에 따라 이러한 변화는 더욱 쉽게 진행될 수 있었다. 시티그룹의 신용카드, 코카콜라의 음료수, 소니의 플레이스테이션, 맥도날드의 햄버거, 스타벅스의 커피, IKEA의 가구 등과 같은 소비재들은 이러한 글로벌화 경향을 보여주는 대표적인 상품들이다. 국제기업들은 단순히 글로벌시장을 이용하는 것에서 더 나아가 글로벌화를 촉진하고 있기도 하다. 전 세계에 기본적으로 동일한 제품을 판매함으로써 하나의 글로벌 시장을 만드는데 기여하고 있는 것이다. 시장의 글로벌화는 더욱 확산되는 추세이다.

2) 생산의 글로벌화

생산의 글로벌화는 국가마다 생산요소의 비용과 품질수준이 다른 점을 활용하여 세계 여러 나라들로부터 제품과 서비스를 생산 조달하는 것을 말한다. 이를 통해 기업들은 전체 비용구조를 낮추거나 제품의 품질과 기능성을 향상시켜 더욱 효율적으로 경쟁할 수 있다.

민항기 제조업체 보잉(Boeing)의 777기를 예들 들어, 보면, 8개의 일본업체들이 기체와 문, 날개를 만들고, 싱가포르의 한 업체는 기체 앞부분 래딩기어의 문을 만든다. 또한 이탈리아 3개 업체가 보조날개를 만들고 그 외에도 많은 해외업체들이 참여하고 있다. 전체적으로 777기 부품의 30%는 해외기업들이 만든다. 보잉의 최신 항공기 787에서는 이러한 경향이 더욱 확대되어 항공기 부품의 65%를 해외 제조업체에 아웃소싱하고 있다. 이 중 35%는 일본 업체들이 맡고 있다. 보잉이 이처럼 아웃소싱하는 이유는 생산에 참여하는 해외업체들이 각 분야에서 최고이기 때문이라고 말한다. 즉, 다양한 해외 공급업체들의 협력망은 최종 제품의 품질을 높이고, 이를 통해 경쟁업체인 에어버스(Airbus)보다 더 높은 실적을 얻을 수 있는 기회를 가질 수 있기 때문이다. 또한 보잉은 현지 항공사들로부터 더욱 많은 주문을 받기 위해 해당 기업에 아웃소싱을 맡기기도 한다.

이와 같이 기업활동에 있어서 국경선의 개념이 점점 사라지고, 자본의 이동이 용이해짐에 따라 기업의 가치사슬(value chain)은 그 범위가 점점 국제적으로 확대되고 있다. 즉, 생산과정이 글로벌화됨으로써 기업은 한 상품을 한 국가 내에서만 생산하지 않고 그에 필요한 각 공정을 분리하여 세계 각처에서 생산된 부품을 조립하여 완제품을 만들어 세계 도처의 시장에 판매하고 있다.

(3) 글로벌화의 촉진요인

최근 세계경제는 제도와 기술을 비롯하여 광범위한 분야에서 급격하게 변화하고 있는데, 특히 제도, 기술 및 시장 측면에서 일어나고 있다. 각 분야에서의 변화는 장기적인 안목에서 볼 때 세계경제를 통합하는 방향으로, 즉 세계경제를 구성하는 단위들이 보다 유기적이고 긴밀한 관계를 갖도록 하는 방향으로 나아가고 있다. 이와 같이 지구촌을 하나의 단위로 만들어 나가는 글로벌화의 주요 촉진요인을 살펴보면 다음과 같다.

첫째, 2차 세계대전 이후 지구촌을 갈라놓았던 동서 양 진영의 이념과 체제경쟁이 구소련의 붕괴와 독일통일로 마감되면서, 이제는 복수의 세계체제가 아니라 하나의 세계체제가 형성되고 있다. 국가와 체제사이에 견고하게 존재했던 이념적 벽은 이제 허물어졌다. 국가의 수는 이전보다 훨씬 많아졌지만 이들 국가들의 관계는 훨씬 밀접해지고 있다.

둘째, 정보통신혁명과 교통체계의 발전으로 세계가 하나의 생활단위가 되고 있다.

과거의 지구촌사람들이 경험했던 시간적 격차와 공간적 거리는 급속도로 압축되고 있으며, 사람과 물건의 이동, 생활과 문화의 전파속도도 엄청나게 빨라지고 있다. 이른바 지구촌이 하나의 공동체가 되어가고 있는 것이다.

셋째, 시장경제의 확산은 전 세계를 가난과 궁핍으로부터 벗어날 수 있게 하고, 또한 동시에 전 세계를 무한경쟁의 무대로 만들고 있다. 이 과정에서 자본·기술·상품·서비스가 국경을 넘어 자유롭게 이동하고 또 치열하게 경쟁하고 있다. 이 가운데 세계경제의 상호의존성도 역시 심화되고 있다.

넷째, 어떤 한 국가, 어느 한 지역의 힘으로 풀 수 없는, 지구촌 전체의 이익과 관련되는 문제들(환경, 자원, 에너지, 빈곤, 고용, 인권 등)이 갈수록 세계사회가 해결해야 할 중요한 쟁점이 되고 있다. 경제적·정치적·문화적으로 상호의존성이 심화되고, 그에 따라 국제적 협력 및 조정의 새로운 틀이 요구되고 있다.

다섯째, 무역장벽과 외환규제의 완화는 세계경제 속에서 개별 국가 간의 상호의존성을 높이고 있다. 이제 무역장벽은 세계적으로 상당히 낮아졌으며, 우루과이라운드협상은 서비스와 투자, 그리고 지적소유권과 같이 광범위한 범위에까지 자유화의 물결을 일으키고 있다.

여섯째, 세계적인 네트워크를 가지고 있는 다국적기업들의 사업형태 자체가 세계경제의 상호의존도 증가를 유도하고 있다. 우선 다국적기업들은 신제품개발에 있어서 처음부터 세계시장을 염두에 두고 있으며, 제품의 소개도 주요 시장에서 동시에 하고 있다. 또한 생산에 있어서는 특정한 생산요소를 가장 유리하게 얻기 위해서 부가가치 창출활동을 여러 국가에 나누어서 실시하면서, 그 결과로서 이들 여러 국가 간의 상호의존도를 증가시키고 있다. 또한 산업의 세계화로 인해서 경쟁양상이 국경을 초월해서 전개됨에 따라, 하나의 국가시장은 다국적기업간의 경쟁에서 이제는 세분시장으로 그 의미가 격하되게 되었다.

(4) 글로벌화의 제약요인

글로벌화를 제약하는 주요 요인으로는 다음을 들 수 있다.

첫째, 다양한 국가 또는 지역에 존재하는 특유한 고유의 문화는 글로벌화를 제약하는 요인으로 작용할 수 있다. 한 나라의 국가문화는 그 국가 국민의 가치관, 태도, 관습, 신념 및 커뮤니케이션 등에 강력한 영향을 미치기 때문에, 획일적인 글로벌화는 현지인의 반발을 초래하기도 한다. 다시 말해, 현지의 문화를 고려하지 않은 글로벌화는 현지 국가 또는 지역에서 활동하는 국제기업과 현지인 사이에 문화적 충돌이 야기될 수도 있다.

둘째, WTO체제의 출범으로 인하여 국간 간 무역 및 투자 장벽이 완화되고 있음에도 불구하고, 현지국 정부는 자국 기업의 보호를 위하여 정치적 및 법적 규제를 하고 있다. 이러한 현상은 선진국보다는 개발도상국에서 많이 찾아볼 수 있다. 특히, 현지국에서 활동하는 국제기업들은 여러 가지 규제적 법률에 노출되어 있다. 이러한 규제적 법률환경은 국제기업의 활동에 심각한 타격 또는 손실을 초래할 수 있다. 예를 들면, 기업의 소유지분을 규제하는 법률, 현지종업원의 고용과 관련된 법률, 투자 지분 및 투자원금의 회수와 본국 송금과 관련된 법률 등은 국제기업의 활동에 부정적인 영향을 미칠 수 있다.

셋째, 반세계화 운동이다. 반세계화 운동은 글로벌화에 반대하는 노동조합, 시민단체, 대학생 및 지식인 등에 의해 전개되고 있다. 이들은 글로벌화의 부정적 효과로서 개발도상국의 실업과 환경오염, 대중문화의 미국화 등을 지적하고 있다. 이러한 저항은 글로벌화와 관련된 국제적인 행사를 방해하는 시위를 하기도 하고, 특정 국제기업의 상품에 대하여 불매운동을 전개하거나, 때때로 폭력적으로 변하여 현지점포의 영업을 방해하거나 또는 파괴하기도 한다. 예를 들면, 맥도널드(McDonald's)와 스타벅스(Starbucks)와 같은 미국계 국제기업의 해외점포는 반세계화 운동가들의 시위에 의해 가끔 파괴되기도 하였다.

넷째, 보호무역주의로의 회귀현상이다. 2017년 미국의 제45대 대통령으로 취임한 트럼프는 자국의 수출증대와 이를 통한 무역불균형을 해소하기 위하여, 세계의 여러 국가와 체결한 자유무역협정(FTA)을 개정하기 시작하였다. 이러한 시도는 보호무역주의로의 회귀가능성을 증대시킬 뿐만 아니라, 자유무역을 통한 글로벌화의 장점들을 무력화시키고 있는 것이다. 보호무역주의의 위험성은 무엇보다도 유력 정치인들이 그들의 유권자들을 만족시키려는 포퓰리즘적인 요소에 기인한다. 그러나 보호무역주의가 점점 강화된다 하더라도 국제기업이 경쟁력을 지속적으로 유지하면서 차별화를 통한 제품수출을 추진한다면 보호무역주의가 그 효력을 발휘하기는 힘들 수 있다. 그 이유는 국제기업의 수출 또는 해외생산은 어떤 보호무역정책에 의해 영향을 받기 보다는 오히려 현지 소비자 또는 고객에 의해 더 많은 영향을 받는 경향이 있기 때문이다.

2. 기업글로벌화의 개념과 동기

(1) 기업글로벌화의 개념

기업글로벌화란 '기업활동이 세계의 여러 나라로 확대되어가는 과정을 말하며, 이는 기업의 부가가치 창출이 점차 세계화되는 과정'을 뜻한다. 그러므로 기업은 글로벌화를 통해서 시장의 다변화, 제품의 다양화 및 기업활동의 다각화 방향으로 경영활동을 확장한다. 기업은 이러한 글로벌화를 통해 기업이 보유하고 있는 내부자원과 능력을 해외로 이전시킴으로써 현지시장에 대한 진출기회를 확대하고, 국내에서뿐만 아니라 해외에서도 기업의 성장·발전의 기반을 마련할 수 있게 된다. 이러한 기업글로벌화는 여러 가지 의미를 내포하고 있다.

1) 지리적 범위의 확대

기업글로벌화는 기업활동의 지리적 범위가 한 국가에서 세계 여러 나라로 넓어진다는 것을 의미한다. 대개 국내시장에서 출발하여 국내에서의 경험을 바탕으로 경제적 수준·문화·정치·법률 등이 유사하거나, 지리적으로 근접한 소수의 해외시장으로 진출한 후 전 세계시장으로 확장해 나간다. 예를 들면, 우리나라 기업의 경우 지리적 또는 문화적으로 가장 가까운 시장인 중국시장이나 일본시장에 진출한 다음에 아시아시장, 그리고 전 세계시장으로 기업활동을 확장해 나가게 된다는 것이다.

2) 사업범위의 확대

기업글로벌화는 세계에서 여러 가지 사업을 동시에 수행할 수 있을 정도로 사업범위가 확대되는 국제사업다각화의 의미를 가지고 있다. 해외진출 초기에는 국제적으로 소규모의 사업을 수행하지만, 글로벌화가 진전될수록 세계에서 여러 가지 사업을 동시에 수행하도록 사업의 범위가 넓어지게 된다. 예를 들면, SONY사가 처음에는 밥솥이나 소형 라디오라는 주요 단일사업으로 시작하였으나, 점차 TV, 비디오와 같은 제품으로 다각화를 시작하여 지금은 첨단제품을 생산하고 있으며, 영화사나 음반사업에 까지 진출하였다.

3) 경영기능의 확대

기업글로벌화는 기업이 세계 어느 곳이든지 가장 효율적인 국가에서 경영활동을 수행할 수 있도록 하는 기능범위가 확대된다는 의미이다. 즉, 경영기능의 글로벌화가 이루어진다는 것이다. 처음에는 단순히 제품의 해외판매에만 국한되었으나 점차 그 기능이 확대되어 생산, 원자재 조달, 연구개발, 재무, 인사 등의 경영기능이 세계 여러 나라에서 수행하게 된다.

4) 참여방식의 다양화

기업글로벌화는 기업이 새로운 국가에 진출하는 방식이 수출, 해외직접투자, 국제계약형태의 진출 등으로 다양해지는 것을 의미한다. 예를 들면, 해외진출을 할 때 처음에는 자원투입과 위험수준이 낮은 수출방식으로 시작하여 점차 자원투입과 위험수준이 높은 해외직접투자방식으로 고도화한다는 것이다.

이와 같이 기업글로벌화 현상은 의도적인 것이 아니라, 세계경쟁을 통한 국제적 수준에서의 자본이동의 결과이다. 즉, 세계경쟁구조의 급속한 변화가 국가나 기업이 글로벌화하지 않으면 존립하지 못하는 여건을 조성해가고 있는 것이다.

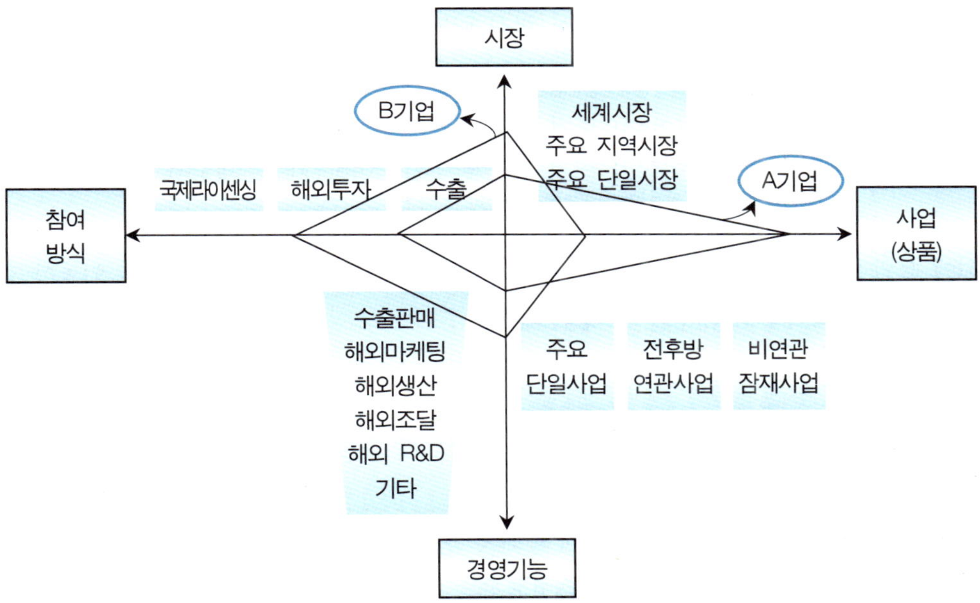

[그림 6-1] 기업글로벌화의 의미

(2) 기업글로벌화의 동기

기업글로벌화는 단순한 수출활동에서부터 복잡하고 네트워크화된 세계적 경영활동에 이르기까지 다양한 의미를 내포하고 있다. 대개의 경우 처음 기업을 설립할 때는 정보수집이 용이하고 가까이 위치하고 있는 국내시장을 목표로 생산과 판매활동이 이루어지게 된다. 그러나 국내시장에서의 경쟁심화와 규모의 경제, 시장성장률을 상회하는 기업성장률 등의 문제로 인해 계속적인 성장을 위해서는 해외시장으로 눈을 돌릴 수밖에 없으며, 따라서 기업은 필연적으로 글로벌화의 과정을 겪게 된다. 기업글로벌화의 동기로는 다음과 같이 들 수 있다.

① 시장의 불안정과 위험을 감안한 투자수익률이 국내보다 해외가 더 높은 경우
② 현지국기업이 가지지 못한 독점력을 뒷받침하는 경쟁적 우위(우월한 기술, 마케팅능력, 정보)를 갖추고 있을 때
③ 국내산업의 동종확장이 경쟁자나 독점금지법에 의해 차단되는 것을 회피하고자 할 때
④ 기술우위경쟁에 있어서 해외에서 혁신제품을 직접 생산하여 경쟁적 우위의 잠식을 막고자 할 때
⑤ 기업의 위험분산욕구(portfolio의 구성) 증대
⑥ 주주의 이익극대화, 이외의 비경제적 동기들(우연한 자극, 새로운 기회, 경쟁위협, 매출원가의 증가, 시장점유율 확대, 경영자의 태도)
⑦ 불완전한 국제경쟁에서 노동, 자본, 노하우들을 국제간에 효율적으로 이동하여 글로벌 최적 자원배분을 모색할 때

3. 기업글로벌화의 과정

오늘날만큼 기업에 있어서 기업글로벌화가 현실적인 문제로서 느끼게 되는 시대는 아마도 없었을 것이다. 정치나 법률측면에서는 각국별로 제도가 설정되고 있지만, 오늘이야말로 경제나 기업경영에 있어서 국경 없는(borderless) 또는 국경을 초월한 (transnational) 글로벌 세계가 실현되고 있다.

그렇다면 국내에서만 기업활동을 하고 있는 순수한 국내기업이 우위성(비용, 기술, 노하우 등)을 가지고, 점차 글로벌화하는 프로세스는 일반적으로 어떤 것일까? 순수한

국내기업이 하루아침에 글로벌기업으로 성장되는 것은 아니고, 글로벌화는 어떤 발전단계를 거치게 된다.

Ansoff는 기업의 글로벌화 과정을 다음 3단계로 구분하고 있다.

수출지향단계 해외시장에서의 경쟁력을 유지할 수 있는 생산요소가 국내에 있을 때 나타나는 단계이다.

현지국지향단계 세계시장 수요의 상대적 감퇴와 선진제국의 보호무역장벽에 대응하여 판매는 물론, 생산거점까지를 해외에 이전하는 국제단계(현지국 또는 지역지향단계)이다.

세계지향단계 전 세계시장의 체계가 더욱 공고하게 확립되고 관세장벽 등의 국경선이 사라지며, 세계적 운송망의 발달로 운송비의 비중이 낮아질 때, 그리고 세계 도처에서 경쟁기업의 도전이 격심하게 나타날 때, 세계에서 가장 저렴한 원가구조를 갖는 국가에서 생산된 제품을 전 세계시장에서 흡수하는 다변화된 생산, 판매체계를 갖추는 다국적단계(세계지향기업단계)이다.

위에서 말한 글로벌화단계에서 국제화단계의 중심과제가 경영활동의 현지화(현지국화 또는 지역화)이고, 글로벌화단계의 중심과제는 경영활동의 전 세계적 통합화라 할 수 있다.

그러나 지역주의의 대두에 따라 기업들의 전형적인 글로벌화 양상이 바뀌고 있다. 즉, 기업의 다국적화가 지금까지 기업국제화의 중심과제였으나, EU · NAFTA 등 세계적으로 지역주의가 확산됨에 따라, 선진국기업들은 다지역화를 새로운 과제로 인식하고 있다. 이에 따라 기업글로벌화의 최종목표도 과거의 다국적기업에서 다지역기업으로 전환되고 있다.

6.2 국제경영의 개념과 특성

1. 국제경영의 개념

제2차 세계대전 이후 과학기술의 급속한 발전은 세계 각국의 경제·사회 및 그 구성원인 기업들로 하여금 그들의 활동범위를 확대하게 하였다. 특히 교통과 통신수단의 경이적인 발달은 정보 및 지식의 국가 간 교류를 활발하게 하여 소비자기호와 욕구를 세계적으로 동질화시키고, 세계를 단일 생활권으로 글로벌화 함으로써, 기업들은 국경선을 초월하여 전 세계를 활동무대로 국제경영을 본격적으로 수행하게 되었다.

국제경영은 2개국 이상에서 이루어지는 경영관리활동 또는 2개국 이상에 관련되는 경영활동으로서 재화, 서비스, 자본, 인력, 기술 등을 대상으로 국경을 초월하여 수행된다.

이러한 '국제경영'은 일반적인 '경영'이란 용어와 두 가지 관점에서 구분된다. 하나는 국가 간의 경계를 의미하는 '국경선의 개념'이고, 다른 하나는 경영의 주체인 조직체 중 '정부가 영리조직의 하나로서 참여'하고 있다는 점이다. 물론 국제경영에 있어서 정부의 활동은 내용에 따라 영리 지향적일 수도 있고 아닐 수도 있지만, 대체적으로 영업활동의 주체로서의 역할보다는 자국산업의 이익확대 및 정부 간의 총체적인 경제교류 균형유지를 위한 간접지원세력으로서의 기능이 크다고 하겠다.

국가 간에 국경선이 존재하기 때문에, 이 국경선을 넘어 상품이나 서비스 혹은 인력이나 자본을 이동시키고자 할 때 기업은 필연적으로 달라지는 경제제도에 적응을 할 수 있어야 한다. 예를 들어 국내경영에서는 필요로 하지 않는 입국, 체재허가, 수입허가, 관세납부 등의 요건을 충족시켜야 한다.

예를 들어, 국제경영에서는 정부가 영리조직의 하나로 참여하고 있기 때문에, 자국민의 건강보호를 위해서는 '담배 또는 술과의 전쟁'을 선포하는 등 소비를 억제하고자 노력하는 외국정부가 우리나라 시장에 대해서는 이들 제품에 대한 시장개방과 수입확대를 위하여 압력을 행사하고, 심지어는 담배자판기의 보급 확대를 요구하기도 하는 것이다. 어쨌든 이러한 관점에서 국제경영이란 "기업이나 정부 등의 조직체가 단위 국가적 영역, 즉 국경선을 초월하여 영업 등의 고유활동을 전개하는 것"으로 정의될 수 있다.

2. 국제경영의 효용

국제경영이 없다면 오늘날 인구에 회자되는 지구촌시대, 글로벌시대, 세계화시대, 무한경쟁시대란 말들의 의미가 없어질 것이다. 국제경영이 이 시대에 주는 역할은 극히 다양하다. 그러나 여기서는 3가지 요소, 즉 기술의 지리적 확산, 다양한 제도의 개발 및 글로벌 경쟁상황의 유발 등을 중심으로 살펴보기로 한다.

(1) 기술의 지리적 확산

국제경영은 국가 간의 지리적 격차의 축소 및 기술수준의 보편화를 촉진한다. 오늘날 우리가 당연한 것으로 여기는 대부분의 문명은 수십여 년에 걸친 기술의 지리적 확산의 결과이다. 서울에서 방송된 TV드라마가 하루 만에 미국으로 수송되어 교민들에게 비디오로 보급될 수 있고, 필요에 따라서는 위성이나 인터넷망을 통해 동시방송도 가능해졌다. 다양한 기술들이 국제경영을 통하여 국제적으로 보급되지 못하였다면 미국의 기술은 미국만, 그리고 우리나라가 개발한 기술은 우리나라에서만 사용될 수 있을 것이며, 다양한 기술의 공유가 불가능 할 것이다.

(2) 다양한 제도의 개발

국제경영은 국가별 성격에 맞는 다양한 제도의 개발에 기여한다. 오늘날 우리가 당연한 것으로 여기는 다양한 사회조직들도 사실상은 기업과 정부, 또는 국내기관들에 의하여 계속된 제도개발 노력의 결과이다. 미국 교포들에게 신속하게 TV드라마를 배급할 수 있는 능력은 교통과 기술의 급진적인 향상에도 기인하는 바 크지만, 다른 한편으로는 이를 능률적으로 관리하는 각종 제도의 발전이 기여한 바도 크다.

예를 들어 전통적인 물물교환식 거래형태는 일반적으로 물자의 이동, 가치평가 등 관리상 어려움이 많으며, 특히 국제간의 거래는 많은 시간과 위험부담을 요구하고 있다. 그러나 오늘날 대부분의 국제거래는 지속적인 국가 간의 화폐제도 혁신과 개발의 덕택으로 과거에 비해 현저히 쉽고 편리해졌다.

(3) 글로벌 경쟁상황의 유발

국제경영은 글로벌 경쟁상황을 유발한다. 즉 국제경영의 발달은 자연적으로 국제 또는 지역시장의 경쟁상황을 국제화시키게 됨에 따라, 지역시장을 대상으로 주로 활동하는 기업들도 세계적인 대기업들의 도전에 대응해야 하는 글로벌 경쟁상황에 돌입하게 되었다. 아울러 오늘날의 대다수 기업들은 과거의 기업에 비해 정보처리능력이 현저히 향상되어 해외의 사업성기회에 보다 빠르게 대응할 수 있게 되었다. 이와 같이 해외시장과 사업성기회에 대처할 수 있는 능력의 보편화로 말미암아 경쟁은 점차 글로벌적인 양상을 띠고 있다.

결과적으로 지금까지 단지 내수중심으로 운영되고, 국내경쟁자와의 비교우위 확보를 위해 노력했던 기업들도 이제는 외국기업들이나 국제화된 국내기업들과 치열한 경쟁에서 승리해야만 생존할 수 있게 되었다. 만일 기업들이 새로운 글로벌 경쟁상황을 인식하지 못하고, 이에 효과적으로 대처하지 못했을 때에는 생존을 위협받는 치명적인 결과에 직면할 수도 있다.

3. 국제경영의 고려요소

국제경영은 글로벌환경이라는 폭넓은 영역에서 이루어지는 활동이기 때문에 개별국가나 지역의 지리, 역사, 정치, 법률, 경제 및 문화를 포함하는 제반 분야의 영향을 의식하지 않으면 안 된다. 이 밖에도 국제경영은 생산, 마케팅, 인사/노무, 재무 그리고 회계와 같은 기능적 경영분야를 망라하고 있다. 이러한 기본적인 환경분야와 기능적 영역은 국제경영활동에 결정적인 영향을 미칠 수 있으므로, 경영자는 이러한 모든 분야에서 발생하는 글로벌환경을 효과적으로 파악하여야 한다.

지리, 역사, 정치, 법률, 경제 그리고 문화와 관련된 모든 분야는 국제경영을 실현하고자 하는 모든 기업들에게 글로벌시장에서 그들의 재화나 서비스를 생산하고 판매하려 할 때 고려해야 할 환경에 대한 태도를 결정하는 데 중요한 고려요소가 된다.

4. 국제경영관리의 방향

국제화된 기업에 있어서, 본사가 자회사(현지법인 포함)에 대해서 행하는 의사결정은 경영자의 국제경영전략상의 태도에 따라 크게 4가지의 방향을 갖는다.

(1) 단일민족중심주의(ethnocentrism)

이는 모든 해외사업들의 활동(자재조달, 생산, 마케팅, 인사, 연구개발 등)과 관련된 모든 의사결정의 기본철학이 본사의 가치와 이익 하에 본사중심으로 이루어지는 형태이며, 국제화 수준이 낮은 수출기업들이 많이 채택하고 있다.

(2) 현지국중심주의(polycentrism)

이는 단일민족중심주의와는 반대로 해외사업의 활동과 관련된 의사결정에 있어서 각 현지국의 독특한 특성(정치, 경제, 사회, 문화 등)이 최대한 반영되도록 회사의 의사결정의 기본철학이 현지자회사 중심으로 이루어지는 형태를 말하며, 초기단계의 다국적기업들이 많이 채택하고 있다.

(3) 지역별중심주의(regiocentrism)

이는 북미, 유럽, 아시아 등 지역별로 지역본사제를 도입하여 각 지역특성에 적합한 경영정책을 수립하도록 하는 형태를 말하며, 후기단계 다국적기업들이 많이 채택한다.

(4) 글로벌중심주의(geocentrism)

이는 글로벌 네트워크시스템에 의거하여 글로벌시장의 특성을 통합하고 조정하여 표준화된 경영정책을 수립, 적용시켜 나가는 방식, 즉 회사의 모든 조직 간의 의사결정에 있어서 지리적, 민족적 선입관을 버리고 상황에 맞게 글로벌 전략시스템으로 의사 결정하는 것을 말하며, 글로벌기업들이 많이 채택하고 있다.

6.3 글로벌화와 국제경영

1. 글로벌화와 국제화

국제화(internationalization)가 '국경을 초월한 경제활동의 지리적 확장, 즉 국경의 개념이 점차 의미를 잃고 국가 간의 상호의존과 거래, 교류가 심화되는 과정과 관련된 제반 현상'을 의미한다면, 글로벌화(globalization)는 '국제화된 경제활동 위에 기능적 통합(functional integration)요소를 가미함으로써 세계시장이 단일화되어 가는 현상, 즉 국가 간의 차이보다는 인류 공통의 보편타당한 가치가 중시되고 세계가 단일의 공동체로 확산되어간다는 것'을 의미한다.

국제화라는 용어는 말 그대로 국가 간의 관계에 초점을 맞춘 것으로서, 근대 국민국가가 성립되고, 이들 상호간에 관계가 맺어지고 교역이 이루어지는 가운데 자리잡게 된 것이다. '국제화한다'는 말은, 따라서 자국 내에서 모든 것을 자급자족하는 대신 외국과의 관계를 맺으면서 주고받는다는 것을 의미한다.

글로벌화(globalization)라는 용어는 말 그대로 지구 전체를 하나로 통합하는 과정이다. 그러므로 글로벌화를 지향하는 기업들은 개별 국가시장에 관해 각기 다른 전략을 채택하기보다는 전 세계시장을 하나의 시장으로 간주하여 통합된 전략을 수립하게 된다.

사실 국제화도 국제분업에 의하여 세계경제를 통합하는 것이며, 각국 경제를 상호의존적으로 만드는 것이므로 지구를 통합하는 기능을 해 왔다. 이러한 측면에서 보면, 글로벌화와 국제화는 통합도의 차이라는 측면에서 대비되는 것이다. 국제화는 종전의 국가단위로 시장이 구성되었던 상황에서 한 국가에 있던 기업이 다른 국가로 진출함으로써 국가 간의 경계나 장벽이 약화된다는 것이고, 글로벌화는 국제화의 개념을 넘어 국가 간의 차별성이 엷어져 개별 국가의 개념이 약해지고 국경에 따른 시장구분의 의미 자체가 없어짐을 의미하는 것이다.

[표 6-1] 글로벌화와 국제화의 차이

<table>
<tr><th colspan="2"></th><th>국 제 화</th><th>글 로 벌 화</th></tr>
<tr><td rowspan="3">기업</td><td>활동범위</td><td>일국 내에 국한</td><td>다수국에 걸쳐서 독자적 내부영역 구축</td></tr>
<tr><td>국가와의 관계</td><td>국가의 전적인 통제 하에 예속</td><td>초국적 지위를 획득하면서 국가와 대등한 위치로 격상</td></tr>
<tr><td>세계와의 관계</td><td>무역을 통한 사업적 관계</td><td>해외투자를 통한 생산적 관계</td></tr>
<tr><td colspan="2">국가-세계와의 관계</td><td>개 방</td><td>국내제도의 조화</td></tr>
<tr><td rowspan="3">세계</td><td>구조의 성격</td><td>국가중심의 상호의존 관계</td><td>국가-기업공존의 글로벌 체제</td></tr>
<tr><td>통합메커니즘</td><td>무역, 수출입경쟁</td><td>산업글로벌화, 글로벌경쟁</td></tr>
<tr><td>통합의 정도</td><td>연식통합</td><td>경식통합</td></tr>
</table>

글로벌화가 국제화와 구분되는 근본적인 차이는 기업들의 다국적기업화에 따른 기

업과 국가 간의 관계변화에서 찾을 수 있다. 오늘날 기업들은 해외에 자회사를 설치하거나, 외국기업과 전략적 제휴를 함으로써 생산을 국내에만 국한하는 것이 아니라, 세계 각지로 분산시키는 경향을 심화시키고 있다. 정보통신기술의 발달과 WTO의 출범은 이러한 경향을 가속화시킬 것이다. 기업들이 사업활동을 세계 각지로 확장하게 되면, 그들은 초국가적으로 독자적인 영역을 확보하게 된다. 국가가 부동의 지역을 중심으로 주권에 의하여 해당지역에 통제력을 확보한다면, 기업은 동적인 자본과 기술을 중심으로 경영권에 의하여 세계 각지에 분산된 자회사들에 대해 통제력을 확보하는 것이다.

이처럼 기업이 초국적 실체로 등장하게 되면, 세계경제의 구조는 국가중심의 상호의존시대(era of interdependence)에서 국가와 기업이 대등한 실체로서 공존하는 글로벌시대(era of globalization)로 이행하게 된다.

2. 글로벌화와 현지화

현지화(localization)란 '현지에서 원자재, 부품 등의 조달을 확대하고, 인력 구성면에 있어서도 현지인의 비중을 늘림으로써 투자기업이 현지에 제대로 뿌리를 내리도록 하는 것'을 말한다. 요컨대 투자기업이 현지에서 국내기업과 마찬가지로 하나의 기업으로 정착하여 현지에서의 경제적 변화에 능동적으로 대처하고, 현지사회와의 조화로운 성장을 도모할 수 있도록 하는 것, 즉 특정 해외시장에서 기업활동을 해당 국가시장의 상황에 가급적 맞추는 방향으로 수행해 나가는 것을 말한다.

이러한 현지화는 국제화나 글로벌화처럼 하나의 전반적인 흐름이나 추세로 파악될 수 있는 측면보다는 기업의 국제경영 중 선택할 수 있는 전략, 즉 기업글로벌화의 한 단면인 것이다.

종래의 현지화는 시장 확대, 원자재·자원의 확보, 저임금 노동력의 활용, 수입규제에 대한 대응 등을 목적으로 하는 비교적 단기적인 경영목적 달성을 위한 것이었다. 그러나 최근의 현지화는 무역수지 불균형문제, 상대국의 실업문제 등이 발생하고 무역마찰이나 경제마찰이 심화되며, 아울러 국내의 성장률이 둔화하게 되어 수출에 대신하는 시장 확보를 위한 해외생산이 새로이 추가되고 있다. 일반적으로 이러한 현지화는 ① 수출마케팅단계, ② 현지마케팅단계, ③ 현지생산단계, ④ R&D의 현지화단계, ⑤

현지정착단계와 같은 단계를 거치고 있다.

이러한 단계는 기업의 전형적인 현지화의 과정이지만, 실제에 있어서는 기업에 따라 다양한 양상을 보이고 있다. 수출이나 현지판매의 경험을 갖지 않고 곧바로 현지생산으로 나아가는 기업도 있고, 국내에서 생산한 제품을 판매하기 위해 판매법인만을 설립하는 기업도 있어 기업의 경쟁상황, 국제경영능력, 마케팅전략 등의 요인에 따라 다양한 과정을 거치는 것으로 볼 수 있다.

3. 글로벌화와 국제경영

우리의 사고(thinking)는 이상과 같은 글로벌화 추세를 적극적으로 수용하고, 이를 주도적으로 활용해야 할 필요성이 점차 증대하고 있다. 그리고 세계경제의 글로벌화 경향이 진정으로 그만큼 중요하고 지속적인 경향이라면, 기업전략과 경제운용에 대한 우리의 시각도 상당히 수정되어야 한다. 기업의 전략이란 환경의 산물이다. 우리나라의 대기업집단들이 현재와 같은 다각화구조를 가지고 있는 것은 과거의 기업환경에 대응한 기업전략의 결과이다. 따라서 앞으로 주어지는 새로운 환경하에서 기업이 처한 새로운 환경에 적응하지 못하는 기업은 쇠퇴의 길을 걷게 될 것이다.

그렇다면 보다 구체적으로 글로벌화가 기업경영에 시사하는 바는 무엇인가? 하나는 경쟁의 글로벌화이다. 다시 말하면, 글로벌화된 산업에서는 기업의 경쟁대상이 반드시 그 나라의 국내기업에 한정되지만은 않는다는 것이다. 아직은 국내에서는 개방의 정도가 약하고, 내수시장의 유통구조상의 특수성 때문에, 외국기업의 진출이 그다지 활발하지는 않으나, 이것은 시간문제이다.

글로벌화의 또 하나의 의미는 기업의 자원획득이 국제적 안목을 가지고 이루어짐을 의미한다. 국경선이 낮아진다고 해서 모든 자원이 다 자유롭게 이동하는 것은 아니다. 대체로 기업의 통제 하에 있는 기술, 경영 노하우, 브랜드, 자본과 같은 자원은 쉽게 국경을 넘어 다니는 데에 비해서, 아직도 사람, 사회간접자본과 같은 자원은 한 지역에 고정되어 있다. 그러므로 이동이 자유로운 자원과 자유롭지 못한 자원은 서로 유리한 짝을 찾으려고 부단히 교섭하게 된다. 다시 말하면 고정된 자원을 통제하는 국가와 떠도는 자원을 통제하는 기업은 서로 유리한 파트너를 선택하려고 노력하게 된다.

6.4 국제경영과 국제기업

오늘날 국내에서 모든 원자재, 부품과 중간재 그리고 노동력과 기술을 조달하고, 국내기업이나 고객들만을 대상으로 판매활동을 하는 기업들은 많지 않다. 실물분야에서나 금융분야에서나 점차 각국의 시장이 개방되고 통합되면서 대부분의 기업들은 자의적으로나 타의적으로 그 활동영역을 외국으로 확장해 나가고 있다.

외국기업과 직접적으로 거래관계가 없는 기업이라 할지라도 국내시장에서 외국기업들과 경쟁을 해야 하거나, 적어도 국제적인 경제환경의 변화에 의해 수익성이 크게 영향을 받게 되기 때문에 순수한 국내기업이란 존재하지 않는다고 해도 과언이 아니다.

기업들은 일반적으로 국제적 차원의 사업활동 경험이 축적됨에 따라 국내기업, 수출기업, 다국적기업, 글로벌기업으로 성장·발전하게 된다.

국제기업의 글로벌화 초기단계의 기업활동은 대부분 본국을 중심으로 이루어지며, 생산된 제품을 해외시장에 수출하는 수출기업의 형태를 띠게 된다.

그러나 수출기업이 세계시장 진출을 지속적으로 확대시켜 나가려할 때에는 근본적으로 서로 다른 두 가지 접근방법, 즉 '글로벌화(globalization)'와 '현지화(localization)'을 고려하여 다국적기업이나 글로벌기업으로 전환하게 된다.

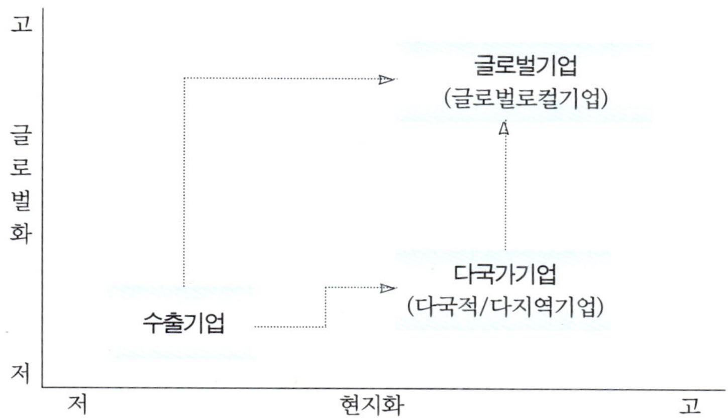

[그림 6-2] 국제기업의 유형별 개념

1. 수출기업

수출기업(exporting company)은 일반적으로 제품을 본국에서 생산하여 해외시장에 판매하는 가장 초보적 단계의 국제경영활동을 수행하고 있는 기업을 지칭하는 표현이다.

제조기업들은 먼저 종합무역상사, 수출대리상, 수출조합 또는 국내거주 외국상인 등의 수출간접경로를 활용함으로써 고정자본투자 없이 낮은 사업착수비용, 그리고 저수준의 위험부담 하에 소극적인 수출활동을 전개해 나갈 수 있다. 만일 간접수출활동이 좋은 성과를 거둘 경우, 해당 기업은 더욱 더 적극적인 수출방식인 외국의 수입상이나 중간상에게 제품을 직접 수출하게 되고, 수출물량이 더욱 많아지고 해외수요가 증대하게 되면, 외국에 직접 제품을 판매할 현지판매지사나 마케팅 현지법인의 설치를 통한 직접수출로의 전환을 모색할 수가 있게 된다. 규모 측면에서 볼 때 이러한 수출활동을 수행하는 순수한 수출기업들은 주로 중소기업들이 대부분이다.

2. 다국적기업

제2차 세계대전이 종식됨과 아울러, 그 동안 축적해 온 방대한 자본과 기술을 바탕으로 미국계를 중심으로 한 다국적기업이 패전국의 전후 복구사업에 적극적으로 참여하게 됨으로써, 다국적기업은 오늘날 관심의 대상이 되고 있는 거대기업으로 성장하게 되었다.

다국적기업(MNE : multinational enterprise)이란 용어가 비교적 보편적으로 사용되고, 그 내용에 대하여 통일적인 견해와 학문적 체계가 수립된 것은 1960년을 전후한 시기이다. 다국적기업이란 용어의 어원을 보면 처음에는 세계기업(world enterprise)이라고 부른 것이 시초였다. 이것은 1959년 말 맥킨지사(McKensey, Co., Ltd.)의 클리(G. H. Clee)와 디시피오(A. di Scipio)가 공동으로 작성한 "세계기업의 창조"라는 논문에서 처음 사용된 용어이다.

그리고 실제적으로 다국적기업이라는 용어를 처음 사용한 것은 1960년 릴리엔탈(D. E. Lilienthal)이 그의 저서인 「다국적기업의 경영(Management of Multinational Corporation」에서였다. 그 후 1964년 미국 싱거사(Singer, Co., Ltd.)의 사장 커처(D. P. Kircher)는 초국적기업(Transnational Enterprise)이라는 용어를 사용했다.

최근에 이르기까지 국제기업, 다국적기업 또는 초국적기업 그리고 그 외에 이와 유사한 의미의 갖가지 용어가 사용되고 있으나, 아직까지 통일된 정의는 내리지 못하고 있다.

다국적기업은 연구의 목적 및 대상에 따라 다양하게 정의되고 있는데, 기본적으로 "2개국 이상에서 국제경영활동을 수행하는 기업"이라고 포괄적인 정의를 내릴 수 있다. 다국적기업은 수많은 해외직접투자활동을 통해서 각국에 활동거점을 확보한 후 이들 자회사와 본사를 연결한다.

이러한 다국적기업에서는 본사가 전 세계에 산재한 현지기업들을 직접 관리하며, 전체 기업 측면에서 세계적인 이익극대화(또는 최적화)를 도모한다.

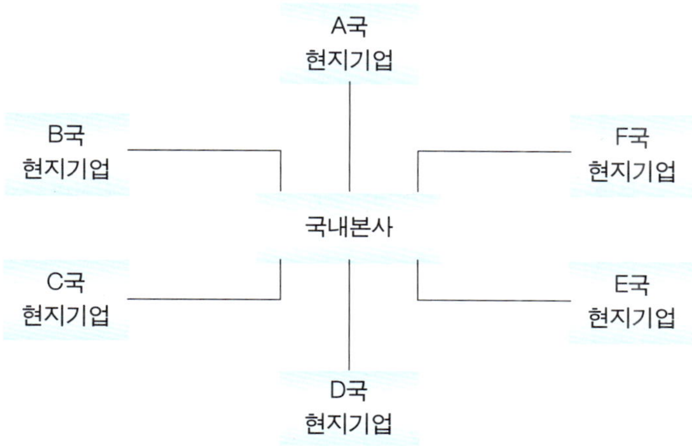

[그림 6-3] 다국적기업

3. 다지역기업

다지역기업(multilocal Corporation)은 그 모형이 유럽형 기업으로서, 전 세계를 하나의 시장으로 간주하여 이에 접근하기보다는 여러 개의 이질적인 시장의 집합으로 인식하여 각 개별시장의 특성에 맞게 접근해 나가는 기업이다. 다지역기업은 글로벌화보다는 현지화에 치중하여 지역/국가시장에 침투하고 현지적응력을 바탕으로 현지기업과 경쟁하며, 현지지역/국가마다 독립적으로 자회사를 운영해 가는 기업이다. 다시 말하면 개별 현지국(또는 거점)에서의 경쟁우위, 판매, 이익을 극대화함으로써 세계사업성과의 극대화를 추구하는 기업인 것이다.

다지역기업의 특징은 해외거점의 활동이 상당히 활발하며, 본사와는 거의 독립적으로 경영을 하고 있는 점이다. 이러한 자율경영적 방식은 현지고객의 욕구를 만족시키는 경영이 가능하도록 한다.

그러나 다지역기업은 현지시장의 욕구를 충족시키기 위해 규모의 경제를 희생하게 되며, 각 지역에 적절한 제품이나 서비스를 공급함으로써 유사한 부가가치사슬이 여러 지역에 걸쳐 중복되는 단점이 있다.

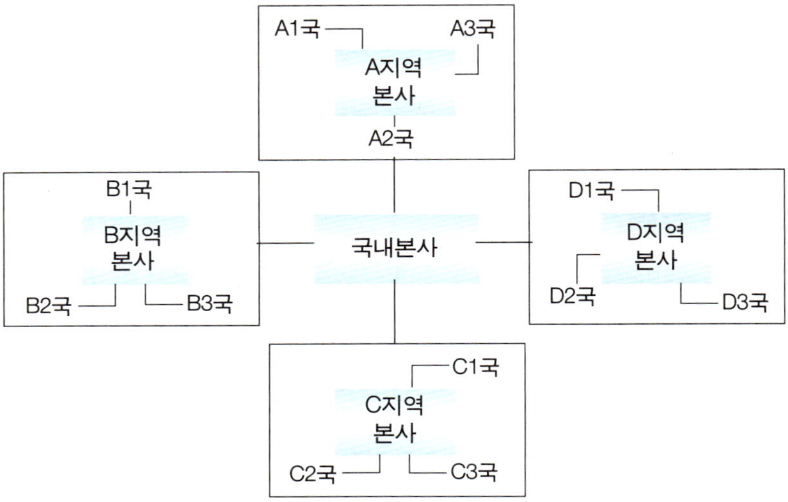

[그림 6-4] 다지역기업

4. 글로벌기업

1980년대에 들어 국제화를 추구하는 기업에 중요한 영향을 미치는 환경변화가 뚜렷이 나타났는데, 산업의 글로벌화가 바로 그것이다. 간단히 요약하면 전 세계시장이 과거에는 국가/지역별로 분리되었던 것이 점차 모든 산업에 걸쳐 하나의 시장이 된다는 것이다. 이러한 환경변화에 대응하여 현지화를 중심적으로 추구하던 기업들이나 순수 국제화만을 수행하던 기업들 모두 글로벌기업(global company)을 향하여 그들의 전략 방향을 수정해가고 있다.

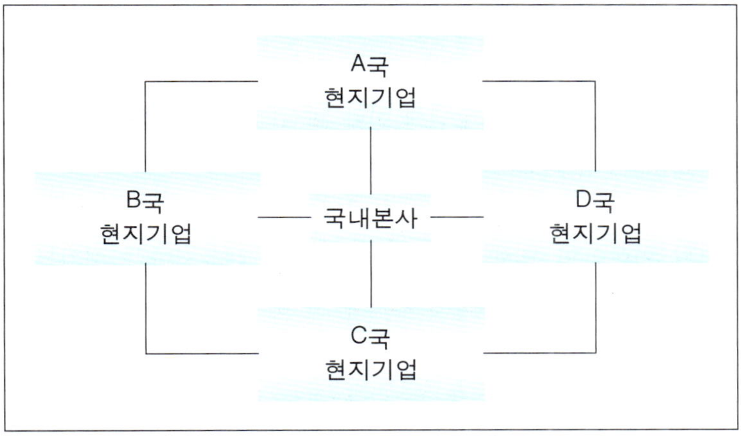

[그림 6-5] 글로벌기업

다시 말해, 다국적기업 활동을 오랜 기간에 걸쳐 성공적으로 전개해나가다 보면 세계시장 전체를 하나의 원자재 조달원, 연구개발, 자금조달, 제품생산, 판매 등 경영상의 모든 활동을 지구상의 최적지에서 수행하고자 하는 소위 무국적기업(stateless company), 즉 글로벌기업 단계에 도달하게 된다.

글로벌기업은 해외거점이 각각 확고한 기반을 갖고 있고 본사와 해외거점, 각 해외거점간의 연결관계가 쌍방향으로 더욱 긴밀해지는 형태를 갖고 있다. 결국 기업활동 전체에서 규모의 경제를 획득하고자 하게 된다. 다시 말하면 현지화된 거점별 사업의 공유 및 통합(integration)을 통하여 세계 산업성과의 극대화를 추구하는 것이다. 글로벌기업은 현지화를 바탕으로 글로벌화를 추구하는 기업으로서, 이러한 의미에서 글로벌로컬기업(global local company)이라 하기도 한다.

이처럼 세계기업들이 무국적기업 형태의 글로벌기업화하고 있는 이유는 무엇보다도 세계경제의 블록(block)화 현상 때문이다. 지역별로 많은 경제 블록들이 등장함에 따라, 기업들은 어느 블록에서건 역내기업으로서의 지위를 가져야 한다. 그래야만 차별대우를 받지 않고 정상적인 영업활동을 할 수 있다.

글로벌기업화하면 구체적으로 다음과 같은 이점을 얻을 수 있다.

첫째, 수입금지와 같은 무역장벽을 제거할 수 있다. 대만·이스라엘·한국은 일본자동차의 수입을 금지하고 있다. 그런데 혼다자동차는 미국에 생산공장을 두고, 그곳에서 생산된 자동차를 미국적화시킨 덕분에 아코드와 시빅을 이들 3개국에 수출하게 되었다.

둘째, 신기술개발의 돌파구를 찾을 수 있다. 지금은 어느 한 나라만이 어떤 분야에서 확고한 기술우위에 있을 수가 없다. 더 뛰어난 과학자와 기술자를 찾아 전 세계를 뒤져야 한다. 따라서 무국적기업은 세계 모든 국가에 있는 인재를 활용할 수 있는 기회를 훨씬 더 많이 가지게 된다.

셋째, 글로벌기업화 함으로써 어느 특정 국가의 정치문제로부터 벗어날 수 있다. 그 지역에 동화되는 지역화의 특성 때문에 외국기업에 대해서만 가해지는 규제도 피할 수 있다. 또 외국기업이라는 거부감을 주지 않고 해당 지역주민들의 노동력을 손쉽게 이용할 수 있다.

국제경제가 글로벌화 하면서 국경이라는 개념도 약화되고 있는 것이 현실이다. 이에 따라 대형기업들의 글로벌기업화의 속도는 앞으로 더욱 빨라질 것이다. 글로벌기업화는 거스를 수 없는 세계경제의 대세이다.

연습문제

1. 용어해설문제

- 국제경영
- 글로벌화
- 기업의 글로벌화
- 국제화
- 현지화
- 수출기업
- 다국적기업
- 다지역기업
- 글로벌기업
- 무국적기업

2. 주관식문제

(1) 경영과 국제경영의 차이점을 설명하라.

(2) 글로벌화와 국제화의 차이점을 설명하라.

(3) 기업글로벌화의 의미에 대해 설명하라.

(4) 기업의 글로벌화과정에 대해 설명하라.

(5) 국제기업의 유형에 대해 설명하라.

Chapter

07 해외시장 진출전략

학습목표

1. 해외시장 선정전략에 대해 알아본다.
2. 여러 가지 해외시장 진출방법에 대해 이해한다.
3. 해외직접투자가 투자국과 피투자국에 미치는 영향에 대해 분석한다.
4. 해외시장 진출방법의 선택전략에 대해 알아본다.

7.1 해외시장 선정전략

1. 해외시장 선정의 의미

기업이 해외시장을 세분화한 후에 해결해야 할 과제는 진출할 시장, 즉 목표시장을 선정하는 것이다. 기업이 한정된 자원과 능력을 가지고 해외시장 전체를 대상으로 마케팅활동을 전개한다는 것은 사실상 불가능하다. 따라서 기업은 해외시장 중에서 특정 세분시장을 선정하여 자원과 노력을 집중 투자하는 것이 바람직하다.

해외시장 선정이란 인적자원이나 기술, 자본 등의 제한된 자원을 가진 기업들이 자신들이 보유하고 있는 제품을 가지고 어떤 시장에 참여할 것인가를 결정하는 것이다. 이러한 해외시장은 모든 기업들에게 획일적으로 동일할 수는 없으며 기업의 목표, 제품의 특성, 기술, 자본 등의 사정에 따라 상이할 것이다. 예를 들어 기업의 주된 해외시장 진출 목적이 원자재 공급원의 확보일 경우에는 기업은 해외시장 선정에서 안정적으로 원자재를 공급해줄 수 있는 국가가 대상이 될 것이다. 반면에 기업의 제품을 판매하기 위한 진출이 목적일 경우에는 시장규모가 큰 국가의 선정이 주요 대상이 될 것이다.

진출할 해외시장의 선정은 STP전략 중 하나로서, 다음과 같은 의미를 내포하고 있다.

(1) 판매시장 및 생산기지의 선택

기업활동 및 자원의 국제적 배치, 자사의 판매시장 및 생산지역의 선택 문제이다. 즉, 주된 판매시장을 어디로 할 것이며, 판매제품의 생산지역을 어디에다 선정할 것인가의 문제이다. 이들 생산 및 판매지역의 결정은 별개의 문제가 아니며 상호연계성을 가지고 있다. 예를 들어 정부의 무역규제나 운송비 부담 등의 문제는 기업으로 하여금 생산 및 판매지역의 동일화를 가져오게 한다. 그리고 특정지역에서의 초과 생산시설의 존재는 새로운 판매시장을 선택하게 하거나 생산시설 설립에 필요한 자본규모가 지나치게 큰 경우에는 그 지역에서의 판매가능성을 포기하게 하는 결과를 초래할 수 있다. 따라서 기업의 입장에서는 생산 및 판매지역을 선정할 때 독립적인 의사결정이 아닌 상호연계성을 지니고 있다는 인식을 갖는 것이 중요하다.

(2) 경쟁자와 경쟁범위의 결정

특정 진출시장의 선택은 기업 스스로가 자사와의 경쟁기업들을 선택하는 것과 동일하다. 즉, 자사가 특정지역으로 진출하는 것 자체는 그 지역에서 이미 활동 중인 기업들과의 경쟁을 선포하는 것과 같은 의미이기 때문이다. 따라서 기업들이 특정 진출시장을 선정한다는 것은 그 시장의 잠재력뿐만 아니라 그 시장의 경쟁구조, 잠재적 및 현재의 기업들과 자사의 경쟁우위를 고려하여야 한다. 그리고 자사의 시장 선정에 따르는 경쟁기업들의 반응을 고려해야 하는 등 다양한 요인들을 고려한 신중한 시장선정 과정이 요구된다.

(3) 글로벌시장 확대전략의 수립

시장 선정에 있어서 또 하나의 중요한 사항은 자사의 범세계적 네트워크와 국제시장의 동태적 변화과정을 고려해야 한다. 즉, 해당 지역에서의 잠재적인 판매가능성만을 고려하는 것이 아니라 자사의 범세계적 네트워크를 고려하여 생산 및 판매지역을 선정하는 것이 필요하다. 또한 시장 선정에 있어서는 지금의 시장 상황이 아니라 미래의 시장간 상호연계성을 고려해야 한다. 그리고 향후의 시장의 진전 및 통합 정도와 시장 내 다양화를 고려한 동태적인 시장선정과정을 도입하는 것이 기업의 성공 여부에 결정적인 동인이 된다고 할 수 있다. 그리고 투자지역의 결정에 있어서 중요한 것은 환경조건과 위협 및 기회요인들의 변화를 항상 염두에 두어야 하며, 이러한 환경변화에 대응하기 위한 동태적인 시장선정기준의 도입이 필요하다. 즉, 해당 지역에서의 생산조건 변화나 수요의 감퇴에 다른 생산지역 및 판매지역의 전략적 조정이 항상 가능하다는 탄력적인 사고를 유지하는 것이 중요하다.

2. 해외시장 진출의 평가과정

국제기업이 특정 해외시장에 진출하고자 하는 경우는 새로운 외국의 시장환경에 진출하는 것이므로, 반드시 사전에 환경에 대한 정보를 수집하고, 이를 분석·평가하는 과정을 거쳐야 한다. 해외시장 진출을 위한 평가는 [그림 7-1]과 같은 과정을 거친다.

첫째, 왜 그 시장에 진출하고자 하는가, 또는 그 시장에 진출함으로써 얻으려 하는 것이 무엇인가 등 기업의 진출목표에 관한 인식을 명확히 한다.

둘째, 새로운 시장환경에 있어서의 주요한 변수들을 파악한다. 시장에 최초로 진출하는 기업은 기존의 진출기업에 비해 시장정보면에서 상당히 불리한 상황에 있으므로, 시장진입장벽을 포함하여 당해 산업 및 시장의 주요 특성을 파악해야 한다.

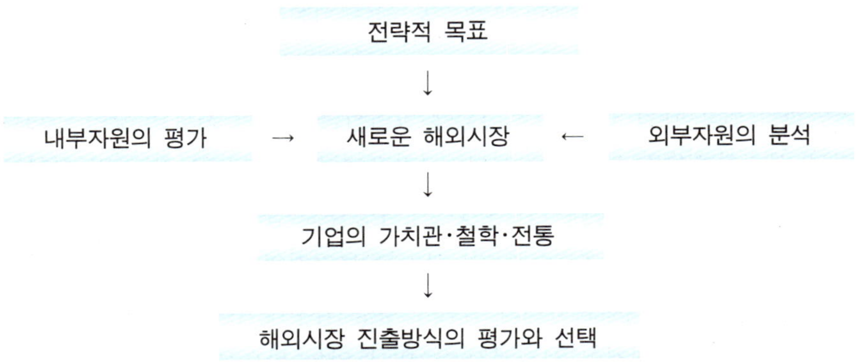

[그림 7-1] 해외시장 진출을 위한 평가과정

셋째, 기업의 내부자원과 능력에 대한 평가이다. 이때 기업의 자원과 능력을 상대적인 시각에서 평가해야 한다. 이는 일국에서의 강점이 타국에서는 약점이 될 수 있기 때문이다.

넷째, 이상의 평가결과가 기업의 가치관, 철학 및 전통에 비추어 합당한가를 분석한다.

3. 해외진출시장의 평가와 선택

국제기업이 특정 해외시장에 진출하고자 할 때 가장 먼저 해야 하는 일은 진출 목표시장들을 발견하고, 그 중에서 가장 적절한 목표대상시장을 선정하는 것이다. 해외진출시장의 선택에는 [그림 7-2]에 나타난 것처럼 해외시장에 대한 기업의 장·단기목표, 관련 해외사업에 대해 최고경영자가 가지고 있는 전략지향성, 경쟁우위원천으로서 기업이 보유하고 있는 인적·물적 자원, 그리고 현지국의 시장규모, 산업구조 등 환경요인들이 복합적으로 영향을 미친다.

전략적인 관점에서 볼 때, 시장진출 결정시에는 현지국의 시장 특성뿐만 아니라, 해외시장에 대한 기업의 장기적인 목표와 단기적인 목표, 경쟁기업의 경쟁전략 및 강·약점, 세계시장에서의 경쟁우위를 모두 고려해야 한다. 이러한 요소들은 다시 해외시장 확대를 위한 자원투입과 투자수준의 결정에 영향을 미친다.

해외진출시장에 대한 평가가 이루어지고 나면, 그 결과를 토대로 기업 여건에 가장 적합한 최종 목표대상시장(target market)을 선택하게 된다.

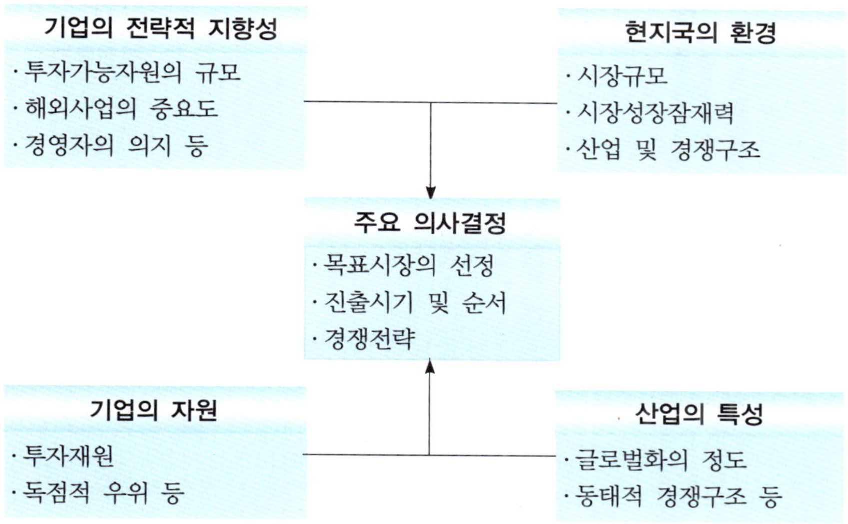

[그림 7-2] 해외진출시장 선정의 주요 영향요인

7.2 해외시장 진출방법의 유형

해외시장 진출을 위한 일정한 평가기준에 따라 진출할 해외시장이 선정되고 나면, 기업은 적절한 해외시장의 진출방법을 결정해야 한다. 해외시장 진출방법은 제품을 포함한 기업의 모든 자원을 해외로 이전시키는 방식으로서 수출, 국제계약형태, 직접투자방식으로 대별할 수 있다. 이러한 진출방법의 구체적인 형태와 해외진출에 따르는 위험 및 개입도, 통제, 이익 잠재력을 중심으로 한 진출방법의 순서를 표시하면 [그림 7-3]과 같다.

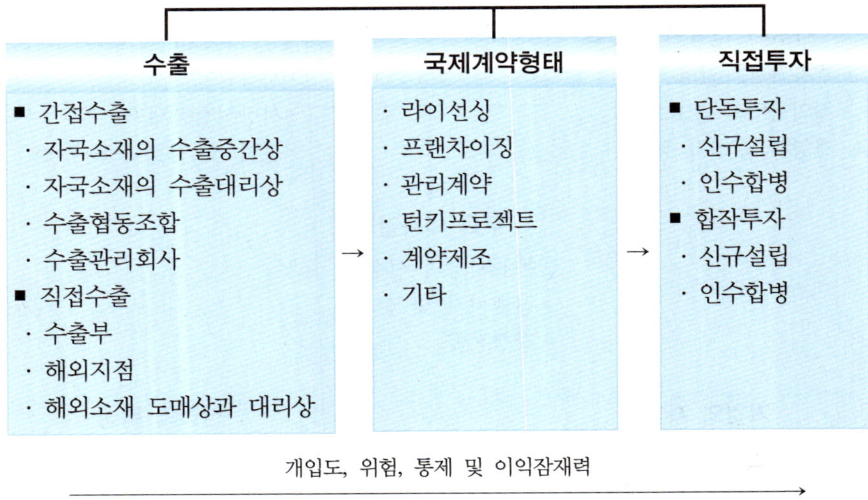

[그림 7-3] 해외시장 진출방법의 유형

1. 수　출

국제화 초기단계에 있는 기업들은 해외시장에 대한 지식이 부족하고, 해외고객의 수요에 대해 잘 알지 못하며, 정치적 위험과 문화적 차이를 관리하는 능력이 결여되어 있기 때문에 해외시장으로 진출하는데 많은 위험이 존재한다. 수출을 활용한 해외시장 진출은 이러한 기업들에게 해외시장 지식획득의 기회를 제공할 뿐만 아니라, 해외시장에서의 경쟁능력을 함양해 준다.

수출(exporting)이란 기본적으로 제품을 국제간에 이동시키는 방법을 의미한다. 기업이 이러한 수출을 통해 해외시장에 진출하기 위해서는 먼저 여러 가지 수출형태 또는 수출경로 중에서 하나를 선택해야 한다. 이러한 주요 수출경로는 [그림 7-4]와 같다. 수출은 고도화의 정도에 따라 크게 간접수출과 직접수출로 구분할 수 있다.

(1) 간접수출

간접수출(indirect export)이란 제조업체가 직접 해외소비자들에게 수출하는 것이 아니라 수출중개상을 통해 제품을 수출하는 것을 의미한다. 즉 무역상사, 무역대리인, 그리고 외국바이어와 같은 수출중개상을 통한 수출방법이다.

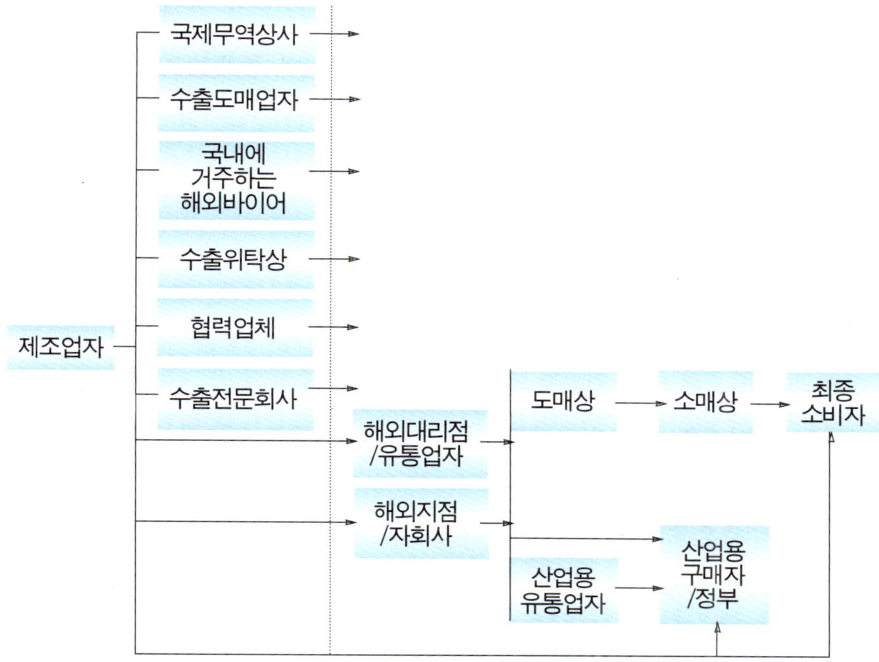

[그림 7-4] 주요 수출경로

이러한 간접수출은 해외시장에 대한 개입정도가 낮은 기업에 적합하다. 수출의 주요한 동기가 국내의 과잉생산물을 처리하거나, 국내사업의 부수적인 활동으로 추진되는 경우 수출대행사를 통한 간접수출이 적절하다. 또한 해외시장 확대에 전념할 여력이 없고, 수출조직을 신설하고 집중적인 자원투입을 하기 전에 시장을 점검하면서 점진적인 진출을 추구하는 기업도 이러한 방식을 선택할 것이다.

간접수출은 기업들이 고정자본을 투자할 필요가 없고, 해외사업을 운영하는데 드는 비용이나 위험 역시 크지 않다. 그러나 이렇게 위험과 투자비용이 적은 대신 기업이 얻는 이익도 적을 수밖에 없다.

간접수출의 장점으로는 먼저 추가적인 인력이나 고정자본을 투입하지 않고도 수출판매이익을 향유할 수 있다. 또한 다른 기업보다 한발 앞서 해외시장에 진출함으로써 수출의 증대뿐만 아니라, 새로운 수출품목의 추가 내지 직접수출로 이행할 수 있다. 그리고 세계적인 정보망과 판매망을 구축하고 있는 대행업자의 정보를 획득할 수 있으며, 그들의 전문지식 활용을 통한 상품판매의 안정성을 추구할 수 있다.

그러나 간접수출은 실질적으로는 국내판매와 크게 다르지 않아 그만큼 해외시장에 대한 지식과 경험 축적에 불리하고, 경쟁기업에게 해외시장을 상실할 가능성이 높다. 자신의 제품이 해외시장에서 판매되는 상황에 관해 전혀 통제할 수 없다. 이에 따라 해외시장에서 기업 및 제품 이미지가 손상될 수도 있으며, 잠재적 시장기회를 상실하는 결과를 초래할 수도 있다.

(2) 직접수출

직접수출(direct export)이란 제조업체가 국내의 수출중개상을 경유하지 않고 본사의 수출전담부서나 계열무역회사를 통해 직접 수입업자나 최종 소비자에게 제품을 수출하는 경우로서, 수출과 연관된 제반 업무와 기능의 대부분을 타인에게 위임하지 않고 직접 수행하는 수출방법이다.

이러한 직접수출은 크게 두 가지 경로에 의해 이루어진다. 첫째는 해외시장에서 제조업체를 대표하는 독립적인 중개상인 해외판매대리인이나 제조업체 제품에 대한 상표권을 갖는 독립적 상인인 유통업자를 이용하는 방법이고, 또 한 가지는 제조업체가 해외유통회사에 의존하지 않고 독자적인 판매 및 마케팅 전담조직을 설립하는 판매자회사나 판매지사를 설립하여 운영하는 방법이다.

직접투자는 간접수출에 비해 제조업체가 유통경로의 선택, 가격, 광고전략, 제품의 서비스에 관한 해외마케팅활동에 대해서 통제권을 갖는다. 그리고 자신의 제품에 대한 마케팅활동을 집중할 수 있어 보다 전문적이고 통합된 마케팅활동이 가능하다. 또한 현지로부터 신속·정확한 정보수집이 가능하여 현지시장 수요의 변화에 능동적으로 대처할 수 있고, 제조업체의 상표권, 특허권과 같은 무형자산에 대한 효과적인 보호를 할 수 있다.

그러나 직접수출은 수출과 관련된 제반 업무를 직접 담당함으로써 해외시장에 대한 관여 및 개입이 증가하고, 수출량의 증대와 함께 제조업체 내에 수출전담 인원이나 부서를 설치해야 하고, 더 나아가서는 해외마케팅담당 현지지점이나 해외자회사를 운영해야 할 경우도 발생하므로, 판매조직에 대한 투자가 요구되는 등 높은 초기비용과 위험부담을 안게 된다.

2. 국제계약형태의 진출방법

국제계약형태의 진출방식은 무형자산인 공업소유권, 상표, 물질특허권, 저작권 등의 지적소유권과 컴퓨터 소프트웨어 등의 기술적 노하우, 경영관리 및 마케팅을 포함한 경영 노하우 등의 경영자산을 하나의 제품으로 취급하여 일정한 계약을 체결함으로써 해외시장에 진출하는 방식이다.

이러한 국제계약형태의 진출방식은 기술적 자산의 해외이동이나, 본질적으로 기술이나 노하우의 판매를 주요 대상으로 하고 있기 때문에 일반제품의 수출과는 상이하며, 또한 주식투자가 수반되지 않기 때문에 해외직접투자에 의한 진출방법과도 상이하다.

(1) 국제라이선싱

국제라이선싱(international licensing)은 특정기업(licensor)이 보유하고 있는 특허, 기술, 상표 및 상호, 노하우 등과 같은 독점적 자산을 외국에 있는 다른 기업(licensee)으로 하여금 일정한 조건하에서 사용할 수 있도록 사용권을 제공하는 대신에 로열티 또는 기타의 형태로 그 대가를 지급받기로 당사자 간에 계약을 체결하는 것을 의미한다.

이러한 라이선싱의 대상은 공업소유권, 특허, 상표, 저작권, 노하우 및 기타 자산 등 독점적으로 그 관리가 유지되는 어떤 형태의 무형자산이다. 여기서 특허권(patents), 실용신안권(utility models), 상표권(trademarks), 의장권(designs), 저작권(copyrights) 등은 법률적 보호를 받고 있으나, 노하우(know-how) 등은 법률적 보호를 받고 있지 않다.

특허권 라이선싱에 있어서 그 대상이 되는 것은 특허 그 자체가 아니라 그것을 문서화하고 권리화한 특허권(patent rights)이라고 할 수 있다. 이러한 특허권은 신규의 공업적 발명을 한 자가 그 발명품 또는 발명원리에 의해 제조한 물품을 법정기간 동안 독점적으로 제작·사용·판매·발표할 수 있는 권리를 의미한다. 보통 특허는 제품의 생산 전반에 관한 것이 아니라 제조과정의 일부에 관계되는 경우가 대부분이다. 이러한 특허는 각국마다 서로 다른 체제를 갖고 있으며, 각국마다 개별적으로 신청해야 한다. 특허는 정해진 기간(5~20년) 동안 독점적 권리를 보장해 주나, 그 대신 특허신청기업은 특허신청을 위해 자신의 기술내용을 공개해야 한다.

실용신안권 발명정도의 유용성은 없으나, 발명에 가까운 고안으로서의 권리로 보호받을 가치가 있는 것을 의미한다.

상표권 상표는 넓은 의미에서 특정의 생산자, 판매자 또는 그 단체가 자기의 제품인 것을 나타냄과 동시에, 경쟁기업의 제품과 구별하기 위해 이용하는 문자(letters), 도형(design), 기호(sign), 또는 이들의 결합이나 이들과 색채(color)와의 결합을 의미한다. 이러한 상표가 법의 보호를 받기 위해서는 특허와 마찬가지로 각국에 등록을 해야 하며, 보호기간은 7년에서 25년 사이이다. 이와 같이 등록을 마친 상표를 등록상표(trademarks)라 하며, 그렇지 않은 것을 상표(brand)라고 한다.

의장권 갖가지 디자인으로 외관이 종래에는 없었던 새로운 것으로서 물품의 외형, 모양, 색채 등에 관한 권리를 의미한다.

저작권 이는 저작자가 그 저작물에 대해 가지는 일체의 인격적·재산적 권리를 의미한다. 즉 저작권은 개인이 창작하는 정신적 창출물을 보호하는 것으로서 음악, 문학 및 예술활동의 소재나 작품을 복제, 출판, 판매할 수 있는 법적 전용권을 의미한다. 이러한 저작권은 특허와 마찬가지로 법에 의해 보호되며, 저작권의 소유자에 의해서 권한이 부여되지 않는 한 저작권에 의해 얻어진 어떤 것도 복사할 수는 없다.

노하우 이는 기술적 지식이나 경험 같은 무형의 것으로 기술비결이라고도 한다. 라이선서가 제공할 수 있는 제조기술이나 소유권 및 숙련과 관련이 되어 있다.

(2) 국제계약제조

국제계약제조(international contract manufacturing)는 국제라이선싱 해외직접투자의 중간적 성격을 띠는 것으로 진출대상국의 제조업체에게 일정한 계약조건하에 제품을 생산하도록 하여, 이를 현지국 시장이나 제3국 시장에 판매하는 방식이다. 즉 한 국제기업이 진출 대상국에 있는 기존의 다른 제조기업에게 일정한 계약조건하에서 제조기술을 제공하면서, 동시에 특정제품의 생산을 주문하여, 그 주문 생산된 제품을 공급받아 현지시장이나 제3국의 시장에다 재판매하는 방식이다.

이러한 국제계약제조는 현지시장의 규모가 직접투자형태로 진출하기에는 너무 협소하거나 수출을 통한 진출이 현지국의 높은 수입장벽으로 인하여 사실상 곤란할 때 매우 유용한 방식이다. 이른바 OEM(Original Equipment Manufacturing)방식이라고 하여 우리나라에서 생산되어 수출되는 공산품의 상당량이 외국 수입업자의 상표가 붙어 세계시장에서 판매되고 있는데, 이것도 일종의 계약제조라고 할 수 있다.

(3) 국제프랜차이징

국제프랜차이징(international franchising)은 라이선싱과 유사한 형태로서 특정기업(franchiser)이 갖고 있는 상표나 상호의 사용권을 다른 개인이나 기업(franchisee)에게 허가하는 동시에, 원료 및 관리시스템까지 일괄 제공하여 양자가 직접·간접으로 다 같이 경영에 참여하는 방식이다.

국제라이선싱이 기술이나 브랜드만을 일정기간 동안 공여하는 것임에 비해, 프랜차이징은 품질관리, 경영방식, 사업체의 조직과 운영에 대한 지원, 마케팅지원 등 프랜차이즈 공여자가 프랜차이즈 도입자를 직접적으로 관리하거나 통제한다. 프랜차이즈 도입자는 프랜차이즈 공여자의 상표를 사용하고 특정한 방식으로 영업을 할 수 있는 권리를 받는 대가로 대개 매출에 대한 일정 비율로 로열티를 지불한다.

이 방식은 패스트푸드나 소매업, 렌터카, 호텔, 자동차 판매와 같은 서비스산업에서 전형적으로 활용된다. 코카콜라, 펩시콜라, 맥도널드 햄버거, 켄터키 치킨 등이 프랜차이징을 통한 해외시장 진출의 대표적인 예이다.

국제프랜차이징은 기업의 제품성격상 완제품 형태로서는 해외시장국에 수출될 수 없는 경우로서, 생산공정 내지 관리시스템이 쉽게 상대방에게 이전될 수 있는 경우에 특히 활용가치가 높으며, 때로는 장래 합작투자 내지 단독투자를 위한 과도기적 진출방법으로 활용되기도 한다.

(4) 국제경영관리계약

국제경영관리계약(international management contract)은 특정기업(경영회사)이 일정기간 동안에 타국에 있는 특정기업(소유회사)의 일상적인 운영을 할 수 있는 권리를 계약하는 것이다. 이는 계약을 통해 현지국 기업의 일상적인 영업활동을 관리할 권한을 부여받고 관리적 노하우(managerial knowhow)의 경영서비스를 제공하는데 대해 일정한 대가를 수취하는 방식이다. 그러므로 관리계약은 양 파트너 중 한 파트너는 운영시설을 보유하고, 다른 파트너는 경영을 담당하는 형태이므로 기업의 소유와 경영을 분리하여 전문경영인에게 기업경영을 위임하는 오늘날의 세계적 경영현실을 국제경영에 적용시킨 것이라 할 수 있다. 이러한 관리계약은 해외직접투자의 형태와는 달리 새로운 자본투자나 배당정책의 결정, 기업정책 또는 소유권 변경과 같은 중요한 의사결정에 관해서는 개입하지 못하는 것이 일반적이다.

(5) 국제턴키프로젝트

국제턴키프로젝트(international turn-key project)는 특정의 프로젝트 시행 시 모든 설비가 완공되어 운영할 수 있는 상태로 하여 소유주에게 인도하기로 하는 일괄수주 계약형태를 말한다. 즉, 국제기업이 외국으로부터 공장이나 기타 산업시스템을 발주받아 이를 설계·건설한 다음, 그 초기운영까지 담당한 후 프로젝트를 완공하여 해외발주자에게 제공하는 방식이다. 흔히 프랜트수출(plant export)이라고도 한다. 턴키프로젝트에서는 해외발주자에게 엔지니어링기술과 노동 및 경영관리기법이 복합적으로 이전되는 것이 일반적이다.

이러한 방식은 해외 발주자를 위해 원자력발전소, 생산공장, 석유시추시설 등을 건설 내지 시공하는 국내·외의 중공업 대형업체들이 많이 활용하고 있다. 턴키프로젝트의 제공업체는 완성된 시설을 제공하고, 그 대가로 기계설비대금과 공장설계, 공정노하우, 현지인 훈련 등에 대해 일정한 대가를 받는다.

이보다 한 단계 더 나아가서 설비인도 후 발주자가 당해 사업을 독자적으로 영위할 수 있도록 경영관리나 종업원훈련 등의 제반 서비스를 추가적으로 제공하는 방식이 있는 데, 이를 턴키프러스(turnkey plus)라 부른다.

3. 해외직접투자

해외투자는 국제간 장기자본이동의 한 형태로 거주자가 수익을 목적으로 외국의 실물자산, 주식 등을 취득하는 행위를 말한다. 따라서 해외투자는 거주자(자연인, 법인)가 투자주체가 된다는 점에서 비거주자가 주체가 되는 투자이민과 구분되며, 수익성 추구라는 점에서 수익을 목적으로 하지 않는 원조성 차관공여 등과 구별된다.

이러한 해외투자는 경영에의 참가 여부를 기준으로 직접투자(direct investment)와 간접투자(indirect investment)로 나누어진다. 해외직접투자는 외국에 있어서 기업의 신설, 매수, 주식참가 등의 방법을 통해 계속적으로 사업활동을 수행하여 장기적인 이윤의 극대화, 즉 기업의 유지·발전과 이윤의 확보를 도모하는 것이다.

국제간접투자는 직접투자와는 달리 외국기업의 증권취득이나 대부에 한정하거나, 재산의 보전이나 배당의 취득, 더구나 환율변동에 대처하기 위한 투자로서 증권투자(portfolio investment)라고도 한다. 이 양자의 차이점은 투자주체가 직접 사업경영을 행하는가, 그렇지 않은가에 있다. 즉 투자기업에 대한 소유권과 함께 경영통제권을 가진다는 점에서 차이가 있다.

(1) 해외직접투자의 개념

해외직접투자(foreign direct investment : FDI)란 "투자기업이 외국의 투자대상기업에 대한 경영지배 또는 경영참여를 목적으로 유형의 경영자원인 자본뿐만 아니라 무형의 경영자원인 기술·특허·상표권·경영 또는 마케팅 노하우 등 기업의 제반 경영자원을 패키지 형태로 해외에 이전시키는 방식"을 의미한다.

수출이 국내의 생산요소들을 국내에서 결합하여 제품의 상태로 해외로 이전시키는 방법이라면, 해외직접투자는 국내의 자본·생산기술·경영기술 등의 생산요소를 해외로 이전하여 당해국의 생산요소인 노동·토지 등과 결합하여 생산 및 판매를 하는 것이라는 점에서 대조가 된다.

(2) 해외직접투자의 동기와 유형

기업에 있어서 해외직접투자의 동기 내지 유형은 국내외의 환경변화에 의해 점차 변화하고 있고, 더구나 그 동기는 한 가지에 의해서가 아니라 둘 이상을 겸하는 경우가 많다.

자원지향형(resource seeker) 이는 기업이 농산물, 수산물, 광물, 임산물 등과 같은 특정자원을 자국내에서 확보할 수 없거나, 또는 확보 가능하다 하더라도 비용이 너무 많이 소요되는 경우, 이러한 자원을 해외에서 안정적으로 확보하여 본국으로 수입하거나 제3국에 수출하기 위한 목적으로 해외투자를 하는 경우를 말한다. 최근 기업이 자원보유국에 대해 자본이나 기술을 투하하여 자원개발을 행하고, 그 생산물을 수입하는 방식이 많이 활용되고 있는데, 이러한 형태를 자원개발수입이라고 부르고 있다.

시장지향형(market seeker) 이는 기술, 마케팅, 경영기법 등과 같은 독점적 우위요소를 보유하고 있는 기업이 이러한 우위요소를 최대한 활용하여 기존의 수출시장을 방어하거나 새로운 시장을 개척하기 위해 현지투자를 하는 경우를 말한다. 이러한 형태의 해외직접투자는 수출을 통한 공급이 많은 비용을 유발시키거나 현지국 정부가 현지에서 제품을 생산할 수밖에 없을 정도로 높은 수준의 관세 및 비관세장벽을 구축하여 규제를 가하는 경우에 주로 활용된다. 현지국의 시장을 개척·확보·유지하기 위한 동기로서, 제조업투자의 대표적인 형태이다.

생산효율지향형(production-efficiency seeker) 이는 생산성에 비해 생산요소의 가격이 상대적으로 저렴한 지역에 투자하여 생산활동을 전개하는 형태의 투자를 말한다. 우리나라의 섬유, 신발, 완구 등의 경공업체들도 1980년대 후반 이후 원화가치의 상승과 임금인상, 3D업종 기피현상으로 중국, 인도네시아, 베트남 등 아시아 후발개도국으로 대개 생산기지를 이동하였다.

지식지향형(knowledge seeker) 이는 범세계적으로 기술경쟁이 점차 치열해짐에 따라 첨단기술을 보유하고 있는 선진국 기업의 기술이나 경영노하우를 보다 신속하게 습득하기 위해 투자하는 경우를 말한다. 이러한 형태의 해외투자는 고급 기술인력이 위치하고 있는 지역에 현지법인을 설립하여 현지의 우수한 두뇌를 이용함으로써 선진기술에 보다 더 효율적으로 접근하기 위한 것이다. 현대전자·삼성반도체·LG전자 등이 최첨단기술을 습득하기 위해 미국의 실리콘 밸리에 현지법인을 설치하고 있는데, 이 경우가 이러한 투자의 대표적인 예이다.

전 세계의 해외직접투자가 어떤 동기에서 이루어지는가를 총체적이고 체계적으로 분석한 연구는 아직 없으며, 또한 해외직접투자의 동기가 환경변화에 따라 크게 달라지기 때문에 그 동기를 한마디로 말할 수도 없다. [표 7-2]는 투자기업이나 설문내용 및 시점이 모두 상이하기는 하지만, 경험적 연구들이 보여 주고 있는 국가별 및 순위별 해외직접투자의 동기를 나타낸 것이다.

(3) 해외직접투자가 투자국과 피투자국에 미치는 영향

해외직접투자는 자본, 기술, 경영관리능력 등의 생산요소를 해외로 이전시켜 활동함으로써, 투자국과 피투자국의 정치, 경제, 사회 등 제반 분야에 걸쳐 다양한 영향을 미치게 된다. 이러한 해외직접투자로 인해 투자국과 피투자국에서는 제각기 얻는 것과 잃는 것이 생겨나게 된다.

1) 투자국에 미치는 영향

가) 긍정적인 영향

기업의 수익성 향상과 성장의 촉진 수출 보완적인 성격이 강한 국가의 해외직접투자는 현지생산에 필요한 기계, 설비, 원재료, 부품 등의 공급으로 수출을 증가하는 결과가 초래되고 있다. 이 수출신장은 본사의 수익성을 향상시킨다. 또한 기업의 성장이 해외직접투자를 발생시키고, 이러한 해외직접투자가 기업성장을 도모하고, 다시 새로운 해외직접투자를 발생시킨다.

특정 생산요소의 확보 자국기업의 해외직접투자는 투자국에서 획득하기 곤란한 천연자원이나 저렴한 노동력 등과 같은 각종 생산요소를 확보할 수 있는 기회를 증대시킨다.

특정 시장의 확보 해외직접투자 는 해외현지에 생산공장을 설치하여, 제품을 생산하고 판매함으로써 제품시장, 기술시장, 자본시장 등 특정 현지시장을 확보할 수 있는 긍정적인 효과를 가지고 있다.

국제수지의 개선 해외직접투자는 단기적인 측면에서 보면, 자본의 해외유출과 현지투자기업으로부터의 경쟁제품 수입으로 인해 일시적으로 부정적인 영향이 나타나지만, 장기적인 측면에서 보면 시장 확보에 따른 수출증대와 과실송금 등을 통해 투자국의 국제수지에 긍정적인 영향을 미치게 된다.

나) 부정적인 영향

고용기회의 상실 미국의 노동조합은 해외직접투자가 고용기회의 수출을 의미한다는 측면에서 그의 법적 규제를 강력하게 요구하고 있다. 즉 투자가 국내에서 행해지게 되면 고용될 수 있는 고용기회가 외국노동자에게 부여되어 국내노동자의 고용기회를 감소시키고 있다(job loss)고 주장하고 있다. 그러나 해외직접투자가 고용에 미치는 영향은 해외직접투자의 유형, 그리고 수출입 및 국내산업에 대한 해외직접투자의 영향과 밀접한 상관관계를 갖고 있기 때문에, 고용효과만을 대상으로 긍정적 또는 부정적 영향을 미친다고 단정할 수는 없다.

국제경쟁력 하락의 가능성 기존에 보유하고 있던 기술이나 자본을 해외직접투자에 의해 해외현지로 이전함으로써 이에 대한 국제경쟁력이 상실할 가능성이 있다.

현지 생산품의 역수입에 따른 국내산업과의 마찰 해외직접투자에 의한 현지생산품이 투자국으로 대량 역수입될 때는 동종의 국내산업과 산업마찰을 초래한다. 특히 국내에 강력한 판매망을 가진 메이커가 국내제품과 동종의 제품을 염가로 현지에서 생산하여 역수입할 때는 직접 경쟁관계를 발생시킨다. 이미 섬유산업에서는 국내와 동종의 염가인 현지 생산품의 역수입에 따라 국내 생산업자에게 큰 영향을 미치고 있다.

조세수입의 감소 국제기업들이 해외직접투자와 같은 국제경영활동을 수행하면서, 현지를 조세피난처로 활용하여 기업의 내부거래를 통한 이전가격을 조작하는 경우, 투자국인 본사국의 조세수입이 오히려 감소되는 결과를 초래할 수도 있다.

2) 피투자국에 미치는 영향

해외직접투자는 일국의 경제단위를 초월하는 기업활동이고, 피투자국의 경제사회에 광범위한 영향을 미치기 때문에, 자주 피투자국의 내셔널리즘을 자극하여 때로는 마찰이나 분쟁을 초래한다.

가) 긍정적인 영향

경제성장 촉진에의 기여 외국기업에 의한 해외직접투자에 따라 외국자본이 유입되면, 국내투자가 확대되고, 생산요소로서의 자본스톡(stock)이 증대되며, 또한 외국기업의 우수한 경영관리기법과 마케팅 노하우, 생산기술도 도입됨으로써 생산성 향상에도 기여하게 되어, 종국적으로는 피투자국의 경제성장을 촉진시키게 된다.

고용증대와 소득향상 해외직접투자는 고용기회를 증대시키는 효과가 있고, 이러한 고용기회의 창출은 임금수입에 의한 개인생활의 향상을 가져오고, 국가 전체의 임금수준의 향상, 국민소득의 공평한 분배와 국내시장의 확대를 초래하는 효과가 있다.

특정 경영자원의 확보 외국기업에 의한 해외직접투자는 기술, 자본 그리고 인력 등의 풍부한 경영자원을 가지고 있는 다국적기업들에 의해 수행되므로, 이들의 투자대상국인 피투자국은 이러한 기업들의 해외직접투자가 아니면 획득하기 어려운 부족한 특정 경영자원을 확보할 수가 있게 된다.

국제수지의 개선 해외직접투자는 단기적인 자금유입뿐만 아니라, 장기적으로는 ① 수입대체 효과, ② 수출촉진 효과를 가져다준다.

기술전파와 국내기업에 대한 자극 피투자국은 외국기업의 해외직접투자를 통해 경영상의 노하우뿐만 아니라 기술을 이전받을 수 있으며, 이를 통해 정체된 국내기업들을 자극시키는 결과를 가져오게 된다.

나) 부정적인 영향

국가주권의 침해 다국적기업은 규모의 거대성, 대단히 거대한 활동력과 영향력을 가지고 있고, 기업전체로서의 이익향상을 요구하는 전략을 추구하고 있기 때문에, 일상업무의 수행과정에서 의식적 또는 무의식적으로 투자국, 피투자국 쌍방의 정치에 영향을 미치게 되고, 때로는 현지국의 주권을 침해하는 경우도 생겨나게 된다.

경제종속 외국기업의 해외직접투자는 자주 자본집약적인 첨단기술산업에 집중하는 경향이 있고, 이러한 산업은 피투자국의 산업구조 근대화에 기여하나, 외국기업이 피투자국의 국내 주요 산업부문을 소유하여 지배하는 것은 아닌가 하는 우려를 낳게 한다.

외국기업의 고이윤과 이익의 과다 송금 외국기업이 국내기업과 시장에서 경쟁하여 고이윤을 획득하고, 이러한 투자수익을 본국으로 과다 송금할 경우 피투자국의 국제수지에 악영향을 미치게 된다. 그러므로 최근에는 투자수익을 현지에 재투자할 것을 요청하는 국가가 많아지고 있다.

외국기업의 진출에 따른 산업구조의 조정 국내기업 중에는 외국기업의 진출에 따라 시장을 상실하고, 때로는 도산하는 경우도 발생할 것이다. 그에 따라 자연적으로 산업구조가 조정되기도 한다.

(4) 해외직접투자의 형태

해외직접투자 형태를 다시 크게 나누면 단독투자, 합작투자의 두 가지이다. 이와 같이 투자형태 가운데 어느 것을 선택할 것인가는 해외전개를 결정한 기업의 투자목적이나 경영자원(人 · 物 · 金 · 정보 · 기술)의 투입가능 상황 등에 따라 달라진다. 또한 투자국과 지역의 외자정책(법제 등)이나 정치, 경제, 사회정세 등의 변화에 따라서도 달라질 것이다.

1) 단독투자

단독투자는 의결권을 가지는 해외자회사 주식의 95% 이상을 단독으로 소유하는 형태로 해외에 진출하는 경우를 의미한다. 구체적으로 단독투자는 기업이 강력한 독점적 우위를 소유하고 있거나 또는 제품이나 기술에 대해 본사의 강력한 통제를 필요로 하는 경우, 그리고 제품생산과정에서 본사가 자회사에게 원자재를 공급한다든가 또는 그 반대의 관계가 성립하는 경우, 또한 차별화된 제품에 관해 전 세계적으로 동일한 마케팅기법이 사용되는 경우, 생산비를 절감하기 위해 글로벌적 시야에서 생산설비의 합리화와 집중화가 우선되는 경우, 국제과점기업들이 원료나 자원을 생산하는 경우에 주로 선호된다.

이러한 단독투자는 합작투자의 경우와는 달리, 100%의 소유권을 행사할 수 있어서 완전한 경영권의 장악은 물론, 제품이나 기술, 현지생산 및 마케팅활동에 대한 완전한 통제가 가능하고 계약생산과 라이선싱, 또는 합작투자에서 발생할 수 있는 이해관계의 충돌과 관리상의 문제점들을 제거할 수 있다. 그리고 기술이나 노하우의 누출을 방지할 수 있다. 또한 해외투자에 따르는 이익도 독점할 수 있다는 장점이 있다. 그러나 그만큼 위험부담도 커지게 될 뿐만 아니라 현지국 정부와의 갈등도 심한 경우가 많다.

2) 합작투자

가) 합작투자의 개념과 특성

합작투자(joint venture, joint adventure, joint undertaking)란 피투자국의 정부기관, 현지국의 개인 또는 제3국의 외국기업 등과 공동 출자하여 피투자국의 법률에 의거하여 현지법인을 새로이 설립하고, 각종의 사업을 수행하는데 참가하는 국제사업활동의 한 방식이다. 이는 합작에 참여하는 기업들이 소유권과 기업의 경영을 분담하며, 자본과 기술 등 상대방 기업이 소유하고 있는 강점을 이용하고 위험을 분담할 수 있다는 점에서 상호 이익적인 해외투자방식이라 할 수 있다,

합작투자의 본질적인 중요한 특성은 공유(sharing)이다. 합작투자기업을 설립하여 운영한다는 것은 자본, 자산 등의 기업자원 투입을 공유할 뿐만 아니라, 경영관리와 이익 또는 적자나 위험 등도 합작기업들이 공유해야 함을 뜻한다.

이러한 합작투자는 소유지분의 비율에 따라 50% 이상 다수지분인 다수소유형 합작투자, 50% 대 50% 동등지분인 동등소유형 합작투자, 그리고 50% 미만 소수지분인 소수소유형 합작투자로 세분화할 수 있다. 또한 현지업체, 현지정부기관, 제3국기업 중 누구를 합작파트너로 하느냐에 따라 여러 가지 유형으로 구분될 수 있다.

나) 합작투자의 이익과 불이익

합작투자방식은 이익을 가져다주는 반면, 불이익도 초래하므로 그 균형을 평가해야 한다. 합작투자에 있어서 특수한 현지파트너를 확보하게 되면 원재료의 조달, 숙련노동자나 경험이 풍부한 중간관리자의 확보, 현지에 적절한 마케팅의 실시, 현지자금의 조달, 정부와의 교섭 등에 적극적이고 실질적인 공헌을 기대할 수 있다. 또한 현지에

서의 주체성(identity)이 확립됨으로써 외국기업에 대한 내셔널리즘적인 비판을 회피할 수 있고, 평가절하나 인플레 상승에 따른 위험을 경감할 수 있다.

한편 국제합작투자에는 많은 불이익이 있다. 현지파트너의 존재는 세계적인 규모에서의 생산이나 마케팅 등의 사업활동 실시에 제한을 부과하는 것이 되며, 경영자의 선임 및 보수, 사업확장, 이익처분, 수익의 재투자, 제3국으로의 재수출, 이전가격 조작, 마케팅활동 등 경영상의 중요 문제에 관하여 현지파트너와의 의견차이를 초래하게 될 가능성이 있다.

(5) 해외직접투자의 경로

기업이 해외직접투자를 행할 경우 기존의 현지회사를 인수합병(merger & acquisition)하거나 새로운 회사를 신설하는 방법을 택하게 된다. 기업이 신설과 인수합병 중 어떤 방법을 통해 해외에 진출할 것이냐 하는 것은 이 두 가지 진출경로에 따른 예상위험과 조정비용, 기업의 능력과 전략 그리고 현지국의 영향 등을 고려하여 결정하게 된다.

1) 신 설

소생시키기 힘든 부실기업을 인수하거나 또는 피인수기업을 인수기업의 경영체제에 통합시키려 할 때 발생할 수 있는 문제를 회피하기 위해서는 현지에 새로운 기업을 신설하는 방식이 바람직하다. 특히 생산·물류가 성패를 좌우하거나, 인수할만한 적당한 대상이 없거나 인수비용이 과다하게 들 때에는 더욱 그러하다. 신설(greenfield)에 의한 해외진출은 기업이 예전에 없던 생산시설을 현지에 새롭게 설립하여 진출하는 방식이다.

이러한 신설은 진출기업 자신이 직접 해외시장 개입의 규모와 생산시설을 통제할 수 있기 때문에 비용이 훨씬 더 적게 소요되며, 진출기업이 피매수기업의 문제점까지를 떠맡지 않아도 된다. 그리고 가장 최신의 생산기술 및 경영기법을 활용할 수 있으며, 생산활동·고용·경쟁을 증대시켜 주기 때문에 피투자국으로부터 환영을 받을 수 있다. 또한 인수합병을 이용하여 진출하고자 하더라도 대상기업을 찾을 수 없는 경우에 차선의 대안으로 이용될 수 있다.

2) M&A

가) M&A의 개념

새로운 사업개념 하에 장래의 사업을 명확히 하고 인재·자원의 조합을 변화시킴과 동시에, 강화해야 할 점은 순조롭게 강화하고, 보충해야 할 점은 순조롭게 보충해 나가는 것이다. 이러한 사업의 재구축을 단기간에 다이나믹하게 진행하는 것이 M&A (merger and acquisition)이다.

이러한 M&A는 합병과 매수, 또는 인수·합병으로 번역되며, 최근 들어 각광을 받고 있다. 여기서 합병(merger)이란 독립적인 두 기업이 하나의 기업으로 합해지는 경우이며, 매수(acquisition)는 어떤 기업이 다른 기업을 매입하는 경우이다. 합병과 매수가 형태에 있어 다르긴 하지만, 과거의 경영진이 새로운 경영진으로 교체된다는 데에는 공통점이 있다.

이러한 개념의 M&A는 외부기업자원을 이용하여 기업을 성장시키는데 목적을 두고서 활용되고 있는 가장 공격적인 국제기업전략으로서, 해외직접투자의 대표적인 전략수단이다. 현재 전 세계적으로 해외직접투자의 거의 50%가 국제M&A형태로 이루어지고 있다

나) M&A의 목적

기업이 M&A를 행하는 목적이나 동기는 일률적이지 않다. 과거에는 규모의 이점(scale merit)을 추구하기 위한 M&A가 수행되었지만, 현재는 기업이 처한 상황에 부응하여 여러 가지 형태의 M&A를 고려해 볼 수 있다. 현재 다음과 같은 목적의 M&A가 수행되고 있다.

구제형 지금까지 한국에서 가장 많이 볼 수 있는 M&A형태의 하나가 구제형 M&A이다. 업적이 현저히 악화하여 경영의 파산에 직면하고 있는 기업을 재건(再建)을 목적으로 지배권을 획득하는 M&A이다. 구제형 M&A의 목적은 도산에 의해 거의 무가치 되어 가는 자원, 노하우를 새로운 결합을 행함으로써 살려나가는 것이다.

재테크(再tech) 기업의 사업내용, 자산내용에 대해 업적이 나쁘고 주가가 낮은 회사를 매수하여 그 기업을 높게 전매하거나, 자산의 일부를 절매(切賣)하여 이익을 높여 나가는 것을 목적으로 하는 M&A이다. 현재 반사회적 행위로서 비난받고 있는 것은 이런 종류의 M&A이다.

다각화 많은 불황산업이 생존영역의 확보를 목적으로 새로운 분야로 진출해 나가

는 경우, 많은 성숙산업이 경영의 안정화를 목적으로 다각화해 나가는 경우, 매출액과 이익의 증가를 목적으로 기업을 성장시키는 경우를 목적으로 하는 M&A이다.

사업의 강화 현재의 사업 및 장래의 사업을 진행하기 위해서나, 부족한 부분을 보충하거나, 전략적 포인트를 보다 강화하기 위해 수행된다. M&A를 통하여 인수한 타 기업의 특별자산, 즉 R&D역량이 확립된 제품명, 현존하는 마케팅네트워크 등을 즉시 활용함으로써 기업들은 세계시장에서의 경쟁력을 강화할 수 있다. 예를 들면 LG전자는 미국의 Zenith사가 갖고 있는 디지털신호처리 및 압축기술을 습득하여 디지털TV와 멀티미디어산업에 응용하고, 미국에서 Zenith사가 갖고 있는 상표이미지를 획득하기 위해 이 기업을 M&A하였다.

사업의 재구축 새로운 사회적 요청에 부응하는 사업의 재구축을 다이나믹하게 행하는 것을 목적으로 하는 M&A이다. 기업들이 M&A로 새로운 가치를 창출할 수 있는 방법은 자본시장에서 낮게 평가된 자산을 구입하거나 또는 사업재구축(restructuring)을 통해 그 기업의 자산가치를 더 높이는 것이다. M&A에 의해 세계적 규모로 사업의 재구축을 진행하고 있는 회사는 Sony이다. Sony는 1987년에 CBS레코드부문을 20억 달러, 1989년에 콜롬비아 영화사(Colombia pictures enterprise)를 46억 달러에 매수하였다. Sony의 경상이익 770억 엔(1989년 3월 회기)과 비교하면 대단히 거대한 기업매수이다. Sony, Columbia, CBS의 사업을 거듭하여 미래를 향해 자원을 재조합하고 Sony, Columbia, CBS의 사업과 수익을 단순히 합산하는 것 이상의 가치를 창조하고자 하는 것이다.

다) M&A의 특색

M&A에는 다음과 같은 여러 가지 이점에 있다.

시간의 절약 일반적으로 가장 널리 인식되고 있는 이점으로는 시간의 절약이다. M&A를 통해 그 부분의 사업에 관한 사람, 설비, 기술의 결합관계를 수행함으로써 사업전개를 신속하게 할 수가 있다.

혁신(innovation)의 촉진 단순히 매출액 증대, 이익증대를 목적으로 한 M&A, 매각이익을 목적으로 하는 M&A를 제외하고, 장기적인 사업전략의 일환으로서 행해지는 M&A는 혁신을 촉진한다. M&A를 통해 미이용 자원과 설비, 그리고 기술자의 활용기회가 증대될 수 있고, 자원의 가치를 높일 수 있는 기회도 증가한다. 또한 기존의 설비를 보다 적절한 용도에 사용할 수도 있는 것이다.

나쁜 관습의 타파 근무시간의 사적이용, 건네지지 않는 교제비, 회사차의 무분별한 사용, 회사자산의 사적 이용, 판매용 자산의 개인적 소비, 불필요한 자료의 계속적 작성, 승인신청 시 대량의 첨부서류 요구 등 무의식으로 행해지고 있는 나쁜 관습들이 새로운 경영자의 눈을 통해 발견되고, 문제가 있는 것은 개정되게 된다.

이러한 M&A에는 다음과 같은 문제점이 있다.

고용기회의 상실 기업의 매수와 부분매각에 의해 사업의 재구축을 급속히 진행하면, 매각부문에 종사하고 있던 사람들의 고용기회가 상실될 가능성이 있다.

재무내용의 악화 대다수의 M&A에서는 개개의 자산내용과 그 기업의 수익력만으로 보면, 값이 싼 경우가 많아 재테크 목적으로 구입하여 전매하는 경우를 제외하고 피매수기업의 수익력만으로 투하자금을 회수하는 것은 곤란하다. 그러므로 차입금을 중심으로 M&A를 계속하는 단순히 사업을 증가시키는 방법은 기업의 재무내용을 현저히 악화시킨다.

7.3 해외시장 진출방법의 선택전략

1. 해외시장 진출방법의 결정요인

기업이 해외로 진출한다는 것은 새로운 이질적인 외국시장에서 사업활동을 전개하는 것을 뜻하므로, 성공적인 해외시장 진출을 기약할 수 있는 구체적인 해외시장 진출방법의 선택은 먼저 전략적인 차원에서 기업내·외의 환경요인에 관한 정보를 수집하고, 이를 분석·평가하는 과정을 거쳐야 한다.

특정기업이 해외시장 진출방법을 결정하는 데 영향을 미치는 요인들은 크게 기업외부요인과 기업내부요인으로 구분되는 데, 이를 구체적으로 살펴보면 [표 7-2]와 같다.

[표 7-2] 해외시장 진출방법 결정의 영향요인

기업 외부요인	- 현지국요인 (1) 거시환경요인 · 정부정책과 규제 · 경제체제 · 주요 경제지표 · 지리적 거리 · 문화적 차이 · 정치적 위험 (2) 시장요인 · 시장규모 · 경쟁구조 · 마케팅하부구조의 가용성과 질적 수준 (3) 생산요인 · 생산요소의 가용성 · 경제하부구조	- 본국요인 · 시장규모 · 경쟁구조 · 생산비용 · 정부정책
기업 내부요인	- 경영자원 및 투입요인 · 경영자원의 보유정도 · 자원투입의지(기업전략/해외사업경험 /최고경영자의 태도)	- 제품관련정도 · 제품의 차별성 · 제품의 형태 · 제품적응성 · 사전/사후서비스 필요성

자료 : F.R. Root, *Entry Strategies for International Market*, Mass. : Lexington Books, 1987, pp. 8~15를 중심으로 재구성하였음.

2. 해외시장 진출방법의 선택모형

기업국제화이론에 따르면 기업의 해외시장 진출은 단기간에 혁신적으로 완성되는 것이 아니라, 계획적이고 점진적인 과정을 거치는 것이 보편적인 것으로 알려져 있다. 다시 말해, 해외시장에 처음 진출하는 기업은 수출과 같이 상대적으로 위험부담이 낮은 방법으로 진출하게 되며, 해외시장에서의 경험이 증대하고, 자본 및 경영능력이 축적되면 보다 높은 위험이 요구되는 해외직접투자의 형태로 전환해 나간다는 것이다.

그러나 모든 기업이 이러한 전개과정을 일률적으로 거치는 것은 아니다. 또한 어느 정도 해외시장경험이 축적된 기업의 경우에는 다양한 해외시장 진출방법이 모두 하나의 선택 가능한 대안이 될 수 있다.

여기서는 국제기업들이 해외시장 진출 시에 직면하게 되는 수출, 국제라이선싱, 해외직접투자 등의 세 가지 대표적인 해외시장 진출방법 중에서 어느 방법을 선택할 것인가에 관한 선택모형으로서 루트의 모형, 러그만의 단순모형, 허쉬의 모형을 살펴보기로 하자.

(1) 루트의 모형

루트(F.R. Root)는 진화론적 관점에서 기업의 해외시장 진출방법 선택문제를 다루고 있는데, 기업은 시간이 지남에 따라 현지시장의 마케팅활동에 대한 통제를 보다 강화하게 되고, 이에 따라 진출방식을 점진적으로 변화시키게 된다.

루트는 통제와 위험의 정도에 따라 기업들이 해외시장 진출방식을 [그림 7-5]와 같이 변화시켜 나간다고 하였다.

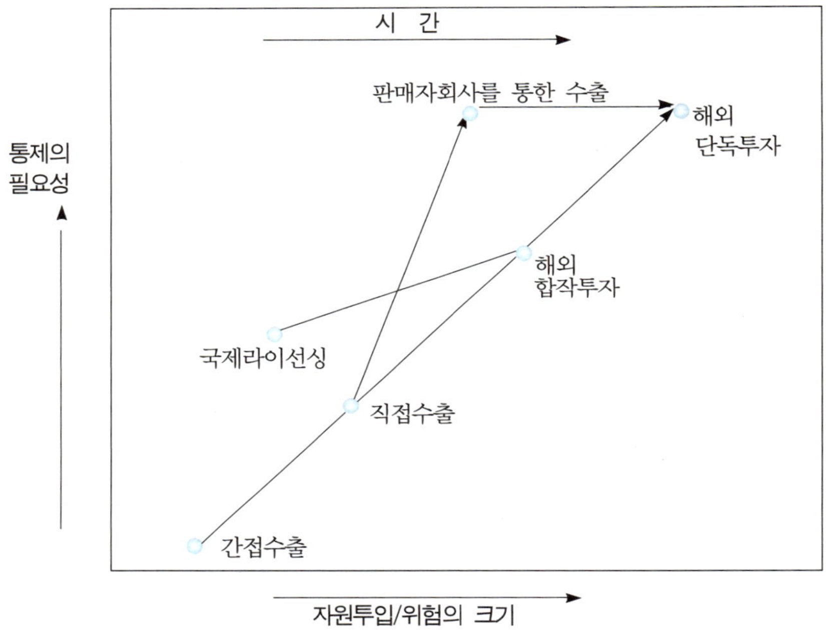

자료 : Franklin R. Root, *Entry Strategies for International Markets*, Lexington, 1994, p.39.

[그림 7-5] 해외시장 진출방법의 전개과정

일반적으로 제조기업들은 간접수출 → 직접수출 → 해외합작투자 → 해외단독투자의 경로를 선택하거나, 또는 간접수출 → 직접수출 → 해외지사나 현지자회사를 통한 수출 → 해외단독투자의 두 가지 경로를 통해 해외시장에 진출하게 된다고 하였다. 물론, 기업의 특성에 따라 진출경로 선택상의 차이가 존재할 수 있다. 예를 들면, 기업규모가 거대한 기업의 경우 해외지사나 현지자회사를 통해 해외영업활동을 수행하다가 단독투자로 전환하여 전개할 수도 있다.

이러한 루트의 모형은 기업의 해외시장 진출방식을 동태적으로 설명하고 있다는 데 큰 의의가 있으나, 국제기업의 해외시장 진출이 언제, 어떤 방식으로 수행되는 것이 가장 적절한지에 관한 기준을 제시하지 못하고 있다는 것이 한계점이라 할 수 있다.

(2) 러그만의 단순모형

러그만(A. M. Rugman)은 기업이 국제화를 추진하면서 선택할 수 있는 전략유형을 수출, 국제라이선싱, 해외직접투자 등 세 가지로 나누고, 이들의 선택과정을 [그림 7-6]과 같은 모형으로 비교적 단순하게 설명하고 있다.

이 모형에 따르면 국제기업들은 우선 위험수준이 낮고 자원투입이 많이 요구되지 않는 수출방식으로 해외시장에 진출하는 것을 선호한다. 기업들은 높은 무역장벽 때문에 수출이 불가능하게 되면 어쩔 수없이 국제라이선싱이나 해외직접투자 등이 활용 가능한 다른 대안을 모색한다. 이때 기업들이 특히 관심을 갖게 되는 것은 기술의 유출위험인데, 만약 기술이 유출되어 경쟁우위를 잠식당할 위험성이 그리 크지 않다면 국제라이선싱을 선택하게 되고, 기술유출위험이 높으면 상대적으로 자원투입이 많이 요구되는 해외직접투자를 선택하게 된다.

이 단순모형의 장점은 국제화를 추진하는 기업이 여러 진출대안에 대한 정보를 수집하고 평가하는데 소요되는 비용과 시간을 크게 절약하고, 신속한 의사결정을 할 수 있다는 데 있다. 그러나 이 단순모형은 기업의 국제화에 내포되어 있는 다양한 비용과 위험 등을 지나치게 단순화함으로써, 목표 대상시장의 사업성기회를 활용하여 기업의

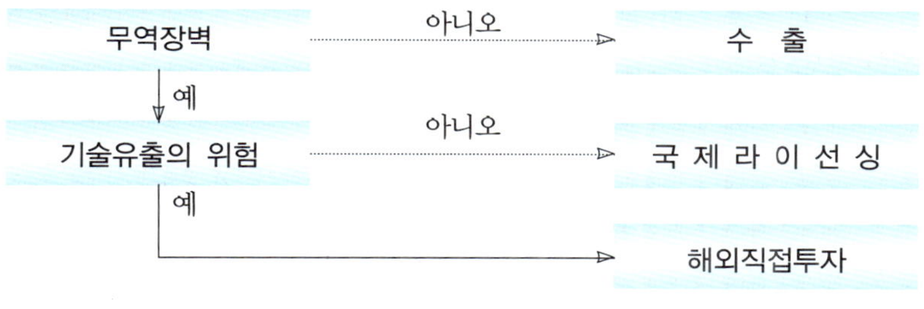

자료 : A.M. Rugman, D.J. Lecraw and L.D. Booth, *International Business: Firm and Environment*, McGraw-Hill, New York, 1985, p.130.

[그림 7-6] 러그만의 단순모형

능력을 충분히 발휘할 수 있는 실제적인 진출방법을 발견하지 못하고 소극적인 해외시장 진출수준에 머무르게 할 수도 있다는 한계가 있다.

(3) 허쉬의 모형

이 모형은 허쉬(Hirsch)에 의해 처음 제시된 이후 약간의 수정을 거쳤으나, 기본적인 골격은 그대로 유지되고 있다. 이 모형에서는 수출, 국제라이선싱, 해외직접투자 등의 세 가지 대표적인 해외시장 진출방법에 따른 몇 가지 비용항목과 그 변화추이에 대한 예측을 중심으로 최적의 해외시장 진출방식을 간단히 수식으로 제시하고 있다.

〈국가특유비용〉

P_d : 본국에서의 생산비

P_f : 현지국에서의 생산비

〈기업특유비용〉

M : 수출마케팅비용(운송비, 보험료, 관세 포함)

F : 외국기업으로서 현지생산활동을 전개할 때 불리한 여건으로 인해 추가적으로 소요되는 비용(cost of foreignness)

K : 국제라이선싱으로 인한 기술적 우위의 잠식과 관련된 비용

수익을 비롯하여 모든 다른 조건이 동일하다고 가정할 때, 수출이나 국제라이선싱, 해외직접투자 중에서 어떤 해외시장 진출방법을 선정하는 것이 유리한지를 다음과 같은 수식으로 나타낼 수 있다.

1. 수출 :
   $P_d + M < P_f + F$, 그리고 $P_d + M < P_f + K$
2. 국제라이선싱 :
   $P_f + K < P_d + M$, 그리고 $P_f + K < P_f + F$
3. 해외직접투자 :
   $P_f + F < P_d + M$, 그리고 $P_f + F < P_f + K$

일반적으로 생산비를 제외한 3가지 비용의 최초의 절대적 크기는 $M < F < K$의 순서로 나타나며, 시간의 흐름에 따라 이들 비용이 감소하는 속도도 $M < F < K$의 순서와 같다.

이 모형을 실제의 의사결정에 사용하기 위해서는 이 밖에 여러 가지 비용, 수익, 위험요소들이 추가되어야 하며, 이들을 현실적으로 측정할 수 있는 구체적인 지표의 마련이 선행되어야 할 것이다.

(4) 힐의 모형

힐(C.W. Hill)은 기업의 해외시장 진출방법을 운송비나 관세율의 높고 낮음, 기술이전의 가능성, 본사의 해외사업 통제 필요성, 그리고 노하우의 보호 가능성 등을 토대로 분석하였다.

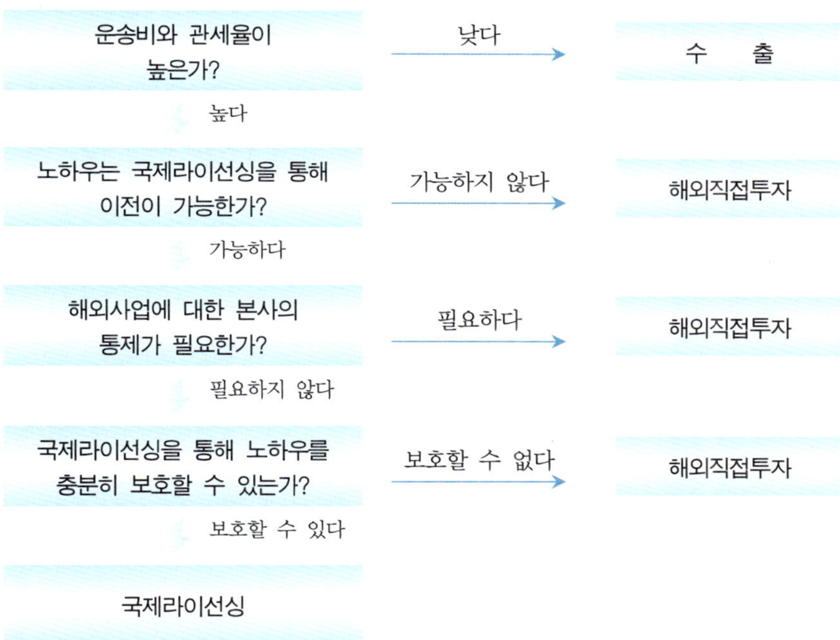

[그림 7-7] 힐의 모형

[그림 7-7]에서 보는 것처럼, 운송비와 관세율이 높지 않을 경우 기업은 수출방식을 선택하고, 반면에 운송비와 관세율이 높을 경우에는 국제라이선싱을 통한 기술이전의 가능성을 판단해야 한다. 만일 국제라이선싱을 통해 기술을 이전할 수 없다고 판단되면 해외직접투자방식을 선택하게 된다. 다음으로 해외사업에 대한 본사의 강력한 통제가 필요할 경우 역시 해외직접투자방식을 선택하게 된다. 그리고 강력한 통제가 필요

없다면 국제라이선싱을 통해 노하우를 충분히 보호할 수 있는지를 분석해야 한다. 만일 국제라이선싱을 통해 노하우를 충분히 보호할 수 있다고 판단되면 국제라이선싱방식을 선택하게 되고, 보호할 수 없다고 판단되면 역시 해외직접투자방식을 선택하게 된다.

연습문제

1. 용어해설문제

- 수출
- 국제라이선싱
- 국제프랜차이징
- 국제턴키프로젝트
- 국제경영계약
- 국제계약제조
- 해외직접투자
- 단독투자
- 합작투자
- M&A

2. 주관식문제

(1) 해외시장 선정에 대해 설명하라.

(2) 해외진출시장 선정의 주요 영향요인에 대해 설명하라.

(2) 해외시장 진출방법 중 계약진출방법에 대해 설명하라.

(3) 해외직접투자가 투자국과 피투자국에 미치는 영향에 대해 설명하라.

(4) M&A의 목적과 특색에 대해 설명하라.

Chapter 08 국제경영전략과 관리

■ 학습목표 ■

1. 국제경영전략과 관련된 기본적인 내용들을 이해한다.
2. 국제생산관리와 관련된 기본적인 내용들을 이해한다.
3. 국제마케팅관리와 관련된 기본적인 내용들을 이해한다.
4. 국제재무관리와 관련된 기본적인 내용들을 이해한다.
5. 국제인사관리와 관련된 기본적인 내용들을 이해한다.

8.1 국제경영전략

1. 국제경영전략의 개념

국제경영전략의 개념을 이해하기 위해서는 먼저 경영전략의 도입배경과 개념을 파악하고, 이것을 국제경영전략에 확대하여 적용하는 것이 바람직할 것으로 생각된다.

'전략'(strategy)의 어원은 고대 희랍의 Strategos라는 말에서 유래되었으며, 원래 '군략'(the art of the general)이라는 뜻을 가지고 있었다. 최근에 들어 '전략'이라는 단어는 정치·사회분야에 한정하지 않고 기업활동, 즉 경영분야에 있어서도 광범위하게 사용되고 있다. 이처럼 경영학에서 경영전략의 개념이 등장한 것은 극히 최근의 일로서, 2차 세계대전 후 기업경영환경의 급속한 변화와 2차 대전 수행기술 등의 기업적 이용과 가속화되기 시작한 과학기술을 경영관리에 적응하고자 하는 시대적 특성을 반영하면서 1960년대 초반부터 생성되기 시작하였다.

이제 21세기에 갓 진입한 2000년대의 기업경영환경은 「제3의 물결」(Tofler, 1980)로 상징되는 급속한 기술진보와 그것에 따른 사회구조의 변화, 소비자기호의 다양화와 고급화, 근로자 가치관의 변화, 더 나아가 가속화되는 글로벌화의 진전 등으로 더욱더 급속히 변화하고 있으며 불투명해지고 있다. 이러한 상황 하에서 하나의 기업을 장시간에 걸쳐 존속시키며, 성장·발전을 도모하는 일은 대단히 중요하고 어려운 문제로 제기되었는데, 여기에 열쇠를 제공해 주는 것이 경영전략인 것이다.

많은 학자들이 경영학에의 전략개념 도입을 통해 경영전략의 개념정립을 시도해 왔으나, 아직까지 통일된 개념은 없다. 그러나 이들의 공통점을 종합해 볼 때, 경영전략은 기업의 비전을 달성하기 위하여 기업의 목표를 설정하고, 기업의 내부잠재력(강점과 약점)을 파악하고, 불확실한 외부환경(기회와 위협요소)에 대응하여 환경을 능동적으로 창조하거나, 환경에 효율적으로 적응하려는 기업활동의 방향과 자원배분의 의사결정에 관한 종합적인 대안이라는 점이다.

그러므로 경영전략이란 "기업내·외적인 끊임없는 환경변화와 도전에 대응하면서 기업이 생존하고, 목표를 달성하며, 더 나아가서 기업의 발전과 성장을 위한 모든 행위, 즉 외부적 환경조건의 변화를 예측해서 그것에 적응할 수 있는 경영구조조건을 결정하고, 그것을 위해서 제 자원을 획득하고 효율적인 배분을 하는 것"으로 정의할 수 있을 것이다.

최근 들어 이러한 범세계적 경영활동을 수행하는 기업들은 지역별 대응을 요구하는 현지화와 더불어 범세계적 규모의 경제 활용을 요구하는 글로벌화라는 국제경영환경의 변화를 경험하고 있다. 즉, 한편으로는 혁명적인 교통·통신수단의 발달, 국가간 무역장벽의 완화, 생산기술의 발달과 더불어 국내소비량을 초과하는 규모의 경제단위의 확대, 개도국들의 소득수준 향상으로 세계시장의 확대, 소비자 욕구의 동질화 등으로 세계가 거대한 하나의 시장으로 변해 가는 글로벌화현상이 제기되고 있고, 다른 한편으로는 국가마다 상이한 시장구조와 소비자의 선호도 등 현지화의 요구가 여전히 공존하고 있다. 이처럼 "상반된 두 갈래의 국제경영환경 변화에 기업들이 어떻게 조화로운 대응을 해나가느냐"가 중요한 과제가 되고 있다.

이처럼 범세계적으로 경영활동을 전개하고 있는 기업들이 기본적이고 장기적인 목표를 설정하고, 이 목표를 달성하기 위하여 자사의 자원과 능력을 국제경영환경 변화에 최적으로 결합하는 일련의 의사결정을 국제경영전략이라 할 수 있다. 특히, 오늘날과 같이 치열해지는 글로벌 경쟁시대에 있어서의 국제경영전략은 보다 체계적인 환경분석과 환경에 대한 대응전략이 기업생존을 위한 핵심요소가 되고 있다.

2. 국제경영전략의 수립절차

(1) 전략수립 팀의 구성

국제경영전략의 수립과정에 다른 부서와 다른 국가의 경영자들을 참여시키는 것은 전략성공에 절대적으로 필요하므로, 이에 참여시키는 사람들을 선택하는 것은 무엇보다 중요하다 하겠다. 이러한 전략수립 팀에는 전 세계적 사업을 책임지고 있는 경영자, 사업 관련 상급자, 주요 지역이나 국가의 총책임자, 주요 부서의 총책임자 등과 같은 사람으로 구성될 필요가 있다.

(2) 장기비전의 설정

신규사업을 시작하거나 기존 사업의 방향을 재정립하고자 할 때 가장 먼저 해야 할 일이 기업의 비전을 정립하는 것이다. 기업의 비전은 기업철학을 구체화한 것으로, 기업이 미래에 나아가고자 하는 통일된 방향을 표현한다. 이러한 기업의 비전은 향후 전략대안의 개발과 평가를 위한 토대가 될 뿐만 아니라, 모든 차원의 관리자들에게 의사결정의 지침을 제공하게 된다.

(3) 외부환경분석

외부환경분석의 단계는 기업이 국내, 해외, 국제환경에서 직면할 수 있는 현재와 미래의 국제환경요인들의 기회(opportunities)와 위협요소(threats)를 평가는 과정이다. 모든 환경변화가 기업에게 결정적인 영향을 미치는 것은 아니므로, 중요한 영향을 미치는 핵심환경요인을 중심으로 외부환경을 분석하는 것이 평가를 용이하게 한다.

(4) 내부환경분석

내부환경분석은 외부환경분석에서 도출된 환경이 주는 기회와 위협에 대해 기업이 이를 얼마나 이용하고, 이에 대처해 나갈 수 있는 내부자원과 능력 면에서의 강점(strength)과 약점(weaknesses)을 분석하는 것이다. 이 분석 과정은 각 시장과 국가에서 기업이 보유한 경쟁역량을 확인하는 것이다. 기업의 내부환경분석에서 도출된 강점과 약점은 동종기업들 중에서 뛰어난 최우량 경쟁기업들과 비교하여 분석된 것이어야 한다. 또한 기업의 사업 또는 제품들에 대해 자원배분의 형태와 조직의 구조적 측면까지도 분석하여야 현재의 강점과 약점을 파악할 수 있다.

(5) 전략적 목표의 설정

앞의 두 가지 분석을 통하여 기업은 경영환경의 변화를 최대한 활용하고 자사의 강점과 약점을 충분히 반영한 전략적 목표를 설정하게 된다. 이러한 전략적 목표는 기업의 아주 기본적이고, 장기적으로 추구해야 하는 목표로서 간결하고, 명백하고, 수량적으로 의미가 있고, 시간적인 베이스에서 실현가능한 것들이어야만 한다. 예를 들면, “3년 내 세계시장에서 5%의 시장점유율 향상”이나 “5년 이내에 100억 달러의 판매량 달성” 등과 같은 것이다.

(6) 전략대안의 개발과 선택

국제경영전략은 기업에 대한 환경의 압력과 기업의 자원능력, 목표의 성취를 전제로 한 기본적인 수단이다. 이때의 전제사항으로서 가장 먼저 고려해야 할 것이 바로 기업이 나아가고자 하는 통일된 방향을 보여주는 기업의 비전에 비추어 그 타당성 여부를 평가하는 것이다.

전략선택의 과정은 기업사명의 달성을 위해 한정된 자원을 어디에 투입하는 것이 좋을지를 결정하는 것이다. 뿐만 아니라 이러한 전략선택은 실행가능성을 원칙으로 하며, 환경변화에 적합한 적시성을 가지고 있어야만 한다. 또한 전략대안은 이미 기업에서 실행하고 있는 기존 전략과의 관련 하에 도출되어야만 하며, 최고경영자의 의지 및 전체적인 차원에서 시너지효과와 조직의 실행능력 등을 충분히 고려하여 선택되어야만 한다.

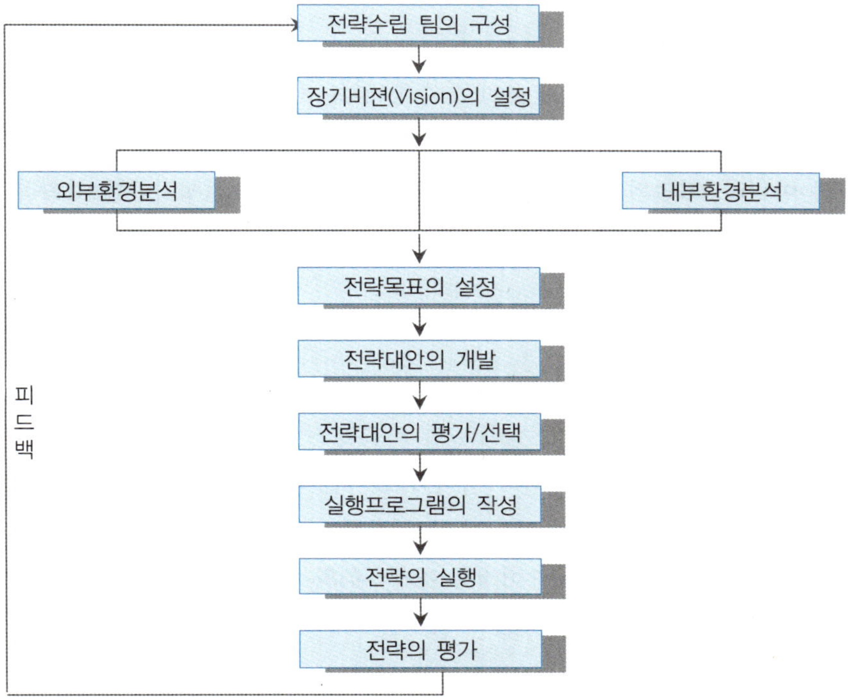

그림 8-1 국제경영전략의 수립절차

(7) 실행계획의 작성

전략의 선택이 이루어지려면 전략의 집행을 위한 실행계획이 수립되어야 한다. 만일 선택된 전략이 새로운 제품시장에 진입하려는 것이라면 진입을 위한 수단으로서 신제품 개발을 위한 체계적인 계획이 수립되어야 할 것이고, 새로운 설비와 인력을 확보하기 위한 계획이 뒤이어 작성되어야 한다. 이러한 실행계획이 수립되면 거의 동시에 필요한 자원량이 결정되고, 이에 따라 예산이 수립되게 된다.

(8) 전략의 실행

"실행되지 않는 전략은 전략이 아니다"라는 말이 있을 정도로 전략의 실행은 국제경영전략에서 중요한 위치를 차지하고 있다.

(9) 전략의 평가

전략의 평가는 기업의 전략이 올바로 수행되었는지, 또한 전략적 목표에 일치하고 있는지를 확인하는 과정이다. 이러한 전략의 평가는 이를 피드백하여 전략의 수정 및 변경뿐만 아니라, 기업의 장기비전에도 반영되어 기업의 사업성기회를 지속적으로 창출하는데 활용하게 된다.

3. 국제경영전략 수립을 위한 기초개념

오늘날과 같이 국제환경의 변화가 급격하고 기업 간 경쟁도 치열한 시대에 있어서, 기업들의 경쟁우위를 확보할 수 있는 전략의 책정과 실행이 요구되고 있다. 그 경쟁우위는 어떻게 구축되어야 하는가? 이것은 경쟁우위의 원천은 무엇인가 하는 문제와 밀접하게 연결되고 있다. M. E. Porter는 글로벌 차원에서의 기업의 경쟁우위는 기업의 가치사슬 내의 활동배치와 조정방식에 따라 결정된다고 하였다.

기업이 이러한 글로벌 경쟁우위를 구축하기 위해서는 국가의 비교우위(comparative advantage)와 기업의 경쟁우위(competitive advantage)의 활용이 중요하다. 즉, 글로벌화는 기업들이 국가 간의 차이에 따른 비교우위(부가가치활동의 배치와 조정), 범세계적인 규모의 경제·범위의 경제·연결의 경제를 통해 본원적 경쟁우위를 달성할 수 있는 기회를 제공해주기 때문이다.

그러므로 국제경영전략을 수립하기 위해서는 (1) 비교우위 (2) 규모의 경제성 (3) 범위의 경제성 (4) 연결의 경제성 (5) 가치사슬 등의 개념을 우선적으로 파악해야 한다. 그래야만 이러한 개념들의 이해와 응용을 바탕으로 글로벌 경쟁우위를 구축을 위한 국제경영전략을 수립할 수가 있게 된다.

(1) 비교우위

글로벌화는 기업으로 하여금 국가 간에 발생하는 노동비용, 자본비용, 기타 생산요소비용의 차이를 활용함으로써 원가를 절감할 수 있도록 해준다. 이러한 생산요소비용이 국가간 차이에 따른 비교우위는 경쟁우위의 원천으로서 가장 일반적으로 논의되고 있다. 즉, 국가에 따라 자본, 노동 등의 생산요소비용에 차이가 있기 때문에, 기업은 생산비용이 가장 낮은 국가에 생산거점을 설립하여 사업활동을 전개하면 경쟁우위를 얻을 수 있다고 하는 사고방식이다.

후술할 M. E. Porter의 가치사슬 개념에서 생각해 보면, 이것은 기업이 생산비용이 가장 낮은 국가에 각 활동을 배치함으로써 가치사슬을 형성하는 것을 의미한다. 이러한 비교우위의 방식에 입각하면, 예를 들면 노동집약적 산업은 노동임금이 낮은 국가에 배치하고, 자본집약적 산업은 자본비용이 낮은 국가에 배치하면 경쟁우위를 획득할 수 있다. 일반적으로 선진공업국은 자본이나 기술면에서 비교우위가 있고, 신흥공업국이나 개발도상국은 생산·노동면에서 비교우위가 있다.

세계인들의 욕구가 공통화하고 지구상의 많은 시장이 점차적으로 동질화 해가고 있다고 말할 수 있으나, 한편으로는 세계의 국가들 간에는 아직도 다양한 차이가 있기 때문에 이 비교우위의 사고방식은 현재까지도 상당히 설득력이 있다. 그러나 이러한 국가의 비교우위를 활용하는 것만으로 기업을 글로벌 경쟁우위를 확보할 수가 없다. 예를 들면 많은 기업이 노동비용이 저렴한 특정한 국가에서 똑같이 생산거점을 설립한다고 하면, 동일 조건하에서의 경쟁이 되어버리기 때문이다. 따라서 국가의 비교우위는 기업의 경쟁우위 구축에 있어서는 결정적인 것은 아니다. 여기에 기업의 경쟁우위가 중요하게 된다.

(2) 규모의 경제성

지금까지 많은 연구자에 의해 지적되어 왔지만, 기업이 경쟁우위의 거대한 원천으로서 규모의 경제성(economy of scale)이 있다. 이것은 기업규모의 확대에 따라 제품 단위당 생산비용이 저하하는 경향을 말하며, 전문화나 대량생산 그리고 대량판매 등에 의해 가능하게 되었다. 기업이 세계시장의 동질화현상에 착안하여 제품이나 제조방법 등을 표준화하면 생산, 유통, 마케팅 측면 등에 있어서 규모의 이점(scale merit)을 향유할 수 있다. 이 때문에 규모의 경제성을 추구하는 기업은 그것을 추구하지 않는 기업에 대해서 경쟁우위를 획득하게 된다.

규모의 경제성을 추구하는 기업은 세계를 하나의 시장으로 고려하여, 어떤 국가에 있어서도 동일한 제조방법으로 동일한 제품을 생산하여 판매하고자 한다. 따라서 그의 생산비용도 상대적으로 저하하는 것이다. 그러므로 그러한 기업은 글로벌시장에서 경쟁우위를 확보할 가능성은 있지만, 반대로 그러한 기업은 대규모이기 때문에 조직적으로 경직화할 가능성이 있다. 그러므로 규모의 경제성을 추구하는 기업은 격변하는 오늘날과 같은 국제환경에 신속히 대응할 수 없고, 오히려 그의 경쟁우위를 상실하고 마는 경우도 없지 않다.

(3) 범위의 경제성

최근 세계인들의 욕구가 동질화함으로써 지구상의 많은 시장이 동질화로 이행해가고 있으나, 아직도 세계인들의 가치관이나 욕구는 다양하다. 여기에 규모의 경제성을 대신하여 범위의 경제성(economy of scope)을 추구하는 기업도 많다. 이것은 개개의 기업이 제품을 따로 따로 생산하는 것보다도 하나의 기업에서 복수의 제품을 동시에 생산하는 것이 생산비용을 저하하게 된다는 것이다. 즉, 2개 이상의 제품을 연계하여 생산할 때 공정상 필요한 투입요소를 공동으로 활용함으로써 비용이 이들 제품을 별도로 생산하는 경우에 소요되는 비용보다 적게 드는 경제적 효과를 말한다. 이것은 어떤 제품의 생산프로세스 중에 다른 제품을 생산하는데 비용이 관계되지 않는 전용 가능한 '공통생산요소'가 포함되고 있기 때문에 발생한다. 제품, 시장, 사업에 걸쳐 이러한 것들을 공유할 수 있기 때문에, 기업은 최근의 시장환경이 요구하고 있는 다품종 소량생산을 비교적 적은 생산비용으로 가능하게 된다.

일반적으로 다각화된 기업은 이러한 경제성을 추구하고 있다. 그러나 범위의 경제성은 하나의 경제주체를 전제로 한 개념이고, 최근 정보화의 진전과 정보네트워크시대의 도래와 함께, 한층 격변하고 있는 오늘날의 국제환경을 고려하면, 기업의 경쟁우위를 결정하는 유일한 원리는 아니다.

(4) 연결의 경제성

확실히 범위의 경제성은 규모의 경제성을 대신하는 새로운 개념으로서, 국제비즈니스에서는 상당히 주목받고 있지만, 최근에는 정보네트워크시대의 도래와 함께 연결의 경제성이 주장되기 시작하고 있다. 연결의 경제성(economies of affiliation)이란 "복수주체간의 네트워크의 결합이 만들어내는 경제성"이고, 국제환경의 변화와 기업간 경쟁의 격화라고 하는, 소위 기업의 환경조건을 고려하면 지극히 중요하게 되는 개념이라고 생각된다.

연결의 경제성을 추구하면, 기업은 규모의 경제성이나 범위의 경제성에서 볼 수 있는 것과 같은 비용절감을 초월한 효과를 기대할 수 있다. 즉, 연결의 경제성을 추구하는 기업은 외부자원의 활용은 물론이고, 그 외에도 정보연결의 시너지효과, 학습효과, 신용의 창출효과 등을 기대할 수 있다. 환경변화가 급격하여 단독기업으로는 그 변화에 충분히 대응할 수 없는 오늘날과 같은 시대에 있어서 연결의 경제성은 기업에 새로운 비즈니스의 지평(地平)을 개척하는 개념으로서 대단히 주목받고 있는 것이다.

(5) 가치사슬

기업이 글로벌화 하여 성공적으로 기업을 운영하기 위해서는 기업의 제반활동을 범세계적으로 통합할 수 있는 경쟁우위의 능력이 있어야 한다. Michael E. Porter는 경쟁력의 원천이 기본적으로 기업특유의 경쟁우위에 있으며, 이러한 경쟁우위는 설계, 생산, 마케팅, 배달, 지원서비스활동 등 기업이 수행하는 수많은 개별 활동으로부터 나오는 것이기 때문에 기업 전체적으로 보아서는 이해할 수 없다고 보고 가치사슬(value chain)이란 개념을 도입하여 가치사슬상의 기업활동을 범세계적으로 배열(configuration)하고 조정(coordination)함으로써 국제기업이 경쟁우위를 채택할 수 있는 전략대안을 제시하였다.

가치사슬이란 부가가치를 창출하는 기업 내의 모든 가치창출활동들이 연결된 체계이다. 그는 기업활동은 제품의 설계, 제조, 판매, 유통, 지원서비스에 관해 수행하는 제반 활동으로 구성되며, 또한 그러한 활동들은 고객에 대해 가치를 창조하는 활동으로 [그림 8-2]와 같이 가치사슬을 나타내고 있다.

우선 기업의 활동은 크게 두 가지 그룹의 활동으로 대별되며, 구체적으로는 9가지 세부적인 활동으로 분류된다. 그 첫 번째가 '본원적 활동'이라 부르며, 제품이나 서비스의 물리적 창조 및 그것의 판매와 판매후의 지원에 관한 활동이다. 이것에는 구매물류, 생산, 출하물류, 판매·마케팅, 애프터서비스라고 하는 활동이 있다. 둘째는 '지원활동'이라 부르는 것으로 지원활동에 대한 지원이나 사회간접시설을 제공하는 활동이다. 이것에는 조달지원, 기술개발, 인적자원관리, 기업하부구조라고 하는 활동이 있다. 이 중에서 본원적 활동의 구매물류, 생산 등은 '상류활동'(upstream)이고 애프터서비스, 판매·마케팅 등은 '하류활동'(downstream)이다.

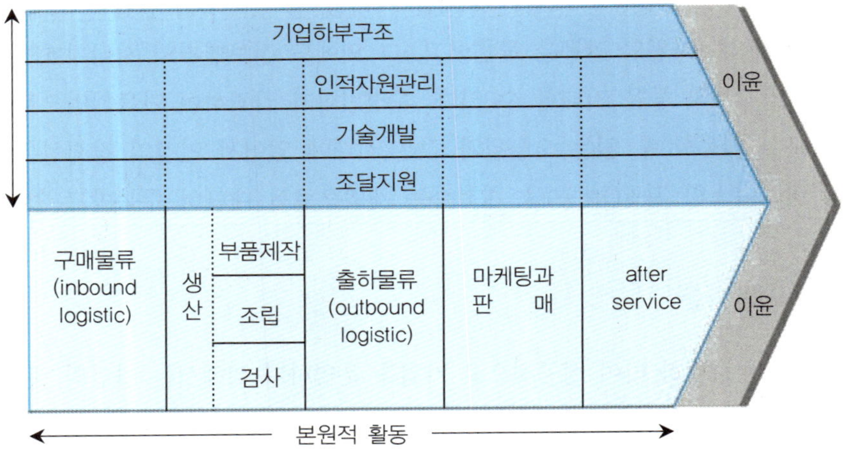

자료 : M. E. Porter, Compelition in Global Industries, Harvard Business School Press, 1986, p.21.

▌그림 8-2▌ 가치사슬

이러한 기업의 활동은 기업 전체적으로 보면 각기 독립적인 것이 아니라, 고객에 대해 가치를 창조하는 활동으로서 각기 연결되고 있다. 그러므로 기업의 활동은 가치사슬을 이루고 있는 것이다. 기업은 이 가치사슬의 활동을 통해서 경쟁우위를 확보하는데, 최근과 같은 글로벌경쟁 시대에서는 그 가치사슬 내의 활동의 입지, 담당기업의 선정, 개시 타이밍 등의 결정이 극히 중요하게 된다. 즉, 기업 가치사슬내의 활동을 (a) 어느 국가에서 행할 것인가? (b) 자사가 독자적으로 수행할 것인가? 타사와의 제휴를 통해 수행할 것인가? (c) 지금 즉시 수행할 것인가? 3년마다 또는 5년마다 수행할 것인가 하는 결정이 중요하게 되는 것이다.

8.2 국제생산관리

1. 국제생산관리의 성격

일반적으로 생산관리란 “소정의 제품이 소정의 가격, 품질, 수량, 기일 등에 맞추어 생산이 완료될 수 있도록 합리적으로 생산활동을 계획·조직·통제하는 것”을 뜻한다.

그리고 국제생산관리란 "국제적 차원에서 생산활동을 계획하고 조직하며 통제하는 모든 행위, 즉 단순히 제품생산만을 의미하는 것이 아니라, 제품생산에 필요한 원료의 확보에서부터 생산된 제품을 해외시장에 공급할 때까지의 모든 과정과 관련된 활동을 포괄하는 광의의 개념"으로 이해되어야 할 것이다.

이렇게 볼 때 국제생산관리는 국제기업이 생산비나 수송비, 규모의 경제, 진입비용 그리고 기타요인들을 고려하여 제품을 생산하고, 동시에 생산된 제품을 목표시장에 가장 효율적으로 공급할 수 있는 방법들을 마련하는 데 그 의의가 있다. 다시 말해 각 지역의 생산자원의 비교우위를 효율적으로 활용하여 국제경쟁력을 제고시키고자 하는 데 그 목적이 있다.

최근 들어 기업의 국제화가 급진전됨에 따라, 기업들은 본국에서 생산된 제품을 수출하는 해외지향적 기업에서부터 현지에서 생산뿐만 아니라 마케팅을 동시에 전개하는 현지지향적 기업으로 변화하고 있다. 이처럼 기업들이 전 세계시장을 대상으로 유리한 생산입지를 찾아 공장을 이전시키고 있어 생산활동면에서 새로운 경영관리가 요구되고 있다.

해외에서의 생산관리는 국제경영의 관리적 측면에서 보면 국내에서보다 더욱 복잡하고 어렵다. 이는 국제환경이 국내환경과는 정치, 경제, 사회, 문화적 환경과 제도가 근본적으로 상이할 뿐만 아니라, 국제환경에는 현지국 정부가 존재하는 등의 특성이 있기 때문이다. 특히 국제생산관리에 있어서는 국제생산입지의 선정, 국제소오싱, 국제로지스틱스 등이 어렵고 복잡한 과제로 등장한다.

2. 국제생산입지의 선정

기업 생산시스템의 효율성은 생산입지에 의해 크게 영향을 받는다. 생산입지의 중요성은 입지 그 자체가 제품의 생산원가에 막대한 영향을 미친다는 점에 있다. 생산공장이 입지해 있는 지역에 따라 제품원가를 구성하는 수송비, 노무비, 동력비 및 용수비 등의 차이가 크다. 특히 생산비용이 가장 저렴한 지역을 찾아 투자하는 생산효율추구형 투자의 경우에는 생산입지가 제조원가에 미치는 영향이 더욱 커지게 된다.

생산입지가 일단 정해지고 나면 자연적·지리적·경제적·사회적 조건의 변경이 거의 불가능하기 때문에, 입지선정의 적부는 그 생산공장의 성패를 좌우하는 중요한 문제가 된다.

해외공장의 입지조건은 업종, 규모, 작업성질 등에 따라 다르겠지만, 일반적으로 다음의 요인들을 고려하여 선정하는 것이 좋다.

① 현지국의 정책과 제도이다. 현지국 정부의 정책 및 제도는 투자기업의 사활을 좌우할 만큼 중요한 영향을 미친다.

② 현지국의 기술적 요인이다. 이러한 기술적 요인은 생산공정과 관련된 것으로, 이에는 공장의 규모, 기계, 공정, 제품설계, 기타의 기술적 측면을 말한다. 기업은 원자재, 부품 등은 현지가용성에 맞추어 기술수준이 결정되며, 그에 따라 생산공정을 변경해야 하며, 또한 현지부품 사용의무비율에 관한 규정에 의해서도 기술수준을 현지국별로 적응시켜야 한다.

③ 현지국의 생산인력이다. 개도국에서는 공장의 생산계획, 통제기능을 담당할 생산관리요원을 구하기가 힘들고, 작업자들에게 올바른 생산기술을 익혀주고 건전한 작업태도를 심어주기가 어렵다. 그러므로 현지공장의 기계, 시설, 생산계획 및 통제시스템 등을 결정할 때에는 현지종업원의 가치관, 관습, 태도 등을 고려해야 한다.

④ 현지국의 지원산업 여부이다. 국제기업의 해외생산은 현지의 지원산업에 크게 영향을 받는다. 국제기업이 개도국에서 현지생산을 할 때 원부자재 구매문제와 생산문제에 직면하게 되면, 높은 원가의 저질제품이 이익을 압박하여 적자가 발생할 가능성이 높아진다. 만일 현지 지원산업이 적절하지 못할 경우에는 당해 현지공장을 수직적으로 통합하여 주요 부품만이라도 자체생산 및 조달하거나, 주요 부품을 본사나 제3국의 타기업으로부터 수입하여 활용하는 전략을 구사해야 할 것이다.

국제생산입지의 결정과정은 먼저 대상지역을 검토한 후, 특정 지역을 선정하고, 선정된 지역의 부지를 평가하여 최종적으로 생산입지를 결정하는 등 대개 세 단계를 거친다.

3. 국제소오싱과 국제로지스틱스

(1) 국제소오싱의 성격

기업들은 과거 최종제품을 다른 나라에 수출하거나 또는 한 지역에 판매되는 제품을 어떤 특정지역에서 생산하는 방식으로 경영을 전개하였다. 그러나 오늘날은 제품계열 간에 그 구분이 모호해지고 있는데다가 세계 전체의 수출에서 기업내무역(intra-company trade)이 차지하는 비중이 크게 늘어나고 있다.2)

대부분의 국제기업들은 세계시장을 대상으로 영업활동을 수행하기 위해서, 생산에 필요한 소재 및 부품을 여러 국가에서 조달한다. 이러한 상황은 국제생산관리에서 소오싱활동이 중요해지고 있음을 나타낸다.

소오싱(sourcing)이란 넓은 의미에서 토지, 건물, 기계, 공구, 비품 등 설비의 구입, 그리고 원재료 및 물품의 매입, 노동력, 자본의 조달 등 구매활동을 말한다. 그러나 기계설비의 구입은 생산관리, 노동력의 조달은 노무관리, 자본의 조달은 재무관리의 문제로 다루어지므로, 순수한 의미의 소오싱은 원재료 및 물품의 구매활동이라 할 수 있다. 즉, 소오싱은 "생산에 필요한 원재료 및 물품을, 유리한 가격으로, 필요한 시기에, 적당한 공급자로부터 합리적으로 구입하기 위한 구매관리"를 의미한다.

한편, 국제소오싱(international sourcing)이란 "간접판매를 위한 완제품의 구매뿐만 아니라, 직접판매를 위한 완제품 생산에 필요한 원자재, 부품, 자본, 인적자원, 기술 등을 전 세계에 걸쳐 최적지로부터 구입하는 방법"을 말한다.

[그림 8-3]은 국제소오싱을 알기 쉽게 나타낸 것이다. 그림에서 보는 바와 같이 제품에 대한 원자재, 소재 및 부품의 조달, 부품생산과 조립가공공정, 그리고 판매의 과정에서 기업은 어느 지역을 선택할 것인가에 관한 대체안을 보여 주고 있다. 즉, ① 외부로부터 구입할 생산자원 결정과 필요한 생산자원을 공급할 최적의 공급선 발굴 등 생산자원의 조달계획, ② 제조생산계획, ③ 로지스틱스 및 판매계획이 서로 연계되어 이루어져야 한다.

---

2) 오늘날 세계무역의 3분의 1 이상은 전 세계에 퍼져 있는 40,000여개 다국적기업 모회사들과 250,000여 개 해외자회사들 간에 사내무역, 즉, 기업내 무역으로 이루어지고 있다.

자료 : J.D. Daniels, L. H. Redebaugh, *International Business and Operations*, NY, Addision-Wesley Co.9 5th ed., 1989, p.432.

[그림 8-3] 국제소오싱

이러한 국제소오싱의 일반적인 동기는 다음과 같이 구분할 수 있다.

① 국내에서 부품 및 원자재의 구입이 곤란한 경우

② 외국의 부품이나 원자재 가격 또는 품질 면에서 유리한 경우

③ 외국에서 도입된 제조기술에 의존하여 제품을 생산하는 겨우

④ 현지국에서 제품을 생산할 경우 현지부품비율의 충족에 유리한 경우

이상과 같은 동기로 국제기업들은 해외소오싱을 제품생산의 원가를 절감하고 품질을 향상시키는 방향으로 추진하게 된다. 원자재가 중요한 산업의 경우는 원자재 조달이 용이한 지역에 생산입지를 결정하게 되고, 기술력이 부족한 기업의 입장에서는 기술이 우수한 지역에 생산입지를 결정함으로써 다른 기업의 기술을 흡수하여 경쟁력을 갖추려고 노력하게 된다. 또한 현지국의 제도에 의해 현지국에서 생산하는 일정비율 이상의 부품을 이용해야, 그 지역에 대한 수출이 가능한 경우 국제소오싱은 효과를 발휘하게 된다.

국제소오싱이 갖는 이점에도 불구하고, 기업들이 국제소오싱을 할 경우 ① 공급라인이 길어지고, ② 재고수준이 높아지며, ③ 환율변동으로부터의 영향 등 리스크에 직면한다.

이러한 국제소오싱은 언어, 거리, 문화 등의 상이성으로 인하여 국내소오싱에서 나

타나지 않는 여러 가지 문제로 국내소오싱보다는 훨씬 고려해야 할 사항이 많고, 더 복잡하고 세분화된 기법을 통해 해결해 나가야 한다.

(2) 국제소오싱과 적시조달시스템

국제소오싱이 점차 확산되면서 소오싱에 따른 위험을 완화시키고자 하는 노력들이 다양하게 나타나고 있다. 기업들은 최신의 재고통제기법을 자사의 새로운 공급시스템에 통합시키고자 하는 것이다. 기존의 국내소오싱뿐만 아니라, 새로운 국제소오싱 지역으로부터 발생하는 내부재고를 관리하기 위해 적시조달시스템(JIT : just-in-time)을 채택하고 있다.

이는 본래 일본적 생산시스템의 하나로서 제조원가와 재고비용을 감소시키기 위해 원하는 시간에 필요한 부품을 공급할 수 있도록 제조업자와 부품 공급업자들간의 관계를 시스템화시킨 것이다. 즉 부품을 미리 구매하여 대량으로 쌓아 두던 종래의 방식과는 달리, 부품이 적시에 생산공정에 도달하게 하는 방식을 의미한다. 그 결과 기업은 유휴재고가 줄어 재고부담을 하지 않음으로써 자금부담과 재고관리비용을 감소시킬 수가 있다. 이는 곧 조달된 부품의 불량률이 극히 낮아야 하고, 부품의 조립공정에의 도달시간도 정확해야 한다는 전제조건을 필요로 한다.

그런데 JIT시스템의 아이디어는 국내중심의 소오싱전략을 추구하는 경우에 더 적합한 개념으로 이해된다. 왜냐하면 해외로부터의 부품 등의 조달은 공급라인이 길어서 예기치 못한 사고로 인해 JIT시스템이 적용될 가능성이 적어지기 때문이다.

그러나 최근 들어 운송기술의 발달, 고객중심의 서비스 제고, 로지스틱스 개념의 활성화로 국제소오싱에도 JIT시스템이 확산되고 있는 추세에 있다.

(3) 국제로지스틱스

기업의 글로벌화가 급속히 진전되고 있는 오늘날에는 어떻게 하면 전 세계적으로 분산된 생산거점들을 가장 효율적으로 네트워크화하여 원재료, 부품, 완제품의 흐름을 합리화하고 생산거점간의 유기적인 관계를 유지할 것인가 하는 것이 점차 중요한 과제가 되고 있다. 더구나 수출에 따른 로지스틱스 비용이 전체 비용의 10~25%를 차지하게 됨에 따라 국제로지스틱스의 전략적 중요성이 더욱 높아지고 있다.

국제로지스틱스(international logistics)란 “원료취득지점으로부터 최종소비지점에 이르기까지의 제품의 흐름과 그에 따른 정보의 흐름을 용이하게 하는 모든 이동 및 저장활동과 관련된 계획, 조직, 통제"를 뜻한다. 즉 국제간에 행해지는 투입물과 산출물의 운송과 저장의 통합적 조정을 말한다.

이러한 국제로지스틱스는 [그림 8-4]에서 보는 것처럼, 국제물적공급(international physical supply)과 국제물적유통(international physical distribution)으로 구분할 수 있다. 국제물적공급에는 제품을 생산하기 위한 원재료 획득, 수송, 재고, 포장, 하역, 정보처리 등과 같은 활동이 포함되고, 국제물적유통에는 생산된 제품을 소비자에게 제공하기 위하여 이루어지는 제품계획, 포장, 주문처리, 수송, 창고관리, 하역, 재고관리, 정보처리 등과 같은 활동이 포함된다.

기업의 글로벌화가 급속히 진전되고 있는 오늘날에는 어떻게 하면 전 세계적으로 분산되어 있는 생산거점들을 가장 효율적으로 네트워크화하여 원재료, 부품, 완제품의 흐름을 합리화하고 생산거점 간의 관계를 유기적으로 유지할 것인가가 중요한 과제가 되고 있다.

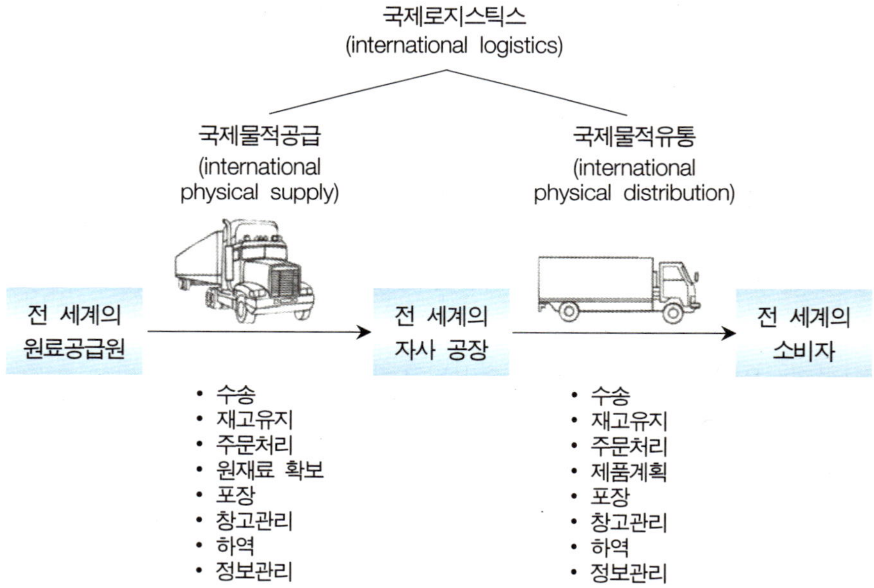

[그림 8-4] 국제로지스틱스의 범위

이러한 국제로지스틱스는 2개국 이상에 걸쳐 행해진다는 점에서, 그 활동내용면에서 수송이 주체가 되고 있고, 이에 부수하여 하역, 포장, 보관 및 정보의 제 활동이 수송기능을 강화하는 형태를 행해지고 있다.

국제로지스틱스기능을 합리적이고 성공적으로 수행하기 위해서는 국제로지스틱스를 구성하고 있는 수송, 포장, 보관 등의 개개 기능이 합리적으로 이루어져야 할 뿐만 아니라, 이들 모든 기능이 하나의 통합된 세계적 로지스틱스시스템으로 구축됨으로써 출발점에서 도착점에 이르기까지의 일관된 총체적인 합리화를 도모하고 운영되어야 한다.

8.3 국제마케팅관리

1. 국제마케팅의 성격

(1) 국제마케팅의 의의

세계를 하나의 공동체로 형성시켜 가고 있는 강력한 추세가 오늘날 주어지고 있다. 이러한 추세의 중심적 역할을 하는 것이 다름 아닌 기술(technology)이다. 이러한 기술은 통신 및 수송의 발달, 여행을 보편화시켰으며, 고립된 지역의 주민들이나 가난한 사람들까지도 근대화에 대한 강렬한 욕구를 갖도록 하였다.

이러한 현상의 결과로 과거에는 전혀 상상도 하지 못했던 규모로 표준화된 소비재의 글로벌시장(global markets)이 출현하고 있다. 이러한 새로운 현실에 신속히 적응하는 기업들은 생산, 유통, 마케팅, 관리활동 등의 면에서 규모의 경제를 달성함으로써 이익을 얻고 있으며, 이러한 이익을 제품가격의 인하로 활용함으로써, 아직도 세계시장에 대해 과거의 구태의연한 사고에 빠져있는 경쟁자들을 배제할 수 있게 되었다.

국제마케팅(international marketing)은 일반적인 마케팅개념을 토대로 하여 시장의 제반환경을 결정짓는 「국경선의 존재」와 「정부가 영리활동의 주체」가 될 수 있다는 국제경영개념이 복합적으로 관련된 마케팅 특수분야의 하나이다. 이러한 국제마케팅의 추진동기는 두 가지로 볼 수 있다. 그 하나는 생존, 다른 하나는 성장과 확장의 기회를 위한 것이다.

국내마케팅(domestic marketing)과 국제마케팅 간에는 기초개념, 활동과 프로세스는 국내마케팅에서나 국제마케팅에서는 전적으로 유사하게 적용된다. 반면에, 그 차이점은 국제마케팅이 수행되는 국가환경의 차이와 상이한 국가시장에서 동시에 운영되는 기업의 조직과 프로그램의 차이이다.

따라서 국제마케팅은 현지 시장환경에 알맞게 마케팅계획을 적용시켜야 하며, 목표시장의 특성에 맞는 마케팅프로그램을 개발·실천해야 한다.

(2) 국제마케팅의 활동유형

기업은 일반적으로 국제적 차원의 사업활동 경험이 축적됨에 따라 국내기업, 수출기업, 다국적기업, 글로벌기업으로 성장·발전하게 된다. 이에 따라 기업의 마케팅활동도 국내시장 중심의 마케팅에서 국제마케팅으로 전환된다.

이러한 국내마케팅에서 국제마케팅으로의 전환은 기업의 국제화과정에 따른 해외시장 개입수준과 관련되어 국내마케팅, 수출마케팅, 해외마케팅, 다국적마케팅, 그리고 글로벌마케팅으로 단계적으로 이루어지는 것이다. 이러한 마케팅개념들은 제각기 별개로 존재하는 것이 아니라, 기업이 국제화됨에 따라 연속선상에서 발전적으로 변화해 나가는 현상을 편의상 구분한 것이라 보아야 한다. 이러한 다양한 명칭의 차이는 기업들의 국제화단계에 관한 관점의 차이를 반영한 것이며, 마케팅활동에 대한 강조점이 달라지는 것을 의미하는 것이라 할 수 있다.

일반적으로 국제마케팅은 위의 네 가지를 모두 포함하는 광의의 개념으로 이해되고 있다.

수출마케팅(export marketing) 이는 재화와 용역의 국제간 이동과 관련된 마케팅 활동에 초점을 맞추고, 본사국시장에서부터 해외시장에 이르기 전까지의 활동을 주요 대상으로 삼는 마케팅을 말한다. 이러한 수출마케팅은 소비자와 마케팅환경에 중점을 두며, 수출판매와는 달리 제품을 고정된 것으로 취급하지 않으며, 표적시장의 선호도에 따라 수정한다.

해외마케팅(foreign marketing) 이는 기업의 국제사업활동이 점차 활발해짐에 따라 발생하는 개념으로서, 자국과 다른 환경 하에서의 마케팅이다. 이는 기업이 현지시장의 내부 또는 외부에 있는 해외생산기지로부터 해외시장에 침투하는 경우로서, 기업이 외국에서의 마케팅활동에 초점을 맞추고, 특히 해외자회사의 현지마케팅을 다룬다. 예를 들면, 한국기업이 미국시장이나 캐나다시장에 진입하기 위해서 미국에 공장을 설립하는 경우이다.

다국적마케팅(multinational marketing) 이는 여러 국가에 생산이나 판매기지를 설립하여 전체적인 기업목표를 달성하도록 관리하는 다국적기업의 마케팅활동이다. 이러한 다국적마케팅은 보다 많은 해외시장개입과 막대한 투자를 행하며, 현지소비자의 특성에 보다 많이 적응하는 특성을 가지고 있다. 즉 다국적마케팅은 다양한 많은 해외환경 속에서 현지시장 및 환경에의 적응을 위해서 기업의 마케팅을 조정하고 통합하는 것이 중시된다.

글로벌마케팅(global marketing) 이는 전 세계를 하나의 단일 또는 몇 개의 표준화된 시장으로 간주하여 완전한 일관성과 그에 따른 저비용으로 운영하며, 전 세계적으로 동일제품을 동일한 방법으로 제조하고 판매하는 글로벌기업의 마케팅활동을 말한다.

2. 국제마케팅조사

(1) 국제마케팅조사의 성격

마케팅조사는 기업이 당면한 특정 마케팅의사결정에 필요한 정보를 제공하기 위하여 자료를 수집하고 분석하는 것이다. 즉 마케팅조사는 마케팅관리자들에게 마케팅활동에 필요한 제반 정보를 정확하고 체계적으로 제공함으로써 의사결정의 성공확률을 높여주는 하나의 과정이다. 이렇게 수집되는 정보는 객관적이어야 하며, 최근의 시장상황을 반영해야 하며, 또한 현재 담당자가 처한 문제를 해결하는데 필요한 내용을 포함하고 있어야 한다.

세계시장을 대상으로 해서 이루어지는 국제마케팅활동은 국내시장에서 이루어지는 마케팅활동과 비교해서 볼 때 상당히 복잡 다양하다. 이는 국제적 사업활동의 형태가 단순수출에서부터 다국적기업에 이르기까지 다양할 뿐만 아니라, 사업환경이 국가마다 상이하기 때문이다. 국제마케팅조사는 이러한 상이한 시장환경을 정확하게 분석하여 기업의 마케팅 전략의사결정에 활용하고자 함을 목적으로 한다.

이러한 마케팅조사는 부적절한 시장진입 의사결정을 통제할 수 있도록 자료를 제공함과 동시에, 확실한 사업성기회를 파악하게 해주어야 하며, 아울러 제품·가격·유통·촉진활동 등의 구체적인 전략방향을 제시하여야 한다. 마케팅조사의 내용으로는 시장

관련 정보와 기업 관련 정보로 구분하여 볼 수 있는데, 국제마케팅환경의 특수성 때문에 해당 국가시장의 정치적, 경제적 환경에 관한 정보의 수집에 가장 큰 비중을 두게 되며, 아울러 조사방법론상에도 상당히 다양한 환경 하에서의 정보수집과 분석을 행하게 되므로, 수집된 정보의 효용과 분석된 내용의 해석에 상당한 주의를 기울여야 함을 알 수 있다.

(2) 국제마케팅조사의 절차

마케팅조사의 대상은 목표시장에서의 실제적 또는 잠재적 구매대상자들의 수요수준 및 구매의사결정의 성격과 관련하여 주로 형성되며, 마케팅조사는 주로 다음과 같이 네 가지 단계로 나누어진다.

문제의 정의 누가 사는가, 얼마나 사는가, 언제 살 것인가, 어떻게 구매하고 있으며, 어디서 구매하게 될 것인가, 제품에 대한 태도는 어떻게 변화할 것인가, 누가 의사결정을 할 것인가, 실제로 누가 구매하게 될 것인가 등 일련의 구매의사결정 관련 및 기타 환경요소에 대한 문제점을 정의하는 단계이다.

자료의 수집 자료의 수집은 앞서 언급한 문제의 정의에서 제기된 각종 문제에 대한 해결책을 제시할 수 있는 성격의 모든 자료를 실제로 수집하는 단계이다.

자료의 분석 일단 수집된 자료를 대상으로 하여 과학적인 분석방법을 동원하여 합리적인 마케팅의사결정에 도움이 될 수 있도록 분석하는 단계이다.

모형의 설정 및 결과의 활용 분석된 자료를 구체적으로 마케팅활동에 적용할 수 있도록 기술적(desriptive) 또는 계량적으로(quantitative) 모형화하는 단계이다.

3. 세계시장 세분화와 포지셔닝

(1) 세계시장 세분화

세계시장 세분화는 상이한 국가들을 비교적 동질적인 집단으로 분류하는 기법으로서, 세계시장의 각 세분시장은 마케팅전략의 어떤 양상에 대한 반응에 유사성이 있는 국가군을 의미한다. 세분화하는 목적은 기업이 제한된 자원을 가지고 마케팅믹스에 유사한 반응을 나타내는 소비자집단들로 분류하여 각 세분시장에 적합한 마케팅자원을 활용하려는 것이다.

제품, 가격, 촉진, 유통 등의 마케팅믹스요인들에 대한 현지소비자와 사용자의 반응이 시장세분화의 기본적 지표가 된다. 그러나 마케팅믹스요인들에 대한 현지소비자의 반응을 직접 정확하게 측정한다는 것은 결코 쉬운 일이 아니다. 따라서 대개 현지소비자들의 반응을 간접적으로 대변하는 다른 지표들을 시장세분화의 기준으로 삼게 된다. 이러한 간접적인 기준은 일반적 기준과 상황적 기준(situation- specific criteria)의 두 종류로 대별된다.

소비재에 대한 시장세분화의 일반적 기준으로는 지리적 위치, 사회경제적 상태(나이, 성별, 소득, 교육, 가족단위, 직업 등), 문화(언어, 인종, 관습, 외국인과 외국제품에 대한 호감), 심리적 속성(개성, 라이프스타일 등)을 들 수 있다.

한편, 소비재에 대한 상황적 기준으로는 제품에 대한 현지구매자의 태도와 기호, 구매목적(혜택), 구매동기, 구매경험 등을 들 수 있다.

(2) 세계표적시장의 선정

기업의 자원은 제한이 되어 있으므로, 수많은 국가의 모든 시장을 대상으로 마케팅활동을 전개할 수는 없다. 세분시장 중에서 가장 성공의 가능성이 높은 국가나 국가의 세분시장만을 선정하여 마케팅활동을 수행하는 것이 효과적이다. 그러므로 적절한 표적시장은 ① 세분시장의 규모와 성장률 ② 세분시장의 구조적 매력도 ③ 기업의 목표와 자원 등 3가지 요소를 고려하여 선택하여야 한다.

1) 세분시장의 규모와 성장률

기업이 분석해야 할 첫 번째 문제는 어떤 잠재적 세분시장이 적절한 규모와 성장특성을 가지고 있느냐 하는 것이다. 일반적으로 시장규모가 클수록 기업의 수익확보가 용이하다고 생각하기 쉬우나, 실제로는 규모가 큰 시장이 반드시 기업의 수익을 보장해주지는 않는다. 그러므로 적절한 규모의 시장선택이 중요하다. 여기서 적절한 규모란 상대적인 문제로, 자사의 규모가 적합한 최대 규모의 시장을 말한다.

한편, 급속히 성장하는 세분시장은 산업 내의 모든 기업들에게 매력적인 요소로 작용하기 때문에 많은 경쟁자들이 진입하고 수익성에 압력을 가한다. 그러므로 높은 성장률의 세분시장이 반드시 좋은 것은 아니며, 세분시장의 성장률과 이에 따른 미래 경쟁상황을 고려하여 표적시장을 선정해야 한다.

2) 세분시장의 구조적 매력도

어떤 세분시장은 바람직한 규모이며 성장특성을 가지고 있으나, 수익성 측면에서 매력적이지 못할 수도 있다. 이는 경쟁요인에 관한 고려를 하지 않았기 때문이다. 경쟁에 관한 고려 없이 세분시장을 평가하여 표적시장을 선정하는 경우는 포지셔닝에서 경쟁제품과 경쟁적 우위 획득이 어려워진다. 그러므로 자사제품이 표적 세분시장에서 경쟁제품과 경쟁하여 승리할 수 있는가 하는 측면을 반드시 세분시장 평가 시 분석해야 한다.

3) 기업의 목표와 자원

어떤 세분시장이 긍정적인 규모와 성장특성을 가지고 있고 또한 구조적으로 매력적이라고 하더라도, 그 기업은 그 세분시장에 관련된 자신의 목표와 자원 등 자사와의 적합성을 고려하여 효율적으로 소구할 수 있는지를 검토하여야 한다. 어떤 매력적인 세분시장은 자사의 장기적 목표와 조화되지 않기 때문에 선정되지 않을 수도 있다. 그 세분시장이 기업의 목표와 적합하다 해도 그 기업이 그 세분시장에서 성공하는데 필요한 기술과 자원을 보유하고 있는가를 고려하여야 한다. 기업이 하나 또는 그 이상의 필요한 능력을 가지지 못하거나 필요한 능력을 획득할 수 없는 경우, 그 세분시장은 포기해야 한다.

(3) 세계시장 포지셔닝

세계시장에서 성공하기 위해서 국제마케팅 관리자는 국가 간의 환경 차이 때문에 제품의 외형과 기능을 변화시키지 않더라도 새로운 포지셔닝전략을 개발해야 한다. 포지셔닝(positioning)은 소비자의 마음속에 자사의 제품이나 브랜드를 원하는 위치로 부각시키고 경쟁제품보다 유리한 위치를 점하도록 하는 노력으로서, 소비자가 인상이나 경험, 정보 등을 통해서 형성하게 된다. 포지셔닝의 일반적인 기준으로는 제품의 속성(가격 · 장점 · 품질 · 스타일 · 성능 등), 편익, 용도, 경쟁제품, 주요 사용고객 등을 들 수 있다.

제품의 주요 특성에 대한 소비자의 인식은 국가마다 상이하므로, 진출할 해외시장에 대한 자사제품의 올바른 포지셔닝은 매우 중요하다. 예를 들어 볼보(Volvo)사는 미국 소비자들에게 자동차의 경제성·내구성 및 안정성을, 프랑스의 소비자들에게는 품위와 여유를, 독일에서는 자동차의 성능을, 그리고 스위스에서는 안정성을 강조하는 등 나라마다 각기 상이한 제품포지셔닝정책을 사용하였다.

4. 국제마케팅전략

(1) 국제마케팅전략의 성격

국제마케팅전략이란 “국제시장의 여건과 기업의 능력을 서로 접합시키는 과정으로서, 경쟁이나 환경요인의 변화에 대응하여 주요 마케팅기회를 확인하고, 그에 따라 마케팅기능을 활용하기 위한 장·단기 마케팅프로그램을 수립하고, 실천하는 것”을 말한다. 이러한 국제마케팅전략은 기업들이 고객의 요구를 충족시키기 위해서, 그리고 경쟁기업들과 경쟁하기 위해서 해외시장에서 사용하는 종합적인 작전계획이다.

국제기업은 사업활동영역을 확장할 때 기존의 마케팅프로그램을 그대로 다수국 시장에 적용할 것인가, 아니면 이질적인 현지국시장의 요구에 일치되도록 수정하여 채용할 것인가 하는 이른바 국제마케팅전략의 표준화와 차별화문제에 직면하게 된다. 여기서의 표준화(standardization)란 “다수국 시장에 공통적인 제품, 가격, 촉진, 유통경로 등을 사용하는 것”이다. 즉 표준화는 글로벌시장에 공통적인 마케팅프로그램을 채용하는 것을 의미한다. 반면에 차별화(adaption)란 “본국시장에서 채용하고 있는 마케팅프로그램을 각국의 현지시장에 보다 적합하게 수정하는 것”이다. 즉 차별화는 글로벌시장에 차별적인 마케팅프로그램을 채용하는 것이므로 적응화 내지 현지화라고도 한다.

커뮤니케이션기술이나 교통수단의 발달, 해외여행자나 해외근무자의 증가, 물류기술의 발달 등에 따라 사람들은 세계적인 견문을 거의 동시에 취득하며, 원하는 제품을 획득하기 쉽게 되고, 세계시장의 동질화에 적합한 시장의 글로벌화가 추진되고 있다. 그에 따라 각국시장의 제품니즈와 시장특성의 차이가 서서히 감소되고, 균일화되고 있다. 이와 같이 세계시장은 집중적으로 시장의 글로벌화가 진행되고 있으며, 이러한 시장의 글로벌화는 국제기업에 표준화전략을 채용시키는 거대한 요인이 되고 있는 것이다.

시장의 글로벌화현상에 따른 국제마케팅전략의 완전한 표준화를 촉진시키는 요인으로서는 생산 면에서의 규모의 경제성, 연구개발 면에서의 경제성, 마케팅활동에서의 경제성, 소비자의 상표충성도, 자국이미지, 기술의 영향, 수출에 의한 세계시장 판매시의 장애요소 등을 들 수 있다.

이 같은 촉진요인이 있음에도 불구하고 국제마케팅전략을 표준화하는 것은 그리 용이한 것이 아니며 사실상 불가능하기까지 하다. 이는 국가마다 자연환경, 경제개발단계, 문화적 배경, 산업구조 및 산업화수준, 마케팅제도, 법적 제도 등이 크게 다른 경우가 많기 때문이다.

국제마케팅전략의 표준화는 제품, 포장, 광고 등을 전 세계적으로 표준화시킴으로써 생산과 마케팅에 있어 규모의 경제와 시너지효과를 달성할 수 있고, 통일된 광고와 제품디자인의 효율성으로 전 세계적으로 이미지를 확장시킬 수 있는 이점이 있는 반면에, 구매자의 특정한 선호감각에 호소하기보다는 비용 및 이익관계에 중요한 비중을 두기 때문에 생산재 분야의 경우, 전략수행이 용이하나, 근본적으로는 국내시장 지향적인 제약성이 있다.

본국시장과 현지국시장간에 국제기업은 제품니즈와 시장 특성이 이질적이라고 판단되면, 마케팅프로그램을 현지국시장에 적합하게 수정한다. 현지국의 상표표시법에 따른 라벨(label)표시, 포장크기와 포장외관의 변경, 제품브랜드의 번역 등이 그 예이다.

이러한 시장의 차별화에 따른 국제마케팅전략의 차별화를 촉진하는 제반요인들은 사용조건의 차이, 현지시장국의 소득수준, 관습, 소비자기호 등 각국 시장환경요소의 차이, 정부의 영향, 기업의 역사와 제운영 등을 들 수 있다.

차별화전략의 경우, 해당 시장국 구매자의 기호에 합당한 제품을 생산함으로써 제품 자체에 대한 연구가 근본적으로 시작될 수 있고, 그 결과 창출된 제품은 순수한 수요를 창출할 수 있는 이점이 있다.

이와 같은 이점이 있음에도 불구하고, 각국 시장의 욕구나 규제의 결과로 제품믹스의 구성요소(재료, 형태, 색채, 포장 등)가 변경되거나 개량되기 때문에 제품적응에 소요되는 연구개발비, 해외시장조사비, 표준제품의 설계를 변경하는 기술적 내지 공학적 작업에 필요한 추가비용이 발생하는 등의 단점도 있다.

또한 이러한 국제마케팅의 차별화전략은 구매자의 특정한 선호감각에 호소하기보다는 비용과 이익관계에 중요한 비중을 두기 때문에 산업재분야의 경우, 특히 전략수행이 용이할 뿐 근본적으로는 국내시장 지향적인 제약성이 따르게 된다. 그러므로 국제마케팅전략을 각국의 특수한 사정을 모두 고려하는 완전한 현실화는 사실상 불가능하다. 이러한 차별화전략의 채택 여부는 차별화를 통해 얻을 수 있는 시장이익과 비용요건에 따라 결정되는 것이다. 차별화에 따라 소요되는 비용보다 얻을 수 있는 시장의 이익이 크다면 차별화전략은 타당성을 갖게 된다.

(2) 국제마케팅믹스전략

마케팅믹스(marketing mix)란 "기업이 국내외의 통제 불가능한 모든 환경변화에 창조적으로 적응하기 위하여 기업의 통제 가능한 모든 제반 요소들을 유기적으로 최적 조정·통합하는 활동"을 말한다. 기업내부의 통제 가능한 마케팅요소는 제품(product), 가격(price), 유통경로(place), 촉진(promotion)의 소위 4P요소들이다. 국내마케팅이나 국제마케팅에 있어서나 마케팅믹스의 구성요소는 동일하다. 단지 국제마케팅에 있어서는 여러 국가시장을 대상으로 동시에 마케팅활동을 수행하기 때문에 마케팅믹스 구성의 폭이 더욱 확대되고 복잡하다는 데에 차이가 있다.

그렇기 때문에 국제마케팅믹스전략은 경쟁기업의 반응과 해외시장국의 환경변수들인 경제적·정치적·사회적·문화적·법적 요소 등을 고려하여 탄력적으로 결정해야 할 뿐만 아니라 제품의 특성과 기존의 마케팅제도를 고려하여 알맞게 조절되어야 한다.

국제제품전략 아무리 적절한 가격으로, 적절한 유통경로를 통해, 적절한 방법으로 판매촉진된다 할지라도 국제마케팅전략의 주요 대상인 적절한 제품의 공급 없이는 마케팅목적을 실현시킬 수 없다. 국제제품은 국내제품과는 달리, 급변하는 국제환경 속에서 거래되기 때문에 국제마케팅활동의 대상으로서 시장상황에 적응할 수 있도록 더욱 세심한 배려가 요청된다. 국제제품전략에는 일반적으로 두 가지 기본방향이 있는데, 그 하나는 표준화 제품전략(standardizational product strategy)이고, 또 다른 하나는 적응화 제품전략(adaptational product strategy), 즉 차별화된 제품전략이다.

국제가격전략 국제가격전략이란 기업이 자사의 마케팅목표를 효과적으로 달성하기 위해 해외 소비자에게 판매되는 제품의 가격을 계획하고 결정하는 일련의 활동을 의미한다. 가격은 소비자의 가치변화와 경쟁에 민감하게 반응하고, 해당 기업의 경쟁력과 시장점유율, 그리고 매출액과 이익에 결정적인 영향을 미치기 때문에 국제마케팅활동을 성공적으로 전개하는 데 있어서 가장 중요하게 고려해야 할 요소라 할 수 있다. 국제가격결정은 국내가격결정과 본질적으로 커다란 차이는 없지만, 국제마케팅에 있어서는 정부의 역할과 국경선의 존재에 따른 환경차이를 직접적으로 고려해야 되므로 이에 따른 부수적인 요인이 중요성을 달리하게 된다. 국제가격을 설정함에 있어 국내가격설정과는 달리 중요시해야 할 무역장벽, 법적 제약, 기업의 국제적 의사결정구조, 통화문제, 운송비 등 환경요인들을 고려해야 한다.

국제유통전략 국제유통은 일반적으로 한 국가의 생산자로부터 중간 유통업자를 거쳐 다른 국가의 최종소비자에게 제품이 전달되는 일련의 단계적인 과정을 뜻한다. 그러므로 국제유통경로는 재품이나 서비스를 생산자로부터 해외소비자에게 이르게 하는데 직접 관여하는 개인이나 그 집합체를 의미한다. 이러한 국제유통경로에는 기업내부의 마케팅 관련 조직, 그리고 해외대리점, 딜러(dealer), 도매상, 소매상 등과 같은 기업외부의 독립적인 중간상이 포함된다. 국제유통은 국경선을 넘어 제품이 이동되기 때문에, 국제유통경로의 설정은 국제기업의 사업형태, 국제화의 수준, 주요 취급제품의 유형과 특성 등에 따라 상이하게 된다.

국제유통전략은 상이한 국별 환경요인들을 고려하고, 국제기업의 마케팅목표에 의거하여 국제유통경로를 설정하고 유지 및 관리하는 여러 가지 기업의 활동을 의미한다. 이러한 국제유통전략은 물론 기업의 경쟁적 지위와 각 현지시장에서의 전체적인 마케팅목표에 적합해야 한다.

국제유통전략은 적절한 유통경로를 선정하고, 이를 효율적으로 운영하기 위한 목적하에 전개되는데, 구체적으로는 ① 비용의 극소화, ② 판매의 극대화, ③ 유통경로에 대한 수출업자의 적합성 혹은 호의의 극대화, ④ 통제의 극대화, ⑤ 계속성의 극대화라는 목표 하에 수행된다.

국제촉진전략 국제촉진이란 국제기업이 해외의 최종소비자, 유통경로구성원, 일반대중에 대해 기업과 제품에 대한 정보를 신속·정확하게 전달함으로써 자사의 제품 및 기업 자체에 대한 긍정적인 이미지를 심어 주고, 나아가서 제품의 직접적인 판매량 증대를 달성하기 위한 목적으로 수행하는 의도적인 의사소통활동을 의미한다. 이러한 의미에서 촉진은 마케팅 커뮤니케이션(marketing communication)이라 할 수도 있다. 국제촉진활동에는 국제광고, 국제판매촉진, 국제인적판매, 국제공중관계 등이 있다.

광고란 광고대상자들로 하여금 광고주에게 유리한 행동을 유발시키기 위한 유상의 대량 커뮤니케이션활동이다. 국경선을 넘어 이루어지는 국제광고의 경우, 국내광고활동과는 달리 다양한 문화, 법적·제도적 제한, 언어 등의 커뮤니케이션문제, 광고의 신뢰도 등을 동시에 고려하여야 하므로 더욱 주의를 요한다.

국제판매촉진활동이란 해외시장에 있어서 소비자들의 제품구매의사를 강력하게 자극하고 호의적인 중간상의 협력을 유도하려는 단기적인 유인책이다.

국제판매촉진의 형태는 국내판매촉진의 경우와 마찬가지로 판매점 판매촉진과 소비자 판매촉진으로 나눌 수 있다.

판매점 판매촉진으로는

① 일정기간 후에 지불금액의 일부를 환불해 주는 가격할인(rebate)

② 기업의 정기간행물(house publication)인 기관지(house organ)발행

③ 판매점끼리의 경쟁을 통한 판촉활동인 판매점콘테스트(dealer contest)

④ 해외판매점의 경영에 대한 지도, 육성과 해외판매점의 판매에 대한 지원 및 원조의 판매점 지원(dealer helps) 등이 있다.

소비자 판매촉진은

① 특정인을 지정하여 우편으로 직접 소구하는 우편광고

② 일정지역의 광범위한 대상을 위주로 대량 살포하는 전단(bill)

③ 제품 또는 그 축소품을 소비자에게 제공하여 그 사용을 고취하는 견본증여(sampling) 등이 있다.

또한 일반적으로 해외에서 활용할 수 있는 또 다른 효과적인 국제판매촉진의 형태에는 국제박람회, 종합전시회, 전문견본시 등이 있다.

국제인적판매활동은 세계시장에서 해외고객과의 직접 면접으로 그들의 욕구와 필요성을 환기시키거나, 판매저항을 배제함으로써 구매행동을 유발하는 설득적 커뮤니케이션수단이다. 이러한 국제인적판매는 인적커뮤니케이션을 통한 수단이며, 일반적으로 대량구매고객 또는 제품단가가 높거나 기술적으로 매우 복잡한 산업재 구매자를 표적고객으로 해서 행하는 판매원에 의한 촉진활동이다.

국제공중관계활동은 해외시장에서 시장기반을 확립하고 기존의 지위를 제고시키는데 유용한 하나의 수단이다. 국제기업이 해외시장국의 일반대중에게 나쁜 기업이라는 인상을 심어주게 되면 제품판매에 커다란 타격을 입을 뿐만 아니라, 그 시장에서의 기업활동 자체가 불가능할 수도 있다.

8.4 국제재무관리

1. 국제재무관리의 성격

기업은 인적, 물적 자원 등의 경영자원을 효율적으로 배분·운용하여 가치(이윤)를 파생시키는 활동을 전개한다. 재무는 기업경영의 중요한 요소로서, 자금과 관계되는 직능이라 할 수 있다. 재무관리의 대상이 되는 재무활동은 경영자의 관점에서 보면 자본조달에 그치지 않고 자금운용에 중점이 주어지고 있다.

국제재무관리란 "국제기업들이 국제경영환경 하에서 효율적인 자금의 조달과 운용과 같은 자금이동에 관한 의사결정 문제를 다루는 국제경영관리의 한 분야"이다. 즉 국제기업이 자본을 효율적으로 조달하여 그것을 기업 내부에서 최적으로 활용하여 국제경영활동을 전개하고, 그것으로부터 획득한 이익을 주주들에게 배당하거나 사내에 유보하는 기업자금관리를 말한다.

국제기업의 재무관리인 국제재무관리는 일반적으로 국내기업의 재무관리에 대한 기본적인 원칙들을 여전히 적용할 수 있는 등 국내에 있어서의 경우와 근본적으로 차이가 있는 것은 아니지만, 국제간의 거래에 있어서는 해외의 특수성에 의한 환경조건의 상위성에 따라 새로운 차원의 문제가 발생한다. 즉 ① 현지국 정부의 정책변경에 따른 기업자산 및 영업의 자유 상실 가능성, ② 자본조달수단 및 조달원천의 다양성, ③ 정치·경제·문화·법률환경과 상관습 등 이질적 요소 추가, ④ 국제수지 등의 이유에 의한 환율변동, 환거래제한 등의 환위험 발생 가능성, ⑤ 현지에 있어서 인플레이션의 진행 등의 문제가 제기된다.

2. 국제자금조달

국제재무활동의 첫 단계는 국제적인 자본조달을 행하는 것이다. 기업에 있어서 자금조달은 소요자금의 결정과 그것에 필요한 자금의 취득을 대상으로 하는 것이다. 이러한 국제기업의 자금조달은 "가장 용이하고 낮은 비용으로 획득하고 조달해서, 그것을 필요한 관련 기업에 이전시키는 것"을 의미한다. 다국적화된 기업은 자금조달 면에서 국내기업 이상의 선택의 폭을 가지고 있는데, 이러한 자금조달원은 내부자금과 외부자금으로 대별할 수 있다.

기존의 현지자회사에 있어서 내부자금은 이제까지 축적해온 내부유보와 감가상각 및 증자에 의한 주식자본을 의미한다. 창업이나 증자 시 불입자본금의 대부분은 본국의 본사와 그룹의 다른 자회사에 의존하는 경우가 많지만, 본·자회사에서의 차입금은 자금의 안정성, 확실성에 있어서 내부자금에 준하는 것으로 고려될 수 있다.

다국적화하는 기업은 자본조달 면에서 국내기업 이상의 선택의 폭을 가지고 있으나, 이에 따른 환위험, 국제간의 세금, 정치적 위험 등 국내기업활동에서는 제기되지 않았던 문제들에 직면하게 된다.

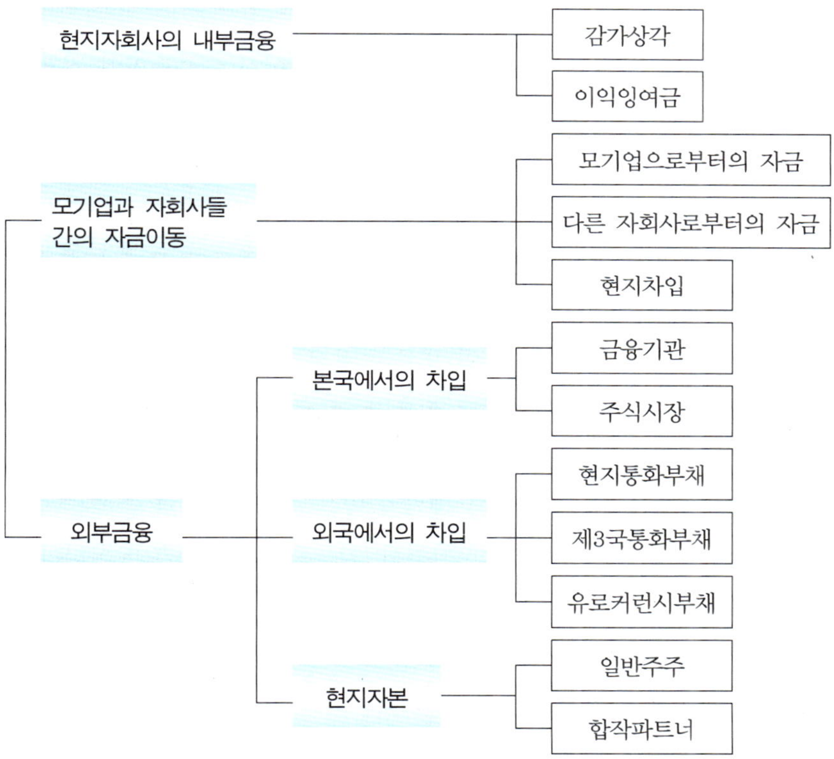

자료 : David K. Eiteman & Arthur I. Stonehill, *Multinational Business Finance*, 2nd ed., Addison-Wesley Publishing Company, 1979, pp. 325-326.

[그림 8-5] 해외자회사의 자금조달형태

자본조달방법의 유형으로서는 ① 내부자금 및 외부자금, ② 자기자본과 타인자본, ③ 국내차입금과 현지차입금 등으로 나눌 수 있는데, [그림 8-5]는 이러한 자금조달형태에 관한 것을 정리한 내용이다.

3. 환위험관리

(1) 환노출의 의의

환위험(exchange risk)이란 "국제기업의 외화표시자산이나, 부채 또는 현금흐름이 예기치 못한 환율변동의 영향을 받아 기업의 순이익 또는 가치가 변동될 수 있는 가능성"을 말한다.

이러한 환위험은 국제경영의 초기단계인 무역에 있어서는 수출입의 결제, 즉 외화에 의한 수취와 지불이 발생하는 경우에 환차손(익)이 생겨난다. 또한 경영의 국제화 진전과 함께, 기업이 조달한 부채와 보유자산도 환율변동과 연동하여 기준이 되는 자국화평가·교환에 따른 가치변화 위험에 직면하게 된다. 계상되는 장부상의 자산과 부채를 원화로 교환할 필요성이 있는 경우에 비로소 가치변동의 문제가 되는 것이다.

이러한 환위험과 유사한 용어로서 환노출이 많이 사용되고 있는데, 환노출(exchange exposure)은 "외화표시자산, 부채, 수익 또는 비용을 가지고 있는 기업의 순이익이나 가치가 해당 외국통화의 예상치 않았던 환율변동으로 인하여 변화될 수 있는 상태나 그 범위로서, 기업이 환위험에 노출되어 있는 상태나 그 범위"를 말한다.

그러므로 엄밀한 의미에서 환위험은 예기치 않은 가치변동으로 손해를 입게 될 가능성, 즉 환차손의 가능성을 뜻하는 데 반해서, 환노출은 환차손뿐만 아니라 환차익까지를 포함하는 광의의 개념으로 해석될 수 있다. 이와 같이 환노출은 환위험이 발생할 수 있는 상태를 사전적(ex ante)으로 분석한 개념이며, 환위험을 사후적(ex post)으로 평가할 때 환차익이 발생하게 된다.

(2) 환노출의 종류

일반적으로 환노출은 환산환노출과 경제적 환노출로 구분되고, 경제적 환노출은 다시 거래적 노출과 실질영업노출로 구분된다.

환산환노출(translation exposure) 이는 결산시점 이후 환율의 변화에 의해 외화로 표시된 자산, 부채, 수입과 지출, 이익과 손실을 환산함에 따라 환이익과 손실을 발생시킬 수 있는 가능성을 뜻한다. 환산환노출은 회계적 노출(accounting exposure)이라고도 한다.

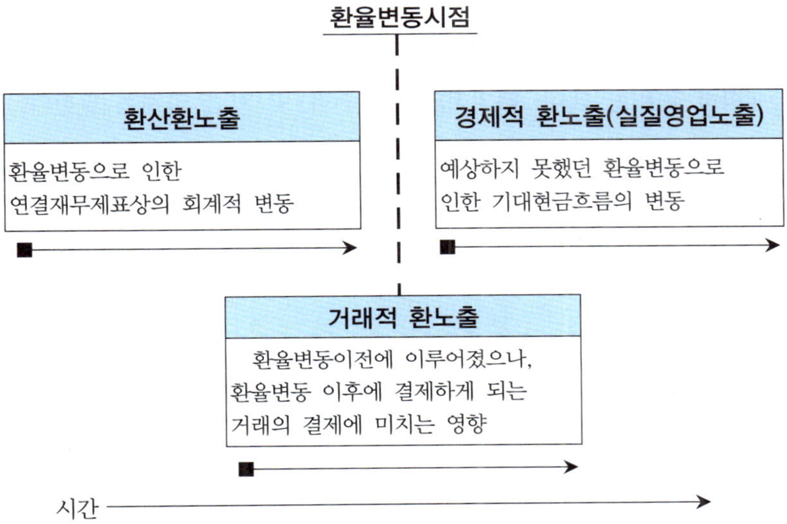

자료 : D. K. Eiteman, A. I. Stonehill and M.M. Moffet, *Multinational Business Finance*, 7th ed., Addison-Wesley, 1995, p.182.

[그림 8-6] 환노출의 유형

경제적 환노출(economic exposure) 이 노출은 환율변동이 기업가치(장래 현금흐름의 순현재가치)의 변동을 가져오는 정도를 계산하는 개념으로서, 예상하지 못했던 환율의 변동에 의해 야기되는 기업의 시장가치 변동이라고 정의할 수 있다.

이러한 경제적 환노출은 두 가지 유형으로 분류되는 데, 그 중 하나는 거래적 환노출(transaction exposure)로서 수출입거래 등의 실물거래, 투자나 차입 또는 예금이나 대출 등과 같은 금융거래가 외화표시로 이루어지는 경우, 앞으로 이를 결제할 때 자국통화로 표시한 금액이 환율변동에 의해 영향을 받을 수 있는 가능성이다. 또 다른 하나의 유형은 실질영업노출(real operating exposure)로서 명목환율의 변동이 실질구매력의 변동을 정확히 반영하지 못하여 해당 기업의 미래수익과 비용의 흐름, 더 나아가서 기업의 국제적 가격경쟁력에 영향을 줄 수 있는 가능성이다. 즉 환율변동이 가격변동과 결합하여 기업의 영업수익을 변동시킬 때 발생하는 것을 말한다. 개념상 경제적 환노출에 거래적 환노출을 포함시키는 것은 기업의 각 분기의 현금흐름이 일상적인 거래의 결과로 초래되기 때문이다.

(3) 환위험 관리기법

환위험관리란 예상하지 못한 환율변동에 의해 발생하는 환차손을 극소화하거나 환차익을 극대화하기 위한 대내, 대외적인 관리전략 및 기법 일체를 말한다.

1) 대내적 관리기법

대내적 관리기법이란 일반적으로 순노출의 크기를 줄이거나 더 이상의 증가를 방지하려는 것이다.

매칭(matching) 이는 통화별 자금수입과 자금지급의 금액과 시기를 의도적으로 일치시킴으로써 현금흐름의 환차손 위험을 본원적으로 예방하는 관리기법이다. 즉 금액과 만기일이 동일한 외화의 유출과 유입을 상호 일치시킴으로써 square position 상태를 유지함으로써 환위험을 회피하고자 하는 것이다.

상계(netting) 이는 국제기업의 본·지점간 또는 지사 상호간에 발생하는 채권·채무관계를 개별적으로 결제하지 않고, 일정 기간 경과 후에 서로 상계한 후 그 차액만을 정기적으로 결제하는 방법이다.

선불과 지연(leads and lags) 이는 본·지사간 수출입대금 또는 기타 자금결제를 인위적으로 앞당기거나, 늦춤으로써 환위험을 회피하는 기법을 말한다. 지급통화가 평가절하될 것으로 예상되는 경우 대금을 빨리 지급하고(leads), 반대로 평가절상될 것으로 예상되는 경우 지급을 지연하여(lags) 환위험을 축소시키는 방법이다.

가격정책(pricing policy) 이는 본래 판매관리 및 구매관리에 이용되는 정책으로서, 판매수익의 극대화 또는 구매비용의 극소화를 위한 가격결정이나 환노출 관리수단으로서도 활용될 수 있다. 이러한 환위험 관리수단으로서의 가격정책에는 환율변동으로 인한 손실방지를 위해 제품의 가격을 적시에 조정하는 가격조정과 수출입시 제품가격의 표시통화를 적의 조정하는 가격표시 통화정책이 있다.

금융자산·부채관리(financial assets/liability management) 이는 환율변동의 전망에 따라 기업이 보유하고 있는 외화표시자산과 부채의 포지션을 신축적으로 조정함으로써 환위험에 대비하는 방법이다.

2) 대외적 관리기법

대외적 관리기법이란 위에서 언급한 대내적 관리기법에 의해 제거되지 못한 환노출을 외환 및 금융시장을 통한 별개의 외환거래나 단기금융거래를 통해 배제 또는 감축하는 기법을 말한다.

선물환거래에 의한 헷징 장래 일정시점의 외환매매에 적용할 환율을 현재시점에서 확정시킴으로써 거래시점과 결제시점간의 환율변동에서 발생하는 환위험을 회피하고자 하는 방법으로, 가장 일반적인 헷징수단으로서 널리 이용되고 있다.

통화선물거래에 의한 환위험관리 통화선물거래(currency futures)는 미래에 일정한 통화를 계약시 약정가격으로 미래의 일정시점에서 인수·인도하기로 한 금융선물거래의 한 형태이다.

통화옵션에 의한 헷징 통화옵션(currency option)거래는 거래일로부터 일정한 계약기간 동안(또는 만기일)에 특정 외국통화를 미리 약정한 환율(실행가격 : strike price)로 매입하거나, 또는 매도할 수 있는 권리를 매매하는 거래이다.

스왑거래(swap transaction) 이는 외환매매의 당사자가 현물환의 매매와 동시에, 이에 대응하는 동액의 선물환의 반대거래를 실시하는 것으로서, 일정액의 특정 외화자금을 다른 통화자금과 일정한 환율로 교환한 후 만기에 미리 정해둔 환율에 의해 반대 교환하는 방법을 말한다.

단기금융거래에 의한 헷징 이는 만기가 1년 이내인 외화자금의 대차가 개입되는 거래이다. 이것은 관련 통화간의 선물환율과 단기금리 차이를 비교할 때 선물환거래가 오히려 불리한 경우에 그 대체수단으로 활용될 수 있다.

4. 국제자금운용

(1) 국제자금운용의 성격

국제자금운용의 목적은 자금의 효율적인 운영을 도모하여 투자수익을 최대로 하는 데 있다. 해외에서의 자금운용에 있어서는 급속히 변화하는 국제재무환경에 대응함과 동시에, 특유한 위험에 대처하여 기업전체의 범세계적인 관심에 입각한 수익의 최대화가 필요하다. 이를 위해서는 탄력적인 세계전략에 기인하여 계획기간 중의 재무계획을 연결하고, 필요한 자금수요를 파악하여 각종 자금원으로부터 자금조달을 행한다.

한편 내외자금의 균형, 자금비용의 억제, 적당한 배당 및 로열티의 송금, 과세에 의한 영향 등을 고려하여 재무의 균형을 도모하고 각종의 위험을 경감하도록 재무전략을 책정해야 한다.

각국마다 재무환경이 다르기 때문에 국별로 탄력적으로 재무관리를 운용해야 하지만, 많은 복잡한 문제에 직면하기 때문에 특정한 방침이나 가이드라인을 설정하는 것이 우선 필요하다.

(2) 국제운전자본관리

운전자본(working capital)이란 광의의 개념으로는 유동자산항목에 투하된 당기자금을 뜻하며, 협의의 개념으로는 유동자산과 유동부채의 차이를 의미한다. 국제운전자본관리는 스톡(stock)과 플로우(flow)의 두 가지 측면으로 나누어 볼 수 있다. 스톡의 관점에서는 운전자금의 각 항목별 현금관리, 외상매출금관리, 재고자산관리 등을 다루며, 플로우의 관점에서는 본사와 해외자회사간의 자금이전관계를 다룬다.

물론 국제운전자본관리 또한 일국내의 그것과 궁극적으로는 유사하다고 할 수 있으나, 다만 환율변동, 외환통제, 상이한 조세환경 등의 새로운 요인들을 고려해야 한다.

8.5 국제인사관리

1. 국제인사관리의 성격

(1) 국제인사관리의 개념

국제인사관리란 "국제기업이 필요로 하는 사람을 선발·채용·교육하고, 이들에게 적당한 보수와 승진의 기회를 제공하는 일련의 활동, 즉 인적자원을 대상으로 한 국제경영관리활동"을 의미한다. 국제기업의 목적을 달성하기 위해 기업 내의 인적구성원 상호간의 이해관계를 조정하고, 이들에게 동기를 부여하며, 직무에 관한 만족도를 높이기 위한 제반 경영활동 등이 국제인사관리에 포함된다.

이러한 국제인사관리는 본국과 전혀 이질적인 해외 현지의 경제·사회·문화·법률 환경 하에서 범세계적인 사업활동을 성공적으로 수행해야 할 인재를 선발·육성하여 파견하고, 또 현지인을 선발·육성하여 채용하고 관리해야 한다는 점에서 국내기업의 인사관리와 그 성격을 달리한다. 또한 국내기업의 인사관리보다 관리대상의 범위가 확대된다.

(2) 국제인사관리의 특성

국제기업이 여러 국가시장을 대상으로 활동하면서 직면하게 되는 인력관리상의 독특한 문제점으로는 크게 다음 몇 가지로 나눠 볼 수 있다.

문화적 충격문제 지금까지 성장해 왔고 익숙해 있던 자국의 사회, 문화적 환경과는 달리 언어, 기후, 생활습관, 가치관 등의 상이한 환경에서 업무를 수행하는 과정에서 여러 가지 갈등과 변화를 겪게 된다.

현지국 정부의 규제문제 현지국내의 민족주의적 성향이 강해짐에 따라 외국인 취업제한이나 출입국 규제, 현지인의 고용확대와 해고제한규정 등 각종 규제조치를 통해서 국제기업의 인력관리에 간섭하는 경우가 많다.

자회사간의 조정문제 국제경영활동을 수행하기 위해서는 인적자원이 국경을 넘어서 이동하는 것이 필요불가결하며, 이러한 국경의 이동에 따른 해외파견인력의 선발, 교육 및 대우 그리고 파견 전 교육이나 현지국의 환경에 관한 전반적인 교육 등의 새로운 문제가 발생하게 된다. 또 이러한 문제는 자회사에 따라 사정이 크게 달라질 수 있으므로, 선발기준이나 인력배치, 대우 등의 측면에서 자회사간에 적절히 조화를 이룰 수 있도록 조정할 필요가 있다.

우수 국제경영인력의 부족문제 국제경영의 급속한 확산 추세에 비추어 볼 때, 국제경영활동을 전개할 수 있는 유능한 인적자원이 많이 부족하기 때문에, 능력 있는 국제경영인력을 양성하는 일은 국제기업에 있어서 매우 중요한 과제로 대두되고 있다. 다시 말해, 현지문화에 대한 이해, 다양한 노사관계에 대한 이해와 대처능력 등을 구비한 국제경영자자가 부족하다. 특히, 문제가 되는 것은 개도국에 본사의 인력을 파견하는 경우이다. 개도국은 본국에 비해 생활환경과 자녀교육 환경에 있어 크게 열악하기 때문에, 많은 본사국 경영자가 기피하고 있고, 파견되는 경우도 좌천으로 인식하고 있는 경우가 많다.

2. 국제경영인력의 선발

(1) 국제경영인력의 선발대안

일반적으로 국제기업들은 자사의 국제인사관리정책의 방향에 따라 본국인, 현지인, 제3국인 중에서 국제경영인력을 선발하게 된다.

1) 본국인의 선발

본국인을 해외파견 국제경영인력으로 선발하는 경우의 장점은 다음과 같다.

① 본사의 정책, 절차들에 익숙하고 제품과 용역에 대한 지식을 많이 소유하고 있으며, 본사직원과 우호적인 관계들을 유지할 수 있기 때문에, 현지의 경영정책 실행이나 경영정보의 상호교환이 보다 효과적으로 이루어질 수 있다.

② 본사와의 효율적인 커뮤니케이션의 유지가 용이하며, 본사의 해외자회사에 대한 통제나 관리 시 효율성을 제고시킬 수 있다.

③ 본사직원에게 국제경영활동에 대한 훈련기회의 제공 및 본사 소속의 국제경영인력을 장기적인 측면에서 양성 가능하다.

반면, 본국인을 해외파견 국제경영인력으로 선발하는 경우 수반되는 단점은 다음과 같다.

① 이질적인 현지국의 사회·문화 환경에 적응하는 데 시간이 많이 소요되며, 무력감이나 문화적 충격으로 본사에서처럼 자기의 경영능력을 발휘하기가 어렵다.

② 현지국 사정을 정확히 파악하지 못할 경우, 현지국 정부와 종업원과의 마찰을 발생시킬 우려가 있다.

③ 현지국의 국수주의와 외국인 경영자에 대한 반감의 증가로 현지경영에 어려움이 있다. 또한 본사에서 파견된 인력으로 인하여 현지인의 승진기회가 박탈된다고 생각할 경우, 현지인의 사기저하나 이에 따른 생산성 저하 등 심리적 요인에 악영향을 미칠 수 있다.

④ 해외파견자의 가족까지 고려해야 하고, 각종 인센티브를 제공함으로써 본국내의 같은 지위의 경영자에 비해 유지비용이 많이 소요된다.

2) 현지인의 선발

국제기업들은 현지국 정부의 압력, 기업의 정책목표 등에 따라 현지인을 국제경영인력으로 선발하기도 하는 데, 이 경우의 장점은 다음과 같다.

① 현지의 언어, 종교, 관습 등 현지의 사회·문화적 환경에 익숙하므로, 본국인의 해외파견 근무 시 가장 어려운 점인 언어장벽, 이질문화에 대한 적응문제 등을 추가비용의 지불 없이 해소할 수 있다.

② 현지의 소비자, 고객, 정부기관들, 근로자 등과의 우호적인 관계유지가 용이하고 좋은 기업이미지를 형성할 수 있다.

③ 현지인을 승진시킴으로써 현지종업원의 사기를 높일 수 있고, 근로의욕을 고취시킬 수 있다. 또한 현지의 특수한 상황에 대한 경험이 필요한 마케팅전략 수립, 노사문제 해결 등에 유리하다.

④ 현지인은 그 국가에 계속 거주함으로써 업무의 계속성을 유지할 수 있으며, 본국인과 제3국인 선발 시 또는 각종 수당 및 특별급여 등의 경비를 절감할 수 있다.

⑤ 현지국에서 영향력 있는 인물을 고용할 경우, 현지인에 대한 국제기업의 로비력을 증대시킬 수 있다.

반면, 현지인을 국제경영인력으로 선발하는 경우의 단점은 다음과 같다.

① 개도국이나 후진국일 경우 유능한 현지경영자의 충원이 불가능하거나, 양성시 시간이 오래 걸린다.

② 본사의 제품이나 관리기법에 대한 지식이 부족하거나, 본사의 경영전략이나 목표를 제대로 이해하지 못할 경우 해외자회사의 경영과 기업경영 전체적인 경영에 차질을 초래할 우려가 있다.

③ 국제기업 본사의 해외자회사에 대한 직접적이고 효율적인 통제력이 약해질 가능성이 많다.

④ 승진기회의 제한과 같은 제약여건으로 말미암아 장기근무를 기대하기 어렵다.

3) 제3국인의 선발

국제경영인력으로 제3국인의 선발은 주로 제3국인이 본국인이나 현지인에 비해 경영능력이나 현지적응력, 현지국 정부에 대한 로비력 등에 있어서 월등한 능력을 갖추고 있는 경우에 이루어지고 있다.

제3국인을 국제경영인력으로 선발하는 경우의 장점은 다음과 같다.

① 본국인들이 현지국 파견근무를 기피하거나, 유능한 경영능력을 갖춘 본국인이나 현지인이 없을 경우 인원충원의 한 대체방안으로 효과적이다.

② 본사국에서 발견하지 못한 점을 객관적 시각에서 발견함으로써, 새로운 경영환경에 대한 인식과 새로운 전략대안을 제시할 수 있다.

③ 제3국인의 현지체재경비가 본국인보다 더 싸게 드는 경향이 있으므로, 경비절감 효과를 기대할 수 있다.

④ 고용과 해고가 자유로움으로 인해 탄력적인 인력수급이 가능하다.

⑤ 제3국인이 현지국과 유사한 문화적 배경과 공통된 언어를 구사하는 경우, 현지 적응과 문화적 탄력성에 있어서 본국인보다 쉽게 적응할 수 있다.

반면, 제3국인을 국제경영인력으로 선발하는 경우의 단점은 다음과 같다.

① 현지인과 마찬가지로 본국의 경영방침 및 목표 등에 어둡기 때문에 효율적인 경영전략 수립이 어렵다.

② 제3국인의 해고나 사표수리시 기존 경영활동에 대한 단절이 생기기 쉽다.

③ 제3국인 채용시 현지언어와 문화를 제대로 이해하지 못할 경우, 의사소통에 어려운 문제가 발생할 수 있다.

이와 같은 세 가지 대안은 각각의 장·단점이 있으므로 기업의 전략, 개인의 업무수행능력과 현지국의 환경변화에 대한 다각적인 검토를 거쳐 한 방안이 채택될 수 있다. 때로는 기업의 국제화 단계에 따라 적합한 방법이 채택되기도 한다.

(2) 국제경영인력의 선발기준

국제기업이 본국인을 해외파견인력으로 파견할 때 흔히 사용하는 선발기준은 다음과 같다.

① 업무수행능력 : 해당 직무사항에 필수적인 지식, 경영관리, 기능분야, 기술 등에 관한 전문적 식견

② 환경적응능력 : 정부, 경쟁기업, 노조 및 소비자 등과 직접적으로 관련되어 있는 환경요인, 즉 현지국의 경제·사회·문화·정치·법률환경에 대응하는 능력

③ 대인관계능력 : 기업 내의 상사·동료 및 부하직원을 다루는 능력뿐만 아니라, 현지국의 지역사회 및 현지소비자와의 원만한 관계유지능력

④ 개인적 특성 : 이질적인 해외환경에서 독립적인 의사결정과 집행을 할 수 있는 정신적 성숙감, 주관과 이성을 잃지 않고 대처할 수 있는 정서적인 안정성, 그리고 넓은 시야와 폭 넓은 사고 등
⑤ 외교적 수완 : 현지국 정부관리나 영향력 있는 정치인 등과 호의적인 관계를 유지할 수 있는 사교적 능력
⑥ 가족의 적응능력

한편, 현지인을 현지경영자로 선발할 때에는 일반적으로 다음과 같은 기준이 적용된다.

① 업무수행능력
② 인간성과 개인적 특성
③ 외교적 수완
④ 범세계적 태도와 시야
⑤ 해당기업의 경영철학, 목적과 전략 등에 대한 이해와 그 실현을 위해 최선을 다하고자 하는 마음자세 등

3. 국제경영인력의 교육훈련

국제기업의 성패를 좌우하는 경영자의 자질은 교육훈련을 통해서 향상될 수 있다. 해외파견인력에 관한 교육은 국제경영인력의 사회·문화적 개발을 위한 준비단계로서, 해외환경에 보다 잘 적응할 수 있도록 현지국가, 국민, 문화에 대한 제반 사항과 해외자회사 운영전반에 관한 내용을 미리 숙지시키는 과정이라 할 수 있다. 이 교육의 궁극적인 목적은 환경변화의 의미를 인식하고, 이에 대처하는 능력을 개발함으로써 해외자회사 경영자로서의 효율성과 실적을 높이는 데 있다.

구체적으로는 해외파견인력들이 이질적인 환경에서 겪을 수 있는 문화적 충격을 최소화하고, 현지인과 융화할 수 있고, 현지국의 기업환경과 경영조건에 대한 정보지식을 터득함으로써 국제적 감각을 갖추도록 하며, 해외자회사의 계획, 제품, 시장 등의 전반적인 운영정책을 미리 익히도록 하는 것이다. 이러한 교육훈련의 내용은 기업과 파견국가에 따라 약간씩 차이가 있을 수 있으나, 일반적으로는 지역연구, 문화적응훈

련, 언어적응훈련, 감수성훈련, 현장실습 등의 범주로 구성된다.

한편, 현지인의 경우 기본적으로 국제기업의 본국의 가치관이나 문화, 관리제도와는 상당히 이질적이므로, 현지경영을 원활히 수행하기 위해서 현지채용인력에 대한 교육훈련의 필요성은 매우 크다고 할 수 있다.

이러한 현지채용인력에 대한 교육훈련은 본사의 교육훈련프로그램을 단순히 그대로 이전하기보다는 현지인의 사고방식과 가치관, 신념을 고려하여 현지인에 맞는 교육을 실시하는 것이 현지적응을 위해 필요하다. 이러한 교육내용은 주로 본사에 대한 이해를 증진시키는 내용, 본사와의 원활한 의사소통 추구, 본사와의 업무분담체제의 숙지 및 능숙한 운영방법, 그리고 본사에서 파견된 국제경영인력과의 원만한 인간관계의 유지가 중심이 되고 있다.

이러한 현지채용 경영자에 대한 교육은 본사의 경영목표와 전략목표 등을 이해시키는 것과 본사의 운영방침, 업무 관련 사항 등을 주지시키는 데 목적을 두고 있다.

4. 국제경영인력의 보수관리

국제기업에 있어서 해외파견인력에 대한 보수관리는 대단히 어려운 문제이다. 그것은 해외파견인력에 대한 보수나 승진이 너무 높으면 유능한 인재들이 해외파견근무를 선호하게 되고, 반면에 너무 낮으면 해외파견근무를 기피하게 되어 해외파견인력을 확보하는데 상당한 어려움을 겪게 된다.

또한 국제기업 내에서 보상정책이 잘못 수행될 경우 이해관계자간에 심각한 갈등야기, 조직 내의 승진패턴 변화, 본·지사간의 위화감 조성 등이 초래될 수 있다. 이처럼 보수문제에 있어서 국제기업은 해외파견인력의 소득수준을 국내에서 동일한 업무를 수행하고 있는 본사 직원의 임금, 본사국의 임금환경, 그리고 국제시장에서의 제3국인의 임금 등을 모두 고려하여 합리적으로 결정해야 한다.

일반적으로 해외파견인력들은 국내인력들보다 높은 보수를 받는다. 그 이유는 유능한 국제경영인력에 대한 대우와 함께, 이질적인 해외환경에서 근무하는데 따른 어려움과 적응의 필요성, 과중한 책임에 대한 적절한 대가지급, 유능한 인력을 유인하기 위한 과외수당의 지급 때문이라 할 수 있다.

한편, 현지채용인력의 보수는 현지에서의 일반적인 급여수준보다 약간 높게 설정함으로써 현지에서 우수한 인재를 모집하는 것이 일반적이다. 이처럼 현지채용인력에게 현지기업들의 평균임금보다 약간 높은 보수를 지급하는 것은 보수상승에 따른 노동생산성의 기대 및 현지인 기업에 비해 외국기업이 갖는 승진기회나 개인의 발전기회의 제약, 그리고 장기고용 면에서의 한계점 등에 따른 일종의 보상차원으로 볼 수 있다.

연습문제

1. 용어해설문제

- 국제경영전략
- 규모의 경제성
- 범위의 경제성
- 연결의 경제성
- 가치사슬
- 경쟁우위
- 국제소오싱
- 적시조달시스템
- 글로벌마케팅
- 세계시장포지셔닝
- 마케팅믹스
- 표준화
- 차별화
- 환노출
- 환노출관리기법
- 국제경영인력

2. 주관식문제

(1) 국제경영전략의 수립절차에 대해 설명하라.

(2) 국제소오싱에 대해 설명하라.

(3) 국제마케팅믹스전략에 대해 설명하라.

(4) 환위험관리기법에 대해 설명하라.

(5) 국제경영인력의 선발대안별 장·단점과 선발기준에 대해 설명하라.

제 4 편

무역실무

Chapter 09 무역관리와 수출입절차

학습목표

1. 무역관리의 개념, 체계 및 제도에 대해 알아본다.
2. 무역관계법규의 종류와 내용을 살펴본다.
3. 수출입절차와 각 절차별 주요 내용을 알아본다.

9.1 무역관리

1. 무역관리의 개념

무역관리란 "특정 국가가 무역거래에 직접적으로 개입하여 대외무역의 질서를 유지하고, 자국의 수출을 촉진하며 수입을 적정하게 조정하는 것"을 의미한다.

우리나라의 무역은 헌법에 의하여 체결·공포된 무역에 관한 조약과 일반적으로 승인된 국제법규가 정하는 바에 따라 자유롭고 공정한 무역을 조장함을 원칙으로 하고 있으며, 정부는 대외무역법이나 다른 법률 또는 헌법에 의하여 체결·공포된 무역에 관한 조약과 일반적으로 승인된 국제법규에서 무역에 대한 제한을 정한 규정이 있는 경우에는 그 목적을 달성하기 위해 필요한 최소한의 범위 내에서 운용하도록 하고 있다.

2. 무역관리법규

현행 우리나라에서는 수출입의 단계마다 관련 법규에 의하여 제한과 금지 또는 우대조치 등을 취하기 위하여 대외무역법, 관세법 및 외국환거래법을 제정하여 운영하고 있다. 수출입기본질서에 대해서는 대외무역법으로 관리하고 있고, 물품의 이동과 관련해서는 관세법으로 관리하고 있으며, 무역대금의 결제방법에 대해서는 외국환거래법으로 관리하고 있다.

(1) 대외무역법

대외무역법은 수출입거래를 관리하는 기본법으로서 1986년 12월 31일부터 시행되어 오고 있다. 이 법은 대외무역을 진흥하고 공정한 거래질서를 확립하여 국제수지의 균형과 통상의 확대를 도모함으로써 국민경제를 발전시키는데 이바지함을 목적으로 한다(대외무역법 제1조). 대외무역법에서 위임된 사항과 그 시행에 따른 사항을 결정하기 위하여 대외무역법시행령 및 대외무역관리규정 등이 마련되어 시행되고 있다.

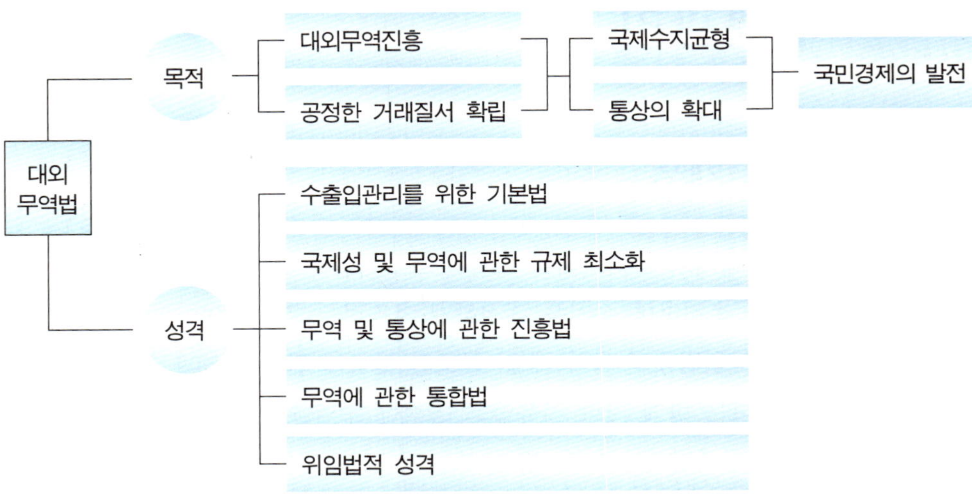

(2) 관세법

관세법은 관세의 부과·징수 및 수출입물품의 통관을 적정하게 하여 국민경제발전에 기여하고 관세수입의 확보를 기함을 목적으로 하는 법이다. 동 법은 관세법시행령과 시행규칙의 체계를 갖고 있으며, 별표로서 관세율표를 가지고 있다. 관세법을 보완하는 법규로는 국세징수법 및 국세기본법이 있고, 관세법상의 특례로는 수출용 원재료에 대한 관세 등 환급에 관한 특별법이 있다.

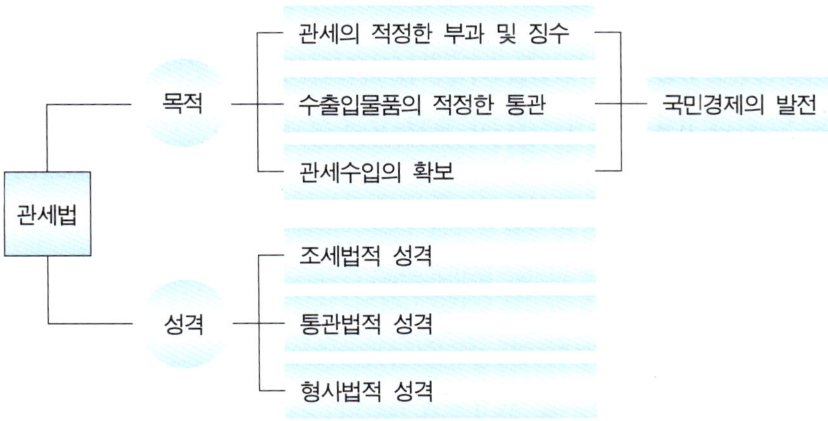

(3) 외국환거래법

외국환거래법은 외국환거래, 그 거래 기타 대외거래의 자유를 보장하고 시장기능을 활성화하여 대외거래의 원활화 및 국제수지의 균형과 통화가치의 안정을 도모함으로써 국민경제의 건전한 발전에 이바지함을 목적으로 1998년 9월 16일 제정되어 2000년 10월 23일 개정되었다.

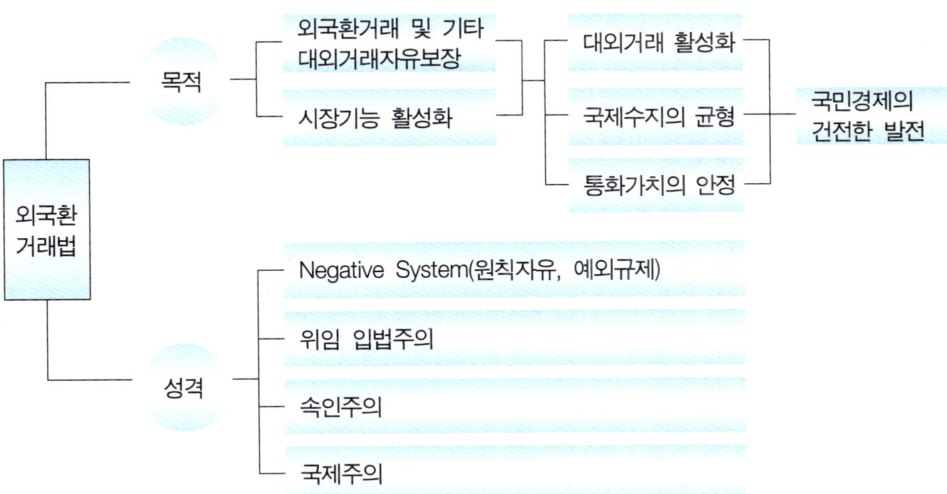

3. 무역거래자의 관리

(1) 무역거래자의 의의

무역거래자란 "수출 또는 수입을 하는 자, 외국의 수입자 또는 수출자의 위임을 받은 자 및 수출·수입을 위임하는 자 등 물품 등의 수출·수입행위의 전부 또는 일부를 위임하는 자"를 의미한다. 수출 또는 수입을 하는 자는 무역업자를 의미하고, 외국의 수입자 또는 수출자의 위임을 받은 자는 무역대리업자를 의미하는 것으로 오퍼발행대리업자(offer agent 혹은 selling agent) 또는 수출물품구매 대리업자(buying agent)를 말한다. 수출과 수입을 위임하는 자는 위탁자 또는 실수요자를 말한다.

[표 9-1] 무역거래자의 정의

<table>
<tr><th>구 분</th><th colspan="2">내 용</th></tr>
<tr><td>무역업자</td><td colspan="2">·자기 명의로 자신의 책임 하에 물품의 수출입을 업으로 영위하는 자
·상품의 소유권이전을 전제로 한다는 의미에서 무역대리업과 구분됨</td></tr>
<tr><td rowspan="3">무역
대리업자
(무역대리점)</td><td>판매대리업자
(오퍼상)</td><td>외국의 수출업자의 위임을 받은 자가 국내에서 수입계약의 체결과 이들에 부대되는 행위를 업으로 영위하는 것으로 계약대리권만 행사함</td></tr>
<tr><td>구매대리업자</td><td>외국의 수입업자의 위임을 받은 자가 국내에서 수출품의 구매와 이들에 부대되는 행위를 업으로 영위하는 것으로 계약대리권만 행사함</td></tr>
<tr><td colspan="2">·자기명의로 소유권 이전을 전제로 한 수출입을 할 수 없다는 점에서 무역업과 구분됨
·물품매도확약서발행 및 수출품의 구매알선, 시장조사 등으로 영업범위가 한정된다는 점에서 무역중개업과 구분됨</td></tr>
<tr><td rowspan="2">무역
대행업자</td><td>무역대행
위탁자</td><td>무역업자에게 그 무역업자의 명의로 수출입을 대행해 줄 것을 위임 또는 위탁하는 자</td></tr>
<tr><td>무역대행업자</td><td>무역대행위탁자와의 대행계약에 따라 일정한 수수료를 받고 자기명의로 거래하는 무역업자</td></tr>
</table>

9.2 수출절차

수출절차란 거래선의 발굴을 위한 해외시장조사 단계에서부터 수출계약의 체결과 수출대금이 회수되어 한 건의 수출에 따른 거래가 종료되는 때까지 거치는 일련의 행정적, 법규적 흐름을 의미한다.

수출절차에서는 일반적인 단계로서 수출계약의 체결, 신용장의 수취와 검토, 수출승인 및 요건확인, 수출물품의 정비, 수출물품의 통관, 물품운송 및 보험계약 체결, 수출물품 선적, 수출대금 회수, 관세환급 및 사후관리 등의 여러 절차를 거치게 된다.

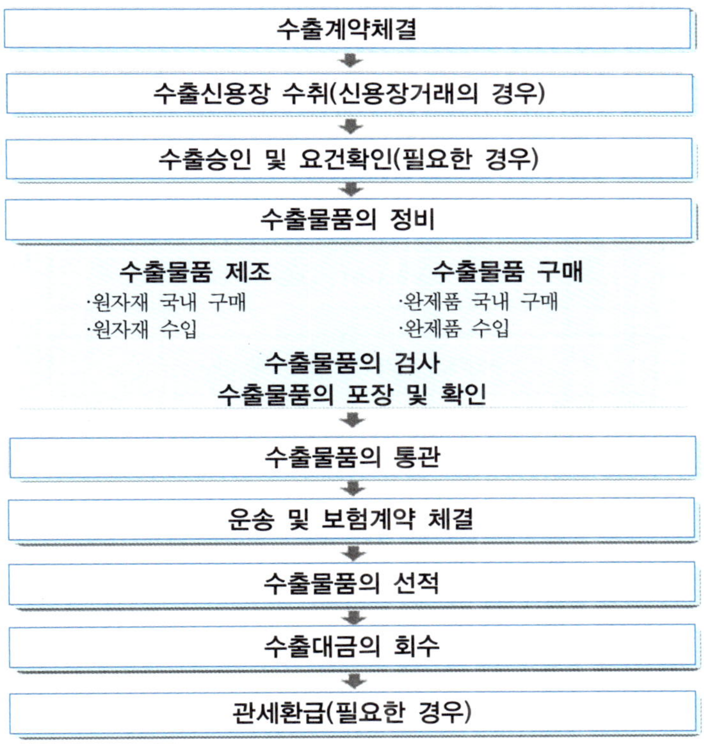

[그림 9-1] 수출절차의 흐름도

9.3 수입절차

수입절차란 수입대상물품과 거래선을 선정하여 수입계약을 체결하고, 수입승인을 받아 수입신용장 등을 개설한 후에 수입화물과 운송서류가 도착하면 수입대금을 결제한 다음 당해 수입물품을 통관하는 일련의 절차를 의미한다.

수입 계약 체결

↓

수입승인 및 요건 확인(필요한 경우)

↓

수입신용장의 발행 및 통지(신용장거래의 경우)

↓

운송 및 보험계약 체결

↓

선적서류의 내도

↓

수입대금 결제 및 선적서류 인수

↓

수입물품 통관 및 물품 인수

[그림 9-2] 수입절차의 흐름도

연습문제

1. 용어해설문제

- 무역관리
- 대외무역법
- 외국환거래법
- 관세법
- 무역업자
- 무역대리업자
- 무역대행업자

2. 주관식문제

(1) 무역관리법규의 체계에 대해 설명하시오.

(2) 무역거래자에 대해 설명하시오.

(3) 수출절차에 대해 설명하라.

(4) 수입절차에 대해 설명하라.

Chapter 10 해외시장조사와 거래처 발굴

■ 학습목표 ■

1. 해외시장조사의 개념과 내용에 대해 알아본다.
2. 거래처 발굴방법에 대해 알아본다.
3. 신용조회의 내용과 신용조회처에 대해 알아본다.

10.1 해외시장조사

1. 해외시장조사의 개념

해외시장조사(overseas market research)란 무역거래자가 해외시장의 환경 및 동향을 조사하고 고객이 원하고 있는 바를 파악하여 무역거래의 증진을 목적으로 행하는 시장조사를 말한다. 무역업자의 입장에서 해외시장을 개척하고 거래선을 발굴하는데 있어서 가장 먼저 고려해야 할 사항이 해외시장조사이다.

수출업자의 경우 해외시장조사를 통하여 어느 지역의 시장에서 어떠한 거래처를 대상으로 어느 시기에 자신이 취급하고 있는 물품을 가장 합리적인 가격으로 판매할 수 있는가를 과학적으로 조사·연구·분석하여야 한다. 해외시장조사는 지역적인 격리성, 상관습 및 언어 등의 차이로 인하여 조사에 어려움이 따른다. 해외시장조사의 내용은 우선적으로 목적시장의 일반적인 환경조사를 한 다음 고객조사, 상품조사, 판매경로조사 등에 대해 보다 구체적으로 실시하고 믿을만한 거래처를 발굴하는 단계를 거친다.

해외시장조사에서는 어느 국가의 어느 고객에게 어떠한 물품을 판매할 것인가 또는 필요한 물품을 어느 국가의 어느 공급선으로부터 구매할 것인가를 분석해야 한다. 해외시장조사의 주요 대상은 수출입국가, 소비자, 공급선, 물품 등이다.

인터넷을 이용하여 해외시장조사를 하는 것은 전통적인 방법에 비하여 그 조사방법이 용이하다. 인터넷을 이용할 경우 수출시장에 대한 수출입통계, 수출입제한, 무역거래관습 및 수출능력과 같은 자료와 정보 등을 각국의 정부기관 사이트, 디렉토리, 기업사이트 등을 통하여 얻을 수 있다.

2. 해외시장조사의 내용

해외사장조사에서는 어느 국가의 어느 고객에게 어떠한 물품을 판매할 것인가 또는 필요한 물품을 어느 국가의 어느 공급선으로부터 구매할 것인가를 분석해야 한다. 해외시장조사의 주요 대상은 수출입국가, 소비자, 공급선, 물품 등이다.

[표 10-1] 해외시장조사의 내용

조사항목	조 사 내 용
거래대상국가	·정치적 환경 : 정치체제, 정치적 안정, 정치적 위험 등 ·경제적 환경 : 국민소득, 임금, 물가, 노동력, 국민소득, 국제수지, 경제성장률, 산업구조 등 ·사회적 환경 : 인구, 기후, 종교, 문화, 교육수준 등 ·무역 환경 : 품목별·지역별 수출입규모, 외환관리, 대금결제조건, 관세율, 환율, 상관습 등
고 객	·고객층 : 소비자의 지역적 분포, 소득분포, 구매능력 등 ·고객기호 및 이미지 : 기호, 취향 및 품질·상표·생산자 등 의 이미지
물 품	·물품수요 : 수요, 품질, 규격, 수요량, 미래수요, 경쟁품, 대체품 및 유사품의 현황 ·가격 : 수입품과 현지국산품의 가격 등
판매경로	·유통 및 서비스 : 수입상, 판매점, 특약점, 백화점, 체인스토어, 도매상, 소매상 등의 유통경로, 사전 및 사후서비스 등 ·판매조사 : 상품계획과 판매정책

10.2 거래처 발굴

1. 전자거래알선 사이트 활용

전자거래알선 사이트(ETOs : Electronic Trading Opportunities)에서는 인콰이어리, 상품카달로그 및 기업 디렉토리 정보 등을 등록할 수 있으며 오퍼형태별, 품목별 및 업체명 등 다양한 형태로 검색할 수 있다. 한국에는 한국무역협회, 중소기업진흥공단, 대한상공회의소, 대한무역투자진흥공사, 지방자치단체 등의 유관기관과 (주)EC21, EC Plaza 등의 사기업들이 운영하고 있는 사이트들이 있다.

2. 상공인명부의 활용

상공인명부(directory)는 품목별·업종별로 업체명, 주소, 전화번호, 전자우편(e-mail) 및 팩스(fax)번호가 기본적으로 명시되고 수출입지역과 최근의 영업실적이 포함된다. 이 가운데 잠정적인 업체명단을 선정하여 준비된 카달로그와 기타 자료들을 가지고 거래를 권유하는 권유장(circular letter)을 발송한다.

상공인명부는 대한무역투자진흥공사(KOTRA)나 한국무역협회 또는 대한상공회의소 등에서 이용할 수 있으나 다음과 같은 유수한 상공인명부를 웹사이트를 통하여 이용할 수 있다.

3. 대한무역투자진흥공사(KOTRA)를 통한 조사

대한무역투자진흥공사(Korea Trade and Investment Promotion Agency : KOTRA)는 무역동향에 대한 해외시장조사, 무역 관련 각종 자료의 간행, 한국무역의 홍보, 상품전시회업무 등을 담당하고 있다. 또한 세계적인 조직망을 가지고 있어 시장조사의 신뢰도가 높은 편이기 때문에 거래처별, 품목별 자세한 시장정보를 유료위탁에 의한 방법으로 조사를 의뢰할 수 있다.

4. 주한 외국대사관을 통한 조사

한국에 주재하고 있는 외국대사관을 통해 해외시장에 대한 정보를 얻을 수 있다.

5. 해외 공공기관 이용

각국의 상공회의소, WTCA(World Trade Centers Association) 및 각국의 WTC (World Trade Center), 또는 수출입 관련 기관에 거래알선이나 의뢰서한을 보내는 방법이 있다. 이 경우 그들이 발행하는 기관지를 통해 업계홍보 또는 관련업자의 소개를 의뢰하는 것이다.

6. 각종 사절단 및 전시회 참가

무역관련 기관에서 주관하여 파견하는 각종 투자 및 무역사절단, 박람회 및 전시회에 참여하여 거래처를 직접 물색할 수 있다. 특히 한국무역협회에서 총괄하여 파견하는 해외투자 및 무역사절단과 대한무역투자진흥공사에서 총괄하여 참가하는 해외박람회 및 전시회, 그리고 지방자치단체에서 지원하는 전시회를 활용할 수 있다(http://info.kita.net 참조).

7. 해외광고 이용

해외홍보용 카탈로그를 제작하여 예상 거래선에 배포하거나, 국내의 해외홍보매체 등에 자사상품을 홍보하여 거래선을 물색할 수 있다. 홍보물을 배포할 경우에는 경제적인 비용으로 홍보효과를 극대화시키기 위하여 작성 배포처를 선정하는 것이 중요한데, 작성 배포처는 지역별 상공인명부를 통해 물색된 예정 거래선, 주한 외국공관의 바이어 안내, 기타 대한무역투자진흥공사, 한국무역협회 등 무역유관기관의 거래알선, 안내 등을 활용하여 선정·배포하는 것이 효과적이다.

8. 자체 현지조사

대상지역을 직접 방문하여 조사하는 것이 가장 신빙성이 높은 조사방법이다. 해당 지역 방문 시에는 호텔에 비치된 "Yellow Page"나 "Trade Directory" 등을 통해 품목별 예상 거래선을 선정한 다음 전화로 약속시간을 정하여 방문할 수 있다.

10.3 거래제의 및 신용조회

1. 거래제의

(1) 거래제의와 문의

거래처를 선정한 후 거래를 위한 권유장(circular letter)을 발송하게 된다. 권유장이란 미지의 잠재 거래처에게 자신의 회사를 소개하고 취급물품과 거래조건 등을 간단하게 안내하여 거래관계를 권유하는 서신을 말한다. 특히 권유장은 문화가 다른 외국인에게 송부하는 것이기 때문에 상대방으로 하여금 구매의욕이 생기도록 개성과 진실이 있고 호감이 가도록 작성하여야 한다.

권유장에 대해 상대방으로부터 문의(inquiry)가 오면 계약을 체결하기 전에 상대방에 대한 신용조사를 실시하여 거래로 인한 문제점을 사전에 확인하여야 한다.

권유장은 전자메일이나 인터넷 팩스 등을 이용하여 발송하게 되므로, 전자메일을 보낼 때에는 인터넷에 자사의 홈페이지가 있을 경우 웹사이트 주소를 기재하는 것이 바람직하다.

[표 10-3] 권유장(circular letter)의 작성방법

① 상대방을 알게 된 배경이나 경로
② 작성자 회사 및 주요 업종의 소개
③ 작성자 회사의 상품 및 업계에서의 평판 등의 소개
④ 이후의 추가정보와 자료를 제공할 수 있다는 언급
⑤ 작성자 회사의 신용조회처
⑥ 맺음말

(2) 거래조회

거래조회(trade inquiry)는 거래관계의 권유를 받은 당사자가 그 권유에 대한 관심이나 물품을 구매할 의사가 있을 때 거래를 제안한 당사자에게 물품의 가격, 품질, 수량, 선적 등의 거래조건에 대해 문의하는 것을 말한다. 조회를 작성할 경우에는 다음과 같은 요령으로 하는 것이 바람직하다.

[표 10-4] 거래조회 작성방법

① 상대방을 알게 된 배경이나 경로
② 관심품목의 명시와 가격조회
③ 수요규모, 구매물품의 명세
④ 주문내용의 구체적인 설명
⑤ 기타 문의사항
⑥ 맺음말

2. 신용조회

(1) 신용조회의 개념

신용조회는 신용을 공급받는 자의 지급능력과 선의, 지급불능시 지급을 강제할 수 있는 자산의 보유 등을 사전에 조사하여 장래에 대한 지급의 확실성을 파악하는 것이다. 현재 국제무역의 경향은 현금이나 신용장 방식의 거래에서 점점 연불거래 또는 무

신용장방식으로 바뀌어가고 있다. 따라서 거래 상대방의 신용조사에 대한 중요성은 더욱 커지고 있다.

(2) 신용조회의 내용

1) 성격(Character)

상대방의 정직성(honesty), 성실성(integrity) 등에 대한 내용으로 특히 대금결제에 대해서 약속대로 이행해 주는지에 대한 것은 회사의 규모나 재정상태라기보다는 그 회사의 성격적인 것이 결정적인 요인이 된다. 따라서 회사의 연혁, 사업목적, 경영자의 태도 등에 대한 항목들이 여기에 포함된다.

2) 자본(Capital)

아무리 성실하고 신용이 보장된다 하더라도 회사의 재무상태가 건실하지 않으면 거래에 문제가 발생할 수 있다. 재무제표 등을 근거로 자본금의 규모, 자산내용 등을 조사해야 한다.

3) 거래능력(Capacity)

회사의 영업능력으로 영업방법, 거래방법, 거래량 등을 지난 몇 년 동안에 걸친 거래실적 등을 토대로 조사한다.

이 외에도 조건(Condition)에 대한 조회도 필요하다. 즉 정치적·경제적 조건으로 상대국에 대한 수입·외환에 대한 규제는 어떠한지, 통관절차, 항만운송시설 등에 대한 주의점 등을 조사해야 한다.

(3) 신용조회처

1) 상업흥신소(Commercial Credit Agencies)

상사의 신용조사를 본업으로 하고 있는 것으로 세계 주요 도시에 지소 혹은 통신원을 두고 세계 각지의 상사에 대한 신용조사를 하여 고객의 의뢰에 응해 주고 있다. 예를 들면 미국의 Dun and Bradstreet Incorporated, 영국의 Bradstreet British, Ltd., 독일의 Auskunft W. Schimmelpfung, 일본의 Toyko Mercantile Agency 등이 있으나, 한국에는 대한무역투자진흥공사(KOTRA), 한국수출보험공사, 신용보증기금 등이 있다.

2) 은행조회(Bank Reference)

업자의 은행거래관계로부터 신용도나 거래상황 등에 관한 간단한 자료는 국내에서의 은행 간 신용조회와 마찬가지로 해외의 은행 사이에서도 가능하다.

3) 해외지사, 출장소 및 판매대리점의 보고

수출업자의 해외지사나, 출장소 및 판매대리점 등을 통하여 원하는 상대 회사의 신용을 조사할 수 있다.

4) 동업자조회(Trade Reference)

거래를 하려는 수입업자가 자의적이거나 수출업자의 의뢰에 의해 자기 회사의 신용조회처를 알려 주는데 신용조회처가 동업자일 경우에 해당된다.

연습문제

1. 용어해설문제

- 해외시장조사
- 권유장
- 거래조회
- 신용조회

2. 주관식문제

(1) 해외시장조사의 내용에 대해 설명하시오.

(2) 거래선 발굴방법에 대해 설명하시오.

(3) 신용조회의 내용에 대해 설명하시오.

(4) 신용조회처의 종류에 대해 설명하시오.

Chapter 11 무역계약

■ 학습목표 ■

1. 무역계약의 개념과 성격에 대해 알아본다.
2. 청약과 승낙에 대해 살펴본다.
3. 무역계약의 기본조건에 대해 학습한다.
4. 일반거래조건협정서에 대해 알아본다.

11.1 무역계약의 성격

1. 무역계약의 개념

무역계약(trade contract)이란 "국제간에 이루어지는 매매계약으로서, 수출업자(seller)가 계약물품의 재산권(property)을 수입업자(buyer)에게 이전하고, 수입업자는 이에 대하여 대금의 지급을 약속하는 계약"이다. 무역계약은 청약(offer), 반대청약(counter offer) 등의 최종 수락과정을 거치면서 추가하거나 삭제된 것들을 정리하여 실제 매매거래에 필요한 모든 조건들에 대해 합의함으로써 성립된다.

매매계약은 수출업자의 입장에서는 수출계약(export contract)이 되고, 수입업자의 입장에서는 수입계약(import contract)이 된다. 따라서 당사자들은 무역거래에서의 계약서를 반드시 서면으로 작성하여 서명하여야 하고, 계약의 내용이 이행되도록 해야 한다.

무역계약은 매매당사자간에 여러 단계를 거쳐 체결될 수도 있지만 일반적으로 무역실무상으로 거래의 권유단계에서 조회에 따른 회신과 함께 청약자의 청약(offer)과 피청약자(offeree)의 승낙(acceptance)에 의하여 성립된다. 관심 있는 고객으로부터 조회가 있을 경우에 감사의 표시와 더불어 신속히 회신을 하여야 한다. 이 때 청약자가 보통 이메일 등으로 청약을 하게 되면 피청약자는 가격이나 거래조건의 변경을 요구하는 반대청약(counter offer)을 보내는 경우가 많다. 이에 대하여 청약자가 다시 확정청약(firm offer)을 하면 피청약자가 승낙함으로써 계약이 성립된다.

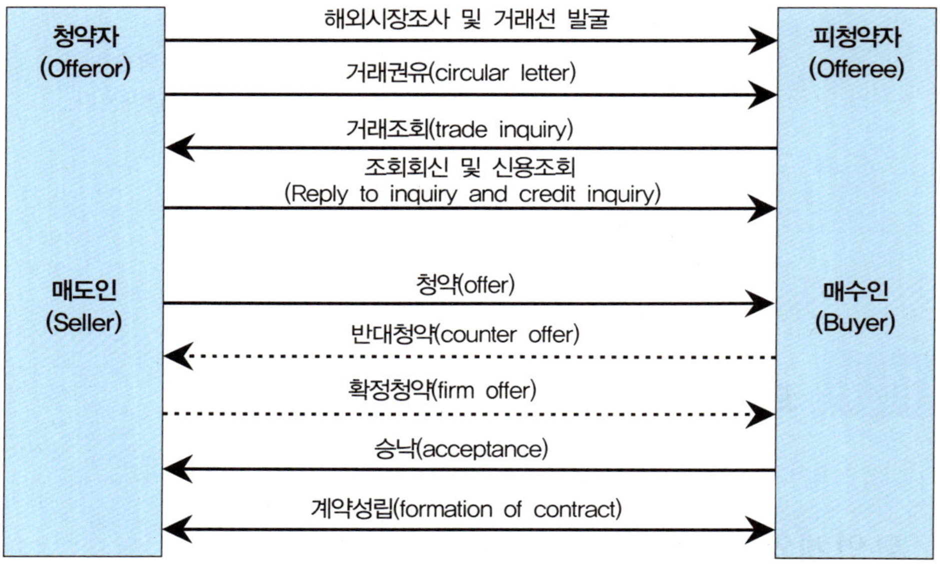

2. 무역계약의 법적 성격

무역계약은 합의계약이며, 쌍무계약이면서, 유상계약과 불요식계약으로서의 법적 성격을 지니고 있다.

(1) 낙성계약

낙성계약(諾成契約 ; consensual contract)은 일방 당사자의 의사표시인 청약(offer)에 대하여 상대방이 승낙(acceptance)함으로써 성립되는 물품매매계약으로 합의계약이라고도 한다. 매매 당사자들의 합의만으로도 계약이 성립되는 합의계약은 물품의 점유권 이전이나 소유권 이전을 통한 인도나 급부를 통하여 성립되는 요물계약과 대응되는 개념이다.

(2) 쌍무계약

쌍무계약(雙務契約 ; bilateral contract)은 관련 당사자가 서로 대가적 의미를 가지는 채무를 부담하는 계약으로 매도인은 물품인도의무를 부담하고 매수인은 대금지급의무를 부담하는 계약이다. 다시 말해 계약의 성립과 동시에 매도인은 매수인에게 물품인도의무가 있고 매수인은 매도인에게 대금지급의무가 있다.

(3) 유상계약

유상계약(有償契約 ; remunerative contract)은 계약당사자가 서로 대가의 관계에 있는 재산상의 급부를 할 것을 목적으로 이루어지는 계약으로 무상계약과 대응되는 개념이다. 매도인이 물품급부를 제공하는 것에 대하여 매수인이 금전적으로 반대급부를 제공하는 것이 유상계약이다.

(4) 불요식계약

불요식계약(不要式契約 ; informal contract)은 계약성립을 위한 의사표시를 함에 있어 특정한 요식에 의하지 않고 문서나 구두(oral)에 의한 명시계약(express contract)이나 묵시계약(implied contract)으로도 성립되는 계약을 의미한다. 따라서 별도의 계약서를 작성하지 않더라도 계약이 성립되지만 추후의 분쟁을 사전에 방지하기 위해서는 계약서를 작성하는 요식계약의 형태를 취하는 것이 보다 바람직하다.

3. 무역계약의 종류

(1) 개별계약(Case by Case Contract)

개별계약은 매 번 거래가 성립될 때마다 당사자들이 합의하여 계약서를 작성하는 것을 말한다. 개별계약은 해당거래가 종료되면 그에 따라 계약도 종료되는 것으로 최초 거래의 수출입이나 1회 거래로 종결되는 경우에 이용된다. 개별계약서의 앞면에는 거래대상물품의 품질, 수량, 포장, 가격, 결제방법 등의 개별거래조항이 있고, 뒷면에는 본인 대 본인(principal to principal)의 계약을 전제로 품질조건, 수량조건, 가격조건, 선적조건, 결제조건, 포장조건, 보험조건 및 분쟁해결 등 무역계약의 일반사항을 약정한다.

(2) 포괄계약(Master Contract)

포괄계약은 매매당사자 간에 특정한 물품을 반복하여 거래할 경우 일정 기간 동안의 계약기간을 정하여(예를 들어 2년 등) 한 번에 포괄적으로 체결하는 계약을 말한다. 주로 무역업체들이 외국의 동일한 거래업자들과 특정한 물품을 거래하는 경우 매 거래시마다 별도의 계약을 체결하는 번거로움을 회피하기 위하여 사용된다. 계약서에 포함되는 내용은 계약기간 등을 제외하고는 개별계약과 유사하다.

(3) 독점계약(Execlusive Contract)

독점계약은 특정 국가의 당사자와 특정 제품에 대해 독점적으로 거래하기 위해 사용되는 계약이다. 독점계약서에는 계약의 유효기간, 계약의 연장조건 등 거래의 제조건을 구체적으로 명시하여야 한다. 만일 수출업자가 특정 국가의 수입업자와 특정 지역에 대해 독점계약을 체결할 경우, 수출업자는 지정된 수입업자 이외에는 어느 누구에게도 해당 지역에서 특정 제품에 대해 거래를 할 수 없다.

(4) 대리점계약(Agency Contract)

무역거래는 수출업자와 수입업자가 자신의 명의와 계산으로 본인(principal) 대 본인(principal)으로 이루어지는 것이 일반적이다. 하지만, 수출업자가 자신의 판매대리점을 통하여 해외의 수입업자에게 판매하도록 하거나 수입업자가 자신의 구매대리점을 통하여 해외의 수출업자로부터 구매한 물품을 수입하는 경우도 있다.

11.2 청약과 승낙

1. 청약

(1) 청약의 개념

청약(offer)은 청약자(offeror)가 피청약자(offeree)에게 어떤 물품을 일정한 조건으로 계약을 체결하고자 하는 의사표시를 말한다. 청약은 영어로 오퍼(offer)를 의미하는 것으로, 실무에서는 영어인 오퍼라는 용어를 일반적으로 사용하고 있다. 무역에서는 보통 수출업자가 수입업자에게 일정한 물품을 일정한 가격, 품질, 선적, 결제조건 등으로 매도하겠다는 의사표시를 말한다. 청약의 형식으로 서신, Cable, Fax 혹은 E-mail에 의하거나 일정한 서식을 갖춘 청약서(offer sheet)를 사용한다.

(2) 청약의 종류

1) 확정청약(firm offer)

확정청약은 청약자가 청약내용에 대하여 승낙의 유효기간(validity)을 정하고 그 기간 내에 승낙 여부에 대해 회답할 것을 조건으로 하는 청약을 말한다. 또한 유효기간을 정하지 않은 경우라도 그 청약이 확정적(firm) 또는 취소불능(irrevocable)이라는 표시가 있거나 승낙의 유효기간과 확정적 또는 최소불능이라는 표시가 동시에 있는 청약도 확정청약이 된다.

① Validity : This offer is valid until September 30, 20xx.
② We offer you firm subject to your acceptance reaching us by September 30, 20xx as follows;

2) 불확정청약(free offer)

불확정청약은 청약자가 청약 시에 승낙·회답의 유효기간(validity)이나 확정적

(firm)이라는 표시를 하지 아니한 청약을 말한다. 불확정청약의 경우 상대방이 승낙을 받기 전까지는 청약자가 청약내용을 일방적으로 철회하거나 변경할 수 있다.

① We offer you the following goods on the terms and conditions mentioned hereunder.

3) 반대청약(counter offer)

반대청약은 청약자의 청약에 대하여 피청약자가 품명, 수량, 가격, 선적, 결제 등 청약내용의 일부 추가, 제한 및 변경 등 새로운 조건을 제의해오는 청약을 말한다. 반대청약은 원청약(original offer)에 대한 거절이 되고 동시에 새로운 청약이 된다. 이에 따라 원청약은 반대청약으로 인하여 소멸되게 된다.

"Your offer dated March 10 is too high. We can accept the offer at U.S. Dollars 5 per piece CIF Long Beach, U.S.A."

4) 조건부청약(conditional offer)

청약자의 청약내용에 단서가 있는 청약으로 피청약자의 승낙만으로는 계약이 성립되지 않고 청약자의 최종확인이 있을 경우에만 계약이 성립된다.

"offer subject to prior sale : 선착순판매조건부청약"
"offer subject to being unsold : 재고잔류조건부청약"
"offer on approval : 점검매매조건부청약"
"offer on sale or return : 반품허용조건부청약"
"offer subject to our final confirmation : 청약자확인조건부청약"

[서식 11-1] Offer Sheet의 예(수출의 경우)

CHUNGWOON TRADING CO., LTD.
C. P. O BOX, 203, SEOUL, KOREA

O F F E R　S H E E T

Messrs. : GEOSYSTEM
33 Grushovaya Sty.
Alma-Ata 480023

Date : August 11, 20xx
Ref. No. Euro20xx

Dear Sirs,
We are pleased to offer you as follows :

Packing : Export Standard Packing
Origin : Republic of Korea(R.O.K)
Shipment : Within 60 days after the date of contract.
Payment : By an irrevocable L/C at sight in our favor
Inspection : Seller's inspection is final
Validity : Until the end of November, 20xx
Remarks : Minimum order requirement is 1,000pcs above per item

H. S.	Item#	Description	Quantity	Unit Price	Amount
		Cosmetics		CIF New York	
3304.99.2000	20	Make-up Base 30gr	1,000pcs	@U$30.00	U$30,000.00
3304.20.9000	79	Mascara 5ml	1,000pcs	@U$35.00	U$35,000.00
		Total :	2,000pcs		U$65,000.00

Yours very truly,
Hangook Trading Co., Ltd.

(signed)
S. K. Lee
Director

(3) 청약의 통지와 효력발생시기

1) 청약의 통지

청약이 유효하게 효력을 발생하기 위해서는 청약이 통지되어야 한다. 청약의 통지 방법은 일반적으로 전보나 팩스(fax)를 포함한 서면으로 하였으나, 컴퓨터 등 기타 통신수단의 발달로 인하여 전자우편(E-mail) 등으로 이루어지고 있다.

2) 청약의 효력발생시기

청약의 효력발생시기는 청약의 내용이 피청약자에게 도달한 때에 그 효력이 발생한다는 도달주의를 채택하고 있다. 비엔나협약 제15조 제1항에서는 "청약은 피청약자에게 도달한 때에 효력이 생긴다"고 규정하고 있으며, 한국 민법 제111조 제1항에서도 "상대방이 있는 의사표시는 상대방에게 도달한 때에 그 효력이 생긴다"라고 규정하고 있다.

(4) 청약의 효력소멸

1) 청약의 철회

청약의 철회(withdrawal)란 청약의 효력이 발생되기 전에 청약자(offeror)가 일방적으로 청약의 효력을 소멸시키고자 하는 의사표시이다. 확정청약(firm offer)라고 할지라도 ① 청약이 피청약자(offeree)에게 도달하기 이전 또는 ② 청약자의 청약이 피청약자에게 도달함과 동시에 청약자의 청약철회의 의사가 피청약자에게 도달된 때에는 그 청약은 철회될 수 있다. 또한 확정청약의 경우 유효기간이 경과한 때에는 그 효력이 상실된다.

2) 청약의 취소

청약의 취소(revocation)는 청약이 피청약자에게 도달되어 효력을 발생시킨 후 승낙의 통지를 보내기 전에 취소시킬 수 있는 요인에 의하여 청약이 소멸하게 되는 것을 말한다. 비엔나협약(1980)에 의하면 불확적청약(free offer)의 경우에 취소의 통지는 피청약자가 승낙을 발송하기 전에 피청약자에게 도달하면 청약을 취소될 수 있다. 하지만 확정청약(firm offer)의 경우에는 청약은 취소될 수 없다.

3) 청약의 거절

청약의 거절(rejection)이란 청약자의 청약에 대하여 피청약자가 승낙하지 않는다는 의사표시를 말한다. 따라서 청약자가 보낸 청약을 피청약자가 거절하게 되면 그 청약의 효력이 소멸된다. 피청약자가 청약을 거절함으로써 효력이 소멸된 청약에 대해 이후 피청약자가 마음이 바뀌어 유효기간 내에 원청약의 내용대로 승낙하더라도 청약자의 동의가 없으면 역시 효력이 상실된다.

4) 반대청약

반대청약(counter offer)은 피청약자가 청약자의 원청약의 내용을 추가하거나 변경하여 새로운 조건을 제안해오는 것으로 승낙이 아니라 청약의 거절이다. 반대청약이 청약자에게 도달하면 원청약의 효력은 소멸되고 그 반대청약은 새로운 효력이 발생하게 된다.

5) 유효기간의 경과

청약자의 청약에 유효기간(validity) 내지 승낙기간이 설정된 경우 그 기간이 경과하면 그 청약은 효력을 상실한다. 유효기간이 명시되지 않은 청약의 경우에는 합리적인 기간(reasonable time)이 경과하였을 때 청약의 효력이 소멸된다. 합리적인 기간은 물품의 성질, 거래관습 등에 의하여 결정되는 사실문제로 문제가 될 경우 법원이 결정하게 된다.

6) 후발적 위협

청약이 이루어진 후 매매계약의 이행이 위법인 경우에는 그 청약의 효력은 상실된다. 예를 들어 특정물품을 판매하기 위해 청약자가 청약을 행하였으나, 승낙기간 전에 같은 제품에 대한 해당국가의 수출금지 및 수출제한조치의 법률이 시행되어 판매가 불가능한 경우에는 청약의 효력이 소멸된다.

7) 당사자의 사망

청약은 청약자나 피청약자가 사망(death)하거나 무능력(inability)인 경우에 그 효력이 소멸된다. 즉 청약자나 피청약자가 사망하거나 또는 계약을 이행할 법적 능력을 상실하였을 경우에 청약의 효력이 소멸된다.

2. 승낙

(1) 승낙의 개념

승낙(acceptance)이란 청약자의 청약에 대해 무조건적으로 동의하고, 계약성립을 목적으로 행하는 피청약자의 의사표시이다. 승낙은 원칙적으로 청약의 모든 사항에 대하여 무조건으로 동의하는 것이어야 하며, 새로운 사항을 추가하거나 청약의 내용을 변경하거나 제한하는 것은 승낙으로 간주되지 않는다.

승낙의 의사표시가 계약을 성립시키기 위해서는 ① 승낙의 내용이 청약의 내용과 완전하게 일치해야 하고, ② 승낙은 절대적(absolute), 최종적(final), 무조건(unconditional)이어야 하고, ③ 승낙은 청약의 효력기간 내에 행해져야 하고, ④ 승낙의 방법이 지정되어 있는 경우에는 그 방법에 따라야 하고, ⑤ 청약이 특정인에게 행해진 경우에는 그 당사자만이 승낙하여야 하는 등의 요건을 충족하여야 한다.

(2) 승낙의 조건

승낙의 조건은 청약의 조건과 완전히 일치하여야 한다. 승낙은 본질적으로 무조건적이어야 하며, 청약의 조건과 완전히 일치하여야 한다.

(3) 승낙의 방법

원칙적으로 승낙의 방법은 아무런 제한이 없다. 청약과 같이 구두(oral), 서면(writing) 또는 행위(action)에 의하여 행할 수 있다. 하지만 청약자가 승낙에 대하여 방법 또는 수단을 청약서상에 미리 지정하였을 경우에는 그 지정된 방법에 따라야 한다. 예를 들어, 전자우편, 전보, 텔렉스, 팩시밀리, 전화, 항공우편 등으로 승낙방법이 지정되어 있을 경우 그 지정된 방법에 따라야 한다.

한편 청약의 승낙방법을 지정하지 않은 경우에는 합리적인 방법과 수단에 따라야 한다. 청약이 전자우편으로 된 경우에는 전자우편으로, 텔렉스로 된 경우에는 텔렉스로, 항공우편으로 된 경우에는 항공우편과 같이 그에 상응하는 수단에 의하여 승낙의 통지를 해야 한다.

(4) 계약을 유효하게 성립시키는 승낙

1) 무조건승낙(unconditional acceptance)

무조건승낙은 청약자의 청약에 대하여 피청약자가 청약의 내용을 변경하거나 추가하지 않고 무조건적으로 승낙하는 것을 말한다.

2) 행위에 의한 승낙(acceptance by action)

행위에 의한 승낙은 피청약자가 청약에 대한 동의의 의사표시를 행위로 하는 것으로 그 행위가 이행되는 시점에 승낙이 효력을 발행하는 것을 말한다. 예를 들어 매도인의 청약에 대해 피청약자인 매수인이 승낙의 통지 없이 물품대금을 지급하는 경우가 이에 해당된다.

(5) 계약을 성립시킬 수 없는 승낙

1) 지연승낙

지연승낙(delayed acceptance)은 청약에 대한 승낙의 의사표시가 정해진 기간이 경과하여 늦게 도착된 경우를 말한다. 즉 청약자가 승낙기간을 정한 경우에는 그 기간 내에, 그리고 승낙기간이 정해지지 않은 경우에는 합리적인 기간 내에 승낙의 의사표시가 도착하지 않을 경우 승낙은 효력을 상실하게 된다.

2) 조건부승낙

조건부승낙(conditional acceptance)은 피청약자가 원청약에 대해 일부 청약내용을 변경하거나 추가하여 승낙하는 것을 말한다. 이는 반대청약의 내용과 같기 때문에 청약자의 승낙이 없으면 계약이 성립되지 않는다.

3) 일부승낙

일부승낙(partial acceptance)은 청약의 내용 중 일부만을 승낙하는 것으로 조건부승낙과 같이 반대청약의 개념이므로 계약이 성립되지 않는다.

4) 침묵 또는 무행위에 의한 승낙

침묵 또는 무행위에 의한 승낙(acceptance by silence or inactivity)은 피청약자가 청약자의 청약에 대해 아무런 행위나 회신을 하지 않고 침묵하는 것으로 침묵 또는 행위 그 자체는 승낙으로 인정되지 않는다.

(6) 승낙의 효력발생시기

승낙의 효력발생시기와 관련하여 청약자의 청약을 피청약자가 승낙하면 계약이 성립되지만, 청약자와 피청약자가 멀리 떨어져 있기 때문에 승낙의 의사표시가 피청약자로부터 발송되어 청약자에게 도달할 때까지 어느 시점에서 계약이 성립되는지 문제가 될 수 있다.

[표 11-1] 승낙의 의사표시에 대한 효력발생 시기

<table>
<tr><th colspan="3">준거법 통신수단</th><th>한국법</th><th>일본법</th><th>영국법</th><th>미국법</th><th>독일법</th><th>비엔나협약</th></tr>
<tr><td colspan="3">의사표시에 관한 일반원칙</td><td>도달주의</td><td>도달주의</td><td>도달주의</td><td>도달주의</td><td>도달주의</td><td>도달주의</td></tr>
<tr><td rowspan="5">승낙의 의사표시</td><td rowspan="3">대화자간</td><td>대 면</td><td>도달주의</td><td>도달주의</td><td>도달주의</td><td>도달주의</td><td>도달주의</td><td>도달주의</td></tr>
<tr><td>전 화</td><td>도달주의</td><td>도달주의</td><td>도달주의</td><td>도달주의</td><td>도달주의</td><td>도달주의</td></tr>
<tr><td>텔렉스</td><td>도달주의</td><td>도달주의</td><td>도달주의</td><td>도달주의</td><td>도달주의</td><td>도달주의</td></tr>
<tr><td rowspan="2">격지자간</td><td>우 편</td><td>발신주의</td><td>발신주의</td><td>발신주의</td><td>발신주의</td><td>도달주의</td><td>도달주의</td></tr>
<tr><td>전 보</td><td>발신주의</td><td>발신주의</td><td>발신주의</td><td>발신주의</td><td>도달주의</td><td>도달주의</td></tr>
</table>

11.3 무역계약의 기본조건

무역계약은 국제간의 상품에 대한 매매계약이기 때문에 추후에 분쟁이 발생될 소지가 있다. 이와 같이 상거래분쟁을 사전에 예방하기 위하여 계약내용에 대한 제반사항을 명확히 해둘 필요가 있는데, 이를 무역계약조건이라 한다. 계약물품에 대한 기본적인 조건으로는 ① 품질조건(terms of quality), ② 수량조건(terms of quantity), ③ 가격조건(terms of price), ④ 포장조건(terms of packing), ⑤ 선적조건(terms of shipment), ⑥ 지급조건(terms of payment), ⑦ 보험조건(terms of insurance), ⑧ 분쟁해결조건(terms of dispute settlement) 등이 있다.

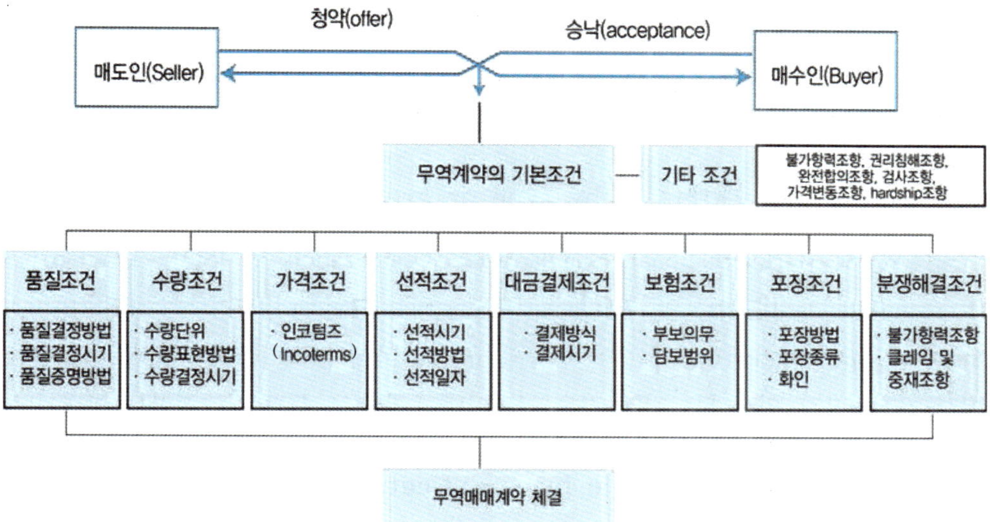

1. 품질조건

품질에 관한 조건으로 품질결정방법, 품질결정시기, 품질증명방법 등을 명확히 하여야 한다.

(1) 품질결정방법

1) 견본에 의한 매매(sale by sample)

견본에 의한 매매는 실제 매매될 물품의 품질을 매매의 당사자가 제시한 견본에 의하여 결정하는 방법으로 무역에서 가장 많이 사용하는 방법으로 공산품이나 저가제품 등에 많이 사용된다. 일반적으로 매도인이 견본을 제작하여 매수인에게 송부하지만, 경우에 따라서는 매수인이 자신의 견본을 매도인에게 송부하여 희망하는 품질을 요구할 수도 있다. 또한 매수인이 송부한 견본을 보고 매도인이 유사견본(similar sample)을 만들어 매수인에게 보내어 승인을 받아내는 방법도 있다.

2) 상표에 의한 매매(sale by brand)

생산업자의 상표(trade mark) 또는 통명(brand)이 국제적으로 널리 알려진 물품에 대해서는 견본을 제시할 필요 없이 상표나 통명을 품질기준으로 삼는 거래를 말한다. 예컨대 Sony TV, Nikon 카메라, Parker 만년필, Omega 손목시계, Dunhil 라이터 등과 같은 상표를 이용하는 방법이다.

3) 규격에 의한 매매(sale by type or grade)

국제표준화기구(International Standardized Organization : ISO), 한국의 KS (Korean Standard), 일본의 JIS(Japan Industrial Standard), 영국의 BSS(British Standard Specification) 등과 같이 상품의 규격이 국제적으로 정해져 있거나, 수출국에서 공식적으로 인정하는 것일 경우 규격이나 등급으로 품질을 결정하는 방법이다.

4) 명세서에 의한 매매(sale by specification)

선박, 철도차량, 의료용구, 중장비류 등과 같이 거래대상물품의 소재, 구조, 성능 등에 대하여 구체적인 명세서(specification)나 설명서(description), 설계도(plan) 등에 의하여 매매기준으로 삼는 방법이다.

5) 표준품에 의한 매매(sale by standard)

수확예정인 농·수산품 등의 1차산품과 벌채 예정의 원목 등의 품질은 계약시에 현품이 없고 견본제공이 곤란하다. 따라서 이 경우 해당 년도의 표준품질에 의해 품질이 결정된다.

평균중등품질(Fair Average Quality : FAQ) 면화, 곡물, 차 등과 같은 곡물류의 매매에 사용하는 품질조건으로서, 인도물품의 품질을 선적지에서 출하된 수확물 중에서 중간의 품질을 표준으로 하는 방법이다.

판매적격품질(Good Merchantable Quality : GMQ) 목재나 냉동어류 등은 견본이용이 곤란하고 내부의 품질을 외관상 알 수 없기 때문에 수입지에서 판매가능성을 전재조건으로 하여 품질을 결정하는 방법이다.

구분	내용	대상
견본에 의한 매매 (sales by sample)	매매당사자가 제시한 견본에 의하여 품질을 결정하는 방법	대부분의 일반공산품
상표에 의한 매매 (sales by trade mark or brand)	국제적으로 널리 알려진 상표 또는 통명으로 품질을 결정	CoCa Cola Rolx, Parker 등의 유명상표
명세서에 의한 매매 (sales by specification)	선박 철도차량, 의료용구 등 명세서, 설명서 및 설계도 등에 의하여 품질을 결정	고가의 거대한 기계류
규격에 의한 매매 (sales by types or grade)	국제적으로나 수출국에서 공식적으로 인정하는 규격이나 등급으로 품질을 결정	KS, ISO, JIS 등의 BSS 표시품
표준품에 의한 매매 (sales by standard)	수확예정 농수산물의 경우 해당연도의 표준품을 기준으로 품질을 결정	농수산물, 목재 등
└ 평균중등품질조건 (FAQ: Fair Average Quality)	당해 계절의 동종수확물중 평균적, 중등 품질을 표준으로 품질을 결정	곡물, 면화, 차 천연과일
└ 판매적격품질조건 (GMC: Good Merchantable Quality)	매도인의 인도물품이 판매적격품일 것을 조건으로 품질을 결정	원목, 목재, 광석류, 냉동수산물
└ 보통표준품질조건 (USQ: Usual Standard Quality)	공인검사기관, 표준기준에 의해 정해진 보통품질을 품질수준으로 결정	면화, 원면, 인삼, 오징어

2. 수량조건

수출입물품의 수량과 관련하여 당사자는 ① 수량단위, ② 수량표현방법, ③ 수량결정시기 등에 대해 약정하여야 한다.

(1) 수량단위

물품의 수량을 결정할 때 사용되는 단위로는 중량, 길이, 용적, 개수 등이 있다. 이들을 표로 나타내면 다음과 같다.

[표 11-2] 수량단위의 종류별 내용

구분		단위
중 량		• Long ton(English ton : Gross ton : LT=2,240lbs=1,016.1kgs(영국식) • Short ton(American ton : Net ton : S/T=2,000lbs=907.2kgs(미국식) • Metric ton(French ton : Kilo ton : M/T=2,204lbs=1,000kgs(대륙식) • Gross Weight(총중량 : 물품의 무게와 포장의 무게를 합한 총중량 • Net Weight(순중량 : 포장의 무게를 제외한 순물품의 무게)
용적	목재 단위	• Cubic Meter : CBM, Cubic Feet : cft • Sufer Feet(sf)=1 square foot(평방피트) x 1 inch
용적	액체 화물	• Barrel : 31.5gallons(미국), 36gallons(영국) • Gallon(gal) : American gallon(wine gallon)=4,456 liters=4 quarts English gallon(imperial gallon)=3,785 liters=4 quarts • Quart(qt) : 1/4gallon=2 pints=0.95 liter(미국)=1.14 liter(영국) • Liter(lit) : 1,000 cc • Pint : 0.47 liter(미국) = 0.57 liter(영국)
용적	곡물	• Bushel= 8 gallons = 35 liters(미국) = 36 liters(영국)
용적	선박	• Measurement ton(용적톤 : M/T)=1CBM(m3)=40입방피트=480sf
개 수		• Dozen : 12pcs • Gross : 144pcs(12pcsx12pcs), Small Gross=120pcs(12x10pcs) Great Gross : 1,728pcs(12x12x12pcs)
길 이		• Meter, Yard, Inch, Foot
포 장		• TEU : Twenty Feet Equivalent Unit • Case(상자), Bale(곤포), Bag(포대), Sack(마대), Keg(나무통), Drum(드럼통), Bundle(다발) 등

(2) 수량표현방법

곡물, 광산물 등과 같이 운송 도중에 감량이 예상되는 화물에 대해서는 계약시에 과부족용인조건(more or less clause : M/L clause)을 활용하면 감량으로 인한 과부족을 인정받을 수 있다. 과부족용인조건은 광물, 곡물, 원유, 원목 등과 같은 산화물(bulk cargo)인 경우 운송 도중 감량이 생길 우려가 있는 물품에 대하여 매매계약 시 과부족 한계를 정하여 그 범위 내에서 인도가 이루어지면 수량부족에 대한 클레임을 제기하지 않기로 약정하는 수량표시방법을 말한다.

물품의 성질에 따라 수량과부족을 인정해야 할 경우 허용범위와 과부족 선택권자에 대한 사항을 명시하는 것이 바람직하다. 예컨대 “Seller shall have the option of shipment with a variation of more or less 4% of the quantity contracted, unless otherwise agreed.” 혹은 “Quantity shall be subject to a variation of 5% more or less at seller’s option” 등으로 정할 수 있다.

3. 가격조건

무역거래에서 물품의 가격을 결정할 때에는 첫째 매매가격을 어느 나라의 통화로 해야 할 것인가에 대한 거래통화에 대한 문제와 둘째, 운송비·보험료·통관비 등과 같은 부대비용과 위험을 누가, 어디까지 부담할 것인가에 대한 문제가 발생하게 된다.

국제매매가격은 수출업자와 수입업자가 해야 할 여러 가지의 원가요소와 물품의 인도장소 등을 감안하여 정하여진다. 하지만 매매당사자간에 이러한 점을 고려하여 매거래 시마다 계약서상에 구체적으로 나열하여 정한다는 것은 불편한 일이기 때문에 실제 거래에서는 국제적으로 무역거래관습상 형성된 정형무역거래조건(trade terms)에 의하여 매매가격이 산출되고 있다.

국제무역거래상의 분쟁요소를 방지하고 무역의 확대를 도모하기 위해 1936년 국제상업회의소(International Chamber of Commerce : ICC)는 무역거래조건의 해석에 관한 국제규칙(International Rules for the Interpretation of Trade Terms)을 제정하였다. 이 통일규칙을 “INCOTERMS”[3]라고 하는데, 무역관습의 변화에 따라 1953년, 1967년, 1976년, 1980년, 1990년, 2000년, 2010년 그리고 2020년에 개정되어 현재 11가지 거래조건을 사용하고 있다.

INCOTERMS는 국제적으로 법적인 구속력을 가진 국제조약이 아니라 단순히 민간단체인 국제상업회의소(ICC)가 제정한 국제규칙이기 때문에 매매당사자들의 합의에 의해서만 이용될 수 있다. 따라서 당사자들이 다른 상관습에 대해 합의만 하면 INCOTERMS대신 사용할 수 있다. Incoterms® 2020의 주요 내용은 다음과 같다.

---

3) 이 용어는 International Commercial Terms를 조합한 것이다.

(1) 한 가지 이상의 운송방식에 사용되는 규칙

1) 공장인도규칙(EXW)...(지정인도장소) [Ex Works...(insert named place of delivery)]

① 개념

EXW는 Ex Works의 약칭으로 "공장인도규칙"을 말한다. 이 규칙은 한 가지 이상의 모든 운송방식에도 사용 가능한 규칙이다. 다시 말해, 철도운송, 도로운송, 항공운송, 해상운송, 내륙수로운송 등의 단일운송방식에도 사용할 수 있고, 이들 단일운송방식들을 결합한 복합운송(combined transport 또는 multimodal transport)에도 사용될 수 있다.

공장인도(EXW)란 매도인이 지정장소 또는 그 지정장소 내에 합의지점이 있는 경우에는 그 지점에서 수출통관하지 않은 물품을 매수인의 수취용 차량(collecting vehicle)에 적재하지 않은 상태로 매수인의 임의처분 하에 놓아둘 때 인도의무를 다하는 것을 말한다.

매도인은 매수인의 수취용 차량에 적재할 필요가 없으며, 물품인도를 위한 지정장소 또는 합의지점은 매도인의 구내(premises)일 수도 있고 또는 기타 다른 장소(공장, 창고 등)일 수도 있다. 매수인은 자신의 비용으로 물품을 지정인도장소로부터 운송인과 운송계약을 체결하거나 그러한 운송을 마련하여야 한다. 또한 매수인은 수출국의 수출통관, 통과국의 통과통관 및 수입국의 수입통관을 이행하고 관련 비용을 부담하여야 한다.

② 위험의 이전(transfer of risks)

위험은 지정인도장소 또는 그 지정인도장소 내의 합의지점이 있는 경우에는 그 지점에서 물품을 매수인의 수취용 차량에 적재하지 않은 상태로 매수인의 임의처분 하에 놓아둔 때 매도인으로부터 매수인에게 이전된다.

③ 비용의 배분(allocation of costs)

비용의 이전시기도 인도시기와 동일하다. 매도인은 지정인도장소 또는 그 지정인도장소 내의 합의지점이 있는 경우에는 그 지점에서 물품을 매수인의 수취용 차량에 적재하지 않은 상태로 매수인의 임의처분 하에 놓아둘 때까지 모든 비용을 부담하여야 한다.

④ 거래규칙 표기의 예

- 인도장소가 공장일 경우 : US$10,00/pc EXW Abc Factory, 155-40 Baejae-ro Seo-gu, Daejeon, Korea, Incoterms® 2020
- 인도장소가 광산일 경우 : US$10,00/pc EXW Abc Mine, 155 Baejae-ro Seo-gu, Daejeon, Korea, Incoterms® 2020
- 인도장소가 경작지일 경우 : US$10,00/pc EXW Abc Plantation, 100 Baejae-ro Seo-gu, Daejeon Korea, Incoterms® 2020

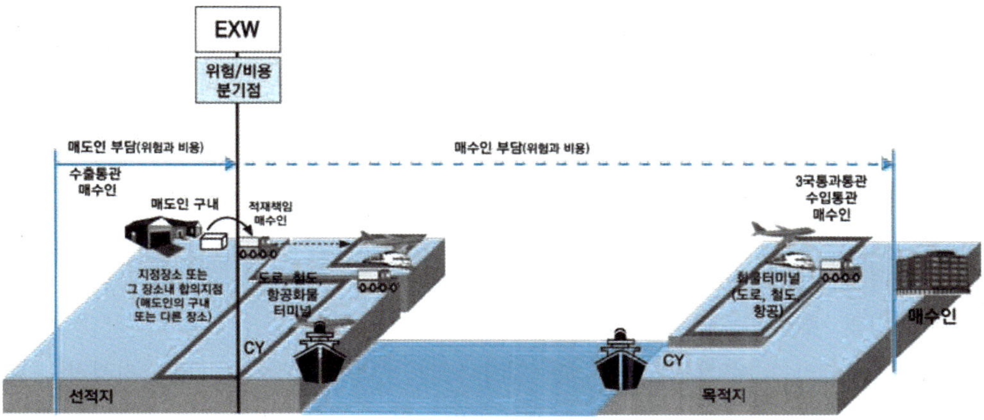

2) **운송인인도규칙** (FCA)...(**지정장소**)
[Free Carrier...(insert named place of delivery)]

① 개념

FCA는 Free Carrier의 약칭으로 "운송인인도규칙"을 말한다. 이 규칙은 선택된 운송형태에 관계없이 사용 가능하며, 하나 이상의 운송방식이 사용되는 경우에도 사용될 수 있다. 운송인인도(FCA)는 매도인이 물품을 지정장소에서 또는 그 지정장소 내에 지정된 지점이 있는 경우에는 그 지점에서 매수인이 지정한 운송인 또는 기타의 자에게 인도하거나 또는 그렇게 인도된 물품을 조달하는 것을 의미한다. 인도장소가 매도인의 구내(seller's premises)인 경우 매수인이 제공한 운송수단 상에 물품을 적재한 때 인도가 이루어지고, 인도장소가 그 밖의 장소인 경우(운송인의 구내)[4] 물품이 매도

4) 기타의 지정된 장소는 일반적으로 운송인의 구내로 항구의 CY 및 CFS, 공항화물터미널, 도로화물터미널, 철도화물터미널 등의 지정된 장소를 의미한다.

인의 운송수단에 적재되어 있는 상태로(양륙되지 않은 상태로) 매수인이 지정한 운송인 또는 그 밖의 당사자의 임의처분상태에 둘 때 인도가 이루어진다.

② 인도완료시기

매도인은 물품을 지정장소에서, 그 지정장소에 지정된 지점이 있는 경우에는 그 지점에서 매수인이 제공한 운송인 또는 기타 당사자에게 인도하거나 그렇게 인도된 물품을 조달한 때 인도가 매수인에게 이전된다. 이 규칙은 선택된 인도장소에 따라 물품의 적재 및 양륙의무가 달라진다. 인도의 완료시점은 다음과 같다.

- ▸ 인도장소가 매도인의 구내인 경우 : 매수인이 제공한 운송수단 상에 물품을 적재한 때
- ▸ 인도장소가 그 밖의 장소인 경우(운송인의 구내) : 물품이 매도인의 운송수 단에 적재되어 있는 상태로(양륙되지 않은 상태로) 매수인이 지명한 운송인 또는 그 밖의 당사자의 임의처분상태에 둘 때

③ 위험의 이전

위험은 매도인이 계약물품을 합의된 일자나 기간 내에 지정장소 또는 지정장소 내 합의지점에서 매수인이 지정한 운송인 또는 기타 당사자에게 인도할 때 매도인으로부터 매수인에게 이전된다. 따라서 인도시기와 위험의 이전시기는 동일하다.

④ 비용의 배분

매도인은 지정된 장소에게 매수인이 제공한 운송인 또는 기타의 자에게 인도할 때까지의 제비용을 부담한다.

⑤ 거래규칙 표기의 예

- 복합운송 : US$12,00/pc FCA 1826, Jungangdae-ro, Geumjeong-gu, Busan, Korea, Incoterms® 2020
- 항공운송 : US$12,00/pc FCA Incheon Airport Cargo Terminal, 271, Gonghang-ro Jung-gu, Incheon Korea, Incoterms® 2020
- 해상운송 : US$12,00/pc FCA Busan Container Terminal, 179, Bukhang-ro, Nam-gu, Busan Korea, Incoterms® 2020
- 철도운송 : US$12,00/pc FCA Daejeon Station, 215 Jungang-ro, Dong-gu, Daejeon Korea, Incoterms® 2020

• 도로운송 : US$12,00/pc FCA, 155-40 Baejae-ro, Seo-gu, Daejeon, Korea, Incoterms® 2020

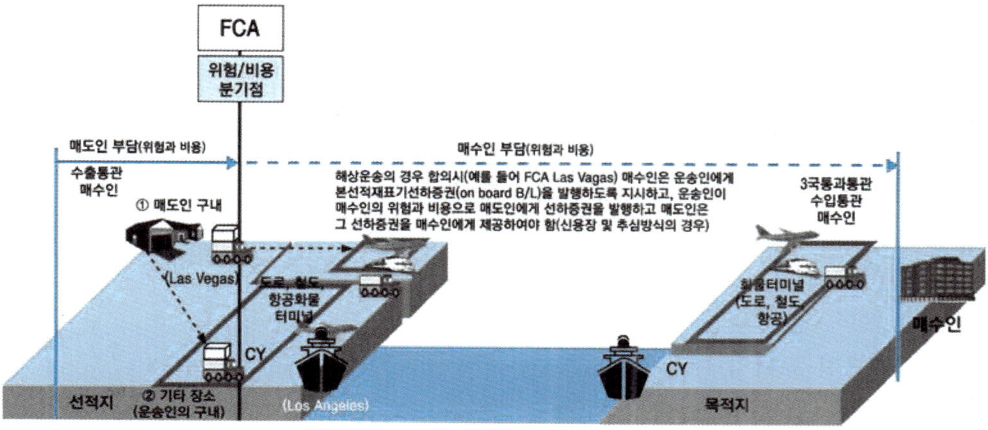

3) 운송비지급인도규칙(CPT)...(지정목적지) [Carriage Paid To...(insert named place of destination)]

① 개념

CPT는 Carriage Paid To의 약칭으로 "운송비지급인도규칙"을 말한다. 이 규칙은 한 가지 이상의 모든 운송방식에도 사용가능한 규칙이다. 다시 말해, 철도운송, 도로운송, 항공운송, 해상운송, 내륙수로운송 등의 단일운송방식에도 사용할 수 있고, 이들 단일운송방식들을 결합한 복합운송(combined transport 또는 multimodal transport)에도 사용될 수 있다.

운송비지급인도(CPT)는 매도인이 인도장소 또는 인도장소 내의 합의된 인도지점이 있을 경우 그 지점에서 매도인이 지정한 운송인에게 물품을 인도하거나, 또는 그렇게 인도된 물품을 조달할 때 매도인의 인도의무가 완료되지만, 지정목적지까지 또는 합의가 있는 경우 그 지정목적지의 어느 지점까지 물품운송에 필요한 운송계약을 체결하고 운송비를 지급하여야 하는 것을 의미한다.

② 위험의 이전

위험은 매도인이 물품을 인도장소로부터 또는 그 인도장소에 합의된 인도지점이 있는 경우에는 그 지점에서 운송계약을 체결한 운송인에게 교부하거나 또는 그렇게 인도된 물품을 조달한 때 매도인으로부터 매수인에게 이전된다.

③ 비용의 부담

CPT규칙에서는 물품인도장소 및 위험이전의 분기점은 적출지인 수출국 내의 지정인도장소 또는 합의된 지정인도장소 내 지정지점으로 하고 있는 반면, 매도인은 지정인도장소 또는 지정인도장소 내 합의지점부터 수입국의 지정목적지 또는 지정목적지 내 합의지점(있는 경우)까지 운송계약을 체결하고 운송비를 지급하여야 한다. 따라서 비용의 분기점은 지정목적지 또는 지정목적지 내의 합의지점으로 위험의 이전시기와 다르다.

④ 거래규칙 표기의 예

- 복합운송 : US$14.00/pc CPT The Liberty Warehouse, 260 Conover St. Brooklyn, NY 11231, NY USA, Incoterms® 2020
- 항공운송 : US$14.00/pc CPT Swissport Cargo Service, 618 South Access Road, Chicago, USA, Incoterms® 2020
- 해상운송 : US$14.00/pc CPT New York Port, 70 Hamilton Ave. Brooklyn New York, USA, Incoterms® 2020
- 철도운송 : US$14.00/pc CPT New York Station Terminal, 7th Ave & West 32nd St, New York City, NY 10001, Incoterms® 2020
- 도로운송 : US$14.00/pc CPT Abc Cargo Terminal, 40-42 Street & 625 8th Ave. New York, NY 10018, Incoterms® 2020

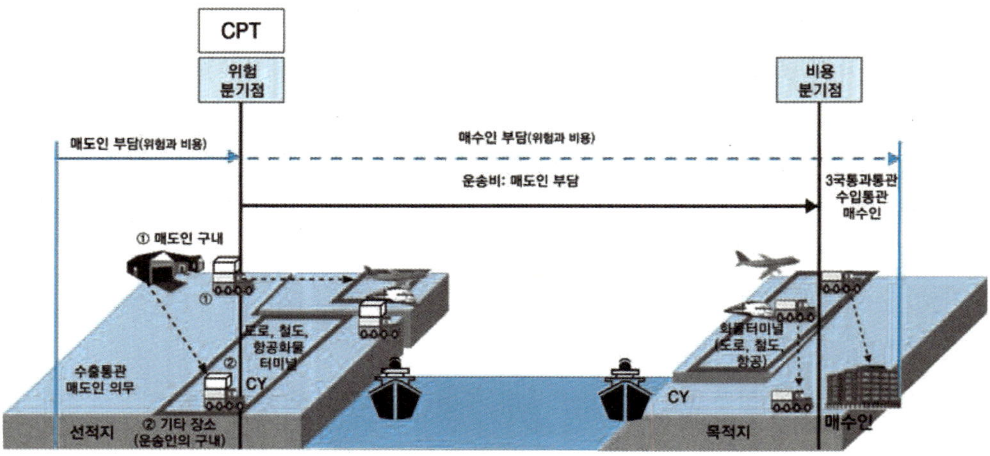

4) 운송비 · 보험료지급인도규칙(CIP)...(지정목적지) [Carriage and Insurance Paid To...(insert named place of destination)]

① 개념

CPT는 CIP는 Carriage and Insurance Paid To의 약칭으로 "운송비보험료지급인도규칙"을 말한다. 이 규칙은 한 가지 이상의 모든 운송방식에도 사용가능한 규칙이다. 다시 말해, 철도운송, 도로운송, 항공운송, 해상운송, 내륙수로운송 등의 단일운송방식에도 사용할 수 있고, 이들 단일운송방식들을 결합한 복합운송(combined transport 또는 multimodal transport)에도 사용될 수 있다.

운송비보험료지급인도(CIP)는 인도장소 또는 인도장소 내의 합의된 인도지점이 있을 경우 그 지점에서 매도인이 지정한 운송인[5]에게 물품을 인도하거나, 또는 그렇게 인도된 물품을 조달할 때 매도인의 인도의무는 완료되지만, 지정목적지까지 또는 합의가 있는 경우 그 지정목적지의 어느 지점까지 물품운송에 필요한 운송계약을 체결하고 운송비를 지급함은 물론 운송 중 물품의 멸실 또는 손상에 대한 매수인의 위험에 대하여 보험계약[ICC(A)]을 체결하고 보험료를 지급하여야 하는 것을 의미한다.

② 위험의 이전

위험은 매도인이 물품을 매도인은 물품을 인도장소로부터 또는 그 인도장소에 합의된 인도지점이 있는 경우에는 그 지점에서 운송계약을 체결한 운송인에게 교부하거나 또는 그렇게 인도된 물품을 조달한 때 매도인으로부터 매수인에게 이전된다. 따라서 인도시기와 위험의 이전시기는 동일하다.

③ 비용의 배분

CIP 규칙에서는 물품인도장소 및 위험이전의 분기점은 적출지인 수출국 내의 지정인도장소 또는 합의된 지정인도장소 내 지정지점으로 하고 있는 반면, 매도인은 지정인도장소 또는 지정인도장소 내 합의지점부터 수입국의 지정목적지 또는 지정목적지 내 합의지점까지 운송계약을 체결하고 운송비를 지급하여야 한다. 따라서 비용의 분기

---

5) 운송인(carrier)은 FCA, CIP규칙과 마찬가지로 운송계약을 체결하는 해상운송인, 도로운송인, 철도운송인 또는 복합운송인을 말한다. 운송인이라고 하는 의미는 매도인이 지명한 운송인은 물론 기타 당사자까지 모두 포함되는 개념이다.

점은 지정목적지 또는 지정목적지 내의 합의지점으로 위험의 이전시기와 다르다.

④ 거래규칙 표시의 예

- 복합운송 : US$15.00/pc CIP The Liberty Warehouse, 260 Conover St. Brooklyn, NY 11231, NY USA, Incoterms® 2020
- 항공운송 : US$15.00/pc CIP Swissport Cargo Service, 618 South Access Road, Chicago, USA, Incoterms® 2020
- 해상운송 : US$15.00/pc CIP New York Port, 70 Hamilton Ave. Brooklyn New York, USA, Incoterms® 2020
- 철도운송 : US$15.00/pc CIP New York Station Terminal, 7th Ave & West 32nd St, New York City, NY 10001, Incoterms® 2020
- 도로운송 : US$15.00/pc CIP Abc Cargo Terminal, 40-42 Street & 625 8th Ave. New York, NY 10018, Incoterms® 2020

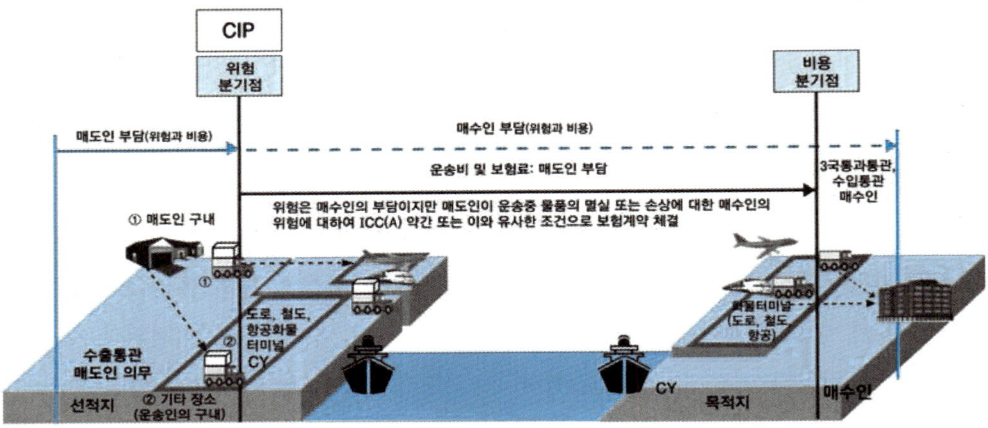

5) 목적지인도규칙(DAP)…(지정목적지) [Delivered At Place…(insert named place of destination)]

① 개념

DAP는 Delivered At Place의 약칭으로 "목적지인도규칙"을 말한다. 이 규칙은 한 가지 이상의 모든 운송방식에도 사용가능한 규칙이다. 다시 말해, 철도운송, 도로운송, 항공운송, 해상운송, 내륙수로운송 등의 단일운송방식에도 사용할 수 있고, 이들 단일운송방식들을 결합한 복합운송(combined transport 또는 multimodal transport)에도 사용될 수 있다.

목적지인도(DAP)는 지정목적지 또는 지정목적지 내의 합의지점이 있는 경우에는 그 지점에서 양륙을 위하여 준비된 도착운송수단상에서 물품을 매수인의 임의처분 상태로 두거나 또는 그렇게 인도된 물품을 조달한 때 매도인의 인도의무가 완료되는 것을 말한다. 매도인은 지정목적지 또는 지정목적지 내의 합의지점까지 운송계약을 체결하거나 그러한 운송을 마련하여야 한다. 매도인은 물품이 인도될 때까지 물품의 멸실 또는 손상의 모든 위험을 부담한다.

② 위험의 이전

위험은 매도인이 지정목적지 또는 지정목적지 내의 합의지점에서 양륙을 위해 도착된 운송수단상에서 물품을 매수인의 임의처분상태로 두거나 또는 그렇게 인도된 물품을 조달한 때 매도인으로부터 매수인에게 이전된다. 물품의 인도지점과 위험의 이전지점은 동일하다.

③ 비용의 배분

DAP 규칙에서 비용의 부담에 대한 분기점과 위험의 이전시점은 일치된다.

④ 표기방법

- 복합운송 : US$ 17.00/pc DAP Abc Warehouse at 68516 Lincoln, NE, USA, Incoterms® 2020
- 항공운송 : US$ 17.00/pc DAP Chicago Airport, IL, USA, Incoterms® 2020
- 해상운송 : US$ 17.00/pc DAP Long Beach Port, 231 Windsor Way Long Beach, CA 90802, USA, Incoterms® 2020
- 철도운송 : US$ 17.00/pc DAP New York Station Terminal, 7th Ave. Corner of West 30th Street, New York, Incoterms® 2020
- 도로운송 : US$ 17.00/pc DAP Abc Warehouse at 1322 Omaha, NE, USA, Incoterms® 2020

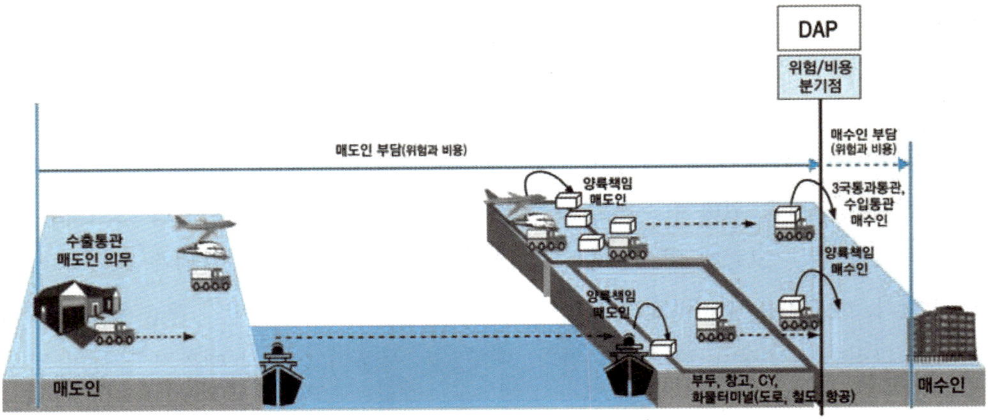

6) 도착지양륙인도규칙(DPU)...(지정목적지)
[Delivered At Terminal...(insert named place of destination)]

① 개념

DPU는 Delivered at Place Unloaded의 약칭으로 "도착지양륙인도규칙"을 말한다. 이 규칙은 한 가지 이상의 모든 운송방식에도 사용가능한 규칙이다. 다시 말해, 철도운송, 도로운송, 항공운송, 해상운송, 내륙수로운송 등의 단일운송방식에도 사용할 수 있고, 이들 단일운송방식들을 결합한 복합운송(combined transport 또는 multimodal transport)에도 사용될 수 있다.

도착지양륙인도(DPU)는 매도인이 지정목적지 또는 지정목적지 내의 합의된 지점이 있는 경우 그 지점에서 도착된 운송수단으로부터 물품을 양륙한 후 매수인의 임의처분상태로 두거나 또는 그렇게 인도된 물품을 조달할 때 인도의무가 완료되는 것을 말한다. 매도인은 지정목적지 또는 지정목적지 내의 합의된 지점까지 물품운송계약을 체결하거나 그러한 운송을 마련하여야 하며 물품양륙에 따른 모든 위험과 비용을 부담한다. 매도인은 물품이 인도될 때까지 물품의 멸실 또는 손상의 모든 위험을 부담한다.

② 위험의 이전

위험은 지정목적지 또는 지정목적지 내의 합의된 지점이 있는 경우 그 지점에서 도착된 운송수단으로부터 물품을 양륙한 후 매수인의 임의처분상태로 두거나 또는 그렇게 인도된 물품을 조달한 때 매도인으로부터 매수인에게 이전된다.

③ 비용의 배분

DPU규칙에서 비용의 분기점과 위험의 이전시점이 일치된다.

④ 거래규칙 표기의 예

- 복합운송 : US$ 19.00/pc DPU Abc Warehouse at 68516 Lincoln, NE, USA, Incoterms® 2020
- 항공운송 : US$ 19.00/pc DPU Chicago Airport, IL, USA, Incoterms® 2020
- 해상운송 : US$ 19.00/pc DPU Long Beach Port, 231 Windsor Way Long Beach, CA 90802, USA, Incoterms® 2020
- 철도운송 : US$ 19.00/pc DPU New York Station Terminal, 7th Ave. Corner of West 30th Street, New York, Incoterms® 2020
- 도로운송 : US$ 19.00/pc DPU Abc Warehouse at 1322 Omaha, NE, USA, Incoterms® 2020

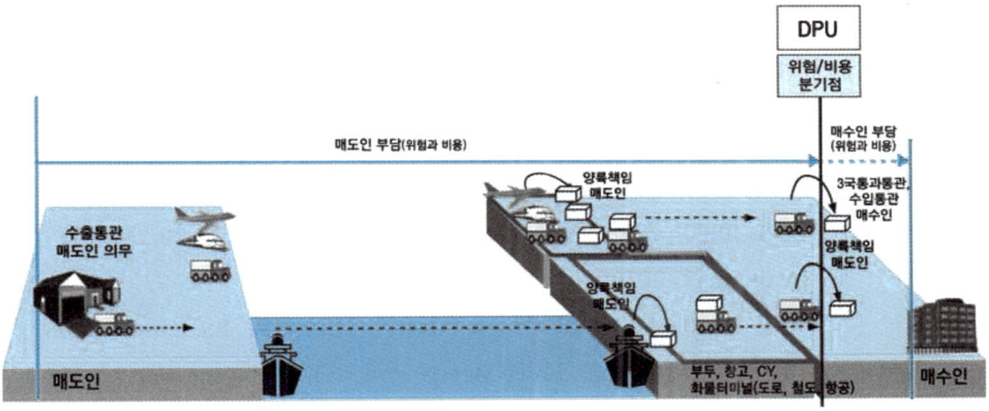

7) 관세지급인도규칙(DDP)...(지정목적지) [Delivered Duty Paid...(insert named place of destination)]

① 개념

DDP는 Delivered Duty Paid의 약칭으로 "관세지급인도규칙"을 말한다. 이 규칙은 한 가지 이상의 모든 운송방식에도 사용가능한 규칙이다. 다시 말해, 철도운송, 도로운송, 항공운송, 해상운송, 내륙수로운송 등의 단일운송방식에도 사용할 수 있고, 이들 단일운송방식들을 결합한 복합운송(combined transport 또는 multimodal transport)에도 사용될 수 있다.

관세지급인도(DDP)는 지정목적지 또는 지정목적지 내의 합의지점이 있는 경우에는 그 지점에서 양륙을 위하여 준비된 도착운송수단상에서 물품을 매수인의 임의처분 상태로 두거나 또는 그렇게 인도된 물품을 조달한 때 매도인의 인도의무가 완료되는 것을 말한다. 매도인은 지정목적지 또는 지정목적지 내의 합의지점까지 운송계약을 체결하거나 그러한 운송을 마련하여야 한다. 매도인은 물품이 인도될 때까지 물품의 멸실 또는 손상의 모든 위험을 부담한다.

② 위험의 이전

위험은 매도인이 지정목적지 또는 지정목적지 내의 합의지점에서 양륙을 위해 도착된 운송수단상에서 물품을 매수인의 임의처분상태로 두거나 또는 그렇게 인도된 물품을 조달한 때 매도인으로부터 매수인에게 이전된다.

③ 비용의 배분

DDP규칙에서 비용의 부담에 대한 분기점과 위험의 이전시점은 일치된다.

④ 표기방법

- 복합운송 : US$ 20.00/pc DDP Abc Warehouse at 68516 Lincoln, NE, USA, Incoterms® 2020
- 항공운송 : US$ 20.00/pc DDP Chicago Airport, IL, USA, Incoterms® 2020
- 해상운송 : US$ 20.00/pc DDP Long Beach Port, 231 Windsor Way Long Beach, CA 90802, USA, Incoterms® 2020
- 철도운송 : US$ 20.00/pc DDP New York Station Terminal, 7th Ave. Corner of West 30th Street, New York, Incoterms® 2020
- 도로운송 : US$ 20.00/pc DDP Abc Warehouse at 1322 Omaha, NE, USA, Incoterms® 2020

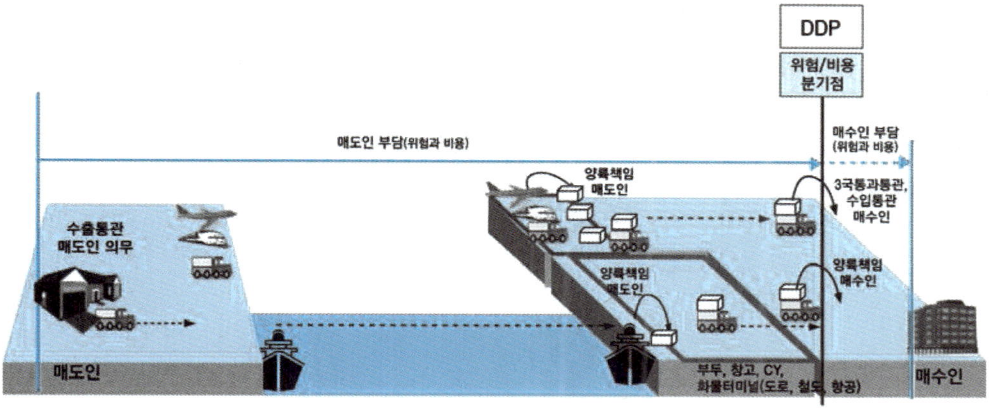

(2) 해상 및 내륙수로 운송에 사용되는 규칙

1) 선측인도규칙(FAS)...(지정선적항)
[Free Alongside Ship...(named port of shipment)]

① 개념

FAS는 Free Alongside Ship의 약칭으로 "선측인도규칙"을 말한다. 선측인도는 해상운송 및 내륙수로운송에만 사용될 수 있다. 선측인도(FAS)는 물품이 지정된 선적항에서 매수인이 정한 본선의 선측[예를 들어 부두 또는 부선(barge)상]에 놓일 때, 혹은 그렇게 인도된 물품을 조달(procure)한 때 매도인이 인도의무를 완료하는 것을 의미한다. 물품이 본선의 선측에 놓여질 때 물품의 멸실 또는 손상의 위험이 매도인으로부터 매수인에게 이전되며 매수인은 그 시점으로부터 모든 위험과 비용을 부담한다.

② 위험의 이전

위험은 매도인이 물품을 지정선적항 또는 그 지정선적항에 매수인이 지정하는 적재지점이 있는 경우에는 그 지점에서 매수인이 지정하는 선박의 선측[부두 또는 부선(barge)내]에 놓아두거나 또는 그렇게 인도된 물품을 조달한 때 매수인에게 이전된다.

③ 비용의 배분

FAS규칙에서 비용의 부담에 대한 분기점과 위험의 이전시점은 일치된다. 비용의 부담은 위험이전의 분기점을 기준으로 하여 매도인은 적재지점에서 매수인이 정한 본선 선측에 인도할 때까지의 제비용을 부담한다.

④ 표기방법

- US$ 10.00/pc FAS Busan Port, 330 Sinhangnam-ro, Gangseo-gu, Busan, Korea, Incoterms® 2020

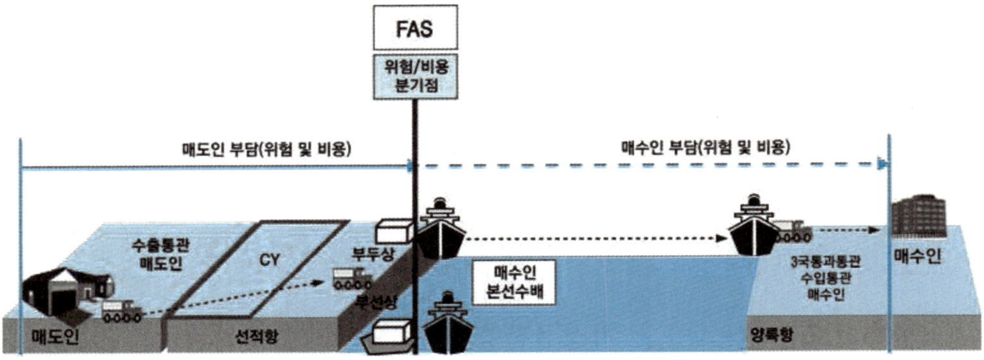

2) 본선인도규칙(FOB)...(지정선적항) [Free On Board...(named port of shipment)]

① 개념

FOB는 Free On Board의 약칭으로 "본선인도규칙"을 말한다. 본선인도는 해상운송 및 내륙수로운송에만 사용될 수 있다. 본선인도(FOB)는 매도인이 지정선적항 또는 지정선적항에서 매수인이 지정하는 적재지점이 있는 경우에는 그 지점에서 매수인이 지정한 본선에 적재하거나 또는 그렇게 인도된 물품을 조달하는 것을 의미한다. 물품이 본선상에 있을 때 물품의 멸실 또는 손상의 위험이 매도인으로부터 매수인에게 이전되며 매수인은 그 시점으로부터 모든 비용을 부담한다.

② 위험의 이전

위험은 매도인이 물품을 지정선적항 또는 그 지정선적항에 매수인이 지정하는 적재지점이 있는 경우에는 그 지점에서 매수인이 지정하는 선박에 적재하거나 또는 그렇게 인도된 물품을 조달한 때 매수인에게 이전된다.

③ 비용의 배분

FOB규칙에서 비용의 부담에 대한 분기점과 위험의 이전시점은 일치된다. 매도인은 지정 선적항에서 매수인이 정한 본선상에 물품을 인도할 때까지의 제비용을 부담하여야 한다.

④ 거래규칙

- US$ 12.00/pc FOB Busan Port, 330 Sinhangnam-ro, Gangseo-gu, Busan, Korea, Incoterms® 2020

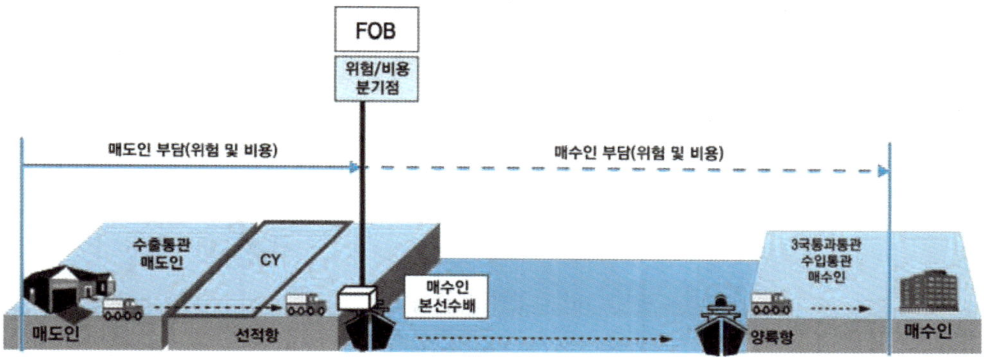

3) 운임포함인도규칙(CFR)…(지정목적항) [Cost and Freight…(named port of destination)]

① 개념

CFR은 Cost and Freight[6]의 약칭으로 "운임포함인도규칙"을 말한다. 운임포함인도는 해상운송 및 내륙수로운송에만 사용될 수 있다. 운임포함인도(CFR)는 매도인이 본선상에 물품을 적재하거나 또는 그렇게 인도된 물품을 조달할 때 인도의무가 완료된다. 물품이 본선상에 있을 때 물품의 멸실 또는 손상의 위험이 이전되지만, 매도인은 운송계약을 체결하고 지정 목적항 또는 목적항의 합의지점까지 물품을 운송하는데 필요한 비용 및 운임을 지급하여야 한다.

---

6) "Cost"는 선적항에 본선상에 적재할 때까지의 비용으로 FOB가격을 의미하고, "Freight"는 선적항에서 목적항까지의 해상운송비(ocean freight)를 의미한다.

② 위험의 이전

위험은 매도인이 물품을 본선상에 적재하거나 또는 그렇게 인도된 물품을 조달한 때 매수인에게 이전된다. 물품의 인도시기와 위험이전시기는 동일하다.

③ 비용의 배분

비용부담에 대한 분기점과 위험이전의 분기점은 일치되지 않는다. 물품에 대한 위험이전의 분기점은 선적항의 본선상이지만, 비용부담의 분기점은 지정 목적항까지 확장된다.

④ 표기방법

- US$ 15.00/pc CFR Long Beach Port, 231 Windsor Way Long Beach, CA 90802 USA, Incoterms® 2020.

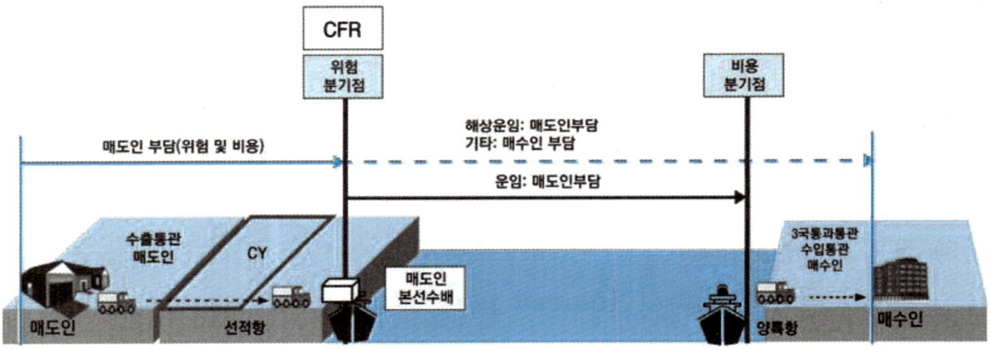

4) 운임 · 보험료포함인도규칙(CIF)...(지정목적항)
[Cost Insurance and Freight...(named port of destination)]

① 개념

CIF는CIF는 Cost, Insurance and Freight의 약칭으로 "운임보험료포함인도규칙"을 말한다. 운임보험료포함인도는 해상운송 및 내륙수로운송에만 사용될 수 있다.

운임보험료포함인도(CIF)는 매도인이 본선상에 물품을 적재하거나 또는 그렇게 인도된 물품을 조달할 때 인도의무가 완료된다. 물품이 본선상에 있을 때 물품의 멸실 또는 손상의 위험이 이전되지만, 매도인은 운송계약을 체결하고 지정 목적항 또는 목적항의 합의지점까지 물품을 운송하는데 필요한 비용 및 운임을 지급하여야 한다. 매도인은 또한 운송 중 물품의 멸실 또는 손상에 대한 매수인의 위험에 대하여 최소담보조건[ICC(C)]으로 보험부보계약을 체결한다. 매수인이 더 많은 보험담보를 원할 경우, 매도인과 특별히 합의하거나 자신이 추가보험계약을 체결할 필요가 있다.

② 위험의 이전

매도인이 본선상에 물품을 적재하거나 또는 그렇게 인도된 물품을 조달하는 것을 의미한다. 물품이 본선상에 있을 때 물품의 멸실 또는 손상의 위험이 이전되지만,

③ 비용의 배분

비용부담에 대한 분기점과 위험이전의 분기점은 일치되지 않는다. 물품에 대한 위험이전의 분기점은 선적항의 본선상이지만, 비용부담의 분기점은 지정 목적항까지 확장된다.

④ 거래규칙

- US$ 20.00/pc CIF Long Beach Port, 231 Windsor Way Long Beach, CA 90802 USA, Incoterms® 2020.

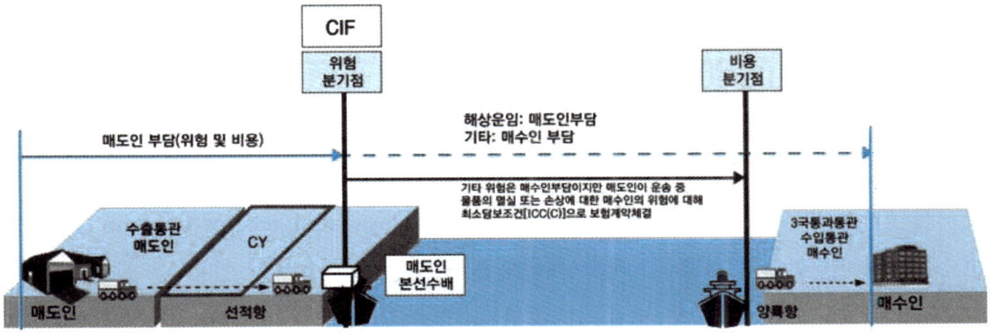

4. 선적조건

선적(shipment)이라 함은 해상운송에 의한 선박으로의 선적은 물론 항공기의 적재나 운송인(carrier)에게 인도하는 것까지 포함하는 개념이다. 선적조건에 대해 선적시기, 선적방법, 선적지연에 따른 면책조항 등에 대해 합의를 해야 한다.

(1) 선적시기

1) 최종일 지정

가장 많이 사용되는 방식으로 신용장상에 특정 선적일이 지정된 경우이다. 예를 들어 선적일이 "September 30, 20xx"일 경우 20xx년 9월 30일까지만 선적하면 된다. 무역업계에서 신용장상에 사용되는 선적일에 대한 예문은 다음과 같다.

· Shipment : May 10, 20xx.
· Shipment : Not later than March 31, 20xx.
· Shipment should be made by June 10, 20xx.

2) 특정월 지정

특정월을 지정하는 방법은 단월조건(單月條件)과 연월조건(連月條件)이 있다. 단월조건은 특정월에 선적할 수 있도록 표기되는 조건으로, 예를 들어 "November Shipment" 혹은 "Shipment during November"조건인 경우 분할선적이 허용되지 않고 한 번에 선적이 이루어져야 함을 의미한다. 연월조건은 "Shipment during February, March, April"과 같이 물품을 분할로 선적할 수 있음을 나타내는 조건으로, 선적의 횟수와 수량에 대해서 명확한 합의가 필요하다.

3) 조건부 선적기일 지정

특정조건이 이행되는 시점을 기준으로 선적기일을 지정하는 방법이다. 무역업에서 오퍼를 할 경우 "Terms of Shipment : Within 60 days after receipt of your L/C" 등으로 표현하는 경우가 많은데, 해석상의 오류가 발생될 가능성이 있을 수 있기 때문에 "Terms of Shipment : Within 60 days from the date of this contract"와 같이 표현하는 것이 바람직하다.

4) 즉시 선적조건

즉시선적조건은 특정월이나 기간으로 명시하지 않고 "immediate shipment", "prompt shipment", "shipment as soon as possible", "shipment without delay" 등과 같은 표현을 사용하여 막연하게 즉시 선적하도록 요구하는 방법이다. 신용장통일규칙

(UCP 600 제3조)에서도 "신속히(prompt), 즉시(immediately), 가능한 한 빨리(as soon as possible)" 등의 표현은 사용하지 말아야 하며 만일 사용될 경우 은행은 무시하도록 규정하고 있다.

5) 선적일 및 기간

신용장거래에서 일자와 관련된 용어로 선적기간을 결정하기 위하여 사용된 경우 "to", "until", "till", "from", "between"이라는 단어는 언급된 일자 및 일자들을 포함하며, "before" 및 "after"라는 단어는 언급된 일자를 제외한다. 하지만, 만기일을 결정하기 위하여 사용된 경우 "from" 및 "after"라는 단어는 언급된 일자를 제외한다.

어느 달의 전반(first half)은 그 달의 1일부터 15일 그리고 후반(second half)은 16일부터 말일까지 포함하는 것으로 해석된다. 어느 달의 상순(beginning), 중순(middle) 또는 하순(end)은 각기 그 달의 1일부터 10일, 11일부터 20일, 그리고 21일부터 말일까지를 포함하는 것으로 해석된다.

[표 11-5] 선적시기 및 방법

구 분	항 목	내 용
선적시기	단월선적조건	Shipment shall be made during September 20xx.
	연월선적조건	Shipment shall be made from May to June, 20xx.
	최종일선적조건	Shipment shall be made not later than May 20, 20xx.
	조건부선적조건	Shipment shall be made within three months after seller's receipt of credit.
	특정기간선적조건	Shipment shall be made on or about May 10, 20xx.
	즉시선적조건	Shipment should be made as soon as possible.
선적방법	분할선적	Partial shipments are allowed (not prohibited). Partial shipments are not allowed (prohibited).
	환적	Transshipment is allowed (not prohibited). Transshipment is not allowed (prohibited).

또한 선적시기와 관련하여 "Shipment shall be effected on or about July 20, 20xx"과 같이 "on or about"이나 이와 유사한 표현이 사용될 경우 선적일은 지정일자인 7월 20일로부터 5일 전후까지의 기간 내에 선적이 이행되는 것으로 해석되며 전후

양 말일은 포함된다.

(2) 선적방법

1) 분할선적

분할선적(partial shipment)이란 계약물품을 정해진 선적기일 이내에 한 번에 선적하지 않고 2회 이상 나누어서 선적하는 것을 말한다. 거래 당사자들 간에 계약물품에 대한 분할선적 여부에 대해 사전에 약정해야 하는데, 분할선적이 허용될 경우에 수출업자는 약정조건에 따라 나누어 선적할 수 있다. 신용장상에 분할선적을 금지한다는 명시가 없으면 분할선적을 허용하는 것으로 간주된다.

- Partial Shipments are prohibited
- Partial Shipments : allowed( ), prohibited( )
- Equal monthly shipments during March and April

2) 환적

환적(transhipment)이란 화물을 운송 도중 다른 선박이나 운송기관에 옮겨 싣는 것을 의미한다. 목적항까지의 직항선이 없거나 여러 운송수단을 동시에 사용하는 복합운송인 경우에 환적을 허용하는 경우가 많다.

신용장 상에 환적을 금지한다는 문언이 없는 경우에는 환적이 허용되는 것으로 간주된다. 따라서 분쟁을 예방하기 위해 환적의 허용 여부를 사전에 합의하는 것이 바람직하다.

- Transhipment is prohibited
- Transhipment : allowed( ), prohibited( )
- May shipment : to be transhipped at Kobe for Long Beach.

5. 대금결제조건

수출입 당사자는 계약을 체결할 때 대금결제조건(payment terms)으로 대금지급방법, 대금지급시기 및 대금지급통화에 대해 합의하여야 한다.

(1) 대금결제방식

일반적으로 무역대금에 대한 지급방식으로는 ① 현금방식에 의한 결제, ② 신용장방식에 의한 결제, ③ 추심방식에 의한 결제, ④ 송금방식에 의한 결제, 그리고 ⑤ 특수방식에 의한 결제로 구분된다.

1) 현금방식에 의한 결제

현금지급(Cash Payment)조건 수출입대금을 어음의 발행 없이 현금으로 지급하는 방법으로 현금선지급(Cash In Advance ; CIA), 주문시현금지급(cash with order ; CWO), 현품인도지급(Cash On Delivery ; COD), 서류상환지급(Cash Against Documents : CAD) 등이 있다.

2) 송금방식에 의한 결제

송금(remittance)방식은 수입업자가 수출업자 앞으로 은행을 통하여 송금환이나 송금수표의 형태로 대금을 송금하여 주는 방식으로 송금시기에 따라 사전송금방식, 동시지급방식, 사후송금방식으로 구분되고, 송금수단의 형태에 따라 전신송금환(Telegraphic Transfer ; T/T), 우편송금환(Mail Transfer ; M/T) 및 송금수표(Demand Draft ; D/D)로 구분된다.

"Payment Terms : Under T/T basis in U.S. Dollars"

3) 신용장방식에 의한 결제

신용장(letter of credit)이란 수입업자를 대신하여 신용장 발행은행이 수출업자에게 일정한 조건을 갖출 경우 수출대금을 지급할 것을 약정하는 보증서이다.

수출업자 입장에서는 신용장에서 요구하는 서류를 제시하기만 하면 수입업자의 능력과는 상관없이 발행은행으로부터 대금을 받을 수 있다. 신용장방식에서 수입업자가 대-

금을 즉시 지급하기로 약정할 경우에는 일람출급신용장(sight credit)이 되고, 일정기한 후 지급을 약정할 경우에는 기한부신용장(usance credit)이 된다.

"Payment Terms : Under an irrevocable L/C at sight in our favor"
"Payment Terms : By an irrevocable L/C at 60 days after sight in our favor"

4) 추심방식에 의한 결제

추심방식에는 지급인도조건(Document against Payment : D/P)과 인수인도조건(Document against Acceptance : D/A)이 있다. 추심방식에 의한 결제는 은행의 지급보증 없이 전적으로 당사자 간의 신용을 기초로 하여 이루어지는 거래이기 때문에 본·지사간의 거래나 신용이 확실한 거래처간에 이루어진다.

"Payment Terms : Under D/P at sight in U.S. Dollars"
"Payment Terms : Under D/A at 60 days after sight in U.S. Dollars"

5) 국제전자결제방식에 의한 결제

국제전자결제(International Electronic Payment)는 매수인이 무역의 대상인 물품, 용역 또는 전자적 형태의 무체물의 대가를 전자적인 수단을 통하여 지급하거나 결제하는 것을 의미한다. 국제무역에 이용될 수 있는 전자결제방식으로는 전자수표(Electronic Check), 전자자금이체(Electronic Fund Transfer), 무역카드(Trade Card), 전자신용장(Electronic Letter of Credit) 등이 있으며, 기업과 소비자간(B2C)거래의 소액결제에 활용되는 신용카드(Credit Card), 직불카드(Debit Card), 전자화폐(Electronic Money) 등이 있다.

6) 특수방식에 의한 결제

첫째, 국제팩토링(International Factoring)방식으로 대리인의 역할을 하는 팩토링회사(factor)가 수출업자와 수입업자 사이에 개입하여 수입업자에 대한 신용조사 및 신용위험의 인수, 수출업자에 대한 금융제공, 대금회수, 기타 업무처리의 대행 등의 서비스를 제공하는 것으로 수출업자에게는 수출대금의 지급을 보증하고, 수입업자에게는 신용을 공여하는 무신용장방식의 무역거래기법이다.

둘째, 포페이팅(Forfaiting)방식으로 포페이터(forfaitor)가 물품이나 서비스의 연불 수출거래에 따른 환어음 또는 약속어음을 수출업자 또는 이전의 소지인에게 상환청구권을 행사하지 않는 조건(without recourse)으로 고정이자율로 할인·매입하는 수출무역금융의 한 형태이다.

(2) 대금결제시기

1) 선지급(payment in advance)

물품이 선적 또는 인도되기 전에 대금을 송금하는 방식으로 소량의 견본대금을 지급하거나 특별주문 시 이용된다. 이에는 송금수표나 우편송금환 또는 전신송금환 등에 의해 송금되는 단순송금방식(remittance basis), 신용장수령과 동시에 결제되는 선대신용장(red clause L/C), 주문 시 지급(cash with order : CWO) 등이 있다.

[표 11-7] 대금의 지급방법 및 지급시기

<table>
<tr><th colspan="2" rowspan="2">대금결제방법</th><th colspan="3">대금결제시기</th></tr>
<tr><th>선지급</th><th>동시지급</th><th>후지급</th></tr>
<tr><td colspan="2">현금결제</td><td>현금선지급(CIA)
주문시현금지급(CWO)</td><td>현품인도지급(COD)
서류상환지급(CAD)</td><td></td></tr>
<tr><td>송금환</td><td>전신환(T/T)
우편환(M/T)
송금수표(D/D)</td><td>사전송금방식</td><td>현품인도지급(COD)
서류상환지급(CAD)</td><td>사후송금방식</td></tr>
<tr><td rowspan="2">환어음</td><td>추심방식</td><td></td><td>지급인도조건(D/P)</td><td>인수인도조건(D/A)</td></tr>
<tr><td>신용장</td><td>선대신용장
(Red Clause L/C)</td><td>일람출급신용장
(at sight L/C)</td><td>기한부신용장
(Usance L/C)</td></tr>
<tr><td colspan="2">기타</td><td></td><td></td><td>청산계정
위탁판매
외상판매</td></tr>
</table>

2) 동시지급(concurrent payment)

동시지급으로는 서류상환지급(cash against document : CAD)와 현품인도지급(cash on delivery : COD)방식이 있다. 서류상환지급방식은 수출업자가 물품의 선적을 증명하는 운송서류를 수출지에 있는 수입업자의 대리인이나 거래은행에 제시하여 대금을 지급받는 방식이고, 현품인도지급방식은 수입지에서 물품과 대금을 교환하는 현금결제방식이다.

3) 연지급(deferred payment)

물품의 선적이나 서류의 인도 후 일정기간이 경과된 후에 대금지급이 이루어지는 방식이며 기한부신용장, 인수인도조건(D/A) 등이 이에 해당된다.

6. 보험조건

보험조건(terms of insurance)은 물품의 운송과 관련하여 발생되는 사고에 대하여 피보험자가 보험자로부터 손해에 대한 보상을 받기 위하여 누가 어떠한 보험조건으로 부보해야 하는지를 결정하는 조건이다. 물품이 선박으로 운송될 경우에는 해상화물보험(해상적화보험 : marine cargo insurance)에 부보하여야 하고, 물품이 항공으로 운송될 경우에는 항공화물보험(항공적화보험 : Air Cargo Insurance)에 부보하여야 한다.

(1) 부보의무

보험부보의무의 약정은 인코텀즈(Incoterms® 2020)의 거래규칙에 따라 결정된다. CIF나 CIP규칙에서와 같이 부보의무는 매도인에게 있으나 물품운송의 위험은 매수인이 부담하는 경우 보험계약자는 매도인이 되지만 피보험자는 매수인이 된다. CIF규칙의 경우 매도인이 선적이전까지의 자신의 위험과 선적 이후 매수인의 위험을 포함하여 우선 매도인을 피보험자로 하는 보험을 부보한다. 이후 매도인이 보험증권(insurance policy)의 이면에 배서하여 매수인에게 인도함으로써 매수인이 보험상의 권리를 양수받게 되어 피보험이익을 얻을 수 있게 된다. EXW, FCA, FAS, FOB, CFR, CPT규칙의 경우 매수인이, DAP, DPU, DDP규칙들의 경우에는 매도인이 각각 자신을 피보험자로 하여 부험을 부보할 수 있다. 하지만 이 경우 상대방을 위한 보험부보의무가 없기 때문에 보험을 부보할지의 여부는 자신들이 판단하여 결정하게 된다.

(2) 담보범위

적화보험은 1912년 '런던보험업자협회'(Institute of London Underwriters : ILU)가 제정한 정형화된 협회적화약관[Institute Cargo Clauses(ICC)]에 따라 1962년 구약관인 분손부담보조건(Free from Particular Average : F.P.A.), 분손담보조건(With Average : W.A.), 전위험담보(All Risks : A/R)이 제정되었으며, 1982년 개편되어 FPA와 유사한 ICC(C), WA와 유사한 ICC(B), A/R와 유사한 ICC(A) 등의 신약관이 채택되었다. 이 신약관은 다시 2009년 다시 개정이 이루어졌으나 기본 틀은 1982년 신약관과 마찬가지로 ICC(A), ICC(B), ICC(C)체제를 유지하고 있다. 따라서 현행 실무업계에서 사용되는 협회화물약관은 구협회적화약관(A/R. WA, F PA)과 협회화물약관인 ICC(A), ICC(B), ICC(C)를 모두 사용하고 있다. 아울러 무역계약시 이들 보험조건들 중의 하나와 협회전쟁약관(Institute War Clause)이나 협회동맹파업약관(Institute Strikes Clause)도 포함시켜 부보할 수 있다.

[표 11-8] 보험조건

<table>
<tr><td rowspan="3">보험 조건</td><td rowspan="2">부보 범위</td><td colspan="3">다음의 협회화물약관[협회적화약관(Institute Cargo Clauses)] 중 하나를 선택하고, 전쟁 및 동맹파업위험, 기타 위험에 대하여 추가담보가 필요한 경우에는 추가보험료를 납부하고 특약하여야 함.</td></tr>
<tr><td>2009년
협회화물약관

ICC(A)
ICC(B)
ICC(C)</td><td>1982년
협회적화약관

ICC(A)
ICC(B)
ICC(C)</td><td>1962년 구협회적화약관

ICC(A/R) : 전위험담보(All Risk)
ICC(W/A) : 분손담보(With Average)
ICC(FPA) : 분손부담보 / 단독해손부담보 (Free from Particular Average)</td></tr>
<tr><td>부보 금액</td><td colspan="3">계약당사자간에 특별한 약정이 없는 한 송장가액의 110%로 부보함.</td></tr>
</table>

7. 포장조건

포장(packing)이란 물품의 운송, 보관, 하역, 진열, 판매 등을 하는데 있어 그 물품의 외형과 내용을 보호하고 상품가치를 유지하기 위해 재료나 용기로 둘러싸는 기술 작업 및 상태를 말한다. 따라서 물품의 형태나 특성에 따라 포장되는 재료나 방법은 각각 다를 수 있다. 포장조건(packing terms)은 포장방법(packing method), 포장 종류(kinds of packages), 화인(shipping marks) 등에 관하여 약정하여야 한다.

(1) 포장방법

포장방법으로는 물품의 최소 소매단위를 개별적으로 포장하는 개장(unitary packing), 물품의 이동을 편리하게 하기 위해 일정한 양을 묶어 재포장하는 내장(interior packing), 운송도중 파손이나 도난을 방지하고 하역에 편리하도록 몇 개의 내장을 목재나 카톤(carton) 등으로 최종적으로 다시 포장하는 외장(outer packing)이 있다.

(2) 포장 종류

수출물품의 일반적인 포장은 종이상자(carton)이지만, 물품의 특성과 종류에 따라 다르기 때문에 표준화된 포장은 불가능하다. 다만 원격지 물품운송의 안전을 위하여 견고하면서도 경제성이 있고 취급하기가 용이한 포장을 해야 한다. 포장에 소요되는 가격도 종류에 따라 차이가 나기 때문에 이를 감안하여 수출가격을 산정해야 한다.

[표 11-9] 수출포장의 종류

포장종류	포장명	약호	포장대상물품
상자 (box, case, carton)	나무상자(wooden case, box) 종이상자(carton) 금속지상자(tin-lined case) 투시상자(crate skeleton case)	W/B CTN C/S CRT	식료품, 손상되기 쉬운 잡화, 기타 잡화 통조림 자동차 등
곤포 (베일) (bale)	마곤포(hassian cloth, burlap) 압축곤포(pressed bale) 밀집가마니곤포(straw-mat)	- - -	면사, 원모, 원면 쌀 등
포대 (bag)	마포대(gunny bag) 면포대(sack) 종이포대(paper bag) 폴이에틸렌(polyethylene bag)	BG SK BT BG	미곡, 잡곡 소맥 시멘트, 석회 소금, 사료, 분말약품 등
통	나무통(대) (barrel) 나무통(중) (cask) 나무통(소) (keg)	BRL CSK KG	술, 간장 염료 못, 볼트 등
특수용기	드럼통(drum)	DR	화공약품, 유지

포장종류	포장명	약호	포장대상물품
	양철통(tin, can)	-	석유, 통조림
	옹기, 유리(jar, pot, carboy)	-	유산, 음료수
	대나무(basket, hamper)	BKT	과일
	철제원통(cylinder, iron flask)	-	탄소
무용기 포장	두루마리(roll, coil)	RL, CL	철판, 신문지, 철사
	다발(bundle)	BDL	철근
	궤(ingot)	-	철강, 알루미늄

(3) 화 인

화인(shipping marks)은 운송관계자나 수입업자가 쉽게 식별할 수 있도록 외장에 특정의 기호, 포장번호, 목적항 등의 여러 가지 표시를 말한다. 보통 수입업자가 요구하는 경우에는 지시에 따라서 해야 하지만, 수입업자의 별도 요청이 없을 경우에는 수출업자가 임의적으로 하면 된다.

일반적으로 사용되는 화인은 [그림 11-1]과 같다.

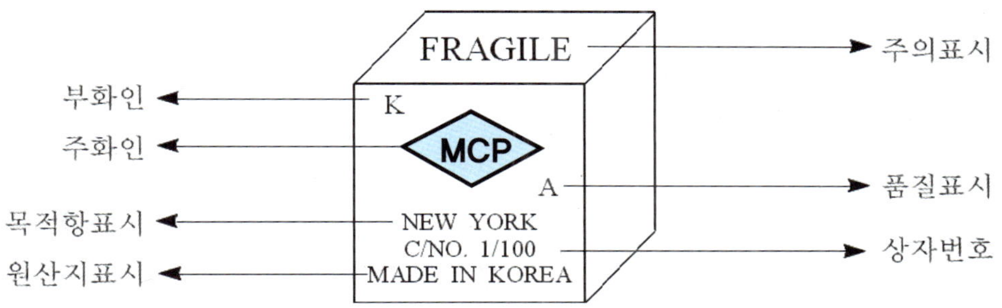

[그림 11-1] 화인의 종류

8. 분쟁해결조건

분쟁해결조건(terms of dispute settlement)은 계약당사자의 일방 또는 쌍방에 의한 계약불이행 또는 사기 등으로 분쟁이 발생할 경우 이 분쟁을 해결할 수 있는 방법을 약정하는 것이다. 이를 위해 ① 불가항력 조항, ② 클레임 및 중재 조항, ③ 준거법 조항이 포함된다.

(1) 불가항력 조항

불가항력(force majeure)이란 '관련 당사자의 통제를 넘어서는 모든 사건'을 말한다. 수출업자의 고의적인 과실이나 태만 등으로 야기되는 계약불이행에 대해서는 수출업자가 책임을 져야 하지만 전쟁, 천재지변 등과 같은 불가항력에 의한 계약불이행은 면책될 수 있다. 이에 대한 범위를 계약서에 명시할 필요가 있다.

> "Force Majeure : Neither shall be liable for failure to perform its part of this contract when such failure is due to act of God, fire, flood, strikes, labor troubles or other industrial disturbances, inevitable accidents, war(declared or undeclared), embargoes, blockades, legal restrictions, riots, insurrections, or any causes beyond the control of the parties"
>
> "불가항력 : 어느 당사자도 본 계약을 이행할 수 없는 사유가 천재지변, 화재, 홍수, 파업, 노동쟁의, 기타 노사분규, 불가피한 사고, 전쟁(선포포고 여부를 불문하고), 수출금지, 봉쇄, 법적 규제, 소요, 내란, 기타 당사자가 지배할 수 없는 일체의 원인에 의한 때에는 그 불이행에 대하여 면책된다."

(2) 클레임과 중재조항

클레임(claim)이란 당사자가 약정된 계약을 위반함으로써 상대방이 단순한 불평(complaint)의 차원을 넘어 손해배상을 요구하는 것을 의미한다. 무역계약시 클레임 제기시한을 정하는 것이 바람직하며, 클레임의 정당성을 입증할 수 있는 공인된 감정인의 감정보고서(surveyor's report)를 첨부하도록 합의하여야 한다.

클레임은 가능한 한 당사자들 간에 우호적으로 해결되어야 하지만, 그렇지 못할 경우에는 중재(arbitration)에 의해 해결하도록 한다. 따라서 중재지역, 중재기관 및 중재법 등에 대한 약정을 해두어야 한다.

> 대한상사중재원의 표준중재조항(Standard Arbitration Clause)
>
> "Arbitration : All disputes, controversies, or differences which may arise between the parties, out of or in connection with the contract, or for the breach thereof, shall be finally settled by arbitration in Seoul, Korea in

accordance with the Commercial Arbitration Rules of the Korean Commercial Arbitration Board and under the Laws of Korea. The award rendered by the arbitrator(s) shall be final and binding upon both parties concerned(중재 : 이 계약으로부터 또는 이 계약과 관련하여 또는 이 계약의 불이행으로 말미암아 당사자 간에 발생하는 모든 분쟁, 논쟁 또는 의견 차이는 대한민국 서울특별시에게 대한상사중재원의 상사중재규칙 및 대한민국법에 따라 중재인에 의하여 최종결의로 해결한다. 중재인(들)에 의하여 내려지는 판정은 최종적인 것으로 당사자 쌍방에 대하여 구속력을 가진다).

(3) 준거법 조항

무역계약의 성립과 이행 및 해석에 관해 어느 나라의 법을 적용할 것인가에 대한 준거법(governing law)이 문제가 된다. 따라서 계약 당사자가 준거법을 어느 국가의 법으로 할 것인가를 약정해야 한다.

무역계약시 준거법에 관한 약정의 예는 다음과 같다.

"Governing Law : This contract shall be governed, construed and performed by the laws of the Republic of Korea"
(준거법 : 이 계약은 대한민국법에 의해 지배되고 해석되며 이행된다)

연습문제

1. 용어해설문제

- 무역계약
- 청약(offer)
- 확정청약
- 불확정청약
- 반대청약
- 청약철회
- 청약취소
- 승낙(acceptance)
- 지연승낙
- 일부승낙
- F.A.Q
- G.M.Q
- 과부족용인조건
- 분할선적
- 환적
- 화인

2. 주관식문제

(1) 무역계약의 법적 성격에 대해 설명하시오.

(2) 청약(offer)의 종류와 내용을 설명하시오.

(3) 청약서(offer sheet)를 작성해보시오.

(4) 청약의 효력소멸에 대해 설명하시오.

(5) 승낙(acceptance)의 효력발생시기에 대해 설명하시오.

(6) 품질조건 중 품질결정방법에 대해 설명하라.

(7) 수출입가격의 구성항목에 대해 설명하시오.

(8) 선적시기에 대해 설명하시오.

(9) 대금결제방식과 결제시기에 대해 설명하라.

(10) 분쟁해결조건에 대해 설명하시오.

Chapter

12 신용장 및 기타 무역결제방식

학습목표

1. 무역대금결제방법의 종류와 내용에 대해 살펴본다.
2. 신용장의 개념, 특성 및 구성내용에 대해 알아본다.
3. 기타 무역결제방식에 대해 알아본다.

12.1 신용장

1. 신용장의 성격

(1) 신용장의 개념

신용장통일규칙(UCP 600) 제2조에 따르면 "신용장(Letter of Credit : L/C)이란 그 명칭이나 표현에 관계없이 취소불능이며 일치하는 제시를 지급이행할 발행은행의 확약을 구성하는 모든 약정"을 의미한다. 즉 신용장이란 "발행의뢰인인 수입업자의 요청에 따라 발행의뢰인의 거래은행인 발행은행이 수출업자를 수익자로 하여 신용장을 발행하고, 수익자, 배서인(endorser) 또는 선의의 소지인(bona- fide holder)이 신용장의 제조건, 신용장통일규칙, 국제표준은행관행(International Standard Banking Practice ; ISBP)의 적용가능한 규정에 일치하는 환어음을 제시하면 매입(negotiation)하거나, 지정은행이 제시하는 환어음 및/또는 서류에 대해 지급이행(지급, 연지급 또는 인수)을 확약하는 비유통약속증서"이다. 즉 신용장이란 수익자에 대한 발행은행의 조건부 지급확약이다.

(2) 신용장의 효용

신용장은 국제매매당사자간에 국제적으로 공신력이 있는 은행이 개입하여 신용을 바탕으로 한 지급보증기능과 금융기능을 수행하게 함으로써 국제무역을 원활하게 수행할 수 있다는 점에서 효용이 크다고 할 수 있다.

1) 수출업자의 이점

첫째, 신용장 발행은행이 대금지급을 약속하게 됨으로써 대금회수의 안정이 보장된다.

둘째, 신용장을 담보로 국내에서 수출물품을 제조·가공하거나 원자재조달을 위한 금융을 받을 수 있는 혜택이 있다.

셋째, 물품을 선적한 후 신용장조건과 일치되는 서류와 환어음을 제시함으로써 수출대금을 즉시 회수할 수 있다.

2) 수입업자의 이점

첫째, 발행은행의 신용을 이용할 수 있기 때문에 수출업자와의 계약시 조건을 유리하게 할 수 있다.

둘째, 수출업자가 물품을 선적시에 대금을 지급하지 않고, 수입어음 및 수입관련 서류가 도착한 다음 지급하거나 은행 측으로부터 금융수혜를 받아 수입어음을 결제할 수 있다.

셋째, 신용장상에 선적기일과 유효기일이 명시되어 있기 때문에 계약물품의 인도시기를 예측할 수 있다.

2. 신용장의 특성

(1) 신용장의 독립·추상성

1) 신용장의 독립성

신용장의 독립성(independence)이란 매매당사자간의 근거계약과 신용장과는 아무런 상관이 없다는 의미이다. 수출업자와 수입업자는 매매계약을 체결할 때 결제방법을 신용장으로 할 것을 약정함으로써 신용장거래가 이루어진다. 하지만 일단 신용장이 발행되면 신용장은 그 근거가 되는 매매계약과는 완전히 독립적이며, 별도의 법률성을 가지는 것이 신용장의 독립성이다.

신용장통일규칙에서는 '신용장은 그 성질상 매매계약 및 기타 계약에 근거를 두고 있는 경우에는 이와는 아무런 관계가 없는 별도의 독립된 거래이며, 은행은 신용장에 그러한 계약과는 아무런 관계가 없으며 또한 구속되지 아니한다'고 규정되어 있다.

2) 신용장의 추상성

신용장의 추상성(abstraction)은 수출업자와 수입업자는 구체적인 물품을 가지고 거래하는 것이지만 은행은 물품을 대표하는 서류만을 가지고 모든 것을 판단한다는 것이다. 다시 말해 매매계약서에 언급된 물품이 무엇이든지 간에 혹은 실제로 선적된 물품이 무엇이든지간에 은행은 신용장상에서 요구하는 서류만 가지고 대금지급 여부를 판단하는 것이 신용장의 추상성이다.

신용장통일규칙에서는 '신용장거래에서 모든 관계당사자는 서류에 의하여 거래를 하는 것이며, 그러한 서류가 관계될 수 있는 물품, 용역 그리고 또는 기타 계약이행에 의하여 거래를 하는 것이 아니다'라고 규정하고 있다.

(2) 신용장의 한계

현재 국제무역에서 사용되는 대금결제수단 중 신용장이 다른 어떤 수단보다도 안전하고 편리하지만 다음과 같은 한계점도 가지고 있다.

첫째, 신용장이 별개의 지급수단이 될 수 없다는 점이다. 신용장은 신용장조건에 일치하는 관련 서류를 지정된 기일 내에 제시할 경우 대금을 지급하겠다는 은행의 조건부 약속일뿐이며, 그 자체가 유통증권으로서의 기능을 가지고 있지 않다.

둘째, 신용장의 독립·추상성에 대한 한계이다. 신용장거래는 단순히 서류에 의한 거래이기 때문에, 수출업자가 계약과 실제로 다른 물품을 선적하더라도 신용장상에 규정된 서류와 일치하는 서류를 구비하여 제시하면, 발행은행과 수입업자는 이를 명백하게 규명하지 못할 경우 대금을 지급해야 한다.

1990년대에 들어 국제무역에서 신용장의 이용률이 점차 감소되어가고 있는 추세이다. 더욱이 인터넷무역 또는 전자상거래의 확산과 정착, 문서 없는 무역시대의 도래로 인하여 앞으로 대금결제방법은 혁명적인 변화가 예상된다. 그럼에도 불구하고 공신력이 있는 은행이 발행한 신용장은 미지의 수출업자와 수입업자간의 교역을 가능하게 해 준다는 점에서 효용성이 높다.

(3) 신용장의 결제과정

일람출급매입신용장방식에 의한 결제과정은 다음과 같다.

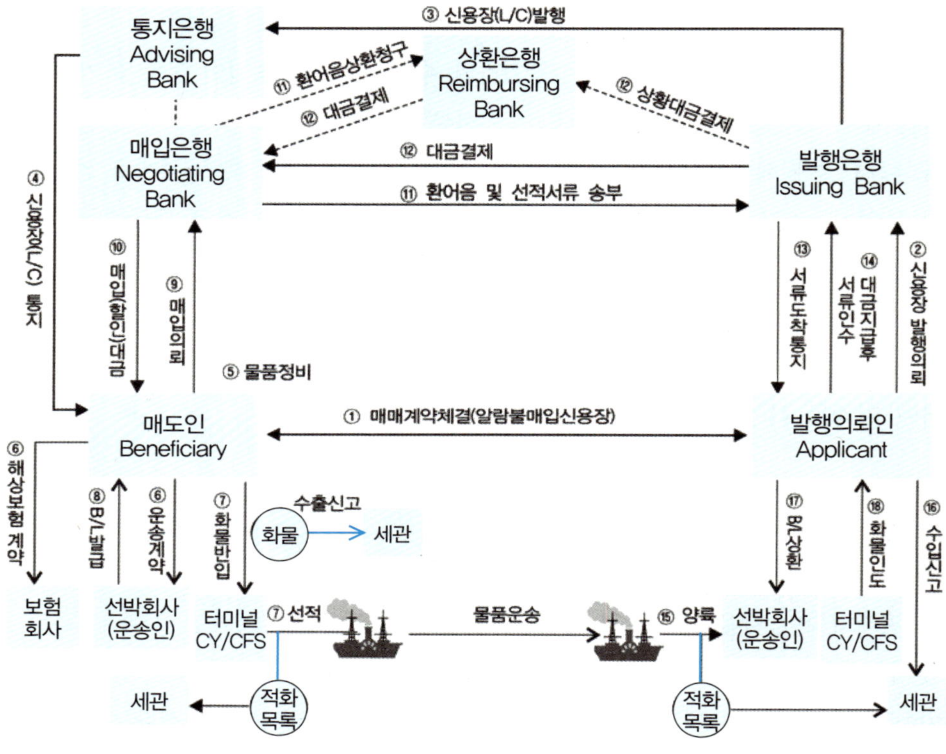

[그림 12-1] 일람출급매입신용장(Negotiation Credit at sight)거래의 절차도

3. 신용장거래의 당사자

신용장거래의 당사자란 신용장거래에 관련되는 자를 말하며, 당사자는 모든 신용장에 일정하게 등장하는 것이 아니고 신용장의 종류에 따라 다르다.

(1) 수출업자 : 수익자

수익자(beneficiary)는 그 자신을 수익자로 하여 신용장을 발행받는 당사자를 말한다. 즉, 수익자는 신용장 발행을 통하여 이익을 얻게 되는 당사자로 신용장조건과 일치하는 서류를 지정은행, 발행은행 또는 확인은행(있는 경우)에 제시하고 신용장에 의한 확약의 이행을 요청하는 수출업자이다.

(2) 수입업자 : 발행의뢰인

수입업자는 발행의뢰인은 수익자와의 매매계약을 근거로 자신의 국가 또는 외국에 소재하는 발행의뢰인은 일반적으로 수입업자가 되지만 수입업자의 거래처인 제3자가 될 수도 있다. 거래은행인 발행은행에 신용장의 발행을 요청하는 당사자를 말한다.

(3) 발행은행

발행은행(issuing bank)은 신용장 발행의뢰인인 수입업자의 요청 또는 발행은행 자신을 위하여 수익자인 수출업자 앞으로 신용장을 발행하여 주는 은행을 말한다.

(4) 통지은행

통지은행(advising bank)은 발행은행이 발행한 신용장을 수출업자에게 통지해 주는 은행을 말한다. 통지은행 지정에 대한 특별한 요청이 없을 경우에 발행은행은 수출국에 소재하는 자기의 본·지점이나 환거래은행을 통지은행으로 선택한다. 통지은행은 전달해 주는 신용장에 대해 어떠한 책임을 지거나 약정을 하는 것은 아니지만, 외관상으로 진위 여부에 상당한 주의를 기울여야 한다.

(5) 확인은행

확인은행(confirming bank)은 발행은행의 확약과는 별도로 신용장에 의해 발행된 환어음의 지급, 인수 또는 매입을 추가로 확약하는 은행이다. 발행은행의 지급확약능력이 미흡할 경우보다 공신력이 높은 은행을 확인은행으로 지정하여 발행은행의 지급확약을 이중으로 하게 된다.

(6) 매입은행

수출업자는 수출대금을 받기 위해서 환어음과 선적서류를 자기의 거래은행에게 어음매입을 의뢰하게 되는데 이때 환어음을 매입하는 은행을 매입은행이라고 한다. 매입은행(negotiating bank)은 우선 자기 자금으로 매입을 해 주고 발행은행으로부터 대금을 돌려받는데, 상환 받을 수 있는 기간까지의 환가료(exchange commission)를 공제한다. 특히 환어음의 매입이 수출업자의 거래은행 이외의 특정은행으로 지정되어 있는 매입제한신용장(restricted credit)일 경우 수출업자의 거래은행은 매입제한은행에 재매입을 의뢰하게 된다.

(7) 지급은행

지급은행(paying bank)은 수출업자가 발행한 환어음에 대하여 직접 대금을 지급하여 주는 은행으로 지급은행을 이용할 경우에는 발행은행이 수출국의 특별은행을 지급은행으로 지정한다. 지급은행과 발행은행은 상호간에 예치환거래은행(depositary bank)으로 발행은행은 지급은행의 자기계정에 신용장대금을 미리 예치해 둔다. 지급은행은 제시된 환어음을 지급하고 동 금액을 발행은행의 예금계정에서 차감한다.

(8) 인수은행

수출업자가 발행하는 환어음이 기한부어음(usance bill)일 경우 은행이 지급하기 전에 인수(acceptance)를 하게 되고, 이때 은행은 어음의 만기일에 그 어음을 지급하게 된다. 이와 같이 기한부어음을 인수하는 은행을 인수은행(accepting bank)이라고 한다.

(9) 상환은행

일반적인 신용장거래에서 매입은행이 수출업자로부터 제시된 환어음과 선적서류를 매입하여 이를 발행은행에 송부하여 대금을 상환 받는다. 하지만 매입은행이 선적서류는 발행은행 앞으로 송부하고, 환어음은 제3의 은행으로 송부하여 대금을 상환 받는 경우가 있다. 이때 발행은행이 아닌 제3의 은행을 상환은행(reimbursing bank) 또는 결제은행이라고 한다.

4. 신용장의 종류

(1) 매입신용장, 지급신용장 및 인수신용장

매입신용장(negotiation credit) 신용장에 의해 발행되는 환어음이 매입될 것을 예상하여 발행은행이 환어음의 발행인(수익자), 배서인(endorser) 및 선의의 소지인(bona-fide holder)에게 지급을 약속하는 신용장이다. 수익자(수출업자)가 환어음을 매입은행에 매각하면 매입은행이 환어음의 선의의 소지인이 되어 자신의 자금으로 매입하고 지급인인 발행은행에 제시하여 지급을 받게 된다. 매입신용장은 대금지급시기에 따라 일람출급매입신용장과 기한부매입신용장으로 구분된다.

지급신용장(payment credit) 지급신용장은 신용장에 의한 환어음의 매입여부에 대한 명시가 없고 신용장조건에 맞게 발행된 서류가 신용장 발행은행 또는 발행은행이 지정한 지정은행에 제시되면 지급할 것을 확약한 신용장을 말한다. 지급신용장은 지급시기에 따라 일람지급신용장(sight payment credit)과 연지급신용장(deferred payment credit)으로 구분된다.

인수신용장(acceptance credit) 인수신용장은 발행은행 또는 발행은행이 지정한 인수은행(일반적으로 통지은행)이 기한부환어음을 인수하고 어음의 만기일에 지급할 것을 약속하는 신용장이다. 기한부환어음을 인수한 인수은행은 환어음의 만기일에 지급은행이 된다.

(2) 화환신용장과 무화환신용장

화환신용장(documentary credit)은 수출업자가 발행한 환어음(draft)과 신용장에서 요구하는 선하증권, 상업송장, 포장명세서 등과 같은 운송서류를 첨부하여 제시할 경우 발행은행이 지급, 인수, 매입할 것을 확약하는 신용장이다. 대부분의 신용장이 여기에 해당된다.

무화환신용장(clean credit)은 운송서류의 제시가 없어도 수출업자가 발행한 환어음만으로 대금을 지급받을 수 있는 신용장이다. 여기에는 입찰보증(bid bond), 계약이행보증(performance bond), 보증신용장(stand-by credit)과 같이 은행이 지급만을 보증하는 것이 포함된다.

(3) 취소가능신용장과 취소불능신용장

취소가능신용장(revocable credit)은 신용장이 발행된 후에 일방 당사자가 상대방에게 사전통보 없이 이미 발행된 신용장을 취소할 수 있는 신용장을 말한다.

취소불능신용장(irrevocable credit)은 신용장이 발행되면 신용장 유효기간 이내에 신용장의 주요 당사자인 수익자(수출업자)와 발행은행은 물론 확인은행(있는 경우)의 합의가 없이는 일방 당사자에 의해 취소가 불가능한 신용장을 말한다.

신용장통일규칙(UCP 600)에서 신용장은 취소가능 혹은 취소불능의 명칭에 관계없이 취소불능신용장으로 간주되기 때문에 모든 신용장이 취소불능신용장이다.

(4) 확인신용장과 미확인신용장

확인신용장(confirmed credit)이란 발행은행 이외의 제3의 은행이 수출업자가 발행하는 환어음의 인수, 지급 또는 매입을 확약하고 있는 신용장을 말한다. 확인은행은 통상 수출국에 소재하는 발행은행의 본·지점이나 예치환거래은행을 지정하게 된다. 확인은행의 확인은 발행은행의 확인과 별개의 독립된 것으로 수출업자에게는 발행은행과 확인은행이 이중으로 확약을 받게 되는 것이다.

미확인신용장(unconfirmed credit)은 발행은행 이외의 제3은행의 확약문언이 없는 신용장을 말한다.

(5) 양도가능신용장과 양도불능신용장

양도가능신용장(transferable credit)은 수출업자가 신용장금액의 전부 혹은 일부를 제2의 수출업자에게 양도할 수 있는 신용장을 말한다. 양도가능신용장은 반드시 신용장상에 “transferable”이라는 문구가 표시되어 있어야 한다.

양도불능신용장(non-transferable credit)은 신용장상에 “transferable”이라는 문언이 없는 신용장을 말한다.

(6) 일람불신용장과 기한부신용장

일람불신용장(sight credit)은 신용장에 의해 발행되는 어음이 제시되면 즉시 동시에 대금을 지급하는 조건의 신용장이다. 수출업자는 환어음을 일람불(at sight)조건으로 발행하고 환어음상의 지급인은 환어음을 일람하는 즉시 지급해야 한다.

기한부신용장(usance credit)은 신용장에 의해 발행되는 어음이 지급인에게 제시되어 일정기간이 경과한 후 지급하는 조건의 신용장이다. 기한부신용장에 의한 거래에서 대금결제에 대한 특정기간의 유예는 수입업자가 받을 수 있기 때문에 수입업자가 외상으로 수입할 경우 이용된다. 따라서 수출업자는 환어음을 발행할 때 약정된 기간 후에 지급받을 수 있는 기한부어음을 발행하게 된다.

(7) 자유매입신용장과 매입제한신용장

자유매입신용장(freely negotiable credit)은 신용장에 의해 발행되는 어음의 매입을 어느 은행에서나 자유롭게 매입할 수 있는 신용장을 말한다. 일반적으로 수출업자는 자신의 거래은행에 환어음의 매입을 의뢰하게 된다.

매입제한신용장(restricted credit)은 신용장 발행은행이 신용장상에 어음의 매입을 특정은행에 한정시키고 있는 신용장을 말한다. 이는 발행은행이 매입을 제한하고 있는 환거래은행에 대한 정책적 배려나 편의를 도모하기 위하여 매입을 제한하기도 한다.

(8) 상환청구가능신용장과 상환청구불능신용장

상환청구가능신용장(with recourse credit)은 수출업자가 발행한 어음을 매입한 은행(매입은행)이 어음의 지급인(발행은행)에게 지급을 요청하였으나, 발행은행이 서류상의 하자로 인해 인수를 거절하거나 발행은행의 파산 등으로 대금을 지급하지 못할 경우 매입은행이 수출업자에게 이미 지급된 수출대금을 되돌려 달라고 요청할 수 있는 신용장을 말한다. 우리나라의 경우 상환청구 가능이나 불능에 관계없이 상환청구권을 인정하고 있다.

상환청구불능신용장(without recourse credit)은 어음을 매입한 은행(매입은행)이 발행은행으로부터 어음대금을 지급받지 못할 경우 수출업자에게 지급된 수출대금을 되돌려 달라고 요청할 수 없는 신용장으로 반드시 “without recourse”의 문언이 기재되어야 한다.

[서식 12-1] 일람출급매입신용장(Sight Negotiation Credit)

(MT 700) ISSUE OF A DOCUMENTARY CREDIT
From : BANK OF AMERICA, NEW YORK
To : KEB HANA BANK, SEOUL, KOREA
:27 Sequence of total : 1/1
:40A form of documentary credit : IRREVOCABLE
:20 documentary credit number : 12345
:31C date of issue : 5/15/20xx
:31D date and place of expiry : 8/10/20xx KOREA
:50 applicant : BROWN CO., Ltd. 310 FIFTH AVE. NEW YORK, NY10118, U.S.A.
:59 beneficiary : DAEHAN CO., LTD. CPO BOX 195, SEOUL, KOREA.
:32B currency code amount : USD500,000
:39A percent credit amount tolerance : 10/10
:41D available with by name, address : ADVISING BANK BY NEGOTIATION
:42C drafts at : SIGHT
:42A drawee : BANK OF AMERICA, NEW YORK, NY 10015, U.S.A.
:43P partial shipments : ALLOWED
:43T transshipment : NOT ALLOWED
:44A loading on board/dispatch/taking in charge : BUSAN, KOREA
:44B for transportation to : NEW YORK, U.S.A.
:44C latest date of shipment : 7/25/20xx
:45A description of goods and/or services
2,000 PCS OF COMPUTERS OTHER DETAILS AS PER SALES NOTE NO. A01 DATED APRIL 10, 20xx CIF NEW YORK. INCOTERMS 2010
:46A documents required
+SIGNED COMMERCIAL INVOICE IN TRIPLICATE
+PACKING LIST IN TRIPLICATE
+FULL SET OF CLEAN ON BOARD OCEAN BILL OF LADING MADE OUT TO THE ORDER OF BANK OF AMERICA MARKED FREIGHT PREPAID AND NOTIFY ACCOUNTEE
+MARINE INSURANCE POLICIES AND CERTIFICATES IN DUPLICATE ENDORSED IN BLANK FOR 110PCT OF INVOICE VALUE.
+INSURANCE POLICIES OR CERTIFICATES MUST EXPRESSLY STIPULATE THAT CLAIMS ARE PAYABLE IN THE CURRENCY OF THE DRAFTS AND MUST ALSO INDICATE A CLAIM SETTLING AGENT IN NEW YORK. INSURANCE MUST INDICATE CARGO INSURANCE CLAUSE(B)
:47A additional conditions
ALL DOCUMENTS MUST BEAR OUR CREDIT NUMBER
T/T REIMBURSEMENT NOT ALLOWED
:48 period for negotiation : DOCUMENTS MUST BE PRESENTED WITHIN 10 DAYS AFTER THE DATE OF BILL OF LADING BUT WITHIN THE CREDIT VALIDITY
:53A reimbursement bank : BANK OF AMERICA, NEW YORK, NY 10015, U.S.A.
:71B charges : ALL BANKING COMMISSIONS AND CHARGES OUTSIDE U.S.A. ARE FOR ACCOUNT OF BENEFICIARY
:49 confirmation instructions : WITHOUT
:78 instructions to the paying/accepting/negotiating bank: DRAFTS AND ALL DOCUMENTS MUST BE SENT TO US BY COURIER SERVICE IN ONE LOT. DRAFTS DRAWN UNDER AND NEGOTIATED IN CONFORMITY WITH THE TERMS OF THIS CREDIT WILL BE DULY HONOURED ON PRESENTATION.
:72 sender to receiver information : THIS CREDIT IS SUBJECT TO UCP(2007 REVISION) ICC PUBLICATION NO.600

12.2 기타 무역결제방식

1. 송금결제방식

송금결제방식(remittance basis)은 수출업자가 물품을 인도하기 전이나 인도한 후에 수입업자가 수출업자에게 대금을 송금하여 결제하는 방식을 말한다. 결제방식으로 전신송금환(Telegraphic Transfer ; T/T)방식이 주로 사용된다. 송금결제방식은 사전송금방식과 사후송금방식으로 구분된다.

사전송금(advance payment)방식은 수입업자가 우선 물품대금의 전부 혹은 일부를 외화 또는 수표로 수출업자에게 지불하고 수출업자는 계약된 기간 내에 물품을 선적하는 방식이다. 수출업자의 입장에서는 대금부터 미리 받고 물품을 선적할 수 있기 때문에 가장 좋은 방법이지만, 수입업자의 입장에서는 물품을 받기 전에 대금을 지불해야 하기 때문에 수출업자의 신용을 믿기 전에는 거래할 수 없는 방식이다.

사후송금방식은 물품의 인도(선적) 후에 전신환방식으로 대금을 주고받는 방식의 수출입거래이다. 유럽을 중심으로 한 서구에서 보편화된 결제방식으로 수출업자가 매매계약의 조건에 따라 먼저 물품선적 후 선적서류를 송부하고, 계약에 따라 수입업자가 사후에 결제하는 방식이다. 매매계약의 조건에 따라 수출업자가 선적을 이행한 후 수입업자에게 선적서류를 송부하면 선적일 기준으로 계약에서 정한 일정기간(통상적으로 30일에서 180일)이 경과한 후에 수입업자가 수출업자가 지정한 은행의 계좌로 대금을 송금하여 결제한다. 사후송금방식의 계약서상의 문구로는 다음과 같다.

- Buyer shall remit by wire transfer within 30 days after the date of B/L.
- Buyer shall remit by wire transfer within 60 days after the date of arrival at buyer's warehouse in Busan, Korea.
- Buyer shall remit by T/T within 10 days after the shipment.

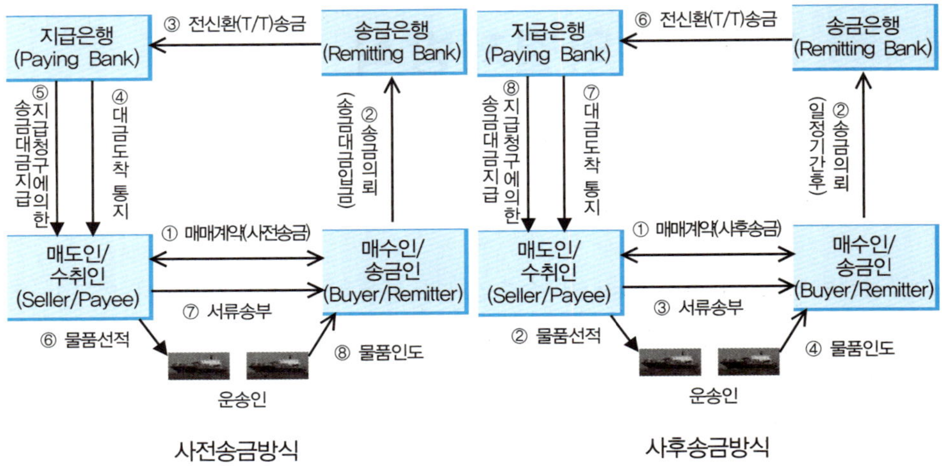

[그림 12-3] 단순송금방식의 절차도

2. 서류상환결제방식

서류상환결제(Cash Against Documents : CAD)방식은 수출업자가 선적을 한 후 선적서류를 주로 수출국에 소재하는 수입업자의 대리인에게 인도하면서 대금을 결제받는 방식이다. 이 방식의 거래에서는 수입업자의 지사나 대리인이 수출국 내에서 물품의 선적전 검사를 실시할 수 있다. 수출업자의 입장에서 보면 선적을 완료한 상태에서 수업업자가 대리인에게 지시하여 서류의 인수를 거절할 경우 어려운 상황에 처할 수 있다. 수출국에 수입업자의 대리인이나 지사가 없는 경우에는 은행을 이용할 수 있다.

① 당사자 간에 서류인도결제(CAD)방식으로 매매계약 체결
② 수출업자는 수출통관 후 선적
③ 수출업자는 수출국에 있는 수입업자의 대리인에게 서류인도
④ 수입업자의 대리인은 서류와 상환으로 수출업자에게 대금지급
⑤ 수출업자는 수입업자의 대리인에게 선적서류 인도
⑥ 수입업자의 대리인은 수입업자에게 서류송부
⑦ 물품도착 후 운송인은 수입업자는 물품인도

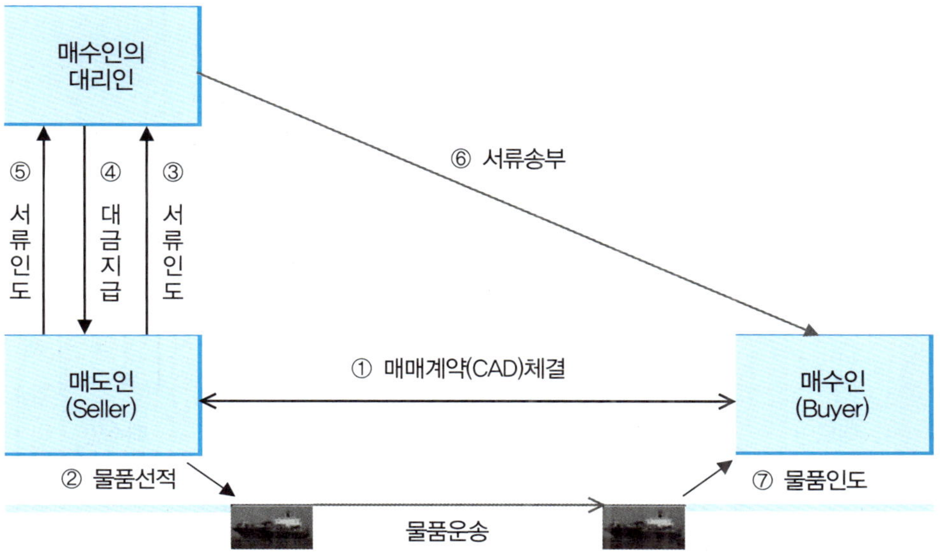

[그림 12-4] 서류인도결제(CAD)방식의 절차도

3. 현품인도결제방식

현품인도결제(Cash On Delivery : COD)방식은 수출업자가 선적을 완료한 다음, 선적서류를 자신의 대리인에게 송부하여 물품이 목적지에 도착하면, 수입업자가 검사한 후에 물품을 인도받으며 대금을 결제하는 방식이다. 주로 귀금속 등 고가품으로서 직접 물품을 검사하기 전에는 품질을 정확히 파악하기 어려운 경우에 사용된다.

① 당사자 간에 물품인도결제(COD)방식으로 매매계약 체결
② 수출업자는 수출통관 후 선적
③ 수출업자는 수입국에 있는 자신의 대리인에게 서류발송
④ 수출업자의 대리인은 물품을 수입 · 통관하여 창고에 입고
⑤ 수입업자는 수출업자 대리인의 입회하에 물품검사
⑥ 수입업자는 물품을 인도받음
⑦ 수입업자는 물품인수와 동시에 수출업자의 대리인에게 대금지급
⑧ 수출업자의 대리인은 은행을 통하여 수출업자에게 결제받은 대금 송금

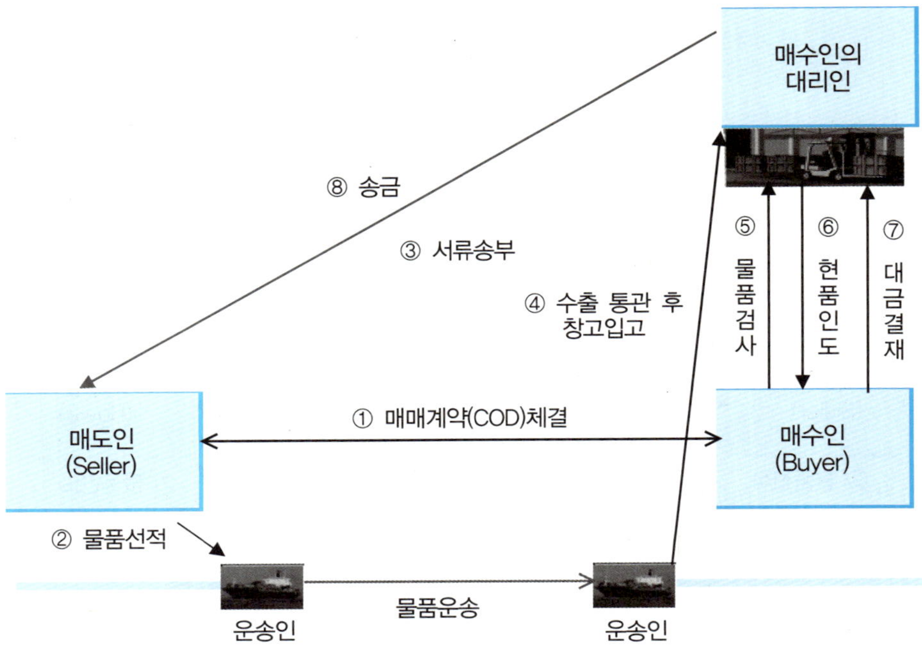

[그림 12-5] 현품인도결제(COD)방식의 절차도

4. 추심결제방식

추심결제방식이란 수출업자가 계약에 의해 물품을 선적한 후 관련 서류를 첨부한 화환어음을 수입업자에게 제시하면, 수입업자가 그 어음에 대해 지급 또는 인수하여 결제하는 방식을 말한다. 이 방법은 다음과 같은 두 가지가 있다.

(1) 지급인도조건

지급인도조건(Document Against Payment ; D/P)은 수출대금의 지급과 상환하여 운송서류를 수입업자에게 인도하는 어음지급 서류인도조건을 말한다. 즉 선적서류를 인도받은 추심은행(collecting bank)이 수입업자로부터 대금을 지급받은 후 동시에 서류를 인도하는 조건이다. 이 조건에는 대금지급시기에 따라 일람출급추심(D/P at sight)과 기한부추심(D/P usance)으로 구분된다. 여기에서는 일람출급추심을 중심으로 설명한다. 수입업자가 물품을 선적한 후 선적서류가 첨부된 일람출급환어음

(documentary sight bill)을 수입업자를 지급인으로 하여 발행하여 거래은행에 추심을 의뢰하면, 수출업자의 거래은행(추심의뢰은행)은 서류가 첨부된 환어음을 수입업자의 거래은행(추심은행)으로 보내어 추심을 의뢰하고, 추심은행은 환어음의 지급인인 수입업자로부터 대금을 지급받으며 서류를 인도하고, 지급받은 대금을 추심의뢰은행으로 결제하는 방식이다.

예를 들어 거래조건이 다음과 같다고 가정해보자.

선적일이 5월 1일, 수입업자의 거래은행인 추심은행에 서류 도착일이 5월 10일, 그리고 양륙항에 물품도착일이 5월 30일이다.

추심은행은 5월 10일 서류가 도착하면 바로 수입업자에게 통지하고 대금을 지급받은 후 관련 서류를 인도한 후 추심의뢰은행에게 대금을 송금한다. 한편 수입업자는 자신의 자금으로 수입대금을 지급하고 서류를 인수받은 후 5월 30일 물품이 도착하면 선하증권 등의 서류를 제출하고 물품을 인도받는다. 따라서 이론적으로 볼 때 수입업자는 대금을 지급한 5월 10일부터 물품을 인도받는 5월 30일까지 20일 동안 자신이 이자 등의 자금을 부담하게 되는 셈이다.

① 당사자 간에 일람출급추심방식의 매매계약(D/P at sight) 체결
② 수출업자는 수출통관 후 선적
③ 수출업자는 일람출급환어음을 수입업자를 지급인으로 하여 발행하고, 관련 선적서류를 자신의 거래은행(추심의뢰은행)으로 하여금 수입업자의 거래은행(추심은행)에 추심을 의뢰하도록 요청
④ 추심의뢰은행이 환어음 및 관련서류를 추심은행으로 송부
⑤ 추심은행이 서류가 도착하면 바로 수입업자에게 서류도착 통지
⑥ 수입업자는 어음의 대금을 지급
⑦ 수입업자는 어음대금지급과 동시에 서류인수
⑧ 추심은행이 추심의뢰은행에 대금송금
⑨ 추심의뢰은행이 수출업자에게 대금지급
⑩ 수입업자는 서류 보관하고 물품 도착 후 운송인에게 서류제시(서류도착 시 대금지급 후 인도한 후 물품도착 시까지 수입업자가 자금을 부담하는 셈임)
⑪ 운송인은 선하증권(B/L)인수 후 물품인도

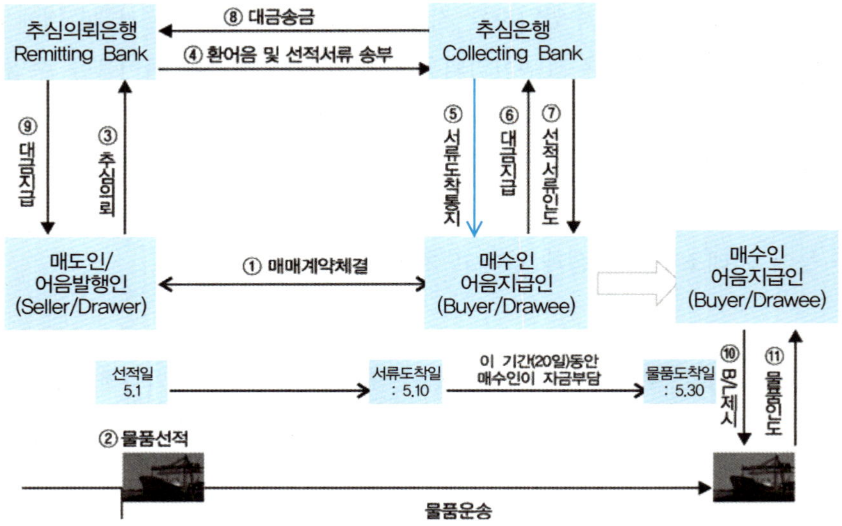

[그림 12-6] 지급인도(D/P at sight)조건의 절차도

(2) 인수인도조건

인수인도조건(Document Against Acceptance ; D/A)은 수출업자가 물품을 선적한 후 서류가 첨부된 연지급환어음(documentary usance bill)을 수입업자를 지급인으로 하여 발행하여 자신의 거래은행에 추심을 의뢰할 경우 수출업자의 거래은행은 그러한 서류가 첨부된 환어음을 수입업자의 거래은행으로 보내어 추심을 의뢰한다. 수입업자의 거래은행은 환어음의 지급인인 수입업자로부터 어음의 인수를 받으며 서류를 인도하고, 그 어음의 만기일에 대금을 지급받아 수출업자의 거래은행(추심의뢰은행)에게 결제하는 방식이다.

① 당사자 간에 기한부추심방식(D/A 30 days from B/L date)의 매매계약 체결
② 수출업자는 수출통관 후 선적
③ 수출업자는 기한부환어음을 수입업자를 지급인으로 하여 발행하고, 관련 선적서류를 자신의 거래은행(추심의뢰은행)으로 하여금 수입업자의 거래은행(추심은행)에 추심을 의뢰하도록 요청
④ 추심의뢰은행이 환어음 및 관련서류를 추심은행으로 송부
⑤ 추심은행이 서류가 도착하면 바로 수입업자에게 서류도착 통지
⑥ 수입업자는 어음대금 지급 없이 기한부어음에 "Accepted by ~"라고 배서하는 인수

(acceptance) 서명표시 후 서류인수
⑦ 추심은행이 수입업자에게 선적서류 인도
⑧ 수입업자는 운송인에게 서류(B/L)제시
⑨ 운송인이 서류인수 후 물품인도
⑩ 수입업자는 만기일에 추심은행에 대금지급
⑪ 추심은행이 추심의뢰은행에게 대금지급
⑫ 추심의뢰은행이 수출업자에게 대금지급

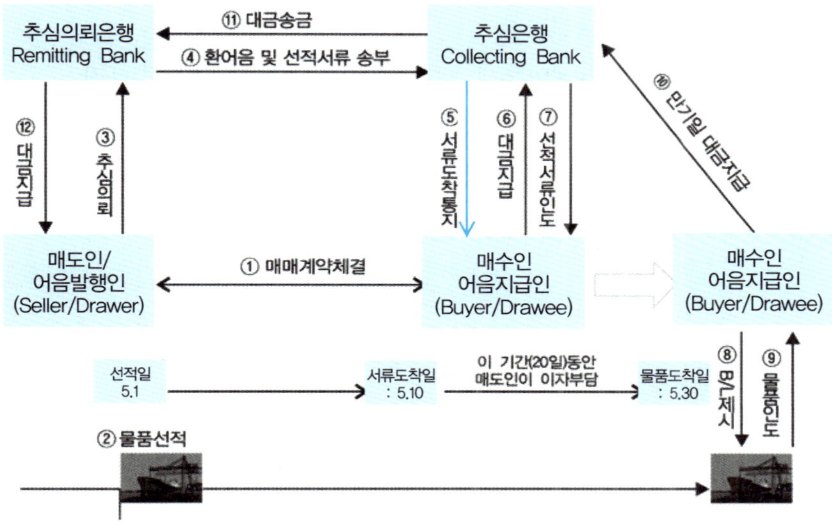

[그림 12-7] 인수인도(D/A)조건의 절차도

연습문제

1. 용어해설문제

- CAD
- COD
- D/A
- D/P
- 신용장
- 수익자
- 통지은행
- 매입은행
- 취소불능신용장
- 양도가능신용장
- 일람불신용장
- 기한부신용장
- 상환청구가능신용장
- 내국신용장
- 매입신용장
- 지급신용장
- 인수신용장
- 확인신용장

2. 주관식문제

(1) 신용장의 독립성과 추상성을 설명하라.

(2) 신용장거래의 당사자를 설명하라.

(3) 신용장의 종류와 내용에 대해 설명하라.

(4) 일람출급매입신용장의 거래절차에 대해 설명하라.

(5) CAD방식과 COD방식에 의한 결제방법을 설명하라.

(6) 추심결제방식인 D/A와 D/P방식을 비교하여 설명하라.

Chapter 13 수출입승인, 물품의 확보 및 무역금융

학습목표

1. 수출입품목의 관리에 대해 알아본다.
2. 수출입물품의 확보방법에 대한 내용을 알아본다.
3. 무역금융의 주요 내용을 알아본다.

13.1 수출입품목의 관리

1. 수출입품목의 관리체계

수출입품목에 대한 관리는 수출 또는 수입에 대한 직접규제방식으로서 개별품목의 수출입제한 여부에 대한 종합관리체계이다. 수출입품목에 대한 관리는 수출입공고를 통하여 이루어진다. 수출입품목관리의 공고체계는 대외무역법에 근거한 수출입공고, 전략물자수출입고시, 그리고 개별법에 의한 제한내용을 취합해서 공고하는 통합공고로 이루어져 있다.

(1) 수출입공고

수출입공고란 개별적인 신용 또는 수출입물품에 대하여 수출이나 수입이 제한되는지의 여부와 이에 따른 추천 또는 확인사항 등을 산업통상자원부장관이 종합적으로 정리하여 공고하는 것을 말한다.

수출입공고에서는 다음의 내용들이 포함된다.

① 헌법에 의해 체결·공포된 조약이나 일반적으로 승인된 국제법규상의 의무이행을 위하여 산업통상자원부장관이 지정·고시하는 물품 등

② 생물자원보호를 위하여 산업통상자원부장관이 지정·고시하는 물품 등

③ 교역상대국과의 경제협력증진을 위하여 산업통상자원부장관이 지정·고시하는 물품 등

④ 방위산업용 원료·기재, 항공기 및 동 부분품 기타 원활한 물자수급·과학기술의 발전 및 통상·산업정책상 필요하다고 인정하여 산업통상 자원부장관이 당해품목을 관장하는 관계행정기관의 장과 협의를 거쳐 지정·고시하는 품 등이 포함된다.

이와 같이 산업통상자원부장관이 지정·고시하는 물품 등을 수출 또는 수입하고자 하는 자는 수출입승인기관의 장으로부터 수출입승인을 얻어야만 수출입이 가능하게 된다.

(2) 수출입요건확인

수출입요건확인은 통합공고에 의하여 수출입이 제한되는 물품 등을 수출입이 가능할 수 있도록 허가하여 주는 절차를 말한다. 즉 통합공고는 수출입 요건확인기관이 통합공고상의 개별법에 의하여 수출입이 제한되는 물품인 요건확인품목에 대해 수출입 통관전후에 추천, 신고, 검사, 검정, 시험방법, 형식승인 등을 행사하는 것을 의미한다. 하지만 요건확인품목이 아닌 경우에는 요건확인을 받을 필요가 없다. 수출입승인권한은 산업통상자원부장관에게 있으나 관계행정기관장에게 위임하고 있다. 수출입요건확인 대상품목은 통합공고상의 별표 1(수출요령)에서 제한되는 수출입요건확인품목과 별표 2(수입요령)에서 제한되는 별도규정품목이다.

(3) 전략물자의 수출허가

전략물자(strategic goods or materials)란 산업통상자원부장관이 관계 행정기관의 장과 협의하여 대통령령이 정하는 다음의 다자간 국제수출통제체제의 원칙에 따라 국제평화 및 안전유지와 국가안보를 위하여 수출허가 등 제한이 필요하여 지정·고시한 물품 등(대통령이 정하는 기술 포함)을 말한다.

① 바세나르체제(WA)
② 핵공급국그룹(NSG)
③ 미사일기술통제체제(MTCR)
④ 오스트레일리아그룹(AG)
⑤ 화학무기의 개발·생산·비축·사용금지 및 폐기에 관한 협약(CWC)
⑥ 세균무기(생물무기) 및 독소무기의 개발·생산·비축금지 및 폐기에 관한 협약(BWC)

즉, 전략물자란 별표 2(이중용도품목) 및 별표 3(군용물자품목)에 해당되는 물품(물질, 시설, 장비, 부품 및 소프트웨어를 말한다)로 대량살상무기(WMD) 및 그 운반수단의 개발·제조에 직·간접적으로 사용될 수 있는 일반 산업용 물품 및 기술을 의미한다.

전략물자 또는 대량파괴무기 등의 제조·개발·사용 또는 보관 등의 용도로 전용될 가능성이 높은 물품 등을 수출하려는 자는 관련 서류를 첨부하여 산업통상자원부장관 또는 관계행정기관의 장에게 제출하여 수출허가를 받아야 한다. 전략물자에는 해당되지 아니하나 대량파괴무기와 그 운반수단인 미사일의 제조·개발·사용 또는 보관 등의 용도로 전용될 가능성이 높은 물품 등을 수출하려는 자는 그 물품 등의 수입자나 최종 사용자가 그 물품 등을 대량파괴무기 등의 제조·개발·사용 또는 보관 등의 용도로 전용할 의도가 있음을 알았거나 그러한 의도가 있다고 의심되면 대통령령으로 정하는 바에 따라 산업통상자원부장관이나 관계 행정기관의 장의 상황허가를 받아야 한다.

2. 수출입공고의 표시방법

우리나라는 1967년 GATT 가입을 계기로 무역자유화 추세에 따라 수출입공고 표시방법을 종전의 'Positive List System'에서 'Negative List System'으로 개편하였다.

'Positive List System'은 수출입공고에 수출 또는 수입이 허용되는 품목만을 표시하고, 여기에 표시되지 않는 기타의 품목은 원칙적으로 수출·수입이 제한 또는 금지되도록 하는 품목표시방법이다.

이에 반해 'Negative List System'은 수출입공고에 수출 또는 수입의 제한 내지 금지품목만을 표시하고, 여기에 표시되지 않은 기타의 품목은 수출·수입이 허용되도록 하는 품목표시방법이다.

3. 수출입공고상의 품목분류

수출입공고는 신국제통일상품분류(Harmonized Commodity Description and Coding System : HS)[7] 방식으로 분류되어진 각 품목의 HS 번호순서대로 편집되어져 있다.

HS는 무역통계 작성을 위한 국제적 상품분류인 SITC와 관세부과를 위한 국제적 상품분류인 CCCN을 단일화·통일화할 필요성에 따라서 제정된 분류체계로 근본적으로는 CCCN체계를 따르고 있으며, 10단위까지 분류가 가능하여 거의 모든 상품을 분류할 수 있다.

우리나라는 1988년 1월 1일부터 이 제도를 채택하고 있는데, 세계 공통의 6단위 분류(HS Code)에다 국내의 제반사정을 감안한 자체 분류 4단위를 합해 모두 10단위로 품목을 분류하고 있다. HS분류는 관세·통계 통합품목 분류표(HS Korea : HSK)에 의한 관세율표상의 품목분류체계에 따른다.

HS는 수출입공고 이외에도 별도공고, 통합공고 등의 각종 무역관련 공고와 관세율표 등에 사용되고 있다.

4. 수출입공고상의 품목구분

현재 수출입공고상의 품목은 수출금지품목, 수출제한품목(수출승인품목) 및 수입제한품목(수입승인품목)으로 분류되어 있으며, 수출금지품목은 별표 I에, 수출제한품목은 별표 2에, 수입제한품목은 별표 3에 각각 그 금지 및 제한되는 품목이 표시되어 있다.

[표 13-1] 수출입공고상의 수출입제한품목

구분	품목
수출금지품목(별표 1)	고래고기, 자연석(화강암, 사암), 개의 모피(생모피·모피·모피제품)
수출제한품목(별표 2) (수출승인대상물품)	규사, 자갈, 대리석
수입제한품목(별표 3) (수입승인대상물품)	항공기 및 동 부분품

7) 이는 조화제도(Harmonized System : HS) 혹은 New CCCN이라고도 한다.

[표 13-2] [수출입공고 별표 1] 수출금지품목

HS	품 목	수출요령
0208	기타의 육과 식용설육(신선·냉장 또는 냉동한 것에 한한다)	
40	고래, 돌고래류(고래목의 포유동물) 및 바다소(바다소목의 포유동물)의 것	다음의 것은 수출할 수 없음 ① 고래고기
.	.	.
.	.	.
(생략)	(생략)	(생략)

[표 13-3] [수출입공고 별표 2] 수출제한품목

HS	품 목	수출요령
2505	천연모래(착색된 것인지의 여부를 불문하며 제26류의 금속을 함유하는 모래를 제외한다)	
10	규사	다음의 것은 한국골재협회의 승인을 받아 수출할 수 있음
90	기타	① 규산분(Sio2)이 90% 이하의 것
.	.	.
.	.	.
(생략)	(생략)	(생략)

[표 13-4] [수출입공고 별표 3] 수입제한품목

HS	품 목	수출요령
3920.99.1000	플라스틱제의 기타 판, 시트, 필름, 박 또는 스트립(셀룰러가 아닌 것으로서 기타 재료로 보강, 적층, 지지 또는 이와 유사하게 결합되지 아니하는 것)중 항공기용의 것	한국항공우주산업진흥협회의 승인을 받아 수입할 수 있음
4011.30.0000	고무제의 공기타이어(신품) 중 항공기용의 것	
.	.	.
.	.	.
(생략)	(생략)	(생략)

5. 수출입승인

수출입승인이란 대금결제사항이 제외된 상태로 수출입공고에 의해 수출입이 제한되는 물품 등을 수출입이 가능하게 되도록 허가하여 주는 절차이다. 수출입승인은 수출입이 제한되는 물품만을 대상으로 하는 것이기 때문에 수출입이 제한되지 않는 대부분의 품목들은 사전에 승인을 받지 않고 자유롭게 수출입을 할 수 있다.

수출입승인대상물품을 수출입하고자 하는 자는 물품 등의 수출·수입의 승인을 얻기 위하여 수출입승인기관의 장에게 신청하고 신청 받은 수출입승인기관의장은 요건에 충족될 경우 그 승인의 유효기간(원칙적으로 1년)을 정하여 승인한다.

따라서 수출입업자는 물품을 수출입하기 전에 대상물품이 통합공고에 의한 요건확인품목인 경우에는 요건확인기관에 수출입요건확인을 신청하여 요건확인을 받아야 한다. 요건확인은 통합공고에 의하여 수출입이 제한되는 물품 등을 수출입이 가능할 수 있도록 허가하여 주는 절차로 수출입요건확인기관이 통합공고상의 개별법에 의하여 수출입이 제한되는 물품인 요건확인품목에 대해 수출입 통관전후에 추천, 신고, 검사, 검정, 시험방법, 형식승인 등을 행사하는 것을 의미한다. 하지만 요건확인품목이 아닌 경우에는 요건확인을 받을 필요가 없다.

6. 특정거래

수출입의 거래형태 중에서 별도의 관리가 필요한 거래형태를 특정거래형태이며 대외무역법에서 이에 대한 수출입 인정요건을 규정하고 있다. 특정거래형태의 수출입은 산업통상자원부장관이 물품 등의 수출 또는 수입의 원활화를 기하기 위하여 당해 거래의 전부 또는 일부가 ① 수출 또는 수입의 제한을 면탈할 우려가 있거나 산업보호에 지장을 초래할 우려가 있는 거래, ② 외국에서 외국으로 물품의 이동이 있고 그 대금의 지급 또는 영수가 국내에서 이루어지는 거래로서 대금결제상황의 확인이 곤란하다고 인정되는 거래, ③ 대금결제가 수반되지 않고 물품 등의 이동만 이루어지는 거래이다.

특정거래의 형태로는 ① 위탁판매수출, ② 수탁판매수입, ③ 위탁가공무역, ④ 수탁가공무역, ⑤ 임대수출, ⑥ 임차수입, ⑦ 연계무역, ⑧ 중계무역, ⑨ 외국인도수출, ⑩ 외국인수수입, ⑪ 무환수출입의 거래가 있다.

13.2 수출물품의 확보

1. 수출물품의 확보 방법

수출물품을 확보하는 방법은 수출업자가 ① 물품공급업자로부터 구매한 수출용 원자재 또는 외화획득용 원료를 가지고 자신의 공장에서 직접 수출물품을 제조하거나 생산하는 방법과 ② 수출용 완제품을 구매하는 방법이 있다.

수출업자가 자신의 공장에서 직접·생산하는 경우 제조 및 가공에 소요되는 원료인 수출용 원자재 또는 외화획득용 원료를 국내나 혹은 외국에서 구매하여야 한다. 한편 수출업자가 수출용 완제품을 구매하는 방법도 국내 혹은 국외에서 구매할 수 있다.

수출용 완제품 및 원자재(수출용 원자재 또는 외화획득용 원료)를 구매하는 방법에는 무역금융관련규정상의 내국신용장에 의한 구매와 대외무역법령상의 구매확인서에 의한 구매로 구분된다.

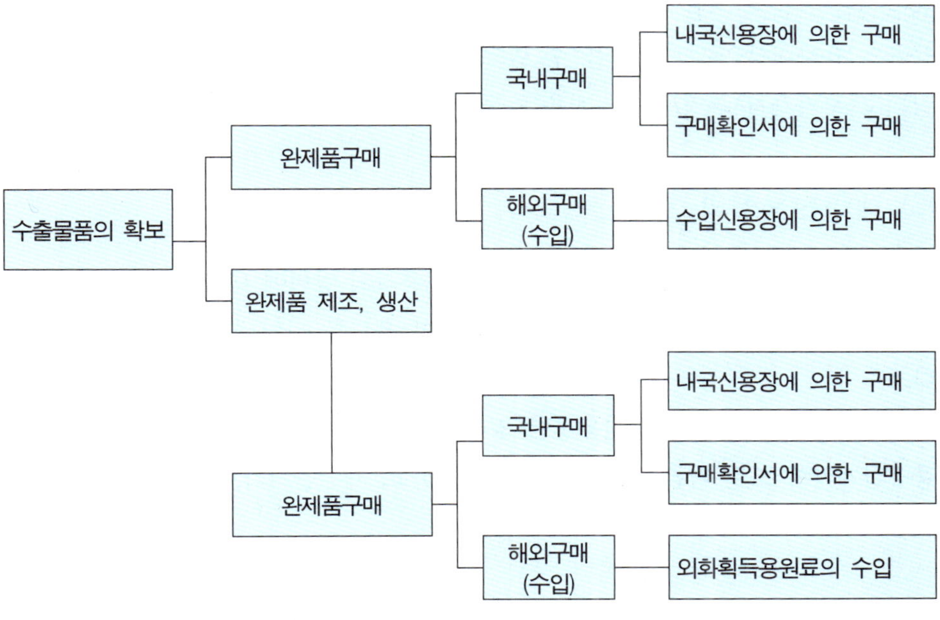

2. 내국신용장에 의한 구매

(1) 내국신용장의 의의

내국신용장(Local L/C)은 ① 수입국으로부터 수출신용장을 받은 수출업자나 또는 과거 수출실적이 있는 수출업자가 국내에서 수출용 수입원자재 또는 수출용 원자재를 구매하여 수출물품을 제조하여 외국에 수출하거나, ② 수출용 완제품을 구매하여 외국에 수출하고자 하는 경우에 이들 수출업자의 개설의뢰를 받은 거래외국환은행이 수출용 수입원자재 또는 국내에서 생산된 수출용 원자재나 반제품의 국내공급업자를 수익자로 하여 그 공급업자에게 지급보증하는 국내용 신용장을 의미한다.

(2) 내국신용장의 기능

물품구매자는 개설의뢰인으로서 수출용 원자재 또는 완제품을 편리하게 조달받을 수 있으며, 내국신용장어음의 결제자금으로 원자재금융 차입 또는 은행의 지급보증이 가능하다.

물품공급업자는 수혜자로서 물품공급실적을 대외무역법상의 수출실적과 일반수출입금융의 융자대상으로 인정받을 수 있으며 은행이 지급보증해 줌으로써 대금회수가 보장되고 부가가치세 영세율의 적용은 물론 관세환급 등의 혜택을 볼 수 있다.

(3) 내국신용장의 개설근거

내국신용장을 개설하는 외국환은행은 내국신용장의 앞면에 내국신용장 개설 근거가 된 원수출신용장 등의 내용과 동 내국신용장의 용도를 나타내는 문언을 표시하여야 한다.

내국신용장의 개설근거가 신용장인 경우에는 원수출신용장, 수출계약서, 외화표시 물품공급계약서 또는 다른 내국신용장이 필요하고, 개설근거가 실적기준일 때에는 융자대상 수출실적이 필요하다.

(4) 내국신용장의 당사자

1) 개설의뢰인

개설의뢰인은 수출신용장 및 과거의 수출실적을 근거로 국내에서 수출용 수입원자재, 수출용 원자재 또는 반제품을 구매하는 자나 혹은 국내에서 이미 내국신용장을 개설 받은 국내업체로 내국신용장을 근거로 수출용 수입원자재, 수출용 원자재 또는 완제품을 구매하는 자이다.

2) 개설은행

개설은행은 수출업자 등의 거래은행으로 내국신용장에 의해 물품이 공급되었을 때 대금지급의무를 이행하는 은행을 의미한다.

3) 수익자

수익자는 수출용 수입원자재, 수출용 원자재 또는 수출용 완제품의 공급업자를 의미한다.

4) 매입은행과 추심의뢰은행

매입은행은 수익자가 내국신용장에 따라 물품을 공급한 후 어음을 발행하여 매입 또는 추심을 의뢰하는 경우 이를 매입하는 은행을 의미하고, 추심의뢰은행은 어음을 매입하지 않고 개설은행에 추심의뢰한 후 결제가 이루어지면 수익자에게 어음대금을 상환하는 은행을 의미한다.

(5) 내국신용장의 거래절차

① 국내 수출용 원자재 또는 완제품의 구매업자인 내국신용장의 개설의뢰인(수출업자)이 원자재 또는 완제품의 공급업자인 내국신용장의 수익자와 물품매매계약을 체결한다.

② 개설의뢰인인 수출업자는 자신의 거래은행인 외국환은행에 원수출신용장으로 담보를 제공하거나(신용장금융기준), 또는 과거 수출실적(실적기준금융)에 의해 내국신용장의 개설을 의뢰한다.

③ 개설은행은 국내의 물품공급업자인 수익자에게 내국신용장의 개설을 통보한다.
④ 국내의 물품공급업자인 수익자는 거래외국환은행(추심의뢰은행)에 생산자금 및 원자재의 무역금융을 신청한다.
⑤ 수익자는 약정일에 물품을 물품구매업자인 개설의뢰인에게 공급하고 송장과 세금계산서를 발행해준다.
⑥ 개설의뢰인은 수익자로부터 물품을 공급받고 물품수령증명서를 발급해준다.
⑦ 수익자는 거래외국환은행(추심의뢰은행)에게 내국신용장의 매입을 요청하고 무역금융대금을 상환한다.
⑧ 거래외국환은행(추심의뢰은행)은 내국신용장의 개설은행에게 어음추심을 의뢰한다.
⑨ 개설은행은 거래외국환은행(추심의뢰은행)에 내국신용장어음을 결제한다.

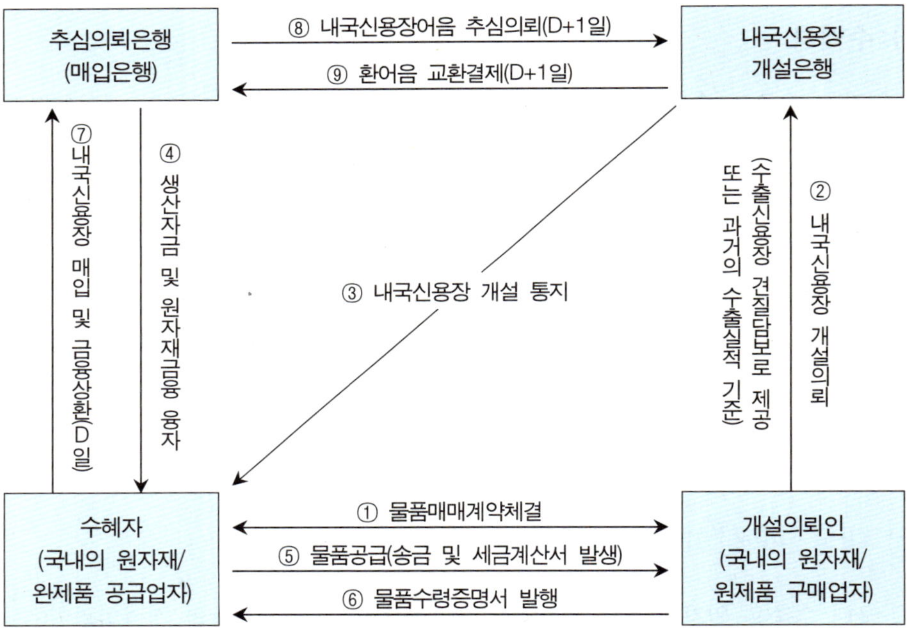

[그림 13-1] 내국신용장의 거래절차

3. 구매확인서에 의한 구매

(1) 구매확인서의 의의

구매확인서란 국내에서 생산된 물품을 외화획득용 원료 또는 물품으로 구매하는 경우 외국환은행의 장 또는 전자무역기반사업자(KTNET)가 내국신용장에 준하여 발급하는 증서를 의미한다. 구매확인서는 단순송금방식 수출, 무역금융 부족 등으로 내국신용장을 개설할 수 없을 경우 물품구매자에 의하여 국내에서 구매되는 원자재 또는 완제품이 외화획득용으로 사용될 것이라는 사실을 확인해주는 증서를 의미한다.

(2) 구매확인서의 발급

국내에서 외화획득용 원료나 기재를 구매하고자 하는 자나 또는 이미 구매한 자가 부가가치세법에 의한 영세율의 적용 등을 받기 위해 구매확인서의 발급을 신청하는 경우에는 다음과 같은 근거서류가 첨부되어야 한다.

① 외화획득용원료구매확인신청서 3부

② 수출신용장, 수출계약서, 외화매입(예치)증명서(외화획득이행관련 대금임이 관계서류에 의해 확인되는 경우), 내국신용장, 구매확인서 및 외화획득에 제공되는 물품 등을 생산하기 위한 경우임을 입증할 수 있는 서류 등에 해당하는 서류 1부

③ 외화획득용 원료 공급계약서 또는 물품 등 매도확약서 1부

④ 세금계산서 사본(사후발급 구매확인서의 경우)

(3) 구매확인서의 종류

구매확인서는 사전발급 구매확인서와 사후발급 구매확인서로 구분된다. 사전발급 구매확인서는 국내에서 외화획득용 원료 또는 물품을 구매하고자 하는 자의 신청에 의하여 외국환은행의 장이 그 물품의 구매 전에 발급하는 것이고, 사후발급 구매확인서는 물품의 구매 후에 발급하는 것이다.

[표 13-5] 내국신용장과 구매확인서의 비교

구분		내국신용장		구매확인서
차이점	관련법규	무역금융관련규정(한국은행 총액 한도 대출관련 무역금융 취급세칙)		대외무역법, 전자무역촉진에 관한 법률
	지급보증	발행은행의 지급보증		발급은행의 지급보증이 없음
	발급조건	보유신용장 또는 무역금융 융자한도 내에서 개설 (무역금융수혜대상)		업체의 거래증빙서류 보유 범위 내에서 제한 없이 발급 (무역금융수례대상이 아님)
	발급근거	신용장기준	① 수출신용장 ② 수출계약서 ③ 외화표시물품공급계약서 ④ 외화표시건설용역공급계약서 ⑤ 다른 내국신용장 ⑥ 실적금융기준 수혜업체의 과거 수출실적에 의한 금융한도	① 수출신용장 ② 수출계약서(D/P, D/A) ③ 외화매입(예치)증명서(외화 취득이행관련 대금임이 관계서류에 의해 확인되는 경우에 한함) ④ 내국신용장 ⑤ 구매확인서 ⑥ 외화획득에 제공되는 물품 등을 생산하기 위한 경우임을 입증할 수 있는 서류
		실적기준	융자대상 수출실적	
	거래 대상물품 및 용도	수출용 원자재 또는 완제품의 국내구매에 사용		외화획득용 원료·기재의 국내구매에 사용
	공급실적의 수출실적 인정	무역금융규정 및 대외무역관리규정 상의 공급자의 수출실적으로 인정		대외무역관리규정상 공급자의 수출실적으로 인정
유사점	발급기관	외국환은행		
	발급횟수	차수 제한 없이 발급가능		
	부가가치세	영세율적용		
	용도	외화획득용 원료·기재(수출용 원자재 및 완제품)의 국내구매에 사용		
	관세환급	관세환급 가능		

13.3 무역금융

1. 무역금융의 개념

무역금융은 수출증대에 기여할 목적으로 수출물품의 제조 및 조달과 관련된 금융지원을 위해 취급되는 선적 전 금융으로서, 무역금융을 융자 취급한 외국환은행은 융자금의 일정비율을 중앙은행으로부터 총액한도 대출제도에 의하여 융자를 받을 수 있는 정책금융이다.

2. 무역금융의 종류

(1) 국내금융

국내금융은 국내에서 이루어지는 무역금융으로 금융기관이 수출지원을 위해 수출업자 등에게 지원되는 금융이다. 국내금융으로는 총액한도 무역금융(수출금융)과 기타 무역금융(수출금융과 수입금융)으로 구분된다.

(2) 해외금융

해외금융은 해외로부터 제공되는 여신으로 일종의 단기성 무역금융이다. 수출선수금, D/A조건 수입, 연지급조건 수입신용장 발행 및 현지금융이 이에 해당된다.

[표 13-6] 무역금융의 구분과 종류

구 분		종 류	
국내금융	총액한도 무역금융 (수출금융)	용도별 금융	· 신용장기준(생산자금, 원자재자금, 완제품구매자금) · 실적기준(생산자금, 원자재자금, 완제품구매자금)
		포괄 금융	· 신용장기준 포괄 금융 · 실적기준 포괄 금융

<table>
<tr><td rowspan="2">국내금융</td><td rowspan="2">기타
무역금융</td><td>수출금융</td><td>· 무역어음제도
· 수출환어음담보대출
· 기한부 원화 수출환어음담보대출
· 연불 수출금융</td></tr>
<tr><td>수입금융</td><td>· 내국수입유전스
· 외화대출 중 외화획득용 시설재 수입자금</td></tr>
<tr><td colspan="3">해외금융</td><td>· 수출선수금
· D/A조건 수입
· 연지급조건 수입신용장 개설
· 현지금융</td></tr>
</table>

3. 국내금융

(1) 총액한도 무역금융

총액한도 무역금융은 일반 금융기관의 자금만으로는 금융지원이 부족하기 때문에 한국은행이 총액한도를 설정해 놓고 시중 금융기관들로 하여금 한국은행으로부터의 대출을 통하여 무역금융을 제공하는 단기성 무역금융이다.

1) 총액한도 무역금융의 용도

총액한도 무역금융의 용도는 생산자금, 원자재자금, 완제품구매자금으로 구분된다.

[표 13-7] 총액한도 무역금융의 구분

<table>
<tr><th>구분</th><th>기준</th><th colspan="2">용도 및 내용</th></tr>
<tr><td rowspan="8">총액
한도
무역
금융</td><td rowspan="4">신용장기준</td><td rowspan="3">용도별금융</td><td>생산자금</td></tr>
<tr><td>원자재자금</td></tr>
<tr><td>완제품구매자금</td></tr>
<tr><td colspan="2">포괄금융</td></tr>
<tr><td rowspan="4">실적기준</td><td rowspan="3">용도별금융</td><td>생산자금</td></tr>
<tr><td>원자재자금</td></tr>
<tr><td>완제품구매자금</td></tr>
<tr><td colspan="2">포괄금융</td></tr>
</table>

① 생산자금

생산자금은 수출용 완제품 또는 원자재를 국내에서 제조·가공하는데 소요되는 자금을 말한다. 중고품, 농수산물 및 자가생산한 원자재 등과 같이 내국신용장에 의하여 조달하기 어려운 수출용 원자재 및 완제품을 구매하는데 소요되는 자금을 생산자금으로 융자가능하다. 아울러 수출용 중고품의 수리 및 수출용 농수산물의 비축에 필요한 자금도 생산자금으로 융자가능하다.

② 원자재자금

원자재자금은 수출품 생산에 필요한 수입원자재를 해외로부터 직접 수입하거나 국내에서 생산된 국산원자재 또는 국내의 유통업자로부터 수입원자재를 원상태로 내국신용장에 의하여 구매하는데 소요되는 자금이다. 선 수출 후 수입을 위하여 발행된 수입신용장은 융자대상이 되지 않는다. 다만, 수출대금이 입금되지 아니한 경우에는 해당 수출대금의 입금 시까지 이미 발행된 수입신용장에 대하여 원자재자금을 취급할 수 있다. 원자재 수입에 따른 해상운임을 따로 지급한 경우 당해 선박회사 또는 대리점이 발급한 운임증명서에 의거 동 운임결제를 위한 자금도 원자재자금으로 융자할 수 있다.

③ 완제품구매자금

완제품구매자금은 주로 생산시설이 없는 수출업자가 해외로부터 발급받은 수출신용장 등을 근거로 수출용 완제품을 국내에서 내국신용장을 발행하여 구매하는 경우 지원하는 자금이다. 즉 국내에서 생산된 수출용 완제품을 구매하기 위하여 내국신용장하에서 발행된 어음의 결제자금으로 융자가 이루어진다.

[표 13-8] 무역금융 융자금의 구분

구분	종류	내 용
용도별 금융	생산자금	수출용 완제품 또는 원자재를 가공·개발하는데 소요되는 자금
	원자재 자금	수출용 원자재를 해외로부터 수입하거나 내국신용장에 의하여 구매하는데 소요되는 자금
	완제품 구매자금	국내에서 생산된 수출용 완제품을 내국신용장에 의하여 구매하는데 소요되는 자금
포괄금융		연간 수출실적이 미화 5천만 불 미만인 업체 앞 자금용도의 구분 없이 일괄적으로 지원하는 자금

2) 총액한도 무역금융의 방식

무역금융은 신용장기준금융, 실적기준금융 및 포괄금융방식으로 구분된다.

① 신용장기준금융

신용장기준금융은 수출업자가 보유하고 있는 수출신용장, 내국신용장, 사전송금방식을 제외한 송금방식수출계약서, D/A 및 D/P 계약서 등의 융자대상금액의 범위 내에서 매 건별로 대출금 및 지급보증을 수출입절차에 맞게 취급하고 당해 수출대금으로 융자금을 회수하는 방식이다. 신용장 융자대상 증빙건별로 일일이 용도별로 융자를 받아야 하므로 절차가 복잡하고 원자재의 사전비축이 곤란하다. 주로 무역금융을 처음 이용하는 신규무역업체들이 많이 활용하고 있다.

② 실적기준금융

실적기준금융은 수출신용장 등 개별 융자대상 증빙을 확인하지 않고 업체의 과거실적만을 기초로 융자한도를 설정하여 한도범위 내에서 금융을 제공하는 방식이다.

실적기준금융의 융자대상이 될 수 있는 수출실적은 수출신용장, 선수출계약서(D/P 또는 D/A), 기타 수출계약서에 의한 수출실적과 내국신용장에 의한 수출용 완제품 또는 원자재 공급실적이다. 무역어음이 인수 취급된 수출신용장 등에 의한 수출실적은 무역어음 인수금액을 제외한 나머지 부분만을 수출실적에 포함한다.

중계무역에 의한 수출실적은 융자대상에서 제외되고 현지 또는 제3국에 수출되는 위탁가공무역의 경우에는 위탁가공에 소요되는 국산원자재 무상수출만 수출실적으로 인정된다.[8] 융자대상 수출실적의 인정시점은 수출신용장 및 내국신용장의 경우 환어음이 매입(추심)의뢰되었을 때이고, 수출계약서 및 외화표시 물품공급계약서의 경우에는 대금이 입금되었을 때이다. 선수금영수방식수출은 수출이 이행되었을 때가 수출실적의 인정시점이다.

③ 포괄금융

포괄금융은 자금용도를 구분하지 않고 일괄하여 취급하는 금융을 말한다. 자격요건으로는 전년도 또는 과거 1년간 수출실적이 미화 5천만 달러 미만인 업체에 대하여 자금용도의 구분 없이 취급되는 자금을 말한다. 수출실적 보유기간이 1년 미만인 업

8) 수출실적은 FOB가격을 기준으로 산정한다.

체도 수출실적이 5천만 달러 미만인 경우에는 포괄금융 수혜업체가 될 수 있다. 주거래외국환은행은 포괄금융 이용업체에 대해 매년 1월 중 수혜자격 요건을 재심사한다.

(2) 기타 무역금융

국내금융의 기타 무역금융에는 수출금융과 수입금융이 있다. 수출금융에는 무역어음제도, 수출환어음담보대출, 기한부 원화 수출환어음담보대출, 연부수출금융 등이 있고, 수입금융에는 내국수입유전스와 외화대출 중 외화획득용 시설재 수입자금이 있다.

연습문제

1. 용어해설문제

- 수출입공고
- 전략물자
- Negative List System
- 통합공고
- HS
- 수출입승인
- 특정거래
- 구매확인서
- 내국신용장
- 무역금융
- 총액한도 무역금융
- 무역어음제도

2. 주관식문제

(1) 수출입공고에 대해 설명하라.

(2) 수출입요건확인에 대해 설명하라.

(3) 전략물자의 수출허가에 대해 설명하라.

(4) 특정거래의 종류에 대해 설명하라.

(5) 수출물품의 확보방법에 대해 설명하라.

(6) 내국신용장의 거래절차에 대해 설명하라.

(7) 내국신용장과 구매확인서를 비교하여 설명하라.

(8) 무역금융제도를 구분하고 그 종류에 대해 설명하라.

Chapter 14 국제물품운송 및 무역보험

학습목표

1. 해상운송, 항공운송 및 복합운송에 대해 알아본다.
2. 해상보험의 개요와 협회화물약관(협회적화약관)에 대해 살펴본다.
3. 무역보험에 대해 알아본다.
4. 관세와 수출입물품의 통관에 대해 알아본다.

14.1 국제물품운송

1. 해상운송

(1) 해상운송의 의의

해상운송(carriage by sea)이란 해상에서 선박을 이용하여 다른 사람의 화물이나 사람을 운송하고, 그 대가로 운임을 받는 상업활동을 말한다.

해상운송의 특징으로는 다음과 같다.

첫째, 해상운송은 대량수송이 가능하다. 해상운송은 육상운송이나 항공운송 등에 비해 속도는 느리지만 한꺼번에 대량의 화물을 운반할 수 있다.

둘째, 해상운송은 경제성이 있다. 해상운송은 다른 운송수단에 비해 대량수송으로 인한 운임의 절감효과를 가질 수 있다.

셋째, 해상운송은 원거리의 국제운송에 적합하다. 해상운송은 육상운송과는 달리 협소한 통로의 제약을 받지 않은 자유로운 운송로를 이용할 수 있기 때문에 원거리의 운송에 적합하다.

해상운송의 이러한 특징으로 인해 대부분의 국제무역은 해상운송에 의존하고 있으며, 일부 항공운송수단을 이용하는 것을 제외하고 육상운송에 의한 운송을 할 수 없는 우리나라의 경우 해상운송의 의존도는 더욱 높다.

(2) 해상운송의 형태

선박의 운항형태에 따라 정기선운송, 부정기선운송 및 특수전용선운송으로 구분된다.

1) 정기선운송

정기선(liner)이란 정해진 항로를 따라 규칙적으로 운항하는 선박을 의미한다. 정기선의 특징으로는 다음과 같다.

첫째, 운항일정(sailing schedule)과 운임 요율표(freight tariffs)에 의해 고정된 항로를 반복적으로 운항한다.

둘째, 주로 다수 화주의 소량화물 및 컨테이너화물을 운송대상으로 한다.

셋째, 운송계약 형태가 개품운송계약에 의존하고 해운동맹(shipping conference)에 결성되어 있다. 정기선은 선박 자체도 부정기선에 비해 고가이고 화물도 완제품이나 반제품인 2차 상품이 대종을 이루고 있다.

우리나라가 취항하고 있는 정기선 항로로는 ① 한일 항로, ② 동남아 항로, ③ 북미주 항로, ④ 중동 항로, ⑤ 유럽 항로, ⑥ 호주 항로, ⑦ 홍해·지중해 항로, ⑧ 아프리카 항로, ⑨ 중남미 항로의 9개이다.

2) 부정기선운송

부정기선(tramper)은 일정한 항로를 정기적으로 운항하는 정기선과는 달리, 화물이나 항해에 아무런 제약을 받지 않고 화주가 요구하는 시기와 항로에 선복(ship's space)을 제공하는 운송형태이다. 부정기선의 특징으로는 다음과 같다.

첫째, 취급하는 화물이 운송수요가 급증하는 화물과 운임 부담력이 약한 대량의 산화물(bulk cargo)을 주요 대상으로 한다.[9]

둘째, 운임이 수요와 공급, 선주와 화주간의 합의에 의해 결정되고 운송계약 형태는 용선계약(charter party)에 의하는 것이 보통이다.

셋째, 운임요율이 낮고 변동폭이 심하다.

3) 특수전용선운송

특수전용선(specialized carrier)이란 넓은 의미로 부정기운송의 일종으로 특정한 화물을 운송할 목적으로 건조된 선박이다. 특수전용선의 종류로는 수산물이나 청과물을 운송하는 냉동선(refrigerated ship), 유류를 운송하는 유조선(tanker), 곡물전용선(grain carrier), 목재전용선(log carrier), 자동차전용선(car carrier), 광석전용선(ore carrier), 가스전용선(LPG tanker carrier, LNG tanker carrier) 등이 있다.

(3) 해상운송계약의 형태

1) 개품운송계약

개품운송계약(contract of affreightment in a general ship)이란 선박회사가 다수의 화주로부터 개개의 물품을 대상으로 개별적으로 운송계약을 체결하는 것을 말한다.

개품운송계약은 불요식계약(informal contract)이므로 체결절차에 있어 특별히 요구되는 방식은 없으나, 송화인(shipper)이나 그 대리인이 선박회사가 고시하는 항해일정표에서 항로별 선박명, 입항예정일, 출항예정일 등을 고려하여 선박을 선택한 후 선박회사에게 '선복요청서(shipping request : S/R)'를 제출하고 선박회사가 이를 승낙함으로써 계약이 체결된다. 대부분의 무역운송이 정기선에 의한 개품운송계약에 의해 이루어지고 있다.

2) 용선운송계약

용선운송계약(contract of carriage by charter party)이란 화주가 선박회사로부터 선복(ship's space)의 전부 또는 일부를 빌려 계약을 체결하는 것을 말한다. 용선계약은 선복의 범위에 따라 전체용선계약(whole charter)과 일부용선계약(partial charter)으로 구분되며, 용선료의 계산방법에 따라 다시 정기용선과 항해용선, 그리고 나용선으로 구분된다.

---

9) 이에 해당되는 대상으로는 광석, 곡물, 원목, 원면, 원당, 비료 등을 들 수 있다.

정기용선계약(time charter) 이는 화주가 선주로부터 일정기간 선박을 빌리는 것을 말한다. 이 경우 선주는 항해에 필요한 장비를 갖추고 선장 및 선원을 승선시킨 상태에서 선박을 용선자에게 인도해야 한다. 따라서 선주는 선박의 감가상각비, 보험료 등의 간접비와 선원비, 수리비, 검사비, 선박의 용품비용과 같은 직접비를 부담해야 하며, 용선자는 용선비, 연료비, 적·양화비, 운반비를 지급해야 한다.

항해용선계약(voyage charter) 이는 화주가 선박회사로부터 선박을 어느 항구에서 어느 항구까지 용선하는 것을 의미한다. 이 계약에서의 운임은 화물의 양에 관계없이 '한 항해에 얼마'로 포괄운임을 지불하는 것이 일반적인데, 이것을 선복운송계약(lump sum charter)이라고 하며, 이 경우의 운임을 선복운임(lump sum freight)이라고 한다.

나용선계약(bareboat charter) 이는 용선자가 선주로부터 아무런 장비를 갖추지 않은 선체(bareboat)만 빌리고 선박의 운항에 필요한 선원, 장비, 소모품 등은 용선자가 책임을 지는 것을 말한다. 우리나라의 운송업자가 외화획득을 위하여 외국선박을 나용선하여 우리의 선원과 장비를 갖추어 외국에 다시 재용선(sub- charter)하는 경우도 있다.

(4) 선하증권

선하증권(bill of lading : B/L)은 선주가 자기 선박에 화주로부터 의뢰받은 운송화물을 적재 또는 적재를 위해 그 화물을 영수하였음을 증명하고, 동 화물을 도착항에서 일정한 조건하에 수하인 또는 그 지시인에게 인도할 것을 약정하는 유가증권이다.

선하증권의 종류로는 다음과 같은 것들이 있다.

1) 선적선하증권과 수취선하증권

선적선하증권(shipped or on board B/L)은 화물이 실제로 선적된 후에 발행되는 증권으로서, 증권 면에 "shipped" 혹은 "shipped on board" 등의 문구가 표시되며, 모든 선하증권은 선적선하증권으로 발행되는 것이 원칙이다. 반면에 수취선하증권(received B/L)은 운송인이 선적을 약속한 화물을 화주가 지정한 창고에 입고시킨 후 화주가 요청할 경우에 선적 전에 발행되는 증권으로서, 예정된 선박에 선적이 이루어지지 않을 경우가 있기 때문에 신용장상에 "received B/L acceptable"이라는 문언이 없으면 은행은 수리를 거절한다.

2) 무사고선하증권과 사고부선하증권

무사고선하증권(clean B/L)은 선적화물의 상태가 양호하여 약정수량의 전부가 그대로 선적되었을 경우, 선박회사가 화물의 손상이나 과부족이 없다는 문언을 기재한 증권이나 손상이나 과부족이 있을지라도 그 내용이 기재되지 않은 증권을 말한다. 한편 사고부선하증권(foul B/L, dirty B/L)은 선하증권의 비고(remarks)란에 사고문언이 기재된 증권을 말한다.

3) 기명식선하증권과 지시식선하증권

기명식선하증권(straight B/L)은 수화인 란에 수화인(consignee)의 성명이 명백히 기재된 증권으로서, 수화인인 수입업자만 물품인도를 청구할 수 있을 뿐 수출업자는 아무런 권리가 없으므로 화환어음에 의한 결제가 아닌 현금판매나 청산계정판매에 주로 이용되고 있다. 지시식선하증권(order B/L)은 수화인 란에 "order", "order of shipper", "order of ...(buyer), (negotiation bank)" 등으로 표시된 증권으로서, 이들 shipper, buyer, negotiation 등이 배서하면 유통할 수 있는 증권이다.

4) 복합운송선하증권

복합운송선하증권(combined transport B/L, multimodal transport B/L)은 수출국의 화물인수장소부터 수입국의 인도장소까지 해상, 육상, 항공 등 두 가지 이상의 서로 다른 운송수단을 이용하여 운송되는 경우 복합운송인(combined or multimodal transport operator)이 전 구간의 운송을 책임지고 발행하는 선하증권을 말한다.

5) 권리포기선하증권

권리포기선하증권(surrender B/L)은 선하증권의 종류라기보다는 선하증권 상에 'Surrender'란 문구의 도장을 찍어 유통가능한 유가증권으로서의 기능을 포기하는 선하증권으로 원선하증권(original B/L) 없이 수입화물을 인도하여도 좋다는 의미를 가진 선하증권을 말한다. 즉 송화인은 운송인으로부터 Original B/L을 발급받아야 하나 실제 발급을 받지 않고 송화인이 배서하여 운송인에게 반환함으로써 선하증권의 유통성이 소멸된 선하증권이다. 일반적으로 'B/L을 surrender한다'라고 하는 것은 송화인이 발행된 원본선하증권을 수입지의 수화인에게 송부하지 않고 운송인에게 제출함으로써 수화인이 선하증권의 원본을 제출하지 않고도 물품은 인도받을 수 있도록 한 것이다.

6) 제3자선하증권

제3자선하증권(third party B/L)은 선하증권 상의 송화인은 수출업자의 이름으로 작성되는 것이 일반적이지만 송화인이 신용장상의 수익자인 수출업자가 아닌 제3자(third party)를 송화인으로 하여 발행되는 선하증권으로 중계무역에서 주로 사용된다. 예를 들어 한국이 중국으로부터 물품을 수입하여 미국에 수출하여야 하지만 실제 물품이 중국에서 미국으로 직접 운송되는 중계무역의 경우, 신용장상의 수익자는 한국의 수출업자이지만 선하증권 상의 송화인은 중국에 있는 제3자가 된다. 비록 수출업자인 한국의 업체와 수입업자인 미국의 수입업체간의 매매계약서상에는 한국의 업체가 송화인임에도 불구하고 제3자선하증권상의 송화인은 물품을 직접 선적하는 중국의 업체가 된다.

7) 적색선하증권(Red B/L)

적색선하증권은 보통의 선하증권과 보험증권을 결합시킨 것으로서, 화물이 항해 중에 사고가 발생하면 선박회사가 보상해주는 증권이다.

8) 기간경과선하증권(Stale B/L)

선하증권은 선적이 완료되면 선적일자에 발급된다. 수출업자는 대금회수를 위해 선적일 이후 21일 이내에 매입은행에 선하증권을 제시해야 하는데, 제시하지 않고 21일이 경과된 선하증권이 기간경과선하증권(Stale B/L)이다. 신용장상에 "stale B/L acceptable"이라는 문언이 없으면 은행에서 매입을 거절한다.

2. 컨테이너운송

(1) 컨테이너의 의의

컨테이너(container)란 화물을 안전하게 보관하여 운송할 수 있게 제작된 규격화된 운송용기를 말한다. 컨테이너를 이용한 운송은 운송화물의 단위당 비용을 줄일 수 있고, 선복이윤을 증대시킬 수 있을 뿐만 아니라 대량화물을 일시에 적재하고 양륙할 수 있어 운송기간이 단축될 수 있다. 따라서 컨테이너를 이용할 경우 최종 목적지까지의 운송 즉, '문전에서 문전'(door to door)까지의 운송을 실현할 수 있다.

(2) 컨테이너운송의 장단점

1) 장 점

정박기간 단축 컨테이너는 동일하게 규격화되어 있고, 밀폐된 운송용기이기 때문에 악천후에도 작업이 가능하다. 따라서 작업시간이 단축되고 정박기간을 줄일 수 있다.

환적의 용이성 컨테이너는 모든 운송수단에 적재될 수 있도록 되어 있기 때문에 운송수단간의 환적이 용이하다.

창고료 절감 컨테이너는 하나하나가 별개의 독립된 창고역할을 하기 때문에 부두의 유료창고에 보관할 필요가 없다.

화물의 안전성 화물이 견고하고 밀폐된 기구에 의해 운반되기 때문에 파손이나 도난의 위험성이 적다.

항해기간의 단축 최근에 건조된 컨테이너 선박은 고속엔진으로 운항하기 때문에 항해기간이 단축된다.

운임절감 두 가지 운송수단을 이용할 경우 전 운송구간에 동일한 통과요율(through rate)이 적용되어 운임이 절감된다.

2) 단 점

컨테이너운송의 단점으로는 다음과 같은 것을 들 수 있다. 컨테이너와 함께 운송수단과 항만시설 등의 제반 설비가 완료되기 위해서는 막대한 고정자본과 기술적 지원이 필요하다. 또한 컨테이너에 적재하여 운송하기가 곤란한 화물의 종류가 있다.[10] 뿐만 아니라 컨테이너선에서는 컨테이너화물의 적재가 대부분 갑판 상에 적재되어야 하는데, 보험회사에서는 갑판 적재화물에 대해 높은 할증보험료를 적용한다. 그러나 이러한 단점들은 컨테이너가 부여하는 다양한 장점에 비교할 경우 큰 걸림돌이 되는 문제는 아닐 것이다.

---

10) 이에 대한 대표적인 화물로는 철강제품, 자갈이나 모래, 기타 장척화물(長尺貨物) 등을 들 수 있다.

(3) 컨테이너화물의 운송형태

수출국의 송화인과 수입국의 수화인의 관계에서 볼 때 컨테이너화물의 운송은 다음과 같이 구분할 수 있다.

1) CY/CY(FCL/FCL : Door to Door)

송화인의 생산공장이나 창고에서 적재된 컨테이너화물이 수화인의 창고까지 운송되는 형태이다. 신속성·경제성·안정성을 충족시키고 '문전에서 문전'(door to door)까지의 서비스로 컨테이너운송의 장점을 최대로 이용한 방법이다.

2) CY/CFS(FCL/LCL : Door to Pier)

송화인의 생산공장이나 창고에서 컨테이너에 만재화물(full container load : FCL)로 적재되어 목적항에서 여러 수화인에게 인도하기 위하여 CFS에서 해체하여 운송하는 방법이다.

3) CFS/CY(LCL/FCL : Pier to Door)

선적항에 있는 선박회사의 지정 CFS에서 다수의 송화인의 화물을 혼재(consolidation)하여 단일 수화인의 문전까지 운송하는 방법이다.

4) CFS/CFS(LCL/LCL : Pier to Pier)

선적항 CFS에서 다수 송화인의 소량화물(less than a container load : LCL)을 혼재하여 다수의 수화인을 위해 목적항의 CFS에서 화물을 해체하여 인도하는 방법이다.

3. 항공운송

(1) 항공운송의 의의

항공운송(carriage by air)이란 항공기의 항복(plane's space)에 화물을 공로를 통하여 운송하는 것을 말한다.

국제화물운송은 육상이나 해상을 통하여 주로 이루어지고 있지만 항공산업의 발전과 부가가치가 높은 반도체, 정밀기기, 통신기기, 광학기기 등의 제품이 개발되어 항공운송에 대한 의존도가 높아지게 되었다. 컨테이너운송이 발전됨에 따라 1980년대부터는 육상운송이나 해상운송과 연계한 해상·항공·육상 또는 항공·육상 등의 복합운송까지 발전하게 되었다.

(2) 항공운송의 장점

항공운송의 장점으로는 다음과 같다.

첫째, 항공운송은 신속성 때문에 수송기간이 단축된다. 항공운송으로 적합한 화물은 긴급화물로 기회비용이 중요시되는 상품들이다. 이들 상품으로는 긴급히 운반하지 않으면 막대한 손실을 가져오는 기계설비 및 선박의 부품, 납기가 촉박한 상품, 계절상품, 투기상품 등이다.

둘째, 항공운송은 재고비용을 절감시킨다. 제품이 신속하게 운송됨으로 인해 재고품의 발생이 적어지며, 이로 인한 재고비용이나 보관비용을 절약할 수 있다. 이에 적합한 상품으로는 생선, 식료품, 방사성 물질과 같이 시간의 경과에 따라 가치가 없어지는 화물이나 부패성화물 등을 들 수 있다.

셋째, 항공운송은 수송조건이 양호하다. 이는 수송기간이 짧고 운송상태가 양호하고 안전함으로써 파손, 분실, 훼손의 위험이 적다는 것을 의미한다.

(3) 항공화물운송업자

1) 항공화물운송대리점

항공화물운송대리점(air cargo agent)이란 항공사 또는 총대리점을 위하여 유상으로 항공기에 의한 화물운송계약체결을 대리하는 사업을 운영하는 업체를 말한다. 다시 말해 항공화물운송대리점은 항공사를 대리하여 항공사의 운송약관규칙, 운임율표와 운항시간표에 의거하여 항공화물을 모으고 항공화물운송장(Air Waybill : AWB)을 발행하며 이에 부수되는 업무를 수행한다.

2) 항공화물운송주선업자

항공화물운송주선업자(air freight forwarder)는 타인의 수요에 부응해 자기의 명의로 항공사의 항공기를 이용하여 화물을 혼재, 운송해주는 사업자로 혼재업자(consolidator)라고도 한다.

송화인과 항공사의 중간입장인 운송주선업자는 송화인에게는 운송업자의 입장이고, 항공사에 대해서는 송화인의 입장이 된다. 따라서 운송주선업자는 자체 운송약관과 운임율표를 가지고 혼재되는 각각의 화물에 대해 혼재화물운송장(House Air Waybill : HAWB)을 발행한다. 혼재화물이 항공사에 인도될 때에 운송주선업자는 송화인이 되어 항공사로부터 항공화물운송장(Master Air Waybill : MAWB)을 발급받게 된다.

수출업자가 매입은행을 통하여 대금결제를 받는 것과 수입업자가 항공화물을 찾는 것은 HAWB이다. MAWB는 항공사와 운송주선업자간의 운송계약에 따른 증빙이며, 항공화물을 수하인별로 분류하여 인도할 때 HAWB과 연결시켜 업무를 수행하게 된다.

(4) 항공화물운송장

항공화물운송장(Air Waybill : AWB)은 최근 운송수단의 발달로 고가품인 경우에 많이 이용되는 있는 것으로서, 항공적재화물에 대하여 항공운송업자가 발행한 단순한 화물수취증이다. 따라서 선하증권과 같이 화물 자체를 화체한 유가증권이 아니다.

그러나 선적서류상으로는 선하증권을 대신하여 그 일부를 구성하게 되는데, 화환어음의 부속서류로 이용하는 경우에 화물의 수령인을 신용장발행은행이 되게 하여 화물이 은행에 송달되도록 신용장상에 명시하여야 화물의 담보권이 확보된다.

(5) 국제특송서비스

국제특송서비스(international courier service)는 외국의 업체와 계약을 체결하여 상업서류 및 소형·경량물품을 항공기를 이용하여 문전에서 문전(door to door)까지 수취·배달해주는 서비스로 상업서류 및 이에 부수되는 소량화물 송달서비스를 의미한다. 국제특송서비스는 ① 계약서, 기술관계서류, 각종 데이터, 사양서, 목록, 은행 관계서류, 수출화물의 선적서류, 증권류, 도면, 설계도, 자기 테이프, 컴퓨터 테이프, 팜플렛, 사전, 보도용 원고 등 우편법에 제한적용을 받지 않는 상업서류 및 이에 수반되는 ② 상품견본, 시험견본, 제작용 견본, 선물용품, 카달로그, 인쇄물, 부속부품, 기계의 대체품, 소량의 장식품 등의 중량 45kg 이하의 시장가치가 없는 소량, 소형, 경량의 일반화물 등의 소량화물을 급송하는 서비스를 의미한다.

국제택배업이 택배업자 또는 상업서류송달업자인 포워더들의 사업인 반면, 특송화물운송업은 항공사의 운송사업이었으나 국제택배업자들이 항공운송업을 겸하는 통합캐리어가 되고, 특송화물운송업자들은 airport-to-airport에서 door-to-door 서비스를 제공함에 따라 통상 같은 개념으로 사용되고 있다.

국제특송서비스의 대표업체들로는 DHL, Federal Express, United Parcel Service (UPS) 등이 있다.

4. 복합운송

(1) 복합운송의 의의

복합운송(multimodal transport)이란 특정 화물을 육상·해상·내수·항공·철도·도로운송 중에서 적어도 두 가지 이상의 운송형태를 복합적으로 이용하여 운송하는 형태를 의미한다.

오늘날 복합운송은 해상과 육상을 연결하는 형태와 해상과 항공을 연결하는 형태로 이루어지고 있다. 해륙복합운송은 대륙을 횡단하는 육상운송을 통해 해상과 육상을 연결하는 운송형태이며[11], 해공복합운송은 해상과 대륙을 선박과 항공기로 연결하는 형태로 해상운송의 저렴한 운임과 항공운송의 신속함을 결합하기 위해 이용된다.

복합운송에서는 반드시 서로 다른 운송수단을 결합하여 이루어지기 때문에 특정 운송인에게 전 운송구간의 책임을 집중시킬 수 있으며, 복합운송증권(multimodal transport document : MTD)이 발행된다.

(2) 복합운송의 운송경로

1) 시베리아 랜드 브리지(Siberia Land Bridge : SLB)

시베리아대륙을 교량으로 이용하여 극동과 유럽 및 중동지역을 연결하는 경로이다. 한국 또는 일본으로부터 대륙운송의 접점인 독립국가연합의 나호트카(Nakhodka)나 보스토치니(Vostochny)까지 컨테이너선으로 해상운송하고, 그 곳으로부터 시베리아횡

---

11) 대륙을 교량으로 연결한다고 하여 '랜드 브리지 서비스'(land bridge service)라고 한다.

단철도에 의해 육상운송하여 유럽과 중동의 운송기관과 연결하여 목적지까지 운송하는 국제복합운송의 한 형태이다.

2) 차이나 랜드 브리지(China Land Bridge : CLB)

중국대륙철도와 실크로드(Silk Road)를 이용하여 극동지역과 유럽지역을 연결하는 경로이다. 중국의 향후 경제전망을 고려해 볼 때 현재에는 이용빈도가 적지만 앞으로 많이 활용될 수 있는 경로이다.

3) 아메리카 랜드 브리지(America Land Bridge : ALB)

극동과 유럽 간의 화물운송에서 미국 대륙의 횡단철도를 통한 극동-구주간의 복합운송을 의미한다.

4) 미니 랜드 브리지(Mini Land Bridge : MLB)

극동에서 선적된 화물이 미국 태평양 서안항구에서 양화되어 육상운송수단을 이용해 북미대륙을 횡단하여 미국 대서양 연안의 동부 걸프지역 항구까지 운송되는 복합운송의 한 형태이다.

(3) 복합운송증권

복합운송증권 가운데는 선하증권의 명칭을 포함하고 있는 것과 그렇지 않은 것이 있다. Multimodal(Combined) Transport B/L과 같이 선하증권의 명칭에 복합운송이라는 단어가 첨부된 것도 있고, 단지 Multimodal(Combined) Transport Document와 같이 선하증권의 명칭이 사용되지 않은 것이 있다. 이 중에서 가장 많이 사용되고 있는 선하증권 형태의 복합운송증권은 “FIATA Multimodal Transport B/L(FBL), Combined Transport B/L(FBL), Intermodal Transport B/L (FBL) 등이 사용되고 있다. 이들 복합운송증권은 국제운송인주선협회(FIATA)가 1992년 표준약관으로 개정한 것이다.

14.2 해상보험

1. 해상보험의 성격

(1) 해상보험의 개념

해상보험(marine insurance)이란 보험자(insurer)가 해상운송 중에 발생하는 물품의 위험을 인수하고, 이들 위험에 기인한 손해가 발생하였을 경우 피보험자(insured)에게 그 손해액을 보상할 것을 계약하고, 피보험자는 그 대가로서 보험료(insurance premium)를 지불할 것을 약속하는 손해보험의 일종이다.

무역거래에서의 해상보험은 운송기간, 포장상태, 물품의 종류, 성질 등 보험에 영향을 미치는 요인들이 많기 때문에 적절한 보험조건을 택하여 보험계약을 체결하여야 한다.

영국의 해상보험법 제2조에서 해상보험계약은 그 명시된 특약 또는 상관습에 의해 담보된 범위를 확장하여 해상항해에 수반되는 내수로(inland waters) 또는 육상위험으로 인한 손해에 대해서도 보상할 것을 규정하고 있다.

따라서 해상보험의 범위와 관련하여 오늘날의 해상보험은 육상운송위험까지 연장되어 담보되도록 되어 있어 해상 및 육상의 혼합보험적 성격을 띠고 있다.

(2) 해상보험의 당사자

1) 보험자

보험자(insurer, assurer, underwriter)는 보험회사(insurance company)나 개인보험업자(underwriter)와 같이 보험계약을 인수하고, 이에 따라 보험계약자에게 손실보상을 약속하는 당사자를 말한다. 우리나라에서 보험자는 주식회사 또는 상호회사이어야 한다. 영국은 로이즈(Lloyd's)와 같은 개인도 보험업자가 될 수 있지만 미국은 개인보험회사를 인정하지 않고 있다.

2) 보험계약자

보험계약자(policy holder)는 보험자와 보험계약을 체결하는 당사자로서, 보험자인 보험회사와 보험계약을 체결하고 보험료를 납입하는 당사자이다.

3) 피보험자

피보험자(insured, assured)는 피보험이익(insurable interest)을 갖는 당사자를 의미한다. 즉 피보험자는 손실이 발생할 경우 계약에 의해 보상을 받을 수 있는 당사자이다.

보험계약자와 피보험자는 동일인이 될 수도 있고 그렇지 않을 수도 있다. FOB조건이나 CFR조건인 경우 수입업자가 보험계약자이면서 피보험자이기 때문에 동일인이 된다. 그러나 CIF조건이나 CIP조건인 경우 수출업자가 자신을 피보험자로 하여 보험료를 납부하지만, 보험증권에 배서(endorsement)한 다음 수입업자에게 양도하여 결국 수입업자가 보험금 수취권을 가지게 되기 때문에 보험계약자와 피보험자는 동일인이 아니다.

(3) 피보험이익

피보험이익(insurable interest)이란 보험의 목적물에 대하여 특정인이 갖게 되는 경제적 이해관계를 말한다. 영국의 해상보험법 제4조에 도박이나 사행(사행계약)을 위해 보험의 목적물(subject matter of insurance)과 하등의 이해관계 없이 이루어지는 보험계약은 무효라고 규정하고 있어, 보험에는 반드시 피보험자가 보험의 목적물과 재산상의 이해관계가 있어야 하며, 재산상의 이해관계를 보호함으로써 특정인이 갖게 되는 이익을 피보험이익이라고 한다.

다시 말해 보험목적물과 관계가 있는 당사자는 보험목적물이 위험에 노출될 경우 손해를 입을 수 있기 때문에, 이에 대비하여 보험계약을 체결한다. 따라서 당사자는 보험목적물과 이해관계가 있기 때문에 보험계약을 체결하고, 이 계약에 의해서 미래의 사고로부터 재산상의 손해를 보상받을 수 있는 이익을 피보험이익이라고 할 수 있다.

보험계약이 법적 효력을 발생하기 위한 피보험이익의 요건으로는 다음과 같다.

첫째, 피보험이익은 법적으로 인정된 것이어야 하며 적법한 것이어야 한다. 밀수품, 마약, 절도품, 탈세와 도박 등과 같이 공서양속(公序良俗)에 위배되는 목적물은 피보험이익이 될 수 없다.

둘째, 피보험이익은 금전적으로 평가할 수 있는 경제적 이익이 있어야 한다.

셋째, 피보험이익은 보험사고가 발생할 때까지 보험계약의 요소로서 확정하거나 확정할 수 있는 것이어야 한다. 예를 들어 CIF가격에 희망이익을 포함하여 최대 110%를 부보하는 것도 현재 확정되어 있지 않더라도 장래에 확정될 것이 확실한 것이기 때문이다.

(4) 보험가액과 보험금액

1) 보험가액

보험가액(insurable value)이란 보험계약이 체결될 수 있는 금액으로서 보험목적물의 실제적인 가치를 말한다. 다시 말해 보험가액은 보험사고가 발생할 경우 피보험자가 입게 되는 손해액의 최고한도이다.

2) 보험금액

보험금액(insured amount)은 피보험자가 실제로 보험에 가입한 금액으로서 손해발생시 보험자가 부담하는 보상책임의 최고한도액을 말한다. 보험금액은 보험자의 보상액이 되기 때문에 보험산정의 기준이 된다. 보험가액이 높게 책정된다 하더라도 보험금액을 낮게 책정할 경우에는 보상액도 그 만큼 낮게 된다.

3) 보험가액과 보험금액과의 관계

전부보험(full insurance) 전부보험은 보험가액과 보험금액이 일치하는 경우를 말한다.

일부보험(under insurance) 일부보험은 보험목적물에 대해 보험가액의 일부만을 보험금액으로 책정하는 것을 말한다. 따라서 보험가액이 보험금액보다 크다.

초과보험(over insurance) 초과보험은 보험가액보다 보험금액이 더 큰 것을 말하는 것으로, 이는 선의의 경우를 제외하고는 무효가 된다.

(5) 해상보험의 기본원칙

1) 고지의무

보험계약자는 보험자에게 보험목적물에 대한 구체적인 사항을 최대선의의 원칙에 의거하여 고지해야 할 의무가 있다. 예를 들어 FOB계약의 경우 보험목적물인 화물은 선적항에서 적재되지만, 이에 대한 화물(적화)보험은 일반적으로 수입업자가 수입지의 보험자와 계약을 체결한다. 수입지의 보험자는 수입업자가 보험목적물에 대한 구체적인 사항을 알려 주지 않으면 위험정도를 알 수 없게 된다.

적화보험에서 중요한 고지사항으로는 운송선박명, 화물의 종류, 포장상태, 적재방법, 항로 및 환적여부 등이다.

2) 손해보상의 원칙

해상보험계약은 보험자가 피보험자에 대한 해상손해만을 보상할 것을 약속하는 것이기 때문에 손해가 발생할 경우 약정된 손해금액을 지급해야 하는 데, 이를 손해보상의 원칙(principle of indemnity)이라고 한다.

3) 근인주의

보험자는 담보위험에 근인하여(proximately) 발생하는 손해만 보상한다. 근인(proximate cause)이라 함은 손해를 야기시킨 가장 직접적인 원인을 말하는 것으로, 이는 사건발생과 가장 가까운 시간적인 원인이 아니라 사고의 비중이 가장 큰 원인을 의미한다. 근인주의(doctrine of proximate cause)란 이러한 근인이 담보위험에 포함되면 보험자가 보상을 하지만 근인이 담보위험에 포함되지 않으면 보상하지 않는다는 것이다.

4) 담 보

담보(warranty)란 보험계약자가 특정조건의 준수를 보증하겠다는 약속이다. 예를 들어 '선적 전 검사를 조건으로 함'(warranted surveyed before shipment) 등과 같이 약속하는 조건이 담보이다. 담보는 일반적 담보의 개념과는 다른 것으로, 피보험자가 담보를 위반할 경우에는 보험자가 보험계약을 무효화할 수 있는 권리를 가지게 된다. 따라서 담보는 엄격하게 지켜져야 한다.

2. 해상손해

(1) 해상손해의 개념

해상손해(marine loss)란 보험목적물이 해상위험으로 인하여 피보험이익의 전부 혹은 일부가 멸실 또는 손상되어 피보험자의 재산상의 불이익이나 경제상의 불이익을 의미한다.

일반적으로 해상손해는 물적손해(physical loss), 비용손해(expenses) 및 손해배상책임(liability loss)으로 크게 나눌 수 있다.

(2) 전　손

전손(total loss)은 담보위험으로 인하여 보험목적물이 전부 소멸되는 경우를 의미한다. 해상보험에서는 현실전손(actual total loss)과 추정전손(constructive total loss)으로 구분된다.

1) 현실전손

현실전손(actual total loss)은 보험목적물이 완전히 파괴되거나 부보된 종류의 물건으로서 존재할 수 없을 정도로 심한 손상을 받을 경우, 피보험자가 보험목적물을 박탈당하여 회복할 수 없을 경우에 성립된다. 현실전손은 실질적인 멸실(physical destruction), 성질의 상실(alteration of species), 회복 전망이 없는 박탈(irretrievable deprivation), 선박의 행방불명(missing ship) 등이 대표적인 경우이다.

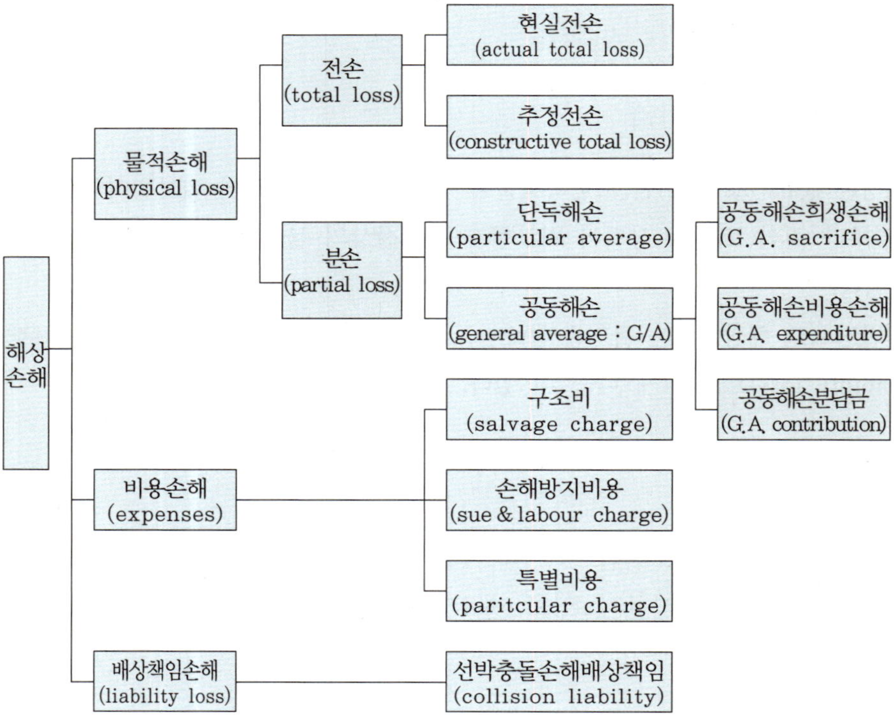

[그림 14-1] 해상손해의 종류

2) 추정전손

추정전손(constructive total loss)은 보험의 목적물이 현실적으로 전멸한 것은 아니지만, 현실전손이라고 보는 것이 불가피하다고 인정되거나, 보험목적물의 복구비용이 오히려 그 가액을 초과하여 현실전손으로 처리하는 것이 경제적일 경우, 피보험자가 적절한 위부(abandonment)를 통지하고 보험금 전액을 청구하는 손해이다. 위부란 추정전손의 사유가 발생하여 전손에 대한 보험금을 청구하기 위하여 피보험자가 보험목적물에 대한 일체의 권리를 보험자에게 이전하는 것을 말한다.

(3) 분 손

분손(partial loss)은 피보험이익의 일부만이 손해를 입는 것을 말한다. 분손은 손해발생원인에 따라 단독해손과 공동해손이 있다.

1) 단독해손

단독해손(particular average : P/A)이란 담보위험으로 인하여 발생한 보험목적물의 일부분에 대한 손해를 피보험자가 단독으로 책임지는 손해이다.[12)]

2) 공동해손

공동해손(general average : G/A)이란 보험목적물이 공동의 안전을 위하여 희생되었을 때, 관련 이해관계자들이 비례하여 분담하는 손해이다. 예를 들어 항해 중에 선박이 태풍으로 인하여 서서히 가라앉고 있을 경우, 선장의 책임 하에 선박이 가라앉지 않도록 하기 위해 화물을 바다에 버릴 수 있을 것이다. 이때 바다에 버려진 화물의 손해에 대해 선주는 자신의 선박에 이상이 없다하더라도 화주와 함께 분담해야 한다.

공동해손이 성립되기 위해서는 ① 공동의 희생손해나 비용손해가 이례적이어야 하고, ② 공동해손행위와 공동해손은 합리적이어야 하며, ③ 현실적인 위험이 존재해야 하고, ④ 공동해손행위는 임의적이어야 하며, ⑤ 위험이 항해단체 모두를 위협하는 것이어야 한다.

3. 협회화물약관(협회적화약관)

(1) 협회화물약관의 개념

해상화물보험(해상적화보험 : marine cargo insurance)과 관련하여 런던보험자협회(Institute of London Underwriters : ILU)가 “Lloyd’s S.G. Policy”를 기초로 하여 1912년에 협회화물약관[협회적화약관(Institute Cargo Clause : ICC)]을 제정하였다. 협회화물약관(협회적화약관)이란 해상적화보험의 보상범위에 관한 보험조건을 규정한 것이다. 1962년에 제정된 구약관인 협회화물약관(협회적화약관)은 전위험담보조건(All Risks : A/R)인 ICC(A/R), 분손담보조건(With Average : W/A)인 ICC(WA), 단독해손부담보조건(Free From Particular Average : FPA)인 ICC (FPA)가 있었으나, 1982년 약관 명칭을 ICC(A/R), ICC(WA), ICC(FPA)에서 ICC (A), ICC(B), ICC(C)로 변경되었다. ICC(A)조건은 담보위험의 범위가 가장 넓고 그 다음이 ICC(B), ICC(C)의 순서이다.

---

12) 영국해상보험법 제64조 1항

1982년부터 운영되어왔던 신협회화물약관은 테러리스트들(terrorists)의 위협 등 해상화물보험시장의 환경변화에 따라 변경되게 되었다. 그 동안 영국에서 협회약관을 주도적으로 제정해 왔던 런던보험자협회(ILU)는 1998년 런던 국제보험 및 재보험시장 연합과 합병하여 런던국제보험인수협회(International Underwriting Association of London : IUA)로 새로 탄생하게 되었다. 영국국제보험인수협회는 로이즈보험시장협회(Lloyds Market Association : LMA)와 합동화물위원회(Joint Cargo Committee : JCC)를 구성한 후 3년 동안의 준비과정을 거쳐 1982년 ICC를 개정하여 2009년 협회화물약관(ICC 2009)을 공표하고 2009년 1월 1일부터 사용하도록 하였다.

(2) 협회화물약관의 구성

2009년 신약관은 1982년 협회화물약관[협회적화약관 ; Institute Cargo Clause (ICC)]의 ICC(A), ICC(B), ICC(C)약관의 기본체제에는 변함이 없고 각 약관에 대한 위험약관의 내용도 동일하다. 다만, 면책조항의 적용범위의 축소, 보험담보기간의 확장, 테러행위의 위험에 대한 정의추가, 약관의 용어의 변경 등이 이루어졌다.[13] 아울러 면책(제4조~제7조), 보험(제15조), 지연의 회피(제18조), 법률과 집행(제19조)에서 조항명만 삭제되었다.

[표 14-1] 협회화물약관(ICC)의 분류(2009년 신약관)

구 분	조항	내 용
담보위험 (Risks Covered)	1 2 3	위험약관(Risks Clause) 공동해손약관(General Average Clause) 쌍방과실충돌약관(Both to Blame Collision Clause)
면책 (Exclusions)	4 5 6 7	조항명이 삭제됨
보험기간 (Duration)	8 9 10	운송약관(Transit Clause) 운송계약종료약관(Termination of Contract of Carriage Clause) 항해변경약관(Change of Voyage Clause)

13) "underwriters"대신 "insurers"로, "servants" 대신에 "employees"로 용어를 변경되었다.

보험금 청구 (Claims)	11 12 13 14	피보험이익약관(Insurable Interest Clause) 계반비용약관(Forwarding Charges Clause) 추정전손약관(Constructive Total Loss Clause) 증액약관(Increased Value Clause)
보험이익 Benefit of Insurance	15	조항명이 삭제됨
손해경감 Minimizing Losses	16 17	피보험자의무약관(Duty of Assured Clause) 포기약관(Waiver Clause)
지연의 회피 Avoiding of Delay	18	조항명이 삭제됨
법률 및 관행 Law and Practice	19	조항명이 삭제됨

주) 1982년 약관에서는 각 조별로 약관이름이 있었지만 2009년 신약관에서는 약관명칭이 혼란을 줄 수 있다는 이유로 삭제한 조문이 있고, 특히 면책조항 관련 약관은 모두 이름이 삭제되었다.

(3) 화물약관에 의한 보상범위

화물약관(신협회적화약관)상에서는 ICC(A), ICC(B), ICC(C)조건으로 구분하고, 보험자가 담보하는 위험과 면책위험을 다음과 같이 규정하고 있다.

1) 보험자가 담보하는 위험

[표 14-2] 각 조건별 담보위험(2009)

약관 조항	담보위험	포괄책임	열거책임	
제1조	다음 사유와 상당인과관계가 있는 멸실·손상	A	B	C
	① 화재·폭발 ② 본선·부선의 좌초·교사·침몰·전복 ③ 육상운송용구의 전복·탈선 ④ 본선·부선·운송용구의 타물과의 충돌·접촉 ⑤ 조난항에서의 화물의 양륙하역 ⑥ 지진·분화·낙뢰	O O O O O O	O O O O O O	O O O O O x

제1조	다음 사유로 인한 멸실·손상			
	⑦ 공동해손희생	O	O	O
	⑧ 투하	O	O	O
	⑨ 갑판유실	O	O	x
	⑩ 본선·부선·선창·운송용구·컨테이너 또는 보관장소에 해수·호수·하천수의 유입	O	O	x
	⑪ 본선·부선에 적재 또는 이들로부터 양륙 중 수몰 또는 낙하한 포장단위당 전손	O	O	x
	⑫ 상기 이외의 일체의 위험	O	x	x
제2조	⑬ 공동해손 및 구조비(면책위험과 관련된 것 제외)	O	O	O
제3조	⑭ 쌍방과실충돌	O	O	O

2) 면책위험

면책위험은 일반면책, 불내항 및 부적합면책, 전쟁면책 및 동맹파업면책으로 구분된다.

[표 14-3] 각 조건별 면책위험(2009)

약관	면책위험	A	B	C
제4조	① 피보험자의 고의적인 불법행위	x	x	x
	② 통상의 누손·중량 또는 용적의 통상의 감소·자연소모	x	x	x
	③ 포장 또는 포장준비의 불완전·부적합	x	x	x
	④ 물품 고유의 하자·성질	x	x	x
	⑤ 지연	x	x	x
	⑥ 본선 소유자·관리자·용선자 또는 운항자의 지급불능 또는 채무불이행	x	x	x
	⑦ 어떤 자의 불법행위에 의한 의도적인 손상 또는 파괴	O	x	x
	⑧ 원자핵무기에 의한 손해	x	x	x
제5조	⑨ 피보험자 또는 그 사용인이 인지하는 선박의 내항성 결여·부적합	x	x	x
제6조	⑩ 전쟁파업(특약으로 부보가능)	x	x	x
제7조	⑪ 동맹파업(특약으로 부보가능)	x	x	x

주) x표시는 면책을 의미하고, O표시는 담보되는 것을 의미함.

(4) 보험기간

1) 위험의 시기

보험의 개시는 보험의 목적물이 창고 또는 보험계약에서 지정된 보관장소에서 운송의 개시를 위하여 운송차량 또는 그 밖의 운송용구에 즉시 적재할 목적으로 최초로 이동된 때로부터 개시된다.14) 해상화물보험에서 해상보험의 담보 개시시점은 운송약관에 따라 화물이 보험증권에 기재된 지역의 창고 또는 보관장소에서 운송개시를 위해 떠날 때부터이며 '통상의 운송과정(ordinary course of transit)' 중에도 계속된다. 따라서 적재를 위하여 창고 내에서 이동 중 화물이 손상될 경우에 보상되는 것으로 해석된다. 화물의 처음 이동을 운송용구에의 적재와 시간적으로 가깝게 연결시키고 있어 운송 전 트럭에 임시 보관 중이거나 창고에 임시 보관 중인 경우에는 해당되지 않는다. 하지만 컨테이너에 화물을 적부하기 위해 컨테이너 터미널로 운송을 개시하는 경우에는 해상운송의 일부로 간주된다.

2) 위험의 종료시기

위험의 종료시기와 관련하여 이전의 운송약관에서는 수화인의 최종 창고에 인도할 때였으나 2009년 개정약관에서는 최종창고에서 운송차량으로부터 양륙이 완료되었을 때로 변경되었다. 해상위험이나 동맹파업위험에 적용되는 보험의 종료시기는 다음 네 가지 중 가장 먼저 발생한 때이다.

① 보험계약에 기재된 목적지의 최종 창고 또는 보관창고에서 운송차량 또는 기타 운송용구로부터 양륙이 완료된 때

② 통상적인 운송과정상의 보관이 아닌 보관을 위해서, 또는 할당 및 분배를 위하여 기타의 창고에서 양륙이 완료된 때

③ 통상의 운송과정이 아닌 보관을 위해 운송차량 또는 기타 운송용구 또는 컨테이너를 사용하고자 선택한 때

④ 양륙항에서 본선으로부터 양륙완료 후 60일이 경과한 때

---

14) 2009년 협회화물약관(협회적화약관) 제8조 및 협회동맹약관 운송조항 제5조.

14.3 무역보험

1. 무역보험의 개념

무역보험은 수출보험과 수입보험을 포함하는 개념으로 수출업자가 물품을 수출하고 수출대금을 지급받지 못하거나 금융기관이 제공한 수출금융을 회수하지 못하는 경우, 그리고 수입업자가 외국 수출업자로부터 적기에 화물을 인도받지 못하거나 선지급금을 회수하지 못하는 경우에 발생하는 손실을 한국무역보험공사가 무역보험법에 의하여 보상해주는 비영리정책보험을 말한다.

2. 수출보험의 기능

(1) 수출거래상의 불안제거 기능

수출보험은 수출거래에 따른 수출업자의 위험부담을 해소하여 준다는 측면에서 수출거래의 환경 및 조건을 국내 상거래의 경우와 동일한 정도로 유리하게 조성하는 데에 일차적인 기능을 가지고 있다. 즉 수출보험은 수입국에서 발생하는 비상위험이나 수입업자의 신용위험으로 인하여 수출업자 또는 금융기관이 입게 되는 손실을 보상해 줌으로써 안심하고 수출활동을 할 수 있게 해준다.

(2) 금융 보완적 기능

수출보험은 수출대금의 미회수위험을 담보하기 때문에 금융기관으로 하여금 수출금융을 공여하게 하는 금융 보완적 기능을 가진다. 또한 수출계약상대방의 대금지급지체 등과 같은 보험사고가 발생하여 수출대금의 회수전망이 불투명하거나, 회수에 장기간이 소요되는 경우에 수출업자가 입는 손실을 보상해 줌으로써 기업자금의 유동성을 제고시켜줄 수 있는 신용공여의 기능도 수반한다.

(3) 수출진흥정책수단으로서의 기능

수출보험은 수출거래의 촉진 및 진흥을 위하여 정부의 지원 하에 운영되기 때문에 수출경쟁력을 강화시키고 결과적으로 수출을 촉진시키는 역할을 하게 된다.

수출보험은 보험인수조건, 즉 담보하는 위험의 범위, 담보율, 보험료율 등을 수출여건에 따라 적절히 조정함으로써 수출업자의 활동을 촉진시키거나 제한할 수도 있으므로, 수출무역 및 대외거래에 대한 인·허가 등의 직접적 통제방식을 간접적 통제방식으로 전환시키는 기능도 갖게 된다.

(4) 해외수입자에 대한 신용조사 기능

수출보험은 보험인수관리 및 보험사고예방을 위하여 수입국의 정치·경제적 사정, 수입업자의 재정 및 신용상태 등을 조사하고 분석하는 신용조사의 기능을 수행한다.

3. 담보위험의 종류

(1) 비상위험

비상위험(political risk)은 수입국 정부의 외환부족으로 인한 환거래의 제한 및 금지, 수입국가의 수입금지 및 제한조치, 외국에서의 전쟁·내란·정변 등과 같은 비상사태 등 수출업자에게 책임을 지울 수 없는 사유로 인하여 발생하는 위험이다.

(2) 신용위험

신용위험(credit risk)은 수입업자가 대금을 지급할 능력이 없거나, 대금지급을 지연시키는 등 당연히 수행해야 할 채무나 의무를 태만히 하거나, 이행하지 않음으로 인하여 발생하는 위험이다.

(3) 기업위험

기업위험(management risk)은 기업가의 판매예상, 경영예측이 어긋나는 등 기업의 활동과정에서 발생하는 위험이다.

4. 운영방법

수출보험은 개별보험인수방식과 포괄보험인수방식의 두 가지 방법으로 운영되고 있어, 이들 중 한 가지 방법에 의해 보험계약을 체결해야 한다.

(1) 개별보험

개별보험은 보험계약자가 부보할 거래를 선택하고, 보험자는 그 내용을 심사하여 인수여부를 결정하는 방식이다. 개별보험의 경우 수입국의 상황, 수입업자의 신용상태 등을 보험계약자가 판단하여 위험이 있다고 생각하는 거래에 한하여 개별적으로 부보한다.

(2) 포괄보험

포괄보험은 보험계약자와 보험자가 사전에 포괄보험계약을 체결하여 일정기간 내의 특정상품 및 특정결제조건의 수출을 의무적으로 부보하고, 보험자도 이를 자동적으로 인수하는 방식이다. 포괄보험은 개별보험보다 보험료가 50% 할인되어 보험계약자인 수출업자의 부담이 경감된다.

5. 운영종목

무역보험법상 운영되고 있는 수출보험종목으로는 단기성보험, 중장기성보험, 기타보험, 수출신용보증 및 수입보험이 있다. 종목별 보험계약내용 및 이용절차는 한국무역보험공사 인터넷사이트(http://www.ksure.or.kr)를 참조할 수 있다.

14.4 관세와 수출입물품의 통관

1. 과세와 징수

(1) 관세의 산정

관세(Customs, Customs Duties; Tariff)는 국가가 재정수입을 얻기 위하여 관세영역을 출입하는 물품에 대하여 법률이나 조약에 의거하여 반대급부 없이 강제적으로 징수하는 금전적 납부이다. 관세액은 수입물품의 가격(종가세), 수입물품의 수량(종량세), 또는 이들을 동시에 적용하는 방법(선택세)으로 산정한다.

(2) 관세의 납부

1) 신고납부방식

신고납부란 관세 납세의무자가 수입신고 시에 스스로 과세표준 및 납부세액 등을 결정하여 세관장에게 신고하여 납부하는 제도로 자진신고납부제도라고 한다. 관세의 납부기간은 납세신고수리일로부터 15일 이내이며, 세관장이 고지하는 물품이 신고납부의 대상물품이 된다.

2) 부과고지방식

부과고지란 납세의무자가 세액을 정확하게 결정할 수 없는 물품의 경우 세관장이 세액을 결정하여 고지하고 납세의무자가 고지된 세액을 소정의 기일 내에 납부하는 제도이다. 관세의 납부기간은 납세고지를 받은 날로부터 15일 이내이다.

(3) 세액심사 및 자율심사

1) 세액심사

납세신고를 받은 때 세관장은 수입신고서상의 기재사항과 관세법의 규정에 의한 확인사항 등을 심사하되, 신고한 세액에 대해서는 수입신고를 수리한 후에 심사한다. 하지만 관세채권의 확보가 곤란하거나 수입신고를 수리한 후 세액심사를 하는 것이 부적당하다고 인정된 물품에 대해서는 수입신고를 수리하기 전에 심사한다.

2) 자율심사

세관장은 납세실적 및 수입규모 등을 고려하여 관세청장이 정하는 요건을 갖춘 자가 신청하는 때에는 자율심사하게 할 수 있다. 이 경우 납세의무자는 자율심사한 결과를 세관장에게 제출하여야 한다.

(4) 과세전 적부심사

과세전 적부심사제도는 납세자의 실질적인 권리구제를 위하여 세관장이 납세액의 부족을 이유로 세액을 경정하여 부족분을 징수하고자 하는 경우 사전에 그 사실을 납세자에게 통지하도록 하고, 그 통지를 받은 납세자가 세액경정에 대하여 이의가 있는 경우에는 과세의 적법성 여부를 심사청구할 수 있도록 한 제도이다.

2. 수출통관

(1) 수출통관의 의의

수출통관절차는 수출신고인이 수출하고자 하는 물품을 세관에 수출신고한 후 신고수리를 받아 물품을 외국무역선(기)에 적재하기까지의 일련의 절차이다. 수출통관에는 정식수출통관절차와 간이통관절차가 있다. 간이통관절차는 개인용품, 무역통계에 계상되지 않는 물품 또는 관세환급대상이 아닌 물품으로서 정식통관절차가 불필요한 물품의 수출통관에 적용하는 절차를 말한다.

1) 수출신고

완제품공급업자, 화주 또는 관세사(관세사, 관세사법인, 통관취급법인)는 자신의 명의로 원칙적으로 당해 물품을 적재하기 전까지 수출신고서를 작성하여 전자적인 방식으로 당해 물품이 장치된 물품소재지의 세관장에게 수출신고를 한다. 일반적으로 수출신고는 신고인이 수출신고필증을 받은 후 30일 이내에 선적해야 하기 때문에 선적 전 30일 이내에 행해져야 한다. 하지만 수출물품의 특성에 따라 ① 선상신고, ② 현지 수출 어패류 신고, ③ 원양수산물 신고, ④ 잠정수량신고, ⑤ 대상물품 신고 등과 같이 물품의 적재 후에 행해지는 경우도 있다.

2) 수출신고수리 여부 결정과 수출신고필증 교부

전자적인 방법으로 제시된 수출신고서는 세관의 우범물품 선별시스템의 자동화된 프로그램에 의하여 자동수리, 즉시수리(서류제출대상) 또는 검사 후 수리(물품검사대상)가 행해진다. 자동수리인 경우에는 신고서류를 서면으로 제출할 필요가 없다. 물품검사는 생략하는 것이 원칙이지만 신고내용을 심사한 결과 현품의 확인이 필요한 경우에는 현품검사를 행할 수 있으며 원칙적으로 검사 희망일에 현품검사를 행한다.

3) 운송

화주는 수출신고필증을 받은 후 적재항 또는 적재공항까지 물품을 운송한다.

4) 적재신고

수출물품을 선박이나 항공기에 적재하고자 하는 자(외국무역선(기)를 운항하는 운항선사 및 항공사와 같은 적화목록제출의무자)는 물품이 선적지 공항만내(ODCY 포함)에 장치된 후 물품을 적재하기 전에 '물품목록'(출항적화목록으로 갈음)을 출항지 세관장에게 제출하여 적재신고를 해야 한다.

5) 물품확인 및 적재신고수리

세관장은 적재신고를 받은 물품에 대하여 전산시스템 등으로 신고내역의 오류여부를 확인한 후 적재신고수리하지만, 수출신고사항의 이상 유무 등에 대하여 세관공무원의 확인이 필요하다고 판단되는 물품은 선별하여 확인할 수 있다.

6) 물품적재

화주는 수출신고가 수리된 날로부터 30일 이내에 수출신고가 수리된 물품을 수출국가와 외국 간을 왕래하는 운송수단에 적재하여야 한다. 출항 또는 적재일정 변경 등 부득이한 사유가 있을 경우에는 적재기간 연장승인을 받을 수 있다.

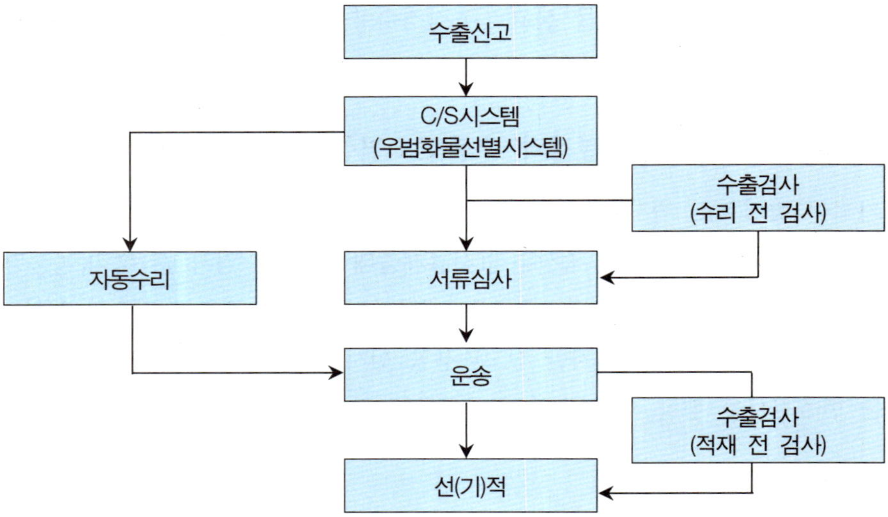

3. 수입통관

(1) 수입통관의 의의

수출통관절차는 수입신고인이 수입하고자 하는 물품을 보세구역에 장치하고 세관에 수입신고한 후 신고수리를 받아 보세구역으로부터 물품을 반출하기까지의 일련의 절차로서 일반수입통관절차, 간이수입통관절차, 특정물품의 수입통관절차로 구분된다.

(2) 수입통관의 준비

1) 적화목록의 제출

선장 또는 기장 등은 외국무역선 또는 외국무역기가 개항에 입항한 때에는 선용품 또는 기용품목록, 여객명부, 승무원명부, 승무원휴대품목록 및 적화목록을 첨부한 입항보고서를 전자문서로 작성하여 관할세관장에게 제출하여야 한다. 입항보고서는 외국무역기의 경우 입항 즉시 제출하고, 외국무역선의 경우에는 입항예정(최초)보고서를 선박이 입항하기 24시간 전(중국, 일본, 홍콩, 대만지역을 운항하는 선박은 출항국에서 출항하는 즉시)에 제출하고, 선박이 입항한 때에 지체 없이 입항예정 보고한 내용을 근거로 하여 최종입항보고서를 제출하여야 한다.

2) 수입물품의 양륙

운항선사 또는 그 위임을 받은 하역업체가 화물을 하선하고자 하는 때에는 Master B/L 단위의 적화목록을 기준으로 하선장소를 기재한 하선신고서를 세관장에게 전자문서로 제출하고, 세관은 하선신고내용이 적화목록과 일치하는지의 여부 및 하선장소의 적정성 여부 등을 심사한 후 세관화물정보시스템에 하선신고수리사실을 등록하고 신고인, 관련하역업자 및 보세구역 등에 전자문서로 통보한다. 하선신고를 한 자는 하선신고수리일로부터 컨테이너화물의 경우에는 3일, 원목, 곡물, 원유 등 산물의 경우에는 10일 이내에 해당화물을 하선장소로 반입하여야 한다.

3) 보세운송

부두직반출제도를 이용하는 경우에는 부두 내에서 통관절차가 이행되기 때문에 통관절차가 끝난 후 화주의 공장까지 보세운송을 할 필요가 없다. 하지만 물품이 부두 밖 ODCY(Off Dock Container Yard)로 이송되고, 그 일부가 다시 일반보세창고로 이송되어 통관되는 경우에는 부두에서 보세구역(ODCY 또는 보세창고)까지 보세운송(수입통관 미필상태)하여야 한다. 보세운송 또는 승인신청은 보세운송하고자 하는 화물이 장치되어 있거나 입항예정인 보세구역을 관할하는 세관(발송지세관)장 또는 보세운송물품의 도착지보세구역을 관할하는 세관(도착지세관)장에게 한다.

(3) 수입화물과 보세구역

1) 지정보세구역

지정보세구역(Designated Bonded Area)은 국가, 지방자치단체, 공항 또는 항만시설을 관리하는 법인이 소유 또는 관리하는 토지, 건물 기타의 시설 중에서 세관장이 지정한 구역으로 지정장치장과 세관검사장으로 구분된다.

2) 특허보세구역

특허보세구역(Licensed Bonded Area)은 사인이 소유 또는 관리하는 토지, 건물, 시설 등에 대하여 세관장의 특허를 받아 설치, 운영하는 보세구역을 말한다. 특허보세구역에는 보세창고, 보세공장, 보세전시장, 보세건설장, 보세판매장이 있으며 영업용보세구역과 자가용보세구역으로 구분된다.

(4) 수입통관절차

1) 수입신고

화주 또는 관세사(관세사, 관세사법인, 통관취급법인)는 그 자신의 명의로 원칙적으로 당해 물품을 적재한 선박 또는 항공기가 입항하고 물품을 양륙하여 보세구역에 반입한 다음 전자문서로 작성한 신고자료를 관세청 통관시스템에 전송하여 수입신고한다. 수입신고는 수입물품을 적재한 선박 또는 항공기가 입항한 다음 보세구역에 물품을 장치한 후 수입신고를 행하지만, 예외적으로 보세구역에 물품을 장치하기 전에 출항전수입신고, 입항전수입신고, 보세구역도착전 수입신고를 행할 수 있다.

2) 수입신고결과의 통보

전자적인 방법으로 제시된 수입신고서는 세관의 C/S 시스템(Cargo Selectivity System : 우범물품 선별시스템)의 자동화된 프로그램에 의하여 검사대상 여부가 구분된다.

3) 신고사항의 검토

세관장은 P/L(Paperless)신고물품의 신고사항을 검토한 결과 신고서에 의한 검사 또는 물품검사가 필요하다고 판단되는 경우에는 서류의 제출을 요구한다. 이 경우 서류제출대상으로 변경된 사실을 신고인에게 통보한다.

4) 신고수리 및 신고필증발급

출항 전 또는 입항 전 신고물품에 대해서는 적화목록이 제출된 때, 보세구역도착전 신고물품에 대하여는 보세운송 도착보고된 때(하역절차에 의하여 하역장소로 반입되는 경우에는 반입보고된 때) 신고수리한다. 하지만 검사대상으로 선별된 물품은 해당 물품검사가 종료된 후에 수리된다.

5) 관세납부

납세의무자는 수입신고가 수리된 날로부터 15일 이내에 관세 등을 국고수납은행 또는 우체국에 납부하여야 한다. 아울러 수입신고가 수리되기 전의 납부도 가능하다. 납세의무자는 통관시스템에서 부여한 납부서번호와 세액을 기재한 납부서를 출력하여 관세를 국고수납은행 또는 우체국에 납부하고, 수납은행은 통관시스템에 영수필통지를 전송한다.

6) 물품반출

수입신고인이 수입신고필증을 보세구역에 송부하면 보세구역에서는 신고수리여부를 전산조회한 후 물품을 반출하게 된다.

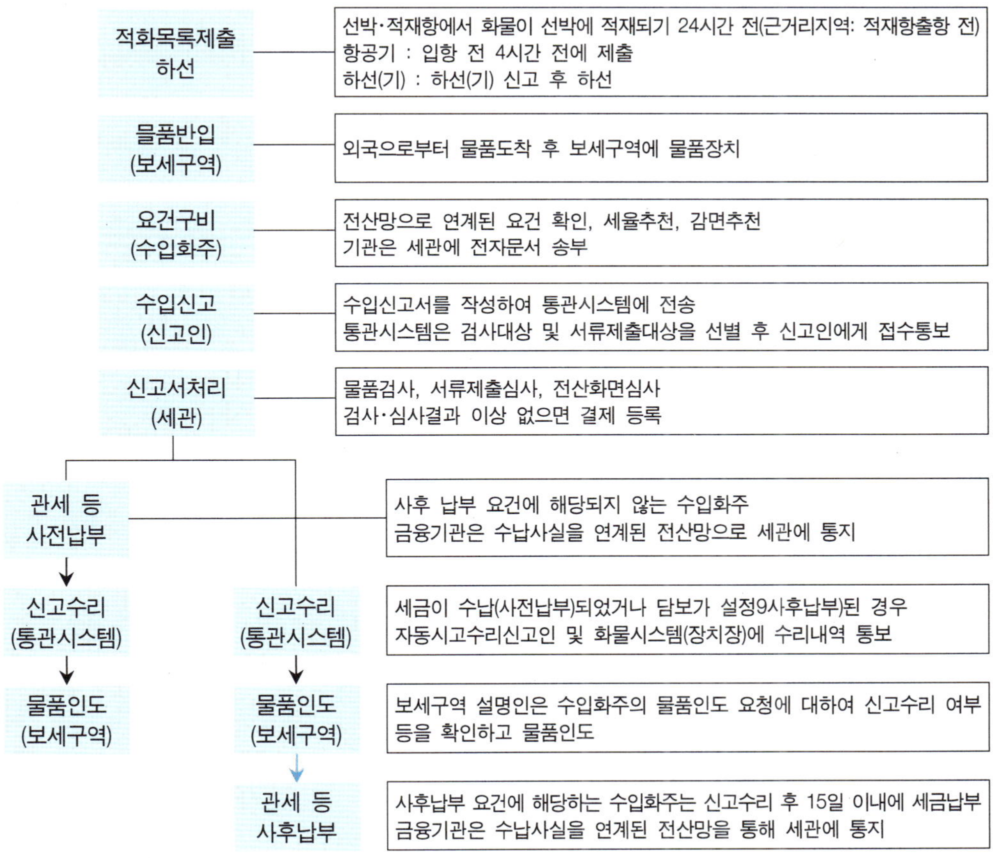

연습문제

1. 용어해설문제

- 정기선운송
- 개품운송계약
- 용선운송계약
- B/L
- 체선료
- 조출료
- 복합운송
- 피보험이익
- 보험가액
- 보험금액
- 전손
- 분손
- TPND
- 수출보험
- 포괄보험

2. 주관식문제

(1) 해상운송계약의 형태에 대해 설명하라.

(2) 컨테이너운송의 장·단점을 설명하라.

(3) 선하증권의 개념과 종류를 설명하라.

(4) 해상손해의 종류와 내용에 대해 설명하라.

(5) 해상보험의 기본원칙을 설명하라.

(6) 신협회적화약관의 담보위험과 면책범위를 설명하라.

(7) 해상적화보험의 기본조건과 부가조건을 설명하라.

(8) 수출보험의 개념과 기능을 설명하라.

(9) 수출보험 중 단기성보험의 종류와 내용을 설명하라.

Chapter 15 무역대금결제, 클레임과 상사중재

학습목표

1. 환어음과 무역결제서류에 대해 알아본다.
2. 무역클레임의 내용과 종류에 대해 알아본다.
3. 상사중재절차에 대해 알아본다.

15.1 환어음 및 무역결제서류

1. 환어음

(1) 환어음의 개념

환어음(draft : bill of exchange)이란 어음의 발행인(drawer)인 채권자가 지급인(drawee)인 채무자에게 일정한 기일 및 장소에서 채권금액을 지시인(order) 또는 소지인(bearer)에게 무조건적으로 지급할 것을 위탁하는 요식유가증권(formal instrument)이며, 유통증권(negotiable instrument)이다.

환어음은 선하증권 등의 서류를 첨부하여 발행하면 화환어음(documentary bill of exchange)이 되며, 보통 2통을 1조(set)로 발행되어 하나가 결제되면 나머지는 자동적으로 무효가 된다.

환어음의 효력에 대한 준거법은 원칙적으로 행위지의 법률에 따른다. 예를 들어 환어음이 한국에서 발행되고 영국에서 지급되었을 경우, 어음발행행위는 한국의 어음법이 적용되고 지급행위는 영국의 환어음법에 따른다.

(2) 환어음의 당사자

1) 발행인(drawer)

일반적으로 환어음의 발행인은 수출업자로 채권자가 된다. 환어음은 반드시 발행인의 기명날인이 있어야 효력이 발생된다.

2) 지급인(payer, drawee)

지급인은 환어음의 지급을 위탁받는 채무자로서 신용장거래에서는 개설은행이 지급인이 되고 D/A, D/P거래에서는 수입업자가 지급인이 된다.

3) 수취인(payee)

수취인은 환어음금액을 지급받을 자로서 보통 환어음을 매입한 은행이 된다. 경우에 따라서는 발행은행이나 발행은행이 지정한 은행이 될 수도 있다.

(3) 환어음의 기재사항

환어음은 요식증권이므로, 그 형식은 기재사항에 의하여 결정되며 기재사항도 필수기재사항과 임의기재사항으로 구분할 수 있다.

① 어음번호 특별한 의미는 없고, 다만 후일 참조할 경우가 생길 때 편리하게 하기 위해서 기재한다.

② 환어음의 표시 어음문언 중에 '환어음(bill of exchange)'이라는 표시가 있어야 한다.

③ 발행지 발행지는 도시명까지만 표시해도 되므로 "Seoul, Korea"라고 하면 된다.

④ 발행일 어음의 발행일은 외국환은행이 어음과 함께 제시된 선적서류를 매입한 날짜이며, 이는 신용장 유효기일 이내이어야 한다.

⑤ 어음금액 환어음의 금액은 상업송장금액과 일치하여야 한다.

⑥ 지급기일(결제조건) 어음상의 문언 중 "at xx sight of"의 at xx 다음에 기재되는 것이 만기일(tenor)의 표시가 된다.

⑦ 어음발행 수 어음이 한 세트(set), 즉 둘이나 셋으로 발행되었을 경우 이중지급을 방지하기 위하여 "second(first) of the same tenor and date being unpaid"와 같이 표시되어 하나에 의하여 지급되면 나머지 다른 것은 자동적으로 무효가 된다는 것을

표시한다.

⑧ 수취인 환어음의 지급을 받는 수취인(payee)은 어음금액을 지급받을 자로 기명식, 지시식, 무기명식 등으로 표기될 수 있다. 수취인은 발행인이 지정하는 제3자가 될 수 있다. 어음상의 문언 중 “pay to” 다음에 기재되는 것으로 통상 신용장거래시에는 매입은행이 기재된다.

⑨ 문자금액 어음금액을 아라비아 숫자가 아닌 문자로 표시하는 곳으로 예를 들어 미화 100,000불일 경우 “U.S. Dollars one hundred thousand only”이라고 기재한다.

⑩ Valuation Clause 문자로써 어음금액을 표시한 바로 다음에 “value received”란 문언이 있는데 이는 법률상에 가치 있는 약인, 즉 보통 유통되는 증권이 아니라 어떤 상업거래의 가치에 대한 결제임을 표기하는 문언이다.

⑪ 지급인 어음의 지급인이 신용장 발행은행인 경우는 수입업자를 기입한다. 또는 지급인이 수입업자일 때에는 공란으로 둔다.

⑫ 신용장발행은행 “Drawn under …” 이하에는 신용장발행은행을 기재하며, D/A · D/P 등 무신용장방식의 경우에는 공란 또는 계약서상 지정은행을 기재한다.

⑬ 신용장번호 신용장번호를 기재하는 곳으로서, 신용장상에 요구가 있으면 T/S의 번호도 기재되며 D/A, D/P의 거래인 경우에는 계약 시 번호를 기재한다.

⑭ 신용장 발행일자 신용장상의 발행일자를 기재한다.

⑮ 지급인(drawee)과 지급지 지급지는 신용장상에 별도의 명시가 없는 한 도시명의 표시만으로도 충분하다. 만약 지급지 기재가 없으면 지급인의 표시지로 보충하여 어음효력을 구제할 수 있다. 지급인은 신용장의 발행은행이나 발행의뢰인인 수입업자가 될 수 있고, 제3의 은행이 될 수도 있다.

⑯ 발행인의 기명날인 환어음을 발행하는 자는 신용장상의 수익자 또는 양도받은 경우에는 양수인이 되며, 반드시 기명날인하여야 한다.

BILL OF EXCHANGE

No. ② 어음번호　　① 환어음의 명칭　　Date. ④ 발행일자

For ⑤ 어음금액(숫자)　　Place ③ 발행지

⑦ 파훼문구

At ⑥ 어음기일 sight of this First Bill of Exchange (Second of the same tenor and date

수취인(payee)

being unpaid) ⑧ pay to ABC Bank or order the sums of　⑨ 어음금액(문자)

⑩ 대가수취문언

Value received and charge the same to account of　⑪ 계정결제인(accountee)

Drawn under ⑫ 신용장발행은행　L/C No. ⑬ 신용장번호　dated ⑭ 신용장발행일

To ⑮ 어음지급인(drawee)

⑯ 어음지급인의 주소　　⑰ 어음발행인(drawer)

Authorized signature

환　　어　　음

번호 ② 어음번호　　① 환어음의 명칭　　일자 ④ 발행일자

금액 ⑤ 어음금액(숫자)　　장소 ③ 발행지

⑦ 파훼문구

제1환어음(동어음의 지급기일과 일자의 제2환어음에 대하여 지급이 이루어지지 않은 경우)

⑥ 어음기일　⑧ 수취인(payee)

에 대하여 일람출급(또는 기한부)(으)로 ABC은행 또는 그 지시인에게 다음의 금액을 지급하시오

⑨ 어음금액(문자)

⑩ 대가수취문언

대가 수취하였으며 어음금액을 다음의 계정으로부터 청구하시오　⑪ 계정결제인(accountee)

다음에 의하여 발행되었음 ⑫신용장발행은행 신용장번호 ⑬ 신용장번호 발행일자 ⑭ 신용장발행일

앞 ⑮ 어음지급인(drawee)

⑯ 어음지급인의 주소　　⑰ 어음발행인(drawer)

서명

2. 무역결제서류

무역결제서류에는 기본서류와 임의서류가 있다. 기본서류에는 크게 ① 상업송장, ② 운송서류, ③ 보험서류로 구분된다. 운송서류(transport documents)는 본선적재(loading on board), 발송(dispatch), 또는 복합운송의 경우 수탁(taking in charge) 등

물품인도의 증거를 나타내는 서류를 말한다. 운송서류에는 해상운송서류, 항공운송서류, 육상운송서류, 내수로운송서류, 복합운송서류 및 기타 운송서류로 구분된다.

임의서류에는 ① 송장부속서류(포장명세서, 용량 및 용적증명서), ② 공용증명서류(원산지증명서 등), ③ 품질증명서류(검사증명서, 위생증명서 등) 등으로 구분된다.

(1) 상업송장

상업송장(commercial invoice)이란 수출업자가 수출거래의 구체적인 내용을 기재하여 수입업자 앞으로 보내는 매매거래의 명세서이다. 수출업자 입장으로 보면 대금청구서이면서 출하안내 및 과세자료, 수출수속을 위해 세관에 제공하는 서류가 되며, 수입업자의 입장에서 보면 수입통관수속에 필수적인 서류이다.

송장은 용도에 따라 상거래용으로 사용되는 상업송장과 영사관이나 세관용으로 작성되는 공용송장(official invoice)으로 구분된다. 공용송장은 수입지 세관에서 수입물품에 대한 과세가격의 기준이나 덤핑유무의 확인 등을 목적으로 하는 세관송장(customs invoice)과 수입물품가격을 높게 책정하여 외화를 도피하거나 낮게 책정하여 관세를 포탈하는 것을 방지하기 위해 수출국주재 수입국 영사의 확인을 받도록 하는 영사송장(consular invoice)으로 구분된다.

- 무역결제서류
  - 기본서류
    - 상업송장(Commercial Invoice)
    - 운송서류
      - 해상운송서류
        - 해상/해양선하증권(Marine/Ocean B/L)
        - 해상화물운송장(Sea Waybill)
      - 항공운송서류
        - 항공화물운송장(Air Waybill)
        - 항공화물수탁서(Air Consignment Note)
      - 육상운송서류
        - 도로화물수탁서(Road Consignment Note)
        - 철도화물수탁서(Railway Consignment Note)
      - 내수로운송서류(Inland Waterway Transport Document)
      - 복합운송서류
        - 복합운송선하증권(Multimodal Transport B/L)
        - 운송주선인협회국제연맹복합운송선하증권(FIATA Combined Transport B/L)
      - 기타운송서류
        - 우편수령증/우송증명서/소포수령증(Post Receipt, Certificate of Posting/Parcel Receipt)
        - 특송화물수령증(Courier Receipt)
    - 보험서류
      - 해상보험증권(Marine Insurance Policy)
      - 보험증명서(Certificate of Insurance)
  - 임의서류
    - 송장부속서류
      - 포장명세서(Packing List)
      - 중량 및 용적증명서(Certificate of Weight and Measurement)
    - 공용증명서류
      - 원산지증명서(Certificate of Origin)
      - GSP원산지증명서(GSP C/O)
      - 영사송장/세관송장(Consular Invoice/Customs Invoice)
    - 품질증명서류
      - 검사증명서(Inspection Certificate)
      - 위생증명서(Health Certificate)
      - 검역증명서(Quarantiine Certificate)
    - 기타부속서류
      - 차변표(Debit Note)
      - 대변표(Credit Note)

[서식 15-1] 상업송장

COMMERCIAL INVOICE

<table>
<tr><td colspan="3">①Shipper/Seller
DAEHAN CO., LTD
CPO BOX 195
SEOUL, KOREA</td><td>KRGILTRA1
59SEO</td><td colspan="3">⑦Invoice No. and date
8905 BK 1007 JULY 25. 20xx

⑧L/C No. and date
12345 MAY 15. 20xx</td></tr>
<tr><td colspan="4">② Consignee
TO THE ORDER OF BANK OF AMERICA</td><td colspan="3">⑨Buyer(if other than consignee)
BROWN CO., LTD
310 FIFTH AVE. NEW YORK
NY, USA</td></tr>
<tr><td colspan="4">③Departure date
JULY. 21, 20xx</td><td colspan="3">⑩Other references
COUNTRY OF ORIGIN :
REPUBLIC OF KOREA</td></tr>
<tr><td colspan="2">④Vessel/flight
WONIS JIN</td><td colspan="2">⑤From
BUSAN, KOREA</td><td colspan="3" rowspan="2">⑪Terms of delivery and payment
CIF NEW YORK
L/C AT SIGHT</td></tr>
<tr><td colspan="4">⑥To
NEW YORK, U.S.A</td></tr>
<tr><td>⑫Shipping Marks</td><td>⑬No.&kind of packages</td><td colspan="2">⑭Goods description</td><td>⑮Quantity</td><td>⑯Unit price</td><td>⑰Amount</td></tr>
<tr><td>PCU

NEW YORK
C/NO.1-53
MADE IN KOREA</td><td></td><td colspan="2">COMPUTERS</td><td>2,000PCS</td><td>US$250.00</td><td>US$500,000</td></tr>
<tr><td colspan="5"></td><td colspan="2">Signed by
⑱</td></tr>
</table>

(2) 선하증권

신용장조항 중 선하증권과 관련되는 내용은 다음과 같다.

> Full set of clean on board B/L made out to order and blank endorsed marked freight prepaid notify applicant.

Full set of clean on board B/L 이것은 '무사고 선적선하증권 전 통'을 의미하는 것으로, 화물의 포장상태나 수량이 아무런 하자가 없는(clean) 선적된 화물(on board)에 대한 전 통(3세트)의 선하증권을 의미한다.

made out to order and blank endorsed 이는 '수출업자의 지시식으로 작성되고 백지배서되어야 한다'는 의미로서, 선하증권의 수화인(consignee)란에 "to order"(수출업자의 지시식으로)라고 기재되고, 선하증권의 뒷면에 수출업자의 기명날인이 되어있어야 한다는 조건이다.

marked freight prepaid notify buyer 이것은 '운임은 선불로 그리고 화물도착통지처는 수입업자로 표시되어야 한다'는 의미로서, 수출업자가 해상운임을 사전에 지급하여야 하며 착화통지처(notify party)란에 수입업자의 상호와 주소가 기재되어 있어야 함을 나타낸다.

(3) 항공화물운송장

항공화물운송장(Air Waybill)은 항공운송에서 화물의 유통을 보장하는 운송서류로 항공운송인(air carrier)이 발행하는 운송장이다. 따라서 이는 선하증권과 같이 운송계약상의 권리를 유가증권화한 권리증권이 아니고 단순한 수취증에 불과하다. 항공화물운송장은 비유통식으로만 발행되는데 첫째, 원본은 항공사용으로 운송계약의 증거로 사용되고 둘째, 원본은 수화인용으로 화물도착지에 보내어져 항공사가 수하인에게 교부하는 것으로 이용되며 셋째, 원본은 송화인용으로 수출서류 매입 시에 제시되는 것이다.

이 밖에도 육상, 해상, 항공 중 두 가지 이상의 운송수단을 이용한 컨테이너 복합운송에서 운송계약을 증명하기 위해 발급되는 복합운송증권(multimodal transport document

: MTD), 철도화물수탁서, 도로화물수탁서 등도 운송서류로서 이용되고 있다.

(4) 보험서류

CIF와 CIP조건의 매매계약에서는 수출업자가 화물보험(적화보험)을 부보하고 이에 대한 보험서류를 수입업자에게 제공해야 한다. 보험서류는 해상화물보험의 성립을 증명하는 서류를 총칭하는 것으로 보험증권(insurance policy : I/P), 보험증명서(insurance certificate), 통지서(declaration)가 있다. 대금결제 시 은행은 보험증권 및 보험증명서를 보험서류로 인정하고 있지만 보험중개인이 발행한 보험승낙서(cover note)는 달리 합의된 사항이 없는 한 인정하지 않는다.

(5) 포장명세서

포장명세서(packing list : P/L)는 상업송장의 부속서류로 선적화물의 포장 및 포장단위별 명세, 순중량, 총중량, 용적, 화인, 포장개수 등을 기재한 서류이다. 이는 수출입통관절차에서 심사자료로 사용되고 양륙지에서 화물을 분류하거나 판매 시에 활용되며, 검수자가 실제화물과 대조할 필요가 있을 경우 활용된다. 뿐만 아니라 선박회사와 운송계약을 체결할 때 운임산정의 기준으로 활용된다.

(6) 원산지증명서

원산지증명서(certificate of origin : C/O)는 화환어음의 부속서류로 수출물품의 원산지를 증명하는 국적증서의 성격을 가진 문서이다. 원산지증명서는 양허세율 적용시 등의 기준으로 이용되고 있으며, 현재 국제적으로 인정되고 있는 원산지의 인정기준은 다음과 같다.

원산지 인정기준

· 자국영역에서 생산한 광산물, 농산물 및 식물성 생산물
· 자국영역에서 번식·사육한 산 동물과 이들로부터 채취한 물품
· 자국영역에서 수렵, 어로로 채포한 물품
· 자국선박에 의하여 체포한 어획물, 기타 물품

· 자국에서 생산된 자재를 사용하여 제조·가공한 물품
· 외국 원자재를 사용하여 생산된 물품으로 가공과정에서 새로운 상품적 특성이 발생한 물품

한편 원산지증명의 범주에 들지만 UNCTAD의 '일반특혜관세원산지증명서' (generalized systems of preferences certificate of origin : GSPCO)가 있는데, 이를 "Form A"라고 한다. 일반특혜관세제도는 개발도상국의 수출확대를 위하여 선진국들이 개도국으로부터 수입하는 물품에 대해 무관세 또는 저율의 관세를 부과하는 관세상의 특혜대우를 말한다.

(7) 기타 서류

이 밖에 수입업자가 신용장에서 주로 요구하고 있는 서류로는 품질증명서(certificate of quality), 성분분석증명서(certificate of analysis), 검사증명서(certificate of inspection), 검역증명서(certificate of quarantine) 등이 있다.

15.2 무역클레임

1. 무역클레임의 개념

무역클레임(claim)은 넓은 의미로 단순한 불평(complain)이나 경고(warning), 그리고 분쟁(dispute) 등을 의미하지만, 좁은 의미로는 계약당사자의 일방이 매매계약내용을 불이행함으로써 상대방에게 손해를 끼쳤을 때 손해를 입은 당사자가 상대방에게 권리회복을 요구하거나 손해배상을 요구하는 적극적인 경우를 말한다.

무역클레임은 주로 물품의 성질, 선적지연, 선적불이행 등으로 수입업자가 수출업자에게 제기하는 경우와 대금결제와 관련하여 수출업자가 수입업자에게 제기하는 경우가 많지만, 무역거래과정에서 관련되는 선박회사, 보험회사, 외국환은행, 창고회사 등이 클레임의 대상이 되는 경우도 있다.

2. 무역클레임의 내용

무역클레임을 제기할 때 피해자가 청구하는 클레임의 내용은 다음과 같은 것들이 있다.

(1) 대금의 지급거절

대금의 지급거절(refusal of payment)이란 수입물품에 하자가 있어 수입업자가 수출업자에게 대금지급을 거절하는 것이다. 물품의 선적 전 송금, 취소불능신용장에 의한 대금결제 등은 대금의 지급거절이 불가능하나 추심으로서 결제기간이 장기간인 인수인도조건(D/A)과 같은 무신용장방식의 거래에서 제기될 수 있다.

(2) 손해배상금의 청구

상대방의 고의나 과실로 입은 피해를 금전으로 보상해 줄 것을 요구하는 것이다. 금전 이외에 다른 방법으로 대체하기 어려운 환차손, 미지급된 운임, 수수료의 미지급 등과 같은 것이나, 새로 수입하더라도 수입국의 시황이 좋지 않은 경우에는 금전의 손해배상을 요구한다.

(3) 대금의 감액청구

대금의 감액청구는 도착물품의 품질, 포장, 화인, 상표 등이 불량하거나 계약물품과 다른 경우 수입업자가 수출업자에게 계약가격보다 감액된 가격으로 물품을 인수하겠다고 요구하는 것을 말한다. 대금의 감액청구방법으로는 대금잔액으로부터의 감액, 추후 선적분의 가격으로부터의 감액 및 송금에 의한 감액 등이 있다.

(4) 물품의 인수거절

물품의 인수거절은 물품이 도착된 후 품질상의 하자나 손상 등을 이유로 화물의 인수를 거절하는 것을 말한다. 이에 대한 방법으로는 전부인수거절(whole rejection)과 일부거절(partial rejection)의 방법이 있다.

(5) 대체품의 청구

대체품의 청구(requirement of substituted goods)란 물품의 품질이 계약물품과 다르거나 수량이 부족한 경우, 이에 해당하는 물품에 대한 대체품을 요구하거나 다음 선적분에 부족한 수량만큼 추가하여 선적하여 줄 것을 요구하는 것이다. 이와 같은 방법은 지속적인 거래관계를 가지고 있는 우호적인 당사자들 간의 거래에서 이용된다.

3. 무역클레임의 종류

(1) 상품에 관한 클레임

상품에 관한 클레임은 상품과 직접적으로 관련된 클레임과 상품과 간접적으로 관련된 클레임으로 구분된다. 상품과 직접적으로 관련된 클레임으로는 품질, 색상, 치수, 수량 및 중량, 손상에 관한 클레임 등이 있다.

[표 15-1] 상품과 직접적인 관련이 있는 클레임

클레임 구분	종 류
품 질	품질불량, 품질상위, 형식상이, 등급저하, 불량품 혼입, 품질상이품 혼입, 품질결함, 변질 등
색 상	변색, 색의 상위, 색조의 상위 등
치 수	치수부족, 치수상위, 치수초과, 치수불량 등
수량 및 중량	수량부족, 중량부족, 용적부족, 감량, 중량계산상위 등
손 상	멸실, 손상 등

상품과 간접적인 관계가 있는 클레임에는 다음과 같은 것들이 있다.

[표 15-2] 상품과 간접적인 관련이 있는 클레임

클레임 구분	종 류
포 장	포장불량, 불완전포장, 부정한 포장, 포장파손 등
화 인	화인누락, 화인혼합, 화인소멸, 화인상이 등
선 적	선적지연, 선적불이행, 하역손상, 선적상이, 과다선적 등
운 송	운송 중 파손, 환적, 분실, 도난, 초과운임, 난폭취급 등
가 격·결 제	가격조정, 초과지불, 과잉징수, 반송비, 재포장비, 수선비, 창고비, 검증료, 체선비, 벌금 또는 과료, 결산대금 외의 청산, 어음부정할인, 어음할인거부 등
서 류	송장상의 과오, 부정송장, 잘못 작성된 송장, 계산착오, 기재사항의 상위, 서류미흡 등
계 약	계약불이행, 계약취소, 용선계약파기, 계약거절, 부당한 계약해제 등

(2) 일반적 클레임

거래의 수행상 통상적으로 발생하는 클레임으로서, 거래당사자가 최선을 다했으나 물품의 인도나 대금의 지급까지 시간을 요하는 무역의 특성상 불가피하게 발생하거나 거래당사자간에 어느 일방의 과실이나 태만에 따라 계약을 위반하였을 때 발생하는 것이 일반적 클레임이다.

(3) 마켓클레임

마켓클레임(market claim)은 무역계약의 성립 후 상품의 시세가 하락한 경우 수입업자가 입은 손실을 보상하기 위하여 보통의 경우에는 클레임의 대상이 되지 않은 사항을 수출업자의 사소한 실수, 시황의 악화, 외환시세의 변동 등을 이유로 가격인하를 요구하거나 물품의 인수를 거부하는 등의 의식적인 클레임을 말한다.

(4) 계획적 클레임

이는 거래 상대방의 고의에 의한 클레임으로 수입업자가 처음부터 교묘한 방법으로 수출업자로 하여금 계약이행에 지장을 초래하게 하여 제기하는 클레임이다.

4. 무역클레임의 처리

클레임은 합의된 기간 내에 적절한 절차에 따라 제기되어야 법률적인 보장을 받을 수 있다. 당사자 간에 계약을 체결할 때 클레임의 해결에 대한 사항을 약정했을 경우에는 그 기준에 따르지만 그렇지 않을 경우에는 국제상관습, 국제규칙 및 국내법에 의해 해결하도록 한다.

(1) 클레임 제기당사자의 확정

클레임이 발생하면 우선 클레임을 청구할 당사자를 확정하여야 하는데, 당사자의 선택은 발생원인과 책임소재를 검토하여 결정하여야 한다. 클레임의 당사자에는 통상 계약당사자가 되지만, 예외적으로 계약당사자의 책임이 없는 경우에는 제3자인 은행, 보험회사, 운송회사 등이 되는 경우도 있다.

(2) 클레임의 제기기간

클레임의 제기시기가 경과하게 되면 시효에 문제가 될 수 있을 뿐만 아니라 증거를 상실하게 되어 해결에 어려움이 따른다. 무역계약에 클레임의 제기기간을 약정한 경우에는 그 계약조항에 따르면 되지만, 약정이 없는 경우에는 법률 또는 관습에 따라 합리적으로 결정하여야 한다.

그러나 클레임의 제기기간을 일률적으로 규정할 수 없으므로, 기간으로 인하여 해결에 어려움이 따르기 때문에 계약 시 클레임 처리기간조항을 약정하는 것이 바람직하다.

(3) 클레임의 통지

클레임의 사유가 결정되면 클레임제기 의사표시, 클레임의 주요 내용 등을 우선 가장 빠른 방법으로 그 개요에 대한 클레임통지서(claim notice)를 발송한 후 클레임 제기서를 서면으로 정식 송부하여야 한다.

클레임제기에 필요한 서류로는 클레임 내용을 기재한 클레임진술서(statement of claim), 손실명세서(particulars of loss sustained), 검사보고서(survey report), 청구서 및 기타 증빙서류 등이다. 손해배상을 청구할 경우에는 손실명세서를 작성하여 상대방에게 송장가격과 배상금액을 표기하고 손실에 대한 내역과 부대비용도 포함시킨다.

(4) 클레임의 접수

상대방으로부터 클레임이 제기되면 클레임의 제기시기와 내용을 검토하고 자신의 입장과 해결방안을 통보하여야 한다.

1) 제시시기의 검토

분쟁이 발생하여 손해가 발생하였으나 하자통지를 소홀히 하여 권리를 찾지 못하거나 심지어 제기권을 상실하는 경우가 있다. 따라서 클레임을 접수하면 계약서 및 법규와 상관습에 의한 유효기간 이내에 클레임이 제기되었는지를 검토한다.

2) 청구서한의 검토

상대방으로부터 손해배상청구를 받았다 하더라도 다음과 같은 사항들을 검토하여 분쟁해결에 대한 입장과 해결방안을 상대방에게 신속하게 대처하여야 한다.

- 본인이 분쟁의 책임당사자인지의 여부
- 계약조건의 미비에 의한 것인지의 여부
- 하자를 입증하는 객관적인 입증자료의 제시 여부
- 물품검사는 합리적인 방법과 기간 내에 이루어졌는지의 여부
- 하자의 정도가 계약상 또는 거래관행상 허용비율을 초과하는지의 여부
- 당해 계약의 특성을 충분히 감안했는지의 여부

3) 자신의 입장과 해결방안 통보

클레임에 대한 입장과 해결방안에 대해 상대방에게 신속히 통보해야 한다. 무엇보다도 첫 응답은 향후 분쟁해결의 방향을 설정할 수 있기 때문에 자신의 입장, 주장 및 해결방안을 명확히 기재하여 오해의 소지를 없애야 한다. 상대방과 지금까지의 거래정도나 향후 거래관계를 고려하여 지속적으로 거래를 유지하여야 할 상대일 경우 우호적으로 해결하도록 노력하는 것이 바람직하다.

5. 무역클레임의 해결방법

무역클레임이 발생되면 신속하게 대응하여 해결하도록 해야 한다. 무엇보다도 바람직한 해결방법은 당사자 간의 합의에 의한 것이지만 우호적 해결되지 못할 경우 제3자를 이용한 해결방법이 모색될 수 있다.

(1) 당사자간 해결

1) 클레임의 포기(waiver of claim)

클레임의 포기는 해당 클레임에 대해 단순경고(warning)를 하고 다음부터는 그렇지 않도록 주의를 주는 것이다. 이는 피해자가 클레임 액수가 적거나 가해자가 즉시 손해배상을 해올 경우 배상의 청구권을 포기하는 경우이다.

2) 타협(compromise)과 화해(amicable settlement)

타협과 화해는 당사자 간에 교섭을 통하여 우호적으로 양보하여 타협점을 이끌어내는 해결방법이다. 무역거래의 경우 상대방과의 지속적인 거래관계를 위하여 당사자 간의 우호적인 해결방법으로 대체적 분쟁해결(Alternative Dispute Resolution : ADR)이 이용되어 가는 추세이다.

(2) 제3자를 통한 해결

1) 알선(intermediation)

알선은 당사자 일방 또는 쌍방의 의뢰에 의하여 상공회의소, 대한상사중재원, 대사관, 영사관 등과 같은 공정한 제3자의 성격을 갖는 기관이 개입하여 타협이 이루어지도록 제시하거나 조언하여 분쟁을 해결하는 방법이다.

알선은 쌍방의 협력이 없으면 실패하기 쉬우며, 강제력이 없고 조정이나 중재와는 달리 형식적인 절차를 필요로 하지 않는다.

2) 조정(conciliation)

조정은 알선에 의하여 클레임이 해결되지 못하면 당사자가 제3자를 조정인으로 선정하고, 조정인이 제시하는 해결안에 대해 합의함으로써 클레임이 해결되는 방법을 말한다. 조정은 중재의 전 단계로 당사자가 조정인의 조정안을 수락할 의무는 없지만 일단 수락하면 구속력을 갖게 된다. 조정은 조정인의 선정일로부터 일정기간 조정에 실패하면 조정절차가 폐기되고 중재단계로 넘어가게 된다.

3) 중재(arbitration)

중재는 당사자들이 공정한 제3자를 선정하여 중재인의 판정에 복종함으로써 최종적으로 해결하는 방법이다. 중재는 중재인의 판정에 복종하고 법원의 확정판결과 동일한 효력을 갖는다는 점에서 조정안의 수락여부를 당사자들이 결정하는 조정과 다른 점이다.

[표 15-3] 소송과 중재의 비교

구 분	소 송	중 재
대 상	민사, 형사, 행정, 선거 등 모든 분쟁	당사자가 처분할 수 있는 사법상의 모든 분쟁
요 건	당해 법원이 관할권을 가짐	당사자 간 서면에 의한 중재합의가 필요
효 력	구속력, 집행력, 형성력이 있음	법원의 확정판결과 동일한 효력(집행판결로 강제집행력이 있음)
신속성	소송절차가 복잡하고 3심제도로 시간이 오래 걸림	절차가 간단하고 1심제
경 비	심급이 올라갈수록 소송수행비용이 인상되고 변호사 보수도 심급마다 추가됨	1심제이기 때문에 경비가 소송에 비해 저렴하고 변호사를 선임할 필요가 없음
심판자	법관은 법이론에 밝지만 상거래 실무와 관습에 관한 경험이 이에 비례하지 않음	문제에 전문가인 중재인이 판정하므로 분쟁에 대해 합리적인 판정이 가능
공개성	공개주의원칙으로 비밀이 보장되지 않음	비공개주의원칙으로 비밀유지가 가능함

4) 소송(litigation)

소송은 국가기관인 법원의 판결에 의해 분쟁을 강제적으로 해결하는 최후의 해결방법이다. 일반적으로 무역거래는 법역을 달리하는 외국의 상대방과 거래를 하는 것이기 때문에 소송에 의한 해결은 우리나라의 판결효력이 상대국에 미치지 못하기 때문에 강제집행에 어려움이 있다.

15.3 상사중재

1. 상사중재의 개념

상사중재란 분쟁당사자들의 합의(중재계약 또는 중재합의)로 법원의 판결에 의하지 아니하고, 제3자인 중재인에게 부탁하여 중재인의 판정에 복종함으로써 최종적인 해결을 하는 방법이다. 중재의 본질은 당사자의 합의에 의하고 재판을 받을 권리를 포기하며 제3자의 판정에 복종하는 것이다.

우리나라는 1966년 3월 16일 중재법(법률 제1767호)을 제정하여 시행해 오고 있으며, 동 법 제1조(목적)에서 '이 법은 당사자 간의 합의로 사법상의 분쟁을 법원의 판결에 의하지 아니하고 중재인의 판정에 의하여 신속하게 해결함으로 목적으로 한다'라고 규정하고 있다.

2. 상사중재제도의 장·단점

(1) 상사중재제도의 장점

소송과 비교하여 일반적으로 상사중재제도가 가지고 있는 장점으로는 다음과 같은 것들을 들 수 있다.

첫째, 중재계약의 자율성을 들 수 있다. 중재는 당사자들의 자유의사에 의한 합의(중재계약)에 따라 자신들이 선임하는 중재인에게 분쟁을 부탁하고 중재인이 내린 중재판정에 양당사자가 복종하게 하는 제도이다.

둘째, 평화적인 분위기 속에서 이루어진다. 중재는 상호교섭과 양보를 통하여 평화로운 분위기 속에서 진행된다.

셋째, 중재절차가 비공개된다. 중재절차는 당사자의 의사를 존중하여 비공개적으로 진행된다. 비밀이 대외적으로 누설되지 않아 대외신용의 지속적인 유지가 가능하다.

넷째, 분쟁해결이 신속하게 이루어진다. 중재는 1심제로 정해진 기간 내에 중재판정이 이루어져 신속하게 해결이 이루어진다. 우리나라 중재법은 제11조 5항에 '중재판정은 중재계약에서 약정된 기간 내에, 또는 중재가 개시된 날로부터 3개월 내에 하여야 한다'라고 규정하고 있다.

다섯째, 중재인의 전문성이다. 중재인은 분쟁의 내용과 특성을 신속하게 파악하여 판단할 수 있는 각계의 전문가, 학자 또는 법조계의 인사들 중에서 선정될 수 있다.

여섯째, 비용이 저렴하다. 신속성과 단심제로 인하여 비용이 매우 저렴하게 소요되며, 중재절차에 있어 소송제도와는 달리 변호사에 의한 대리제도를 강제하고 있지 않아 당사자가 직접 심문에 출석하여 진술을 할 수 있어 변호사비용이 절약된다.

일곱째, 중재판정은 국제적인 효력을 갖는다. 중재판정은 국내에서는 법원의 확정효력판결이 있고 국제적으로는 '외국중재판정의 승인 및 집행에 관한 UN협약(the United Nations Convention on the Recognition and Enforcement of Foreign Arbitral Awards 1958 : New York협약)'에 의해 동 체약국간에는 타국의 중재판정은 호혜원칙에 의하여 승인하고 그 집행을 보장하고 있다.

(2) 상사중재제도의 단점

첫째, 중재인의 법률문제에 대한 판단능력이 미흡할 수 있다. 중재인은 사실문제에 대해서는 전문가로서의 능력을 발휘할 수 있으나, 전문분야가 아닌 중요한 법률문제가 내재되어 있을 경우에는 판단능력에 문제가 있을 수 있다.

둘째, 법적 안정성과 예측가능성이 결여되어 있다. 중재인이 판정할 때 중재인의 자의적인 해석이나 주관적인 판단에 의해 판정의 공정성을 입증하는데 어려움이 있다. 따라서 중재인에 따라서 동일 분쟁도 각각 다른 판정이 내려질 수 있다.

셋째, 중재인이 당사자의 대리인으로 인식될 수 있다. 각 당사자가 각각 1명의 중재인을 선임할 경우 당사자에 의해 선정된 중재인이 당사자의 대리인으로 생각하는 경향이 있을 수 있다.

넷째, 상소제도가 없다. 중재는 단심제로 운영되고 있기 때문에 판정을 취소할 만한 중대한 결함이 없는 한 판정에 대한 불복신청이 불가능하다.

3. 중재계약

중재제도는 사인간의 분쟁을 법원의 판결에 의하지 아니하고 '당사자의 합의'로 중재에 의하여 신속하게 해결함을 목적으로 한다. 따라서 당사자의 합의는 중재제도의 기초가 되는 것이며, 계약의 성질을 가지고 있다. 이와 같이 분쟁을 중재에 의해 해결하기로 하는 합의를 '중재계약'이라고 한다.

무역거래에서 사용되는 중재조항에는 중재지역, 중재기관 및 준거법이 포함되는데, 현재 대한상사중재원이 권장하고 있는 표준중재조항(standard arbitration clause)은 다음과 같다.

"All disputes, controversies, or differences which may arise between the parties, out of or in relation to or in connection with this contract, or for the breach thereof, shall be finally settled by arbitration in Seoul, Korea in accordance with the Commercial Arbitration Rules of the Korean Commercial Arbitration Board and under the Law of Korea. The award rendered by the arbitrator(s) shall be final and binding upon both parties concerned."

"본 계약으로부터 혹은 본 계약과 관련하여 또는 본 계약의 불이행으로 말미암아 당사자 간에 발생하는 모든 분쟁, 논쟁 또는 의견 차이는 대한민국 서울특별시에서 대한상사중재원의 상사중재규칙 및 대한민국 법에 따라 중재에 의하여 최종적으로 해결한다. 중재인(들)에 의하여 내려지는 판정은 최종적인 것으로 당사자 쌍방에 대하여 구속력을 가진다."

4. 중재절차

(1) 중재계약

중재는 중재계약에 대한 합의가 있어야만 가능하다. 따라서 무역계약서상에 별도로 중재합의에 대한 문언이 약정되어 있어야 한다.

(2) 중재신청

중재에 의해 분쟁을 해결하려고 할 경우 신청인은 대한상사중재원의 사무국에 중재를 신청한다.

(3) 중재장소합의

중재신청서류가 수리되면 당사자들은 중재장소를 정한다. 중재장소는 당사자들이 신청접수 후 14일 이내에 결정하며, 만일 결정하지 못할 경우에는 중재원 사무국에서 결정한다.

(4) 중재인의 선정

중재인(arbitrator)은 당사자의 합의로 중재판정을 내리는 권한이 부여된 제3자를 말한다. 대한상사중재원은 중재인단 명부에서 10명을 선정하여 양당사자에게 보내며, 양당사자는 의장중재인과 기타 중재인에 대하여 선호순서를 표시하여 발송일로부터 국내중재의 경우 15일, 국제중재의 경우 30일 이내에 사무국에 제출하여야 한다.

(5) 심　문

중재판정부는 심문의 일시, 장소 및 방식을 결정하고 늦어도 국내중재의 경우에는 10일, 국제중재의 경우에는 20일 전까지 통지하도록 되어 있다.

(6) 중재판정

중재판정은 중재인이 내리는 최종 판정으로 당사자의 합의 혹은 법률상 달리 정하지 않는 한 심문 종결일로부터 30일 이내에 판정하도록 하고 있다.

중재원은 중재요금 및 비용예납에 대하여 작성된 정산서와 중재판정부 정본을 당사자에게 발송하고, 원본은 송달의 증서를 첨부하여 관할법원에 이송하여 보관하게 함으로써 중재절차를 종료하게 된다.

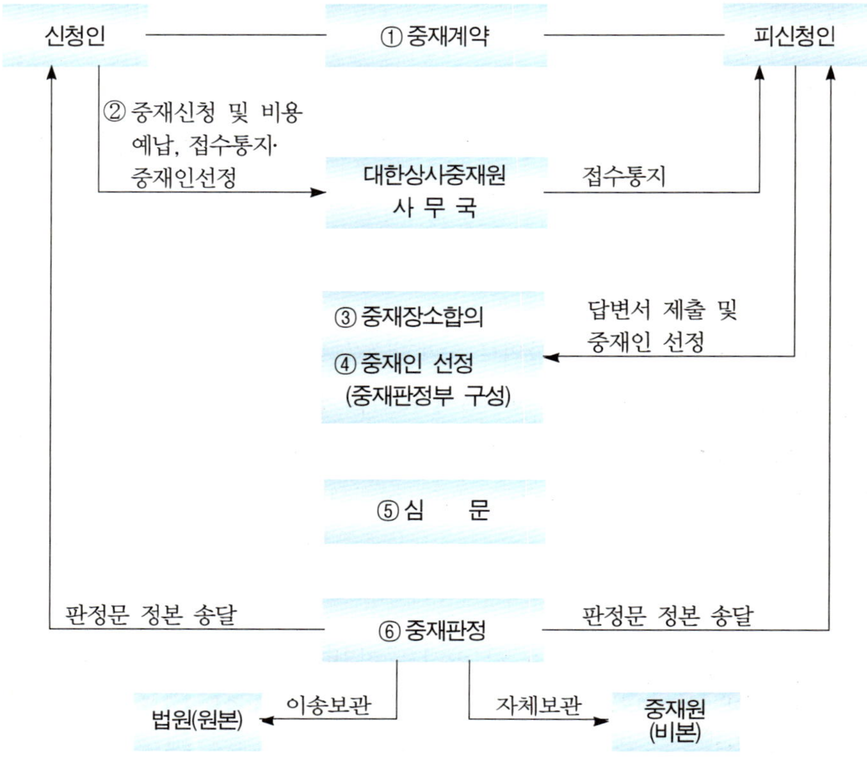
신청인
① 중재계약
피신청인
② 중재신청 및 비용 예납, 접수통지·중재인선정
대한상사중재원 사 무 국
접수통지
③ 중재장소합의
④ 중재인 선정 (중재판정부 구성)
답변서 제출 및 중재인 선정
⑤ 심 문
판정문 정본 송달
⑥ 중재판정
판정문 정본 송달
법원(원본)
이송보관
자체보관
중재원 (비본)

[그림 15-1] 중재절차

연습문제

1. 용어해설문제

- 환어음
- 상업송장
- 항공화물운송장
- 포장명세서
- 원산지증명서
- 환어음지급인
- 무역클레임
- 마켓클레임
- 알선
- 조정
- 중재
- 소송
- 상사중재
- 중재계약
- 중재인

2. 주관식문제

(1) 환어음의 개념에 대해 설명하라.

(2) 환어음의 당사자에 대해 설명하라.

(3) 환어음의 기재사항을 설명하라.

(4) 무역결제서류 기본서류의 종류와 내용을 설명하라.

(5) 무역클레임의 내용을 설명하라.

(6) 무역클레임의 종류를 설명하라.

(7) 무역클레임의 해결방법과 그 내용을 설명하라.

(8) 소송과 중재를 비교하여 설명하라.

(9) 상사중재의 장·단점을 설명하라.

(10) 중재절차에 대하여 설명하라.

✤ 저 자 약 력 ✤

▣ 김 희 철

- 중앙대학교 무역학과 졸업(경영학 학사)
- 한국능률협회 연구위원
- 청운대학교 교무처장 역임
- (현) 청운대학교 인천캠퍼스 글로벌경영학과 교수
- 중앙대학교 대학원 무역학과 졸업(경영학 석사·경영학 박사)
- 유엔지역개발센터(UNCRD) 연구원
- Shandong University(China) 방문교수

주요 저서 및 연구논문

- 세계화와 글로벌경영, 도서출판 두남, 2019.8.
- 실전창업경영론, 도서출판 두남, 2016.3.
- 무역학원론(공저), 도서출판 두남, 2015.2.
- 한중 채소류의 일본시장 수출경쟁력분석, 2019.10.
- 사회적기업의 성과요인과 상관관계, 2017.7.
- 한국 IT산업의 대중국 수출경쟁력분석, 2015.12.
- 한국 수출산업의 대칠레 경쟁력 변화, 2013.10.
- 무역학개론(공저), 도서출판 두남, 2017.3.
- 글로벌마케팅, 도서출판 두남, 2015.3.
- 지구촌마케팅(공저), 법문사, 1997.8.
- 한국 인삼산업의 수출경쟁력 분석에 관한 연구, 2018.9.
- 한국 자동차산업의 대중국 수출경쟁력분석, 2016.6.
- 사회적기업의 성과분석에 관한 연구, 2015.7.
- 한국 서비스산업의 국제경쟁력분석, 2011.1. 외 다수

▣ 이 신 규

- 배재대학교 무역학과 졸업(경영학사)
- (주)아모레퍼시픽 해외사업부 근무
- 청운대학교 국제통상학과 교수
- 관세국경관리연수원 강사
- 한국창업정보학회 회장
- 관세국경관리연수원 외래교수
- University of Nebraska(UNL), USA 방문교수
- 건국대학교 대학원 무역학과 졸업(경제학석사·경제학박사)
- 부산경상대학교 항공해운무역과 교수
- 관세사시험 출제·선정위원
- 중앙공무원시험 출제·선정위원(7급, 9급)
- 국제무역경영학회(IAGBT) 회장
- 국정과제평가전문위원
- (현) 배재대학교 무역물류학과 교수

주요 저서 및 연구논문

- 무역실무, 도서출판 두남, 2020.
- 국제통상론, 도서출판 두남, 2018.
- 국제물류, 형설출판사, 2015.
- 엣센스무역실무, 도서출판 두남, 2015.
- 무역영어회화, 도서출판 두남, 2004.
- 한중 원산지규정에 관한 연구, 2016.2. 외 다수
- 무역영어, 도서출판 두남, 2020.
- International Trade Practice, 도서출판 두남, 2020.
- 무역학원론(공저), 도서출판 두남, 2018.
- Business English, 도서출판 두남, 2008.
- 국제무역결제론, 도서출판 두남, 2004.

▣ 이 응 권(李應權)

- 한양대학교 무역학과 졸업(경영학사)
- Santo Tomas University(경영학 박사)
- (현) 건양대학교 경영학부 교수
- 성균관대학교 대학원 졸업(경영학석사)
- UCLA(University of California at Los Angeles) Visiting Scholar

주요 저서 및 연구논문

- 최신보험학 입문, 도서출판 두남, 2010.3.
- 글로벌 국제경영, 비엠비북, 2012.9.
- 국제경영, 도서출판 두남, 2007.3.
- 해외직접투자 모형설정에 관한 연구, 2011.6.
- 무역보험 입문, 도서출판 두남, 2010.9.
- 무역법규, 형설출판사, 2011.3.
- 무역통상론, 도서출판 이화, 2003.3
- 한국기업의 해외직접투자 실증분석, 2010.7. 외 다수

무역학개론 : 개정증보2판

초 판 1쇄 발행 —— 2009년 3월 6일
초 판 2쇄 발행 —— 2010년 3월 5일
개 정 판 1쇄 발행 —— 2013년 2월 28일
개 정 판 2쇄 발행 —— 2013년 8월 30일
개 정 판 3쇄 발행 —— 2014년 1월 30일
개 정 판 4쇄 발행 —— 2014년 8월 5일
개 정 판 5쇄 발행 —— 2015년 1월 20일
개정증보판 1쇄 발행 —— 2017년 3월 5일
개정증보판 2쇄 발행 —— 2018년 8월 30일
개정증보2판 1쇄 발행 —— 2020년 2월 15일
개정증보2판 2쇄 발행 —— 2021년 1월 15일
개정증보2판 3쇄 발행 —— 2022년 2월 1일
지은이 —— 김 희 철 · 이 신 규 · 이 응 권
펴낸이 —— 전 두 표
펴낸곳 —— 도서출판 두남
서울시 강동구 성내로6길 34-16 두남빌딩
신 고 : 제25100-1988-9호
TEL : 02) 478-2065~7, 2311
FAX : 02) 478-2068
E-mail : dunam1@unitel.co.kr
http://www.dunam.co.kr

정가 29,000원

ISBN 978-89-6414-866-2 93320